中国式现代化
与新哈萨克斯坦战略对接

Қытай үлгісіндегі модернизация мен Жаңа Қазақстан
арасындағы стратегиялық тоғысу

张宁　卡德智　主编

中国社会科学院俄罗斯东欧中亚研究所
中国石油中亚俄罗斯公司
哈萨克斯坦哈德石油合资有限责任公司
西北大学丝绸之路研究院

联合课题组

中国社会科学出版社

图书在版编目（CIP）数据

中国式现代化与新哈萨克斯坦战略对接 / 张宁等主编. —北京：中国社会科学出版社，2024.6
ISBN 978-7-5227-3360-9

Ⅰ.①中… Ⅱ.①张… Ⅲ.①现代化建设—研究—中国②现代化建设—研究—哈萨克 Ⅳ.①D616②D736.1

中国国家版本馆 CIP 数据核字（2024）第 068437 号

出 版 人	赵剑英
责任编辑	喻　苗
责任校对	胡新芳
责任印制	王　超

出　　版	中国社会科学出版社
社　　址	北京鼓楼西大街甲 158 号
邮　　编	100720
网　　址	http://www.csspw.cn
发 行 部	010-84083685
门 市 部	010-84029450
经　　销	新华书店及其他书店
印刷装订	北京君升印刷有限公司
版　　次	2024 年 6 月第 1 版
印　　次	2024 年 6 月第 1 次印刷
开　　本	787×1092　1/16
印　　张	24
字　　数	323 千字
定　　价	139.00 元

凡购买中国社会科学出版社图书，如有质量问题请与本社营销中心联系调换
电话：010-84083683
版权所有　侵权必究

主　编

张　宁　卞德智

编委会

张　宁　卞德智　耿长波　王　浩　蔡艳彬
刘绍友　伊兹穆汉别特·里纳特·努尔戈饶雷
李自国　康　杰　阳　军　徐向梅　高际香
刘　畅　赵慧敏

序　言

作为具有重要影响的发展中大国和新兴经济体代表，哈萨克斯坦是"一带一路"的首倡之地，中方始终将哈作为周边外交尤其是中亚的重要合作伙伴。中哈关系基于深厚友谊和牢固互信，拥有共同目标和任务。两国秉承"相互尊重、睦邻友好、同舟共济、互利共赢"四项原则，成为周边国家相互信任、相互支持、相互帮助的典范，又以共商、共建、共享原则深化各领域合作，推动共建"一带一路"高质量发展。自"一带一路"倡议提出以来，中哈两国各领域合作不断深入发展，呈现出政治互信加深、贸易规模增长、产业融合发展、投资顺畅广泛、人文交往热络的良好局面。

2022年是中哈建交30周年，中国提出"中国式现代化"战略，哈萨克斯坦则提出"新哈萨克斯坦"道路，2023年是"一带一路"倡议提出10周年。在两国开启新的"黄金三十年"这个承前启后的关键时期，在两国都处在发展振兴的关键阶段，需要总结经验和教训，分析中哈战略对接的必要性、可能性与可行性，以便共谋发展振兴，继续深化永久全面战略伙伴关系，推动构建"世代友好、高度互信、休戚与共"的中哈命运共同体。

一

现代化（Modernization）是近代以来的工业化以及伴随工业化而出现的社会和文化变迁的过程与现象，是与工业革命之前的社会形态相区别的、由工业化带来的新的社会形态，通常表现为科技和教育方面的科学化，普及科学精神和理性文化；政治法律方面的民主和自由化，人权保护越发受重视，大众参与程度越来越高；经济方面的市场化、标准化和规模化，劳动分工越来越精细，工业和服务业比重超过农业，市场的配置作用强，民众生活富裕充足；思想文化方面的多元化、自由化和个性化，思想得到解放，个人能力得到更好的发挥；社会方面的城镇化和世俗化，宗教神学的影响退化，人口有集中趋势。

由于西方国家率先实现了工业化，是现代化过程中的先行者，经历了巨大的社会转变与文化变迁，现代化在一段时期内常与"西方化"混用，后来随着二战后的殖民地民族独立运动和不结盟运动的发展，新兴经济体崛起，现代化与西方化二者的区别越加明显，越来越多的国家意识到，现代化≠西方化。每个国家都可以根据自身国情，借鉴但不完全照抄西方发达国家的经验和教训，探索本国发展道路和模式，实现自己的现代化。正如习近平主席所说，一个国家选择什么样的现代化道路，是由其历史传统、社会制度、发展条件、外部环境等诸多因素决定的。国情不同，现代化途径也会不同。实践证明，一个国家走向现代化，既要遵循现代化一般规律，更要符合本国实际，具有本国特色。

中国早在1954年便提出实现"四个现代化"的发展战略，目标是建立一个比较完整的独立的工业体系和国民经济体系。改革开放初期，1979年12月邓小平在会见日本首相时指出，中国要实现的四个现代化就是"小康之家"。待全面建成小康社会的任务完成后，2019年中国又确立了实现现代化的"两步走"战略，即从2020年到2035年，基本实现社会主义现代化，从2035年到21世纪中叶，建成富强民主文明和谐美丽的社会主义现代化强国，实现中华民族的伟大复兴。中国建设现代化的过程也就是推动中华民族复兴和发展社会主义强国的过程。因此，中国的现代化是人口规模巨大、全体人民共同富裕、物质文明和精神文明相协调、人与自然和谐共生、走和平发展道路的现代化。

哈萨克斯坦独立后，1997 年提出"2030 年战略"，目标是到 2030 年进入世界前 50 个最具竞争力的国家行列。该战略的主要任务目标 2012 年提前实现后，当年又提出"2050 年战略"，目标是进入世界前 30 个最具竞争力的国家行列。托卡耶夫 2019 年就任总统后，根据变化了的国内和国际形势，提出"先政治后经济"原则，加快实施政治经济体制改革，以"公正"为核心，实现政治现代化和经济现代化，打造"新哈萨克斯坦"。

可以说，实现现代化是世界各国人民的共同追求。从中国和哈萨克斯坦的现代化战略及其落实规划中可知，两国具有诸多共性：第一，终极目标都是人民幸福和国家强盛。一切为了人民，一切依靠人民，让人民当家作主，让人民享受发展的红利，让人民富裕富足。第二，都是几代人百年大计的逐步落实。向着既定的终极目标锐意进取，兴利除弊，扬弃发展。每个阶段的新任务和新目标，不是对过去的否定，而是在过去成就基础上的新发展。第三，都坚持文化自信，重视传统文化的继承与发展。在吸收借鉴世界上所有先进文化的同时，努力挖掘本国的悠久传统，探索符合自身特点的发展道路。第四，都坚持人与自然和谐，推动绿色发展，落实碳中和目标。认为气候变化、生物多样性丧失、荒漠化加剧、极端气候事件频发，给人类生存和发展带来严峻挑战。第五，都走和平发展道路，主张协商对话，尊重联合国权威，尊重多样文明，反对霸权主义、保守主义和单边主义，反对大规模武器扩散，可为世界和平稳定带来更多确定性，为全球经济复苏和增长注入新动能。

中哈实现现代化符合两国人民共同利益，对彼此都是机遇，不是威胁。中国向来尊重各国的主权、独立与领土完整，从来不以大欺小。哈萨克斯坦始终秉持多元务实、平衡、开放的对外政策，与所有国家友好合作。对哈萨克斯坦来说，随着中国 14 亿多人口整体迈入现代化，这个规模将超过现有发达国家人口的总和，中国必将给世界经济提供更强大动力，给世界和平带来更多稳定性。哈萨克斯坦完全可以利用中国实现高质量发展和高水平对外开放带来的新机遇，扩大外部市场，拓展合作空间，更好地维护国家利益，为自身发展创造更优良的周边环境。对中国来说，一个独立自主、安全稳定、发展繁荣的哈萨克斯坦，是中国西部稳定和发展必不可少的条件之一，也是中国推动建立新型国际秩序和改善全球治理不可或缺的重要伙伴。

二

"一带一路"是根植于历史厚土、顺应时代大势的重大国际合作倡议。它激发了共建"一带一路"国家对于丝绸之路的共同的历史记忆，也让"和平合作、开放包容、互学互鉴、互利共赢"的丝路精神得到复兴光大。作为中国提出的国际合作倡议和公共产品平台，"一带一路"是中国式现代化的组成部分，是中国式现代化的国际合作举措，是中国经济与世界经济的关系。二者不是各自独立的战略规划，而是紧密互动、彼此成就，没有中国式现代化，"一带一路"就没有根基，没有"一带一路"高质量发展，中国式现代化也无法实现。中国无法离开世界独自孤立地发展，现代世界也不能想象没有中国参与的可怕后果。

在习近平主席的亲自谋划、亲自部署、亲自推动下，"一带一路"这项"根植于历史，面向未来；源于中国，机会和成果属于世界"的合作倡议不断走深走实，国际影响力越来越高，合作吸引力越来越强，朋友圈越来越大，质量越来越佳，前景越来越好，已成为推动构建人类命运共同体的重要实践平台，为各国开拓出一条通向共同繁荣的机遇之路。

自 2013 年提出至 2023 年底，中国已与 152 个国家、32 个国际组织签署了 200 多份共建"一带一路"合作文件，覆盖中国 83% 的建交国，遍布五大洲和主要国际组织，构建了广泛的朋友圈。有关合作理念和主张写入联合国、二十国集团、亚太经合组织、上海合作组织等重要国际机制的成果文件。

从"一带一路"建设座谈会和推进"一带一路"建设工作领导小组全体会议可知，中国对"一带一路"合作形势的基本判断是：尽管合作环境日趋复杂，但和平与发展的时代主题没有改变，经济全球化大方向没有变，国际格局发展的战略态势依然总体上有利于"一带一路"发展，"一带一路"仍面临重要机遇。与此同时，世界百年未有之大变局正加速演变，新一轮科技革命和产业变革带来的激烈竞争前所未有，气候变化等全球性问题对人类社会带来的影响前所未有，共建"一带一路"的国际环境日趋复杂。为此，未来落实"一带一路"倡议的基本方略是抓住战略机遇，保持战略定力，积极应对挑战，趋利避害，以高标准、可持续、惠民生为目标，继续秉持"丝路精神"（即和平合作、开放包容、互学互鉴、互利共赢），坚持"新发展理念"（即创新、协调、绿色、开放、共享），做好"五个统筹"（即统筹发展和安全、统筹国内和国际、统筹合作和斗争、统筹存量和增量、统筹整体和重点），推动共建"一带一路"高质量发展（即更高合作水平、更高投入效益、更高供给质量、更高发展韧性）。

实现现代化是中国的梦想，建设"公正的哈萨克斯坦"是哈萨克斯坦的梦想，两个伟大邻国的梦想和国家战略高度契合，要求两国携手努力，续写友好合作的新篇章。这是时代的召唤，是两国发展的内在需求，不依赖外部环境，任何外部势力都无法阻挠干扰。在中哈两国元首的外交领航指引下，两国各层级交往和各领域合作不断深化，发展战略对接日益成熟，在政策沟通、设施联通、贸易畅通、资金融通和民心相通等各领域结出累累硕果，为哈萨克斯坦国内发展以及向东发展（走向亚太）提供了通道和平台。截至2023年底，中国是哈萨克斯坦第一大贸易伙伴和加工制造业的主要投资国之一，两国在"一带一路"沿线国中率先启动产能合作，形成总金额逾212亿美元的项目清单。

三

本课题成果由中国社会科学院俄罗斯东欧中亚研究所、中国国际问题研究院、西北大学丝绸之路研究院的专家团队合力完成。

各部分撰写者分别是：

第一章"中国式现代化"——阳军（中国社会科学院政治学研究所副研究员），第二章"新哈萨克斯坦"——张宁（中国社会科学院俄罗斯东欧中亚研究所研究员），第三章"政策沟通"——康杰（中国国际问题研究院欧亚所副研究员），第四章"设施联通"——蔡艳彬、高际香（西北大学丝绸之路研究院副院长、中国社会科学院俄罗斯东欧中亚研究所研究员），第五章"贸易畅通"——李自国（中国国际问题研究院欧亚所所长），第六章"资金融通"——刘畅（中国社会科学院俄罗斯东欧中亚研究所助理研究员），第七章"民心相通"——徐向梅、赵慧敏（中国社会科学院俄罗斯东欧中亚研究所编审、首都师范大学马克思主义学院博士研究生）。

本书在写作过程中，得到了张晋如、马天峻、李昊祥、欣奕丞等同学的大力支持，他们为课题组翻译、收集、整理了大量资料。

本书在编辑、校对和出版过程中得到了中国社会科学出版社喻苗同志的大力支持，他们让本书文字更流畅，内容更严谨。

本研究成果得到了中国石油中亚俄罗斯公司和哈萨克斯坦哈德石油合资有限责任公司的大力支持。

四

多年来，中国石油始终坚持"互利共赢、共同发展"的合作理念，深入参与共建"一带一路"，将基础设施"硬联通"作为重要方向，将规则标准"软联通"作为重要支撑，将与人民"心联通"作为重要基础，以孜孜不倦的实践，全方位拓展能源事业，丰富能源伙伴关系新内涵，提升能源产业链供应链的韧性和安全水平，携手合作伙伴国探索现代化的新路径，推动实现共同繁荣发展。

作为最早进入哈萨克斯坦市场的中国能源企业，中国石油是中哈友好合作的实践者、亲历者、推动者和见证者。多年来，中国石油始终秉承"奉献能源，创造和谐"的宗旨，始终坚持"互利双赢、共同发展"的合作理念，与哈萨克斯坦合作伙伴一起创新技术、培养人才、提高效率，业务涉及石油天然气勘探开发、炼油化工、管道运输、销售贸易、装备制造及工程技术服务等多个领域。

能源合作一直是中国与哈萨克斯坦务实合作中分量最重、成果最多、范围最广的领域。吸引中国能源企业进入哈萨克斯坦，同时开发中国能源市场，是中哈两国的国家能源战略的组成部分之一。中国石油在哈萨克斯坦的顺利发展，离不开哈萨克斯坦政府和人民的支持。而中国石油今天在哈萨克斯坦取得的成就，也极大拓展了哈萨克斯坦的能源出口多元化，提高了哈萨克斯坦的国家能源安全保障水平。中国石油在哈萨克斯坦的发展历程与取得的成果成为中哈两国互利共赢合作的典范。

目 录

第一章 中国式现代化 …………………………………… (1)
  第一节 现代化的产生与发展 ……………………………… (2)
  第二节 中国式现代化：目标与实现路径 ………………… (32)
  第三节 中国式现代化与"一带一路" ……………………… (48)

第二章 新哈萨克斯坦 …………………………………… (59)
  第一节 2022年"1月事件" ………………………………… (63)
  第二节 公正的政治 ………………………………………… (76)
  第三节 公正的经济 ………………………………………… (97)
  第四节 社会意识形态重构 ………………………………… (123)
  第五节 新哈萨克斯坦的对外政策 ………………………… (134)

第三章 政策沟通 ………………………………………… (147)
  第一节 政策沟通的概念探源与辨析 ……………………… (148)
  第二节 "一带一路"倡议与中哈命运共同体构建 ………… (160)
  第三节 中哈政策沟通：结构与进程 ……………………… (167)
  第四节 政策沟通的前景展望 ……………………………… (177)

第四章 设施联通 ………………………………………… (189)
  第一节 中哈基础设施互联互通概况 ……………………… (191)
  第二节 中亚地区的交通走廊倡议 ………………………… (200)

第三节　中哈两国的基础设施建设规划 …………………… (209)
　　第四节　中哈设施联通的前景 ………………………………… (225)

第五章　贸易畅通 …………………………………………………… (229)
　　第一节　贸易畅通的意义与趋势 ……………………………… (229)
　　第二节　哈萨克斯坦的对外经贸合作 ………………………… (241)
　　第三节　中哈贸易畅通 ………………………………………… (253)
　　第四节　中哈贸易未来走势 …………………………………… (270)

第六章　资金融通 …………………………………………………… (276)
　　第一节　资金融通的意义与趋势 ……………………………… (277)
　　第二节　哈萨克斯坦的投资政策 ……………………………… (286)
　　第三节　中哈资金融通 ………………………………………… (303)
　　第四节　未来发展趋势 ………………………………………… (312)

第七章　民心相通 …………………………………………………… (322)
　　第一节　民心相通与人文合作 ………………………………… (323)
　　第二节　大国与哈萨克斯坦的人文合作 ……………………… (329)
　　第三节　中哈人文合作 ………………………………………… (341)
　　第四节　新时代中哈人文交流方向 …………………………… (351)

主要参考文献 ………………………………………………………… (366)

第一章 中国式现代化

现代化是驱动人类社会不断向前发展的动力之一。尤其是在科学技术引领下，全球生产力水平大大提高，整体管理水平不断提高，文明间相互交流交融，使得全球范围内的现代化进程不断向前推进。18世纪60年代的工业革命开启了西方式现代化，在两个多世纪的发展过程中产生了一系列经典现代化理论，西方国家经济发展的成就也使得西方式现代化理论在全球范围内受到重视和追捧。但最近几十年来，这些理论在实践中逐渐显现出不足，难以应对和解决一系列现实问题，如全球和国家治理、发展"瓶颈"、资源分配不公等。

近代以来，中国人民在中国共产党的带领下走出了一条中国特色的社会主义道路，在现代化进程中不断探索，并取得丰硕成果。党的十八大以来，以习近平同志为核心的党中央踔厉奋发，带领全国人民进入新时代，确立了习近平新时代中国特色社会主义思想的历史地位，构建了中国式现代化理论体系。2022年，习近平总书记在中国共产党第二十次全国代表大会上指出："在新中国成立特别是改革开放以来长期探索和实践基础上，经过十八大以来在理论和实践上的创新突破，我们党成功推进和拓展了中国式现代化。"[1]

作为世界上最大的发展中国家，中国的现代化进程备受关注。中

---

[1] 习近平：《高举中国特色社会主义伟大旗帜 为全面建设社会主义现代化国家而团结奋斗——在中国共产党第二十次全国代表大会上的报告》，人民出版社2022年版，第22页。

国式现代化理论是习近平新时代中国特色社会主义思想的重要内容，是马克思主义中国化和时代化的创新成果，是21世纪世界发展史中一项重要理论与实践成果，是人类现代化历史上恢宏独特的理论实践创新，不仅拓展了人类社会走向现代化的途径，还在创造人类文明新形态的同时做出了具有世界历史意义的贡献。

第一节　现代化的产生与发展

"现代化"是一个外来词，是在西方国家的发展过程中逐渐形成，源于16世纪流行的"modern"（摩登）一词，到18世纪中叶形成"现代化"的动词和名词概念，20世纪中叶又成为社会科学研究的一个词语。"现代化"是指工业革命以来，人类社会在经济、政治、文明等各方面由传统向现代转变和进步的过程，其本质是一种现代社会的发展和进步的过程，可以用来描述一个国家或者地区达到的现代化的程度。随着现代化进程不断加速，"现代化"这个概念也被广泛应用于全球各个领域，成为一个全球性的概念。从内涵来看，广义的现代化是指工业革命以来，现代生产力引发传统农业社会向现代工业社会的变革过程；狭义的现代化是指落后国家通过有计划地学习世界先进文明，赶上发达国家的综合发展过程[1]。

现代化是人类文明发展的前沿，人类的文明发展没有止境，且发展速度日益加快。人类文明进程不是线性的，而是发生了多次重大转折。因此，现代化也不是线性的，它有阶段但没尽头，现代化是加速的，但不是一帆风顺的。

---

[1] 黄凯锋：《走出一条内生性创新型发展道路》，《解放日报》2021年11月9日。

一 关于现代化的理论

在人类现代化的进程中产生了多种理论。这些理论从不同的角度探讨现代化的本质、进程和问题,为理解现代化的各个方面提供了不同的思路和框架。当前世界上比较流行的关于现代化的理论大体有十种:经典现代化理论、依附理论、世界体系理论、后现代化理论、生态现代化理论、反思性现代化理论、多元现代性理论、全球化理论、第二次现代化理论、综合现代化理论。[①]

经典现代化理论是 20 世纪中叶兴起的一种社会科学理论,其核心观点是社会和经济发展会遵循一定的阶段性路径,通向现代化的最终状态。这一理论主要关注如何从传统社会转型为具有现代特征的社会。经典现代化理论的代表性学者包括罗斯托(Rostow)、亨廷顿(Samuel Huntington)、阿尔蒙德(Almond)等。经典现代化理论的主要内容包括经济发展阶段、社会政治变迁、文化和价值观变迁、国际影响、欧洲中心主义等。经典现代化理论在解释和指导国家发展时具有一些局限性,这些缺陷主要表现在四个方面。首先,该理论过于关注经济增长,而忽略了社会和环境的可持续性。其次,它假定所有国家都以相同的方式经历现代化进程,忽略不同国家的历史、文化和社会结构的差异。再次,该理论过于关注物质和技术层面的进步,而忽略了人的需求和价值观。最后,该理论往往忽略全球化、市场化和科技进步等新兴发展趋势对国家发展的影响。

依附理论是对经典现代化理论的反思和批判,主要在 20 世纪 60—70 年代由拉丁美洲的社会科学家发展而来。这一理论在研究全球不平等发展过程中,提出了一个与经典现代化理论截然不同的视角,强调世界经济系统内部的依附关系导致发展中国家的落后和贫困。依附理论的主要观点包括中心—外围结构、不平等交换、经济发

[①] 何传启:《现代化研究的十种理论》,《理论与现代化》2016 年第 1 期。

展的受限性、国内结构的依附性、解除依附的可能性等。受历史局限性影响，依附理论也暴露出许多不足之处。一是它批判经典现代化理论"传统"与"现代"的二分法，自己却又陷入简单的"发达"与"欠发达"、"核心"与"边陲"或"都市"与"卫星"的二分法中。二是它批判现代化理论在价值观念即文化方面的内因决定论，自己却又陷入政治经济方面的外因决定论。三是它认为发展与依附不相容。发展中国家要在一种依附关系中取得发展是不可能的，如果要发展，就必须打破对西方发达国家的依附，否则只能是一种欠发达的发展。这与现实不相符合，许多国家（如巴西）的发展现实证明，发展与依附并非截然不相容。四是它的研究带有较大的地域性或特殊性。它是以拉丁美洲和部分非洲国家为蓝本而建构起来的一种理论，对拉美和非洲的一些国家来说，在特定的一个历史时期或发展阶段有一定的适用性，但将它简单地推论到所有发展中国家特别是亚洲国家和地区则不适合。

世界体系理论由美国社会学家伊曼纽尔·沃勒斯坦（Immanuel Wallerstein）在20世纪70年代提出。这一理论旨在解释全球经济发展中的不平等现象，特别是国际分工模式如何影响世界各国和地区的社会、政治和经济结构。该理论尽管受到依附理论的影响，但它提出了一个更为全面的分析框架。世界体系理论主要内容包括世界体系的含义、动力、类型、运行趋势、结构特征、自由主义意识形态以及方法论。沃勒斯坦认为，世界体系这一含义侧重于经济维度，它大于传统意义上的政治实体，又小于整个世界范围，资本积累和不平等的交换是其发展的动力。世界体系在类型上有"世界帝国""世界经济体系""社会主义世界政府"三种类型，认为体系的发展是直线式的发展过程，具有客观的运行周期。世界体系在地理空间上被划分为"中心区—半边缘区—边缘区"结构，自由主义意识形态居于主导地位。同时，沃勒斯坦在方法论上倡导运用整体观来研究世界体系，其局限性主要表现在他的理论具有隐蔽的欧洲中心主义倾向、经济主义倾向、悲观主义以及历史虚无主义倾向[①]。

后现代化理论是对经典现代化理论的进一步发展和回应，兴起于20世纪后期。该理论认为，随着社会进步，社会文化结构发生根本性变化，产生了与传统现代社会不同的特征。后现代化理论强调多样性、相对主义和对传统权威的挑战。后现代化理论的主要内容包括对宏大叙事的挑战、文化多元化、知识和权力的去中心化、语言和意义的相对性、身份政治、技术与媒体的影响等。该理论对现代化进程的批判性理解和文化多元性的洞察具有积极意义，但同时也受到一些批评，比如认为该理论否定宏大叙事在提供社会凝聚力和共同目标上的作用，过分相对主义可能导致价值观的混乱和社会目标的缺失，难以形成对社会变迁和发展的明确解释框架等。

生态现代化理论是一个关于环境改善和社会经济发展可以并行不悖的社会科学理论。该理论主要由欧洲学者在20世纪80—90年代提出，代表人物包括马丁·耶内克（Martin Janicke）和约瑟夫·胡伯（Joseph Huber）等。生态现代化理论批判传统工业化过程中的环境破坏问题，并提出一种新的发展模式，主要内容包括环境与经济的融合、可持续发展、政策与制度创新、公众参与环境治理、全球环境管理、环境与社会学习等。生态现代化理论也面临着不足，批判者认为该理论过度依赖技术解决方案，可能忽视社会结构和消费模式的重要性；未能充分考虑经济增长与资源限制之间的潜在冲突；可能过于乐观地估计改革现有经济体系和政治机构的能力，以及它们应对环境挑战的意愿；对全球不平等及其对环境与发展的影响分析不足。

反思性现代化理论是在对传统社会理论反思的基础上发展起来的社会学理论，由英国社会学家安东尼·吉登斯（Anthony Giddens）、德国社会学家乌尔里希·贝克（Ulrich Beck）和英国社会学家斯科特·拉希（Scott Lash）等人于20世纪80年代末90年代初提出。该理论

[①] 杨林静：《沃勒斯坦的现代世界体系理论研究》，硕士学位论文，吉林大学，2021年。

的核心概念是现代社会正通过背离其既定的工业化和现代化轨迹，以及逐步认识到和反思自身造成的问题而发生的变迁。反思性现代化理论的主要内容包括自我反思、风险社会、制度的重新配置、个体化、知识社会、全球化、不确定性和应对策略等。批判者认为，反思性现代化理论夸大了现代社会的自我反思能力以及改变的可能性，同时对于如何在实践中落实这些理论见解所提供的指导并不充分。

多元现代性理论诞生于20世纪90年代，与文化多样性有关。艾森斯塔德（Eisenstadt）借鉴帕森斯的系统功能理论来概括现代化的基本特征。在艾森斯塔德看来，从微观上看，现代化是"个人活动和制度结构的高度分化和专门化，……个人所有的不同任务——特别是职业和政治中的任务，以及他们与家庭和亲缘关系之间的任务——发生了分离"。从宏观而言，现代化是社会、经济、政治体制向现代类型变迁的过程，这一过程伴随着各个领域内的结构变迁。一是社会动员与社会分化，社会动员程度不断提高，在主要领域内的角色分化与专门化得到加强。二是持续的结构分化与变迁，在政治、经济、生态等方面出现很多新的组织体系。三是组织系统与身份系统的变化，最终导致了一种具有高度流动性而意义模糊的身份系统。在政治与教育领域，广大群众被纳入中心领域，形成一种"广大阶层日益参与社会中心领域的趋势"。四是基本的大众协同取向，这是现代社会最重要的特征。多元现代性理论也面临一些批评，认为该理论未能清晰界定"现代性"这个概念，有时过于强调文化差异，忽视了底层的经济和政治力量所起的作用。

全球化理论涉及对全球化现象的理解和分析，以及全球化对社会、经济、政治和文化等领域的影响。全球化可以定义为全球范围内日益增长的相互依存性和联系，主要通过跨国界的人员、信息、商品和资本流动表现出来。对全球化的讨论涉及多种视角和学科，主要内容有经济全球化、政治全球化、文化全球化、社会全球化、技术全球化、生态全球化等。全球化理论提供了一个框架，用来分析和理解全球化如何影响国家、社会、经济和个体的生活。这是一个多方面的现象，不仅限于经济领域，还触及文化、政治和社会层面，并在不同区域和不同速度上展开。全球化既带来机遇也带来挑战，理论家们不断探讨如何应对这些挑战，以及如何在全球化背景下实现公平与可持续发展。虽然全球化理论在分析当前国际关系和全球经济结构中起到了重要作用，但也受到了一些批评，比如认为该理论对不平等、文化同化和丧失、经济依赖性、环境问题的加剧、跨国公司的影响力、社会和政治冲突、失业和劳动市场的压力、主权国家的权力受限、全球治理的挑战等问题关注不够。

第二次现代化理论由中国科学院何传启教授于1998年提出[①]。该理论认为现代化既是人类发展的世界前沿以及达到和保持世界前沿的过程，也是人类文明的一种深刻变化，是从传统文明向现代文明的巨大转变，以及人的全面发展和自然环境的合理保护，同时文化多样性长期存在。18—21世纪，世界现代化分为两大阶段，第一次现代化是从农业经济向工业经济、农业社会向工业社会的转变，第二次现代化是从工业经济向知识经济、工业社会向知识社会的转变。

综合现代化理论由中国科学院何传启教授在2003年提出[②]。2003年出版的《东方复兴：现代化的三条道路》一书系统阐述了该理论，适合于目前没有完成第一次现代化的发展中国家。这些国家通过两次现代化的协调发展，有可能迎头赶上世界先进水平，达到发达国家第二次现代化水平。综合现代化是发展中国家的一种现代化现象，是两次现代化的协调发展和持续向第二次现代化转型的复合过程，是现代文明的形成、发展、转型和国际互动的复合过程，是文明要素的创新、选择、传播和退出交替进行的复合过程，是追赶和达到世界先进水平的国际竞争。发展中国家在综合现代化阶段，可以采用生态现代

---

① 何传启：《现代化研究的十种理论》，《理论与现代化》2016年第1期。
② 何传启：《现代化研究的十种理论》，《理论与现代化》2016年第1期。

化原理和绿色发展模式，走绿色工业化和绿色城市化的发展道路，降低现代化过程的环境压力和生态成本，实现工业化、城市化、民主化、知识化、信息化和绿色化的协调推进。虽然发展中国家的环境压力和生态成本也会先升后降，但它们的数值有可能小于发达国家。

上述这些现代化理论反映了人类对现代化进程的不同理解和探究，反映了现代化的多个表象，也为更全面地认识现代化的各个方面提供了丰富的理论资源。但这些理论在解释现代化的过程中均存在不足之处。第一，过于强调西方化。一些现代化理论在其理论框架和研究方法上过于注重西方中心主义，往往以西方国家为标准来衡量其他国家的现代化进程，尤其是对发展中国家的特殊情况缺乏足够的关注和适用性，忽略其他文化传统和经验的贡献。第二，线性发展观，缺乏动态和互动性。一些理论将现代化视为一个有序的、线性的过程，将社会发展看作沿着预定道路不断前进的过程，忽视历史、文化和社会结构的差异对现代化进程的影响，也忽略历史上的反复和不确定性。这种线性思维可能导致对不同国家现代化进程的误解和误判。第三，简化复杂现象。一些现代化理论将复杂的现代化进程简化为几个因素或几个阶段，这可能导致对复杂现象的误解和误判。事实上，现代化是一个复杂的过程，涉及政治、经济、文化、社会、技术等多个方面的变革和发展。各个方面相互交织、相互影响，形成一个复杂的网络。因此，需要更全面、细致和深入的理论框架来理解和解释现代化进程。第四，缺乏比较研究。一些现代化理论往往以单个国家为研究对象，缺乏对不同国家之间现代化进程的比较研究，例如发达国家与后发国家、资本主义国家与社会主义国家、不同文化背景国家之间现代化进程的比较研究。这可能导致对现代化的本质和规律性认识出现偏差，限制理论的适用范围和解释力。

这些理论缺陷提醒我们，研究现代化时需要保持审慎和批判性思维，跳出线性思维和传统西方框架的限制，采用更灵活和开放的理论框架，加强比较研究视角，更好地理解和比较不同国家现代化进程的差异性和多样性，以更全面、细致和深入地理解现代化的本质和发展，更好地揭示现代化进程的规律和特点，为发展和完善理论提供更丰富的实证支持。

二　现代化的特征

人类社会的发展是一个漫长的历史进程，是生产关系和生产力变迁的过程。从生产关系角度来说，人类社会的发展可以分为原始社会、奴隶社会、封建社会、资本主义社会、共产主义社会。从生产力角度来说，人类社会形态从低级到高级可以分为原始社会、农业社会、工业社会、信息社会。其中，农业社会是以农业生产为主导，以农业技术为核心，伴随着简单的手工劳动工具的社会形态。其经济模式以微观农业生产为主，即主要以家庭为基本社会组织形式，宗法制度严格，个人自由程度较低，只有少量集体经济组织，经济发展偏缓慢，社会结构复杂程度较低。工业社会是以工业生产为主导，以科学技术为核心，伴随着各种机械设备的社会形态。其经济模式以宏观工业生产为主，以公司、企业和各种组织为基本社会组织形式，法律法规更加完善，个人自由程度也更高，有大量集体经济组织，经济发展较快，社会结构复杂程度较高。信息社会以信息技术为主导，以数字化和网络化为特征，信息产业是第三次工业革命的核心内容。其经济模式以宏观信息技术为主。总之，现代化是人类社会发展的必然趋势，也是人类文明进步的重要标志。人类社会的经济、政治、社会、科技、文化总是不断变迁，始终朝着现代化方向前进。

现代化是一个多维而复杂的社会变迁进程，并非仅仅是现代工业技术推动下的经济繁荣，而是涉及经济、政治、社会、文化、思想、生态、环境、生活方式等方方面面。要正确认识现代化，必须坚持整体性和系统性观念，科学、客观认识现代化的一般发展规律，从点、线、面的立体角度认识现代化。

（一）现代化具有阶段性

现代化是一个阶段性的过程，这个过程并非一蹴而就，而是要经历多个阶段的演进。不同社会在现代化的路径上可能经历不同的发展阶段，这取决于其历史、文化和经济条件。基于瓦尔特·罗斯托的"五阶段增长理论"和其他现代化理论，一般来说，现代化可以分为六个阶段。

第一，传统社会阶段。传统社会是现代化进程的起点，这一阶段的经济以农业为主，技术和科学知识有限。城市化水平低，社会结构通常是固定的，由德高望重的家族、宗族和地方领袖领导。生产力发展较低，创新少，人们遵循传统习俗和信仰。

第二，启蒙和起步阶段。这个阶段标志着社会逐渐摆脱传统模式，开始经济和社会结构的变革。新的领导阶层和企业家出现，推动经济和社会创新，工业化起步，技术和知识引入，城市化水平提高，教育水平提升。

第三，起飞阶段。经济开始多元化，新兴工业逐渐成为增长引擎。投资比例和国民收入显著增加。政治和社会机构开始适应经济增长与变化的需求。

第四，趋向成熟阶段。工业化广泛扩展到多个经济领域。技术成为全社会的推动力，创新频繁发生。国内市场成熟并开始向国外市场拓展。

第五，高消费阶段。经济达到高度发展，服务业变得更加重要。消费水平上升，出现多样化的消费品和生活方式选择。社会福利体系建立，生活质量普遍提高。

第六，后现代阶段（有时作为现代化的一个发展阶段）。经济更倾向于服务业和信息技术，传统制造业的比重下降。全球化现象显著，国际贸易和文化交流增加。社会价值观念多元化，重视环境保护和可持续发展。

现代化目标需要分阶段实现主要是由于以下八个原因。一是复杂性与多维性。现代化不仅关乎经济的工业化，还包括政治、社会、文化等多个方面的发展和变革。这些领域的转型涉及复杂的系统性变化，需要时间和阶段性的过渡。二是资源与能力限制。一个国家或社会在人力、财力、物力以及技术等资源上通常存在限制。因此，需要确定优先顺序，并且逐步地集中资源达成具体阶段的目标。三是稳定性与避免混乱。过快的变革可能导致社会失序和冲突。分阶段实现现代化可以确保变化以一种更有序、可控的方式进行，减少社会抵抗和破坏性的冲突。四是实验与调整。创新和变革经常需要通过试错来寻找最佳方案。分阶段实现允许对于先行实施的政策和方案进行评估和必要的调整。五是制度与文化适应。现代化不仅需要技术和物质基础变革，还需要人们价值观念和行为习惯的适应。习惯和文化的变化往往需要更长的时间来实现。六是风险管理。根据不同发展阶段实现有针对性的现代化目标有助于识别风险、层层递进地管理风险，并且防止某一领域的问题危及整个社会。七是人民的接受度。分阶段推进现代化有利于民众逐步接受新的生活方式和思维方式，有助于建立对变化的共识和支持。八是国际环境的影响。国际环境的变化也可能影响一个国家现代化的节奏和策略。分阶段实施现代化能够更好地应对国际环境的不确定性。总的来说，分阶段实现现代化有助于在有限的资源和条件下，以一种适应性强、风险低、稳定性好的方式，促进社会全面而平衡的发展。这个过程需要政策制定者根据实际情况制定明智的战略，不断评估、调整并优化发展路径。

（二）现代化具有发展性和过程性

美国哈佛大学教授塞缪尔·亨廷顿归纳了现代化过程的九个明显特征，分别为革命性、复杂性、系统性、全球性、长期性、阶段性、趋同性、不可逆性、进步性。[①] 第一，现代化是革命的过程，是指从传统社会向现代社会的转变，只有人类起源的变化以及从原始社会

---

① Black CE (ed.), *Comparative Modernization*, New York: The Free Press, 1976.

向文明社会的变化才能与现代化相比拟。第二，现代化是复杂的过程，包含着人类思想和行为一切领域的变化。第三，现代化是系统的过程。一个因素的变化将联系并影响到其他各种因素的变化。第四，现代化是全球化的过程。现代化起源于15—16世纪的欧洲，但现在已经成为全世界的现象。第五，现代化是长期的过程。现代化所涉及的整个变化需要时间才能解决。第六，现代化是有阶段的过程。一切社会进行现代化的过程，有可能区别出不同的水平或阶段。第七，现代化是趋同的过程。传统社会以很多不同的类型存在，现代社会却基本相似。第八，现代化是不可逆的过程。虽然在现代化过程中某些方面可能出现暂时的挫折和偶然的倒退，但在整体上现代化是一个长期的趋向。第九，现代化是进步的过程。现代化在转变时期的代价和痛苦巨大，但从长远看会增加人类在文化和物质方面的幸福[①]。

现代化是一个复杂的社会过程，主要包括以下五个方面。一是经济工业化。工业化过程带来生产方式的巨大变革，从传统的手工生产向大规模、标准化、高效率的生产方式转变。这种变革引起生产效率的提高和成本的降低，使得大规模生产和消费成为可能。二是技术创新与扩散。技术创新是经济增长的关键因素。新技术的引入和广泛应用可以提高生产力、降低成本，促进产业升级，从而推动整体经济发展。不仅如此，技术创新还会促使社会结构和文化变革，可能改变人们的工作方式、社交模式和生活方式，推动社会向更先进的方向发展。三是思想多元化。现代社会通常是更加开放和包容的社会，因此现代化的进程往往伴随着不同思想观点、信仰体系和文化价值的多元化，从而实现人的自由发展和全面进步，进而推动科技、文化和社会制度的发展。四是城市化的发展。城市化常伴随着工业化和现代产业发展，从而吸引人口向城市集中。集中的人口、资源和产业在城市中

---

① 何传启：《什么是现代化》，《中外科技信息》2001年第1期。

更容易形成经济规模效应，促进创新和生产力提升。城市更完善的基础设施、更高的教育和文化水平也会促进人们生活水平和教育水平的提升，进而影响到政治、经济、文化、生活方式等。五是先进的政治制度。现代化的政治制度强调法治原则，强调大众参与政治过程的代表性和广泛性，有助于国家治理和社会稳定。

现代化通常被理解为社会、经济、政治和文化由传统状态向现代状态转变的过程。这个过程涉及广泛的变化，如工业化、城市化、技术进步、政治和社会结构的演变等。现代化既是一个多维度的过程，也是一个目标。它与提高生活标准、扩大教育和普及健康服务、促进社会正义与包容性以及增强个体能力等多种发展目标相关联。这种转变过程体现在许多国家的政策理念和国际发展机构的项目之中，经常被作为衡量社会综合进步的标准。与此同时也要认识到，现代化不是无冲突的单向路线，它往往伴随着挑战、适应困难和不平等问题，需要经过复杂的社会谈判和调整。

（三）现代化具有相对性

现代化是经济社会发展结果的呈现。现代化之所以能够在不同国家、社会和文化之间进行比较，是因为这个概念本身包含一系列以西方发展为基础而设定的标准，这些标准中的很多方面体现了西方国家自工业革命以来所经历的特定的经济、社会、政治和文化的变迁过程与特点。

现代化被视为一个比较的结果，主要原因有以下七个。第一，历史发展模式与社会制度的差异。现代化理论很大程度上参照了西欧和北美经济迅速增长和社会变革的历史路径。其他国家的发展程度常常与这个模式相比较，以确定其"现代性"的水平。不同的社会制度对现代化有不同的适应方式，而现代化本身可能对社会制度产生影响。第二，工业化进程的不同阶段。工业化被看作现代化过程的关键部分。因此，国家的工业化水平常被用作衡量其现代化程度的指标，并与其他国家进行对比。第三，发展指标的比较。经济指标（如

GDP、人均收入）和社会指标（如教育水平、医疗保健）等被用来比较不同国家的发展水平，反映其现代化成功与否。第四，政治制度的演变。现代国家体系和民主政治制度被认为是现代化的组成部分，不同国家之间政治制度的差异和民主化程度的差距也成为比较的依据。第五，文化标准与生活方式。西方标准的消费模式、社会习俗和价值观，以及个体自由和生活方式的变迁也通常被用作判定现代化的标准，并作为不同社会之间的比较基准。第六，国际体系的影响。国际组织和金融机构常基于特定的现代化模型和指标来评估国家的发展和资格。这会影响到资源分配和国际关系。第七，全球化影响的对比。随着全球化进程的深入，各个国家如何融入全球市场、适应国际竞争成为评价现代化进程的重要方面。

（四）西方现代化具有先发优势

现代化的发展需要有一系列的推动因素。西方现代化之所以在全球范围内取得巨大成功，主要在于其工业化进程启动较早，充分利用了有利的推动因素，取得了先发优势，得以在相当长时期内占据主导地位。表现在以下九个方面。第一，工业革命。18世纪末19世纪初，首先在英国爆发的工业革命推动了大规模的机械化生产。西方国家因此在技术、生产方式和工业组织等方面取得了领先优势。第二，科学革命和理性主义。16世纪兴起的科学革命改变了人类认识世界和处理问题的方式。西方社会的理性主义思想为技术发展和社会变革奠定了思想基础。第三，资本主义经济体制。资本主义经济体制的发展在当时提供了动态的经济增长机制，通过市场竞争和资本积累推动了效率提升和经济创新。第四，政治制度的变革，增强了政治系统的灵活性和适应性，促进了法治和个人自由的发展。第五，殖民扩张和全球贸易。殖民主义扩张和对外贸易为西方国家带来了丰富的资源和市场，加速了西方的工业化和现代化进程。第六，现代教育体系的建立。哲学启蒙运动促进了现代教育的普及，现代学校体系的确立又为科技和文化创新提供了基础。第七，文化因素。新教伦理等影响了西方社会的工作态度和经济行为，对积极参与市场经济和世俗事务有正面推动作用。第八，社会组织的变迁。新兴的资产阶级和强化的国家结构形成了稳定的社会秩序和有效的管理体系。第九，科技与军事创新。科技进步带动军事技术革新，使得西方国家在军事实力上获得领先优势，能够维护其全球利益。

毋庸置疑，西方式现代化在促进生产力发展中发挥了巨大作用，但其未能解决当前信息和数字时代的新科技革命条件下的发展问题。过去引以为荣的解决自由、平等、公平、正义等问题的西方模式越来越具有地区性（适合西方发达社会），而不具普适性（并不适合很多地区的国情），越来越难以解决世界百年未有之大变局和全球化条件下的贫富差距、权利差异、文化多元等新社会问题。西方模式强调在其话语体系中的自由和平等，不断巩固其先发优势下的垄断优势，依靠其他国家的资源和劳动力维持其领先地位，以区域联盟等"小圈子"方式打击其他国家，使得贫富差距进一步扩大，世界秩序受到严重挑战。

（五）中国式现代化与西方现代化都是世界现代化的一部分

习近平总书记指出："我国建设社会主义现代化具有许多重要特征。世界上既不存在定于一尊的现代化模式，也不存在放之四海而皆准的现代化标准。"[①] 随着时代发展以及中华人民共和国的成立，世界现代化进程中又多了一种实践。中国式现代化作为世界现代化的重要一支，与西方现代化共同构成了世界现代化。中国式现代化扎根中华大地，立足中国实践，胸怀天下和全人类，为人类社会现代化发展提供了新选择。

在科学认识现代化的基础上，中国式现代化立足中国国情，为世界现代化发展提供了鲜活的实践样本，推动着世界现代化模式的多元

---

① 习近平：《论把握新发展阶段、贯彻新发展理念、构建新发展格局》，中央文献出版社2021年版，第9页。

化发展，打破了"现代化=西方现代化"的悖论。随着改革开放的不断推进，中国在工业化方面积累了深厚基础，同时抓住信息社会的决定性推动力量，厚植中华优秀传统文化，有力地推动着中国式现代化的发展。

中国式现代化的最终形态将是一个综合国力显著增强、人均收入达到中高收入国家水平、生态环境根本改善、人民生活全面改善的社会。同时，这样的现代化道路必须反映中国的国情、文化传统和社会制度，并坚持以人民为中心的发展思想。中国现已成为世界工厂，具备完善的制造业体系和产业链条，是世界第二大经济体、制造业第一大国、货物贸易第一大国。中国拥有41个工业大类、207个工业中类、666个工业小类，成为全世界唯一拥有联合国产业分类中全部工业门类的国家。2022年，中国全部工业增加值突破40万亿元大关，制造业规模连续13年居世界首位。中国的新能源汽车和光伏产量连续多年保持全球第一，已建成全球规模最大、技术领先的移动通信网络，算力总规模位居世界第二。

因此可以说，中国式现代化至少体现在以下七个方面。第一，工业发展和转型。中国式现代化实现后，中国的工业将进一步从产量扩张转向质量效益，强调创新驱动、绿色低碳和智能制造。重工业和制造业将进一步得到优化升级，同时高新技术产业和生物科技、信息技术、新能源、新材料等战略性新兴产业将走在世界前列。第二，经济结构多元化。尽管工业化是现代化的重要标志，但中国式现代化也强调经济结构均衡发展，包括服务业特别是高端服务业发展，使经济结构更加多元化和均衡。推动经济发展新模式，促进内需驱动和消费升级，减少出口依赖。第三，城镇化与区域协调发展。城镇化持续推进，人口逐渐向城市转移，同时注重城乡融合发展，减小城乡差距。实现区域发展的平衡，促进东、中、西部地区协调发展和新型城镇化，形成更多的经济增长极。第四，技术创新体系。加强科技创新体系建设，提升研发和技术创新能力，研发更多具有自主知识产权的核心技术。实现产学研深度融合，打造创新型国家。第五，可持续发展。重视环保和资源节约问题，推动绿色生产和消费，走可持续发展道路，促进经济社会与自然环境的和谐发展。加强生态文明建设，实施国家节能减排政策。第六，社会和谐稳定。解决好社会公平正义问题，包括减小收入差距、推进共享发展。建设更加完善的社会保障体系，包括养老、医疗、教育等，提高人民生活水平。第七，对外开放新局面。深化对外开放，积极参与国际合作和全球治理，塑造国际竞争新优势。

三 中国式现代化的产生过程

习近平总书记指出，"在新中国成立特别是改革开放以来长期探索和实践基础上，经过十八大以来在理论和实践上的创新突破，我们党成功推进和拓展了中国式现代化"[①]。可见，中国式现代化有着鲜明的时间线和实践探索。根据不同时期和阶段的特点，中国式现代化的发展历程可以分为以下五个阶段。

（一）第一个阶段（1921年之前），即中国民主革命的先驱者的现代化道路探索

孙中山先生不仅是中国民主革命的伟大先行者，也是中国现代化的伟大先行者，为探索中国现代化道路做出了新颖、独特的四大理论贡献。他提出了三民主义（民族主义、民权主义、民生主义），设想通过三民主义实现"人能尽其才，地能尽其利，物能尽其用，货能畅其流"，进而建立国富民强、天下为公的大同社会。孙中山的现代化思想主要体现在以下四个方面。一是确定中国现代化的目标是振兴中华。他是这个口号和目标的最早倡导者。"振兴中华"体现了把民族忧患意识和民族复兴意识统一起来的现代民族精神和爱国主义。二是确立了中国现代化纲领，即三民主义。该主义的本质属于资本主义

---

① 《中国共产党第二十次全国代表大会文件汇编》，人民出版社2022年版，第18页。

范畴，但闪光点在于探索一种趋向于人民主体论的现代化模式，以求超越资本主体论的西方现代化模式。三是确立了实现中国现代化的道路和方法，即自主开放。他是中国对外开放和利用外资的首倡者，要求把对外开放的全面性与独立自主的主体性结合起来。四是确立了中国现代化的文化观，即综合创新论。他主张走"古今中外、综合创新"的道路，吸收中国传统的母体文化和西方近现代文化之精华，综合创造中国新文化[①]。

（二）第二个阶段（1921—1949），即中国共产党成立到新中国的成立

这一阶段有了坚定的领导核心——中国共产党。中国共产党人在马克思列宁主义的指导下，带领中国人民推翻了帝国主义、封建主义、官僚资本主义三座大山，经过艰苦卓绝的斗争后成立了新中国。

1940年，毛泽东发表《新民主主义论》，破解了中国与西方资本主义既"全面冲突"又不得不"以西为师"的悖论，主张推翻"三座大山"，将现代化之权牢牢掌控在中华民族自己手中，在彻底变革生产关系的条件下重启中国的现代化进程，以社会主义为定向，以新民主主义这一特殊的社会发展阶段为阶梯循序推进。这是中国共产党对现代化道路极富创造性的一个构想，是对现代化理论探索取得的重大突破，开启了将现代化理论中国化的伟大创新思维与实践[②]。

1945年，党的七大提出要"在若干年内逐步地建立重工业和轻工业，使中国由农业国变为工业国"[③]，将工业化作为现代化的实质内容和必由之路，奠定由人剥削人的封建专制社会向人民民主的社会主义社会转变的重要物质基础。

---

① 王东：《孙中山：中国现代化的伟大先行者》，《北京大学学报》（哲学社会科学版）1996年第5期。
② 姚厦瑗、罗文东：《中国共产党对现代化理论的百年探索与创新》，《河南大学学报》（社会科学版）2023年第4期。
③ 《毛泽东选集》第3卷，人民出版社1991年版，第1081页。

1949年，党的七届二中全会报告中出现"现代性"和"集体化"的提法①，并将"现代化"与"集体化"并列②，作为新民主主义社会向社会主义社会过渡的重要支撑。中国共产党在新民主主义时期对现代化理论的自觉自主探索和创新从一开始就达到了较高水平，为进一步创新和实践社会主义革命和建设时期的现代化理论打下了坚实基础。

（三）第三个阶段（1949—1978），即新中国成立到改革开放前

新中国实现了国家独立和主权安全，启动了现代化建设，改善了民生，实现了经济较快增长，初步建立起了完整的工业体系和基础设施，普及了基本医疗和基础教育，实现了社会结构和文化的变革。从立国的根基来看，在党和国家第一代领导人的带领下，中国在工业、农业、科学技术、军事等方面取得巨大突破，为破解帝国主义的封锁打下坚实基础。以毛泽东同志为核心的中国共产党人高度重视现代化建设。毛泽东在1946年就指出："古代有封建的土地所有制，现在被我们废除了，或者即将被废除，在这点上，我们已经或者即将区别于古代，取得了或者即将取得使我们的农业和手工业逐步地向着现代化发展的可能性。"③

1954年，党的一届全国人大一次会议提出"四个现代化"的奋斗目标④。1956年，党的八大将社会主义和工业化统一起来⑤，中国共产党直面探索中国自己的社会主义现代化道路的全新课题，引领中国人民进入一个全民钻研社会主义工业化，钻研社会主义改造，钻研"四个现代化"的崭新历史时期。在新民主主义向社会主义的推进和发展过程中，1956年，中国的社会主义经济成分占绝对优势地位，社会主义现代化类型得以完全确立，并日渐成为世界现代化中一个引

---

① 《毛泽东选集》第3卷，人民出版社1991年版，第1430页。
② 《毛泽东选集》第3卷，人民出版社1991年版，第1432页。
③ 《毛泽东选集》第4卷，人民出版社2006年版，第1430页。
④ 《周恩来选集》下卷，人民出版社1984年版，第132页。
⑤ 中共中央文献研究室编：《建国以来重要文献选编》第9册，中央文献出版社1994年版，第150页。

人注目的类型。毛泽东在 1960 年谈道:"建设我们国家现代化的工业、现代化的农业、现代化的科学文化和现代化的国防。"① 1964 年,中国共产党顺应时势发展对"四个现代化"进行了更为科学的界定,以科学技术的现代化替代交通运输业的现代化,并做出了"两步走"的较长时期的计划和具体稳妥推进步骤。② 这个时期,由于尚未形成独立的经验,并受既有苏联社会主义现代化种种观念的束缚,中国的现代化欲速不达,虽取得一定成就但发展有限,并一度陷入徘徊停滞状态。

(四) 第四个阶段（1978—2012），即改革开放时期的探索和实践

这个时期,提出了"三步走"实现现代化的战略部署。1987 年党的十三大明确提出:"在社会主义初级阶段,发展社会生产力所要解决的历史课题,是实现工业化和生产的商品化、社会化、现代化。我国的经济建设,肩负着既要着重推进传统产业革命,又要迎头赶上世界新技术革命的双重任务。……我国经济建设的战略部署大体分三步走。第一步,实现国民生产总值比 1980 年翻一番,解决人民的温饱问题。这个任务已经基本实现。第二步,到本世纪末,使国民生产总值再增长一倍,人民生活达到小康水平。第三步,到下个世纪中叶,人均国民生产总值达到中等发达国家水平,人民生活比较富裕,基本实现现代化。然后,在这个基础上继续前进。"

中国共产党十一届三中全会宣示着中国特色社会主义进入融入全球化的发展阶段。在这一阶段,中国共产党带领全国人民顺应时代发展潮流,集中精力发展经济并且与世界接轨,中国的国民经济体系快速发展、完善。从 1978 年到 1992 年,不仅国家整体经济实力大大增强,居民收入大大增加,国家税收也快速增长。GDP 总值 1978 年只有 3677 亿元人民币（约合 676 亿美元）,1992 年约为 2.7 万亿元人民

---

① 《毛泽东文集》第 8 卷,人民出版社 1999 年版,第 162 页。
② 《周恩来选集》下卷,人民出版社 1984 年版,第 439 页。

币（约合 4269 亿美元），2012 年达到 51.93 万亿元（约合 8.53 万亿美元）。人均 GDP 产值 1978 年仅有 381 元，1992 年达到 2311 元，2012 年达到 3.83 万元（约合 6300 美元）。财政收入 1978 年为 1132 亿元，1992 年接近 3500 亿元，2012 年 11.72 万亿元。这个阶段产生了邓小平理论、"三个代表"和科学发展观等重要思想，为中国式现代化发展做出了理论贡献。

邓小平指出，中国搞的现代化是中国式的现代化[①]，"建设一个比较完整、独立的现代化的国民经济体系，包括工业、农业。这就是说，基本的东西我们自己都能搞，摆脱附属地位"[②]。1979 年 12 月，中国式的"四个现代化"的目标被生动地诠释为"小康之家"[③]。1982 年，党的十二大提出了"把我国建设成为高度文明、高度民主的社会主义国家"的战略目标[④]，在坚持"四个现代化"的基础上强调政治体制改革的重要性。

江泽民指出："在社会主义的领导力量和依靠力量问题上，强调作为工人阶级先锋队的共产党是社会主义事业的领导核心，党必须适应改革开放和现代化建设的需要，不断改善和加强对各方面工作的领导，改善和加强自身建设。"[⑤] 他在《正确处理社会主义现代化建设中的若干重大关系》的重要讲话中指出："我国现代化建设必须遵循速度和效益相统一的原则，正确处理好两者的关系。我们是发展中国家，要实现现代化，缩小与发达国家的差距，关键在于要走出一条既有较高速度又有较好效益的国民经济发展路子。"[⑥]

胡锦涛指出，"实现现代化，关键是科学技术现代化"[⑦]，"同世界先进水平相比，我国科技发展水平还相对落后，有利于科技进步和

---

① 《邓小平文选》第 3 卷，人民出版社 1993 年版，第 29 页。
② 《邓小平文集（一九四九～一九七四年）》（下卷），人民出版社 2014 年版，第 160 页。
③ 《邓小平文选》第 2 卷，人民出版社 1994 年版，第 237 页。
④ 中共中央文献研究室编：《十二大以来重要文献选编》（上），人民出版社 1986 年版，第 13 页。
⑤ 《江泽民文选》第 1 卷，人民出版社 2006 年版，第 220 页。
⑥ 《江泽民文选》第 1 卷，人民出版社 2006 年版，第 462 页。
⑦ 《胡锦涛文选》第 2 卷，人民出版社 2016 年版，第 192 页。

创新的充满活力的体制机制还没有完全形成,有利于科技成果更快更好向现实生产力转化的有效机制还没有真正建立起来"①。

(五) 第五个阶段(2012年至今),即中国式现代化实践探索与理论创新

在社会主义现代化建设"三步走"战略安排基础上,2017年党的十九大又提出"两个一百年"奋斗目标,即在解决人民温饱,人民生活总体上达到小康水平这两个目标已提前实现基础上,到建党一百年时建成经济更加发展,民主更加健全,科技更加进步,文化更加繁荣,社会更加和谐、人民生活更加殷实的小康社会,到新中国成立一百年时,基本实现现代化,把我国建成社会主义现代化国家。从全面建成小康社会,到基本实现现代化,再到全面建成社会主义现代化强国,是新时代中国特色社会主义发展的战略安排。党的十九大明确提出"新时代中国共产党的历史使命是实现中华民族的伟大复兴",指出"今天,我们比历史上任何时期都更接近,更有信心和能力实现中华民族伟大复兴的目标"。

为了建设社会主义现代化强国,为了实现中华民族伟大复兴的目标,以习近平同志为核心的党中央高瞻远瞩,推进和拓展了中国式现代化的理论内涵,开辟了属于中国也属于世界的新时代。习近平总书记指出:"党的十八大以来,我们党以巨大的政治勇气全面深化改革,突出问题导向,敢于突进深水区,敢于啃硬骨头,敢于涉险滩,敢于面对新矛盾新挑战,冲破思想观念束缚,突破利益固化藩篱,坚决破除各方面体制机制弊端,改革由局部探索、破冰突围到系统集成、全面深化,许多领域实现历史性变革、系统性重塑、整体性重构,为中国式现代化注入不竭动力源泉。"②

在习近平新时代中国特色社会主义思想指导下,尽管其间经历了

---

① 《胡锦涛文选》第2卷,人民出版社2016年版,第192页。
② 习近平:《中国式现代化是中国共产党领导的社会主义现代化》,《求是》2023年第11期。

新冠疫情等困难，但中国经济社会始终保持增长态势，GDP规模从2013年的56.88万亿元（约合9.57万亿美元）增长到2022年的121.02万亿元（约合17.96万亿美元），人均GDP产值从2013年的41908元（约合6767美元）增长到2022年的85698元（约合12741美元），国家财政收入从2013年的12.91万亿元（约合2.08万亿美元）增长到2022年的20.37万亿元（约合3.03万亿美元），人均可支配收入从2013年的18311元（约合2958美元）增长到2022年的31370元（约合4668美元）。

新时代中国式现代化的理论与实践源自中国对时代和现实世界的判断。

一是对社会主要矛盾的判断。基于不同时期的实际发展状况，对社会主要矛盾进行明确和调整，有助于形成社会共识，有助于更好地解决阶段性问题。1956年，中共八大提出中国社会的主要矛盾是落后的农业国与先进的工业国之间、人民日益增长的物质文化需要与落后的社会生产之间的矛盾。1981年，党的十一届六中全会提出的社会主要矛盾是人民日益增长的物质文化需要与落后的社会生产之间的矛盾。2017年党的十九大以来，我国社会的主要矛盾是人民日益增长的美好生活需要和不平衡不充分的发展之间的矛盾。也就是说，中国经济社会的主要矛盾始终是无法满足民众的物质文化需求或者对美好生活的需求，原因起初是落后的社会生产（量的不足），现在则是不平衡不充分的发展（量可以满足，但发展不平衡，分配不均衡）。

二是对发展格局的判断。在科学认识当前社会的主要矛盾后，以习近平同志为核心的党中央提出了立足新发展阶段，贯彻新发展理念，构建新发展格局的科学判断，以人民为中心，推动实现共同富裕的伟大理想。党的十八大以来，中国共产党以强烈的责任担当统筹国内国际两个大局，将经济发展过程中以追求经济增长速度为目标转向以增长质量为目标，全面统筹和协调经济建设、政治建设、文化建设、社会建设和生态文明建设，回应人民对美好生活的期待和高质量现代化的时代要求。将现代化看作一个整体概念，统筹推进"五位一体"总体布局，协调推进"四个全面"战略布局[①]，以"烦恼"较少、代价较低的方式引领社会主义现代化事业进入新时代。在这一时期，现代化的内容在厚度和广度上得以进一步拓展，中国特色社会主义现代化理论得到新的概括和发展，中国式现代化的蓝图愈加宏伟壮丽。

三是对国家治理体系和治理能力的判断。国家的发展和强盛需要有明确的发展路径。因此，中国共产党审时度势地提出了国家治理体系和治理能力现代化。党的十八大以来，党和国家与时俱进地改革和重组了机构设置。在中央层面，国家监管的前瞻性和主动性大大加强，中央纪委和监委的合署办公使得国家公职人员的监管更加落到实处。组建国家专业执法队伍使得行业监管更有针对性，监管效率大幅提升。与此同时，中国找到了跳出历史周期率的第二个答案——自我革命，即严格管党治党，强化党内监督，发展积极健康的党内政治文化，全面净化党内政治生态，坚决纠正各种不正之风，以零容忍的态度惩治腐败，增强党的自我净化、自我完善、自我革新、自我提高的能力，始终保持党同人民群众的血肉联系。[②]

四是对国际局势的判断。世界正面临百年未有之大变局，世界的发展与稳定需要中国强有力的发展和稳定。大变局体现在九个方面：一是国际力量对比之变，出现东升西降；二是世界政治力量格局之变，出现多极重构；三是世界经济体系之变，全球化让市场全覆盖；四是世界文化版图之变，多样并存；五是社会活动方式之变，网络泛在；六是全球生态环境之变，绿色生存；七是世界科技趋势之变，创新驱动；八是国际产业体系之变，链条再造；九是国际治理体系之

[①] "五位一体"的总体布局即统筹推进经济建设、政治建设、文化建设、社会建设、生态文明建设五个方面的建设。"四个全面"的战略布局即协调推进全面建设社会主义现代化国家、全面深化改革、全面依法治国、全面从严治党。

[②] 《新时代党员干部学习关键词（2022版）》，党建读物出版社2022年版，第34页。

变，安全交织。[①]

五是对中国特色社会主义制度的发展自信的判断。中国特色社会主义制度在发展中不断得到完善，进一步增强了中国人的道路自信、理论自信、制度自信和文化自信。坚持把马克思主义基本原理同中国具体实际相结合、同中华优秀传统文化相结合，增强对自身发展道路的自信。只有全面深入了解中华文明的历史，才能更有效地推动中华优秀传统文化创造性转化、创新性发展，更有力地推进中国特色社会主义文化建设，建设中华民族现代文明。[②]

四 中国式现代化的特点

厘清现代化的发展脉络，深刻理解中国式现代化理论及其给人类文明发展带来的影响对于不断推进中国式现代化理论有着重要作用。现代化发展有不同的路径和进程。现代化是一个复杂而多元的过程，涵盖经济、社会、政治、文化、科技和生态环境等多个方面。不同的国家和地区在现代化进程中，根据自身的历史、文化、社会和经济特点，采取不同的路径和策略。一些国家选择了自由市场经济模式，以私有化、市场化和贸易自由化为导向，通过市场竞争推动经济发展。也有一些国家选择混合经济模式，结合政府干预和市场机制优势，以实现公平和可持续发展为目标。还有一些国家则依赖资源出口或外部支持。中国式现代化是中国共产党领导的社会主义现代化，既有各国现代化的共同特征，更有基于自己国情的中国特色，开创了人类文明新形态，有着鲜明的优势与特色。

党的十八大以来，以习近平同志为核心的党中央立足时代发展的现实基础和中国国情，系统完整地提出中国式现代化理论，总结出中国式现代化具有五个典型特征。

[①] 宁吉喆：《世界百年未有之大变局的主要特征及机遇挑战》，《全球化》2023年第6期。
[②] 王晔、鞠鹏：《担负起新的文化使命，努力建设中华民族现代文明》，《人民日报》2023年6月3日。

第一，人口规模巨大的现代化。迄今为止，全球完成工业化的发达国家和地区人口总和不超过10亿人。中国有14亿多人口，如果中国整体迈入现代化社会，其规模超过现有发达国家的总和，将彻底改写现代化的世界版图，无先例可循，因此，中国式现代化是人类历史上有深远影响的大事，创造奇迹的人类文明新形态。人口多、资源少的特点决定了实现中国式现代化的艰巨性和复杂性。立足中国国情，用中国的方法解决中国的问题成为最有效的途径。需要始终坚持以人民为中心，通过举国体制，集中力量办大事，依靠集体的力量、人民的智慧将发展中的重大问题和难点问题分阶段、分步骤一一解决。

第二，全体人民共同富裕的现代化。人民对美好生活的向往是中国共产党的奋斗目标，是中国式现代化最根本的价值追求。在社会主义中国，共同富裕是本质要求。现代化建设推进过程中的目标设计和过程的实现都是以全体人民的共同富裕为宗旨。在推进共同富裕的进程中，有宪法和法律强有力地保障全体人民的权益。通过体制机制的设计，通过先富群体的示范效应带动后富群体，通过第三次分配的方式解决社会中贫富差距问题。

第三，物质文明和精神文明相协调的现代化。社会主义现代化的发展从根本上保障了物质富足。而要使中国式现代化走得更远，发展得更好，精神富足也要与之相适应。先进的社会主义文化、坚定的理想信念以及厚重的中华文化滋养，使得中国式现代化在物质文明和精神文明方面协调发展，实现社会整体进步。

第四，人与自然和谐共生的现代化。现代化发展是人类充分利用自然资源的体现，然而自然资源是有限的，如果不能合理地开发和利用资源，必然会给自然带来破坏，反之，必然遭到自然的报复，从而使得人与自然的共同体无法和谐共生。为实现中华民族永续发展，应当以可持续发展为基本准则，通过生态文明发展道路，节约和保护等方式保障自然的恢复。

第五，走和平发展道路的现代化。当今世界，西方式现代化与中国式现代化并存，构成世界现代化的两种重要实践。中国式现代化摒弃战争、殖民、掠夺等方式，通过内驱动力、技术创新等手段推进现代化，避免了损人利己、血腥罪恶的现代化途径的再现，真正通过和平发展给广大发展中国家带来福音。中国高举和平、发展、合作、共赢的旗帜得到广泛赞同，为世界和平与发展、人类文明的进步贡献中国方案。

这五大特征体现了中国式现代化的本质、内容、目标任务和实现方式，阐释了中国式现代化的重要意义。第一，可以从政治伦理上证明，各国都有权利追求富裕和幸福。各国人民都是人，都有权利有资格为了实现自己的美好生活而奋斗前进。世界上所有人都有权利追求幸福富裕的生活，富国不能为了保持自己的富裕而不允许别人致富。2010年4月，时任美国总统奥巴马接受澳大利亚记者采访时曾表示："如果十几亿中国人采用澳大利亚人和美国人一样的生活方式，我们就要进入一个痛苦的时代，地球根本不能承受。"[①] 如果将这个说法同西方主导的高科技壁垒、碳排放市场、转基因主粮、股指期货等主导工具联系起来就可知，在霸权和强权面前，发展中国家的现代化道路必然要经历长期的艰难险阻，不会一帆风顺。第二，可以从制度上保障各国都有探索符合本国国情的发展道路的权利。各国的发展道路既有世界现代化的共同特征，更有基于自己国情的自身特色，需要与其历史、文化、传统和现实相结合，没有放之四海而皆准的统一的发展道路和模式。各国可以借鉴，但不需要全面输入别国的模式，大国也不应该输出自己的模式，强迫他国与自己一致。第三，从发展前景看，各国的发展对于他国而言都是机遇，不是威胁。一个贫穷落后的中国对整个世界才是威胁，一个贫穷落后的外部世界对中国也不是利好因素。富裕发达的中国和世界对彼此则是机遇，是广阔开放的市

---

① The 7.30 Report's Kerry O'Brien talks exclusively with US President Barack Obama. Thursday 15 April 2010, 7.30pm ABC1.

场,丰沛的人力资源、雄厚的资金和技术、便捷的友好往来。

五 创造人类文明新形态

中国式现代化创造的人类文明新形态既不同于过去的传统中华文化,也不同于西方文明,它是古老中华文明在当今时代的新生,是对西方文明的超越。中国作为一个拥有悠久历史和灿烂文明的国家,正在通过传承与创新文化、注重人的全面发展与精神追求,以及追求公平正义和社会和谐,为人类文明的发展创造新的形态和使命,为推动全球文明的多元繁荣和人类命运的持续发展贡献力量。习近平总书记指出,"人类可以利用自然、改造自然,但归根结底是自然的一部分,必须呵护自然,不能凌驾于自然之上。我们要解决好工业文明带来的矛盾,以人与自然和谐相处为目标,实现世界的可持续发展和人的全面发展"[1],"人类进入工业文明时代以来,传统工业化迅猛发展,在创造巨大物质财富的同时也加速了对自然资源的攫取,打破了地球生态系统原有的循环和平衡,造成人与自然关系紧张"[2]。

从现代化实践来看,中国式现代化打破了"西方现代化=世界现代化"的迷思,佐证了西方现代化只是世界现代化的实践形式之一,但不是唯一。中国式现代化在中国发展完善,形成了完整的中国式现代化理论,成为世界现代化的一种重要实践形式。从发展理念、发展方式以及形成的发展格局来看,都是对人类文明发展的新贡献,事实上塑造了人类文明新形态。

人类文明的形成和发展经历了漫长过程。从历史上看,在世界诸多文明中,中华文明是唯一没有中断过的原生文明,具有顽强的生命力,中国式现代化理论的产生和发展,是中华文明的延续和发展,是中国共产党带领中国人民走出的新道路,坚定地坚持马克思主义基本

---

[1] 《习近平谈治国理政》第2卷,外文出版社2017年版,第565页。
[2] 《习近平谈治国理政》第3卷,外文出版社2020年版,第360页。

原理同中国具体实际相结合、同中华优秀传统文化相结合，走进了习近平新时代中国特色社会主义新时代。而中华优秀传统文化也为中国式现代化的发展提供了有益养分，为中国式现代化理论提供了深厚的文化滋养。

中国式现代化经历了学习、发展和齐头并进的阶段。毋庸置疑，西方国家的工业化进程开启的时间较早，在现代化探索和发展中具有先发优势，尤其是在技术方面具有垄断优势，因而不仅在经济发展中取得巨大成绩，也在全球经济发展进程中起到主导作用：一是垄断了全球主要资源；二是将制度和规则向全球推销；三是利用先发优势形成了技术垄断优势；四是倚靠盟友和军事集团维护其垄断利益，如北约、"五眼联盟"等；五是向全球推销其价值观，一定程度上形成了其利益集团和金字塔塔尖的垄断地位。为维护霸主地位，西方国家在全球范围内不断制造各种混乱，试图通过"可控混乱"达到其长期占据全球霸主地位的目的，而中国式现代化开启了新的路径和模式，是中国共产党带领全国各族人民艰苦奋斗、自力更生实现的，不是殖民掠夺的老路现代化，不是国强必霸的歪路现代化，而是和平发展、和谐包容的新路现代化。

中国式现代化助力构建人类命运共同体、塑造人类文明新形态主要体现在发展理念、发展方式、发展路径和发展目的四个方面。

一是在发展理念方面，中国式现代化是一种基于伟大复兴的中国梦和中国特色社会主义理论观念的全新现代化形态。这种现代化不仅是经济、政治、文化、社会、生态等各个领域的发达与先进，还在发展理念上强调和谐、公平、和平、开放，这种以人为本、强调和谐共生的发展理念，无疑为人类社会提供了一种更为均衡、可持续、和谐的发展模式，可以说塑造了人类文明的新形态。第一，强调和谐共生。这表现在对人与自然关系的处理上。传统现代化往往以对自然的征服和改造为前提，但在中国式现代化中，人与自然的关系被塑造为和谐共生。中国式现代化明确提出并实践绿色发展理念，强调环境友好，在推进经济社会发展的同时，始终尊重自然、顺应自然、保护自然，确保人与自然的和谐共生。第二，主张公平公正。相比于强调个人自由的发展模式，中国式现代化更强调公平公正，强调消除贫富差距，提高人民的物质生活和文化生活水平。在中国的现代化进程中，政府始终贯彻以人民为中心的发展理念，坚持公平分配、共享发展，努力实现全体人民共同富裕，体现出深厚的人文关怀。第三，倡导和平发展。中国坚决走和平发展道路，致力于和平共处、互利共赢，并致力于在国际社会建立一种相互尊重、公平公正、合作共赢的新型国际关系。在全球化的大背景下，这一观念对于塑造国际关系和维护世界和平稳定具有重大意义。第四，坚持开放包容。在全球化深入发展的当下，中国式现代化坚持和推动更为开放的发展走向，欢迎全球各国分享中国的发展红利和经验，同时尊重和学习世界各国的优良文化和经验，表现出对各种文明的平等接纳和包容精神。

二是在发展方式方面，中国式现代化强调均衡发展，倡导可持续发展，突出共享发展，坚持创新驱动，从而提供一种新的、全面的、科学的现代化模式，开辟了人类社会发展的新路径，为人类文明的发展做出独特贡献。第一，强调均衡发展。在经济发展的过程中，中国明确提出并坚决实施区域协调发展战略，积极促进城乡、东西、南北的均衡发展。这种强调全局、重视均衡的发展方式，解决了传统现代化过程中容易出现的区域发展不平衡问题。第二，倡导可持续发展。中国把生态文明建设纳入发展全局，强调建设美丽中国，推动形成人与自然和谐共生现代化建设新格局。这种把生态保护和经济发展两者结合起来的发展方式，在全球环境压力日益增大的今天，显得尤为具有前瞻性和现实价值。第三，突出共享发展。追求全体人民的共同富裕，而不是少数人的富裕。在现代化进程中始终坚持公正、公平、公开的原则，让更多人共享经济社会发展的成果。这种强调公正分配、坚持共享的发展方式充分体现出人文关怀的一面。第四，坚持创新驱动。科技创新是引领经济社会发展的第一动力，因此，中国致力于建设创新型国家，推动科技创新和实体经济深度融合，符合现代化发展的内在逻辑和要求。

三是在发展路径方面，中国式现代化综合考量历史、文化、环境和发展阶段的多重因素，展示了一种与传统西方现代化理念不同的发展可能性，体现了一种独特的文明塑造力量，这种力量的核心要义在于，人类社会的发展可以有多种可能性，而实现这种可能性的关键在于，必须尊重并理解每个社会的历史、文化、自然环境等多元复杂性，同时注重全球角度的交流与合作。第一，强调自身历史文化的延续。传统西方现代化理念强调全球一体化，倾向于减少文化差异。而中国式现代化强调实事求是，尊重中国的现实情况，以对本土历史的深入理解和人文精神的继承为基础寻找发展之路。从儒家"和而不同"的包容性，到道教的"天人合一"的自然观，中国式现代化用自己的方式实现了过去与未来的有机结合。第二，强调可以调整和选择的发展路径。传统西方现代化强调自由市场经济和自由民主政治，而中国的发展道路是尊重和适应本国历史文化传统和社会实际，不认为西方的道路和模式是唯一的，因此不仅在经济建设上走出了一条社会主义和市场经济相结合的独特道路，还积极探索社会主义民主政治建设，注重独特的公众参与机制。第三，注重可持续性。中国的发展路径不以牺牲环境为代价，而是追求既可以推动经济发展，又能保护生态环境的绿色发展道路。第四，顺应全球化大背景。中国在坚持独立自主的同时，致力于积极参与国际交流与合作，对外开放，推动形成全球性的、共享的发展成果，以此为建设一个更加公平、公正的全球性体系做出了重要贡献。

四是在发展目的方面，中国式现代化提出实现全体人民共同富裕、环保与经济并重、提升全球地位与影响力、弘扬中国文化、人类命运共同体等目标，在一定程度上推动了国际社会对现代化的重视和反思，也为全人类的发展提供新的思考和借鉴。第一，实现全体人民的共同富裕。这一目的的重要性在于，它既强调社会公平，又注重个体的幸福和尊严。与以市场竞争和个体利益优先的现代化模式不同，中国的目标是让所有人都在社会经济的发展中得到实质性好处。中国政府不仅为经济发展创造环境，还通过公共政策保障基本的社会公正和公平。第二，建设绿色发展的文明国家。强调在经济发展的同时，必须注重环境保护和可持续发展，注重人与自然的和谐共生，倡导资源可持续利用，以实现绿色、环保的社会发展。第三，提升中国在全球的地位和影响力。中国倡导促进全球的和平、稳定和繁荣。第四，继承和发扬深厚的历史文化传统。中国式现代化不仅关注发展物质层面，也注重提升精神文明，始终强调引导人们树立正确的价值观。

第二节　中国式现代化：目标与实现路径

中国的国情决定了推动中国发展的现代化范式只能是中国式的。中国式现代化进程中的主导力量、落实方式、终极目标、落实步骤和检验标准都有鲜明的中国特色。从西方国家的现代化实践来看，由于其抓住了现代科学技术的先发优势，并充分利用全球资源，快速地推进了现代化。中国的社会主义建设经验和教训证明，任何抄袭照搬外国模式的想法都行不通，实事求是，走符合自身国情的发展道路才是王道。因为中国人口众多，在社会管理、资源分配、经济发展等方面面临特殊的挑战，中国地理区域广阔，气候、资源和地形等自然条件差异较大，不同地区的发展水平也有很大差距，需要因地制宜，进行地域性的现代化布局。另外，中国有着数千年的文明历史和丰富的文化遗产，中华文明具有突出的包容性，从根本上决定了中华文化对世界文明兼收并蓄的开放胸怀。

一　理论内涵

中国式现代化理论在顶层指导理论、深层发展逻辑、国际秩序与规则、权力观、价值观、人民观和发展观方面有着鲜明的中国特点。中国式现代化理论根植于中国大地，在中国特色社会主义实践中丰富和发展，是在新发展阶段贯彻新发展理念，构建新发展格局的科学理论，有鲜明的力量内涵与特征。

第一，顶层指导理论和深层发展逻辑的变化——从高速度发展到高质量发展。在相当长一段时期内，资本主义生产关系在推动生产力发展方面体现了极大的优越性和先进性。资本主义从诞生至今已超过500年，生产技术和生产能力得到大幅提升，西方式现代化成为全球主导的现代化方式。西方式现代化的理论体系也获得了极大发展和丰富，在全球影响力巨大。随着中华民族的觉醒和中华人民共和国的成立，中国式现代化有了坚实的基础，中国秉持"实践是检验真理的唯一标准"的原则，坚持在实践中探索，寻找符合中国国情的现代化路径。

中国式现代化的顶层指导理论和深层逻辑经历了以阶级斗争为主，到以经济建设为主，再到以高质量发展为主的三个转变。20世纪中叶，中国面临着国家独立、民族解放和国家建设的任务，马克思列宁主义和毛泽东思想为中国的革命和建设提供了顶层指导，主要强调阶级斗争、社会主义建设和人民战争的原则。1978年党的十一届三中全会提出"解放思想，实事求是，团结一致向前看"的方针，强调经济建设是党的中心工作，提出改革开放和"发展才是硬道理"理念，探索中国特色社会主义经济发展道路。随着经济社会持续增长和实践经验的积累，党的十八大后提出"五位一体"总体布局和"四个全面"战略布局。也就是说，起初，中国曾在相当长一段时间里追求经济发展速度，后来逐渐认识到发展的最终目的是要实现人民福祉，需要在现代化进程中更加注重发展的质量。由此，高质量发展成为当前经济社会发展的方向。从高速度向高质量转变，使得中国式现代化理论的顶层指导理论和深层发展逻辑发生了根本变化。这一变化也反映了中国对现代化道路的认知、实践经验的总结和发展趋势的把握。

高质量发展就是以人民为中心，依据新发展理念和发展格局的发展，是创新发展、协调发展、绿色发展、开放发展、共享发展。习近平指出："高质量发展，就是能够很好满足人民日益增长的美好生活需要的发展，是体现新发展理念的发展，是创新成为第一动力、协调成为内生特点、绿色成为普遍形态、开放成为必由之路、共享成为根本目的的发展。"[①] 党的二十大报告指出，"高质量发展是全面建设社会主义现代化国家的首要任务"，"没有坚实的物质技术基础，就不可能全面建成社会主义现代化强国"[②]。推动高质量发展，要运用系统观念、辩证思维，把握其历史逻辑、理论逻辑、实践逻辑，统筹处理好宏观与微观、整体与局部、国内与国际的相互联系，统筹质的有效提升和量的合理增长，统筹发展和安全，坚持发展和安全并重。

第二，倡导国际新秩序与规则。随着包括中国在内的新兴经济体的发展，发展中国家出现群体性崛起趋势，这对西方主导的国际秩序和国际规则产生越来越多的冲击。随着全球化和信息数字科技发展，人类的交流交往日益复杂，发展鸿沟、数字鸿沟、贫富差距等愈加扩大，联合国的权威受到挑战，对全球治理体系提出新需求。比如，西方为应对气候变化影响而提出减少碳排放，但发展中国家为了自身发展必然会增加碳排放；西方发达国家为保护本国企业而实行单边主义和保守主义政策，同时利用自身科技和产业优势压低原材料和初级产品价格。当今西方鼓吹的"基于规则"的国际秩序，本质上是维护其金字塔塔尖地位的一种方式，实际上仍是通过旧的发展方式维护发

[①] 人民日报社经济社会部：《深入学习贯彻中央经济工作会议精神》，人民出版社2017年版，第62页。
[②] 《习近平重要讲话单行本（2022年合订本）》，人民出版社2023年版，第100页。

展权益的老路。它们不断向发展中国家输出西式价值观，反而往往引发一些国家的社会动荡、资本掠夺甚至是战争。

中国式现代化会对现有国际秩序和规则提出新的挑战。例如，中国的经济规模和影响力的增加给一些传统大国带来不确定性和竞争压力；由于政治制度和文化传统等与一些西方国家存在差异，中国在国际社会中的意见和立场可能与西方倡导的国际秩序和规则存在分歧。这些挑战需要中国与其他国家共同努力，通过对话、协商和合作来加以解决。因此，中国式现代化需要完善现有的国际秩序和规则。

中国式现代化与国际秩序和规则存在着密切的逻辑关系。作为一个拥有庞大经济体量和全球影响力的国家，中国的发展以及参与国际互动、国际治理的方式和理念，不仅对中国自身的现代化进程具有重要意义，也对全球秩序和规则产生着深远影响。中国式现代化是走和平发展道路的现代化，意味着去垄断，改变原有不平等构造，必将影响全球新秩序的形成。中国坚持维护和推动多边主义，倡导构建平等、公正、包容的国际秩序，积极参与全球治理体系的建设，通过推动构建和改革国际组织和机制，为国际秩序的稳定和完善做出贡献。同时，中国的现代化进程也受益于国际秩序的稳定，通过与国际社会的交流合作，中国可以获取外部资源和技术支持，推动自身现代化发展。作为世界第二大经济体和贸易大国，中国深度融入全球经济体系和多边贸易体制，始终坚守自由贸易和开放市场的基本原则，奉行互利共赢的经济合作理念，努力推动完善国际贸易规则和体制，积极参与国际规则的制定和调整，在国际事务中秉持公正、公平、合理的立场，并与其他国家共同维护国际规则的有效性和稳定性。

第三，体现民主、集中统一的权力观，公平公正、共享共赢、和谐稳定的价值观，始终以人民为中心的人民观，以及中国式的新发展观。中国式现代化不仅是经济和技术层面的现代化，更是全面的社会现代化。它以中国共产党的领导为核心，以服务人民为主要任务，以提升国民生活水平和社会文明程度为目标，以社会和谐稳定为保障，关注人民的利益和福祉，追求共同富裕和社会公平正义。

中国传统文化强调"民为贵"，认为人民是国家的基础和力量源泉。社会主义核心价值观强调人民主体地位，主张依靠人民创造国家的繁荣和进步。因此，中国式现代化是一种以人民为中心的理念和态度，将人民放在最重要的位置，将人民的福祉作为衡量现代化成果的重要标准，强调共同富裕、社会公平和正义、民主参与和依法治国，主张人民群众在国家政治生活中有参与的权利。

中国式现代化体现公正公平、共享共赢、和谐稳定。在公共资源分配和权利保障方面，努力为人民提供公平的教育、就业、医疗等社会资源。强调不同阶层和不同地区的人民都要参与和分享社会发展的成果。注重推动社区和谐，构建人民与政府、人民与人民之间的和谐关系。

中国式现代化的发展理念和策略强调坚持可持续发展、创新驱动、协调发展、绿色发展和开放共享的发展路径。这种发展观根植于中国的实际情况和特点。中国作为一个拥有庞大人口和广阔国土的国家，面临资源约束、环境压力和发展不平衡的问题。因此，中国式现代化的发展观要求经济发展要符合经济社会发展的真实需求，不仅追求经济增长，还要注重人民的生活质量的提高和环境的可持续发展，通过转变经济发展方式，推动资源节约和环境友好型的发展。通过发展清洁能源、推动能源效率提升、减少污染排放等措施，实现经济发展与环境保护的良性循环。通过创新驱动，推动产业升级和经济结构优化，提升技术水平和市场竞争能力。通过加强区域协调、推动城乡协调发展、促进各产业协同发展，实现经济社会全面均衡发展。通过积极参与全球化进程，倡导构建开放型世界经济体系，推动贸易投资自由化、便利化，深化互利共赢的国际合作。

二 本质要求

党的二十大报告对中国式现代化的本质要求进行了清晰界定，即

"中国式现代化的本质要求是：坚持中国共产党领导，坚持中国特色社会主义，实现高质量发展，发展全过程人民民主，丰富人民精神世界，实现全体人民共同富裕，促进人与自然和谐共生，推动构建人类命运共同体，创造人类文明新形态"[①]。

第一，中国式现代化的领导力量是中国共产党，是中国共产党领导的现代化。中国共产党的领导是中国式现代化的重要保障和基础。作为中国最高政治领导力量，中国共产党具有强大的组织能力和领导能力，对推进中国式现代化起着关键作用，可以确保中国式现代化稳定和持续推进，为中国式现代化提供清晰的发展方向和战略规划，提供坚强的组织保障。通过坚定的领导、科学的决策和有效的运行机制，中国共产党能够有效调动社会资源，推动现代化发展的各个方面，保障发展的稳定性和可持续性。

中国共产党提出并制定了一系列重大战略和政策，为现代化建设指明了目标、路径和步骤。例如，党的十九大提出实现"两个一百年"奋斗目标和中华民族伟大复兴的中国梦，明确了中国式现代化的战略目标和发展方向，确保国家全面、协调、可持续地发展。另外，借助拥有庞大的党员队伍和广泛的组织网络，可以动员和发动全体党员和人民群众参与到现代化建设中来，形成有效合力，推动中国式现代化的全方位发展。

第二，中国式现代化的基本性质是中国特色社会主义现代化，而不是资本主义现代化。中国式现代化是在中国共产党的领导下，在社会主义制度下进行的现代化建设，与资本主义国家的现代化具有明显区别。中国式现代化有着稳定的制度保障，在经济体制和发展模式中有着自身的特点，在发展理念和价值追求方面贴合实际，在社会目标与道路方面具有鲜明的特色。首先是政治体制和领导核心。中国坚持中国共产党的领导，党在社会主义初级阶段的全面领导是中国特色社

---

① 《习近平重要讲话单行本（2022年合订本）》，人民出版社2023年版，第95页。

会主义制度最本质的特征，而资本主义现代化通常基于多党制民主政治架构。其次是经济体制和发展模式。中国特色社会主义市场经济是通过以市场经济为主体、国家宏观调控和计划指导相结合的混合经济体制来实现现代化，强调充分发挥市场在资源配置中的决定性作用和更好发挥政府作用，以实现经济高质量发展。而资本主义现代化主要是基于自由市场经济，重视市场在资源配置中的决定性作用。再次是发展理念和价值追求。中国式现代化倡导的是全面协调可持续发展，强调共同富裕、经济社会发展和生态文明建设的统一，追求的是人的全面发展和全体人民共同富裕，而非单纯的物质财富增长。相比之下，资本主义现代化往往更侧重于资本收益，尤其是经济增长速度和效率，有时可能忽视社会公平和生态保护。最后是社会目标与道路。中国式现代化强调实现社会主义基本制度的优越性，其现代化是为了更好地实现社会主义制度的目标，包括维护社会公平正义、提高人民生活水平，以及推动社会主义文化繁荣发展。资本主义现代化可能更注重个体自由和权力的扩张，以及私有产权的神圣不可侵犯。

第三，中国式现代化要求实现高质量发展。高质量要求实现全面发展和均衡发展，要求推动科技创新和产业升级，要求不断深化改革和开放，目标是实现经济社会持续改善、结构优化、效益提升，同时注重改善人民生活和社会文明进步。在现代化进程中，努力加大科技研发投入力度，力争在关键技术领域取得突破，推动产业向高端和智能化方向升级，始终关注社会、文化、环境等多个领域的高质量发展，致力于全面提升人民的生活质量，促进社会公平与公正，推动教育、医疗、养老等各项社会事业发展，建设美丽中国。另外还强调以市场为导向，充分释放市场活力，推动各方面改革，努力营造法治、公平、透明的营商环境，为企业和创新提供更好的制度环境和政策支持。

第四，中国式现代化要求发展全过程人民民主。中国式现代化强调人民的主体地位和人民的创造力，积极推进人民民主的全面发展。

通过实践人民民主，保障政治稳定，促进社会和谐，提高人民的生活质量和幸福感。全过程人民民主充分发挥人民在国家政治生活中的主体作用，确保人民在国家建设、发展和决策过程中享有广泛的参与权、发言权和决策权，有效听取和吸纳各方面的利益诉求，平衡不同群体、区域和利益之间的关系，预防和解决社会矛盾，保障人民分享现代化进步带来的果实，为现代化建设提供公正合理的决策基础和广泛的社会支持，推动着中国现代化建设不断向前发展。

第五，中国式现代化要求丰富人民精神世界。中国式现代化既注重经济发展，也注重人的全面发展，致力于提升人民的精神生活和满足人们的精神需求。通过文化建设、人的全面发展和保障人民的精神需求，为民众提供机会和环境，让民众实现现代化的同时获得精神的满足和幸福感。中国式现代化强调中华优秀传统文化的传承和发展，推动丰富多样的文化产品和艺术创作，提供更多元的精神滋养和丰富人民的精神生活，致力于改善人民的素质和提升教育水平，培养有社会责任感、创新意识和人文关怀的公民，注重塑造社会主义核心价值观，弘扬社会正能量，激发人民的创造力和社会责任感，提倡积极的生活方式和身心健康，推动全民健身和精神文明建设，提高人民的幸福指数。

第六，中国式现代化要求实现全体人民共同富裕。中国式现代化以全体人民的利益为出发点和归宿，致力于促进各地区、各群体共同发展和全面发展，为人民提供更好的发展机会和福利保障，努力提升人民的物质生活水平，通过经济发展为实现全体人民共同富裕创造条件，通过减少贫困和不平等为实现全体人民共同富裕提供基础，强调人民利益至上，注重人民的全面发展和福祉，为实现全体人民共同富裕提供动力。

第七，中国式现代化要求促进人与自然和谐共生。中国以人与自然和谐共生为核心理念，中国式现代化致力于实现经济发展与生态环境保护的协调统一，推动建设美丽中国，为未来可持续发展创造良好的条件。现代化建设注重生态环境保护和生态价值的保护，努力推动绿色发展和可持续利用自然资源，积极应对气候变化，大力节能减排和推广清洁能源，提升各地的生态环境质量和福祉，促进城乡协调与平衡发展。

第八，中国式现代化要求推动构建人类命运共同体。中国把人民的福祉与全球发展紧密联系在一起，在建设自身现代化的同时，积极参与全球事务，推动经济合作、技术交流和全球治理，通过自身发展的成果与经验，为其他国家提供合作与借鉴的机会，通过分享技术和市场、提供援助，努力促进互利共赢，为世界和平、繁荣和可持续发展做出积极贡献。中国式现代化主张建设开放、包容、普惠、平衡和共赢的全球发展格局，体现对全球发展的开放与合作态度，在努力实现国内共同富裕与可持续发展的同时，也为全球发展和人类命运共同体构建做出贡献。

推进中国式现代化可将国内和国际两个市场有机地融合起来。从国内发展来看，通过"五位一体"的总体布局夯实经济社会基础。从国际合作来看，和平共处与和平发展的宗旨将引领中国与世界的关系。"中国式现代化和人类命运共同体不是两个问题，而是紧密相连，并能够在新的动荡变革期回答世界之变、时代之变、历史之变的同一个重大课题。"[①] 中国式现代化旨在实现国家繁荣、人民幸福，促进全球共同发展，可以为全球治理提供新的思路和方案，推动全球治理体系的改革和完善。同时，人类命运共同体的实现为中国式现代化提供了更广阔的发展空间和更稳定的发展环境。

三 任务目标

中国式现代化以实现人的全面发展为根本目标，注重经济发展、

---

① 《专家学者探讨中国式现代化与人类命运共同体　中国式现代化新道路越走越宽广》，南方新闻网（https://news.southcn.com/node_18cef66bc2/fb3f851994.shtml）。

文化繁荣、社会公平、环境保护等各个方面，致力于建设一个全民共享的繁荣、公正、美好的社会，建设一个富有生机、创新能力强、资源环境友善和人民生活美好的现代化社会主义国家。习近平指出："现代化的最终目标是实现人自由而全面的发展。"①

人的自由且全面的发展包括三个层面的内容。

第一，对个人来说，中国式现代化的最终目标是全面提升人民的生活水平和生活质量，实现全体人民的共同富裕。在经济方面，中国式现代化追求的是一种高质量、可持续的经济发展，旨在为广大劳动人民提供更多的就业机会，提高收入水平，提升物质生活水平。在文化方面，中国式现代化强调文化的繁荣和个人精神生活的丰富。教育和文化资源的普及和提升，旨在构建包容和公平的社会环境，使得每一个人都有机会通过自己的辛勤努力来实现个人价值。在社会方面，中国式现代化追求的是公平正义的社会环境，体现在医疗、教育、老龄照顾等方面的公共服务投入和制度建设，旨在让每一个人都能享受到公平、高效、有保障的公共服务。在环境方面，中国式现代化重视人与自然和谐共生，倡导绿色发展，希望保障且改善人们的生活环境，让人们拥有更好的环境品质。

第二，对国家和民族来说，中国式现代化的最终目标是实现国家富强，维护国家统一、稳定和领土完整，实现民族振兴和全体人民的共同富裕。在国家层面，包括实现现代化国防和军队，保障国家的独立、自主，有能力抵御任何形式的外来侵略和压迫。在经济层面，追求持续健康的经济发展，提升国内生产总值，增强经济实力。在社会领域方面，努力实现科技、教育、卫生等方面的现代化，以提升国家的综合竞争力。在政治层面，努力实现社会主义政治现代化，加强法治建设，提高国家治理体系和治理能力现代化水平。对整个民族来

---

① 习近平：《携手同行现代化之路——在中国共产党与世界政党高层对话会上的主旨讲话》，人民出版社2023年版，第2页。

说，中国式现代化追求全社会的公平，减小贫富差距，提高全民生活水平，打造一种人人都有机会实现自我价值的环境；旨在保护和发展中国的优秀文化，加强民族文化自信，增强民族凝聚力；积极倡导绿色发展，保护好家园，让全民享有舒适的生活环境。

第三，对世界发展来说，中国式现代化有助于构建人类命运共同体，塑造人类文明新形态。中国式现代化提供了一个全新的现代化路径选择，为发展中国家研究和探索适合自身国情的现代化模式提供了宝贵经验，有助于推进全球多极化。中国没有走传统的西方现代化道路，而是结合中国的历史文化传统和社会基本实际，制定并坚持一条符合中国特色的社会主义现代化道路，展现了中国智慧和中国方案，为全球可持续发展目标提供有价值的参考，也为全球经济一体化提供了巨大的发展动力。中国的崛起打破了西方国家在全球的绝对主导地位，有助于建立更加公正、公平的国际秩序，推动全球多极化和民主化。

四 主导力量

作为新时代以来的重要理论创新，中国式现代化是习近平新时代中国特色社会主义思想的重要组成部分，其落实实施需要依靠党的领导、宪法和法律、人民群众和全社会四个方面的力量支撑。

一是党的领导。中国共产党的领导是中国式现代化成功实现的重要保障，是推动社会发展、维护社会稳定和增进人民福祉的根基，具有不可替代的重要作用。加强党的领导有利于统筹协调各方面的资源和力量，有利于确保发展方向和目标的正确性，有利于保持社会稳定和推动改革进程，有利于培养人才和加强干部队伍建设。中国式现代化是一项复杂的系统工程，需要政府、企业、社会组织等多方面的参与和合作，整合资源，使各方形成合力，推动现代化进程顺利进行。

二是宪法和法律的保障。宪法作为最高法律，规定国家的根本制度和基本原则，而法律则具体实施宪法。通过宪法和法律的保障，中国式现代化得到法治支持和保障，有助于稳定有序地推进。宪法和法律明确中国式现代化的基本原则和目标，规范社会行为和市场秩序，确保政府的责任和权力的合理运行。宪法第一章明确规定了中国特色社会主义制度的基本内容和基本权利，保障了人民的基本权利和利益，为中国式现代化发展提供了坚实的法律基础。中国国家发展战略、经济体制改革、资源环境保护等方面的法律法规，进一步细化现代化的具体内容和路径，为现代化建设提供法律依据和指导。

三是人民群众的拥护。中国式现代化的成功依赖于广大人民群众的支持、参与和奋斗，他们是现代化建设的主体和受益者，对于现代化进程的顺利进行具有决定性作用。人民群众的拥护是现代化目标的根本基础，是推动变革和创新的重要推动力，是社会稳定与和谐的重要保障，是政策实施和效果评价的重要依据，是参与建设、共享成果的重要前提。中国式现代化的目标是实现经济发展、社会进步和人民福祉的全面提升。只有广大人民群众充分认同现代化的目标和意义，才能形成全社会的共识和合力，推动现代化进程向前发展。人民群众作为现代化建设的积极主体和创造者，他们的智慧、创造力和参与精神对于推动创新、促进变革起到重要作用。只有广大人民群众理解和拥护现代化进程，才能形成社会的共同价值观和道德规范，化解社会矛盾，维护社会稳定与和谐。人民群众的反馈和评价可为政府及时调整和改进政策提供重要依据。

四是发挥全社会的力量。非营利组织、行业协会、社会团体、基金会等社会力量在推进中国式现代化建设中发挥着重要作用。它们通过积极参与和贡献，为中国式现代化建设提供创新力量、参与力量和协调力量。社会组织由于具有独立的思维和行动空间，能够开展更为灵活和创新的工作。社会组织的成员来自不同的群体和领域，具有丰富的专业知识和经验，能够凝聚各个行业的力量，协调各方资源和利益，推动多方合作和协同发展，促进基层治理和社区建设，推动社会公平和福利改善，推动产业升级和技术创新。截至2021年底，中国社会组织数量90余万个，社会组织从业人员超过1100万人，资产总规模超过5800亿元。

五是制度和文化的力量。在中国的现代化进程中，中国特色社会主义制度为国家的持续发展和繁荣提供有力保障，深厚的中华文化为社会进步和增长提供源源不断的智慧和精神动力。中华传统文化具有和谐理念、伦理约束、创新思维，主张天人合一，和谐共生，强调孝、悌、忠、信、礼、义、廉、耻，注重学习、反思和创新，使得中国在推进现代化进程中能坚定道路自信、理论自信、制度自信、文化自信。中国的经验揭示，只有坚持走具有本国特色的现代化道路，尊重和发展本国的优秀文化，才能真正实现现代化，实现国家和民族的繁荣发展。

五 实现方式

中国式现代化将通过科学规划，从基层组织做起，有重点有秩序地逐步落实。在推进过程中，还要采取深化改革、推动创新、坚持开放、提高民生福祉以及推行绿色发展等切实有效的措施，保证按时保质保量地实现任务目标。

一是将任务进行科学分解、有序实施，重点突破。中国式现代化是一项系统宏伟的工程。其实现有一个过程，主要是以国家整体规划为主要抓手，分阶段实现任务和目标。通过制定清晰的蓝图，确定分级责任，详细分解任务，以及建立有效的监督和激励机制，可以全面推动中国式现代化的实现，使得复杂的现代化目标变得可操作，各级组织和个人都可以明确自身的职责和目标，形成协同合力。

现代化蓝图即制定一系列的规划，如"五年计划"，以明确现代化的总体路径和目标。明确分级责任即各级机构都有自己的职责和可以量化操作的目标，再根据这些目标来分配责任和任务。另外，还要建立监督和激励机制，对任务的执行情况进行考核和评价，发挥社会公众的监督力量。

重点突破就是抓住主要矛盾，先在具有引领全局或弥补短板的部分重点领域实现发展，包括科技创新、经济发展、人才培养、环境保护、社会治理等，再带动其他领域发展，从而保障各领域工作有序进行。

二是有强有力的基层组织落实。中国是一个人口众多、地域广阔的国家，中国式现代化的实现需要全国各地、各层级的广泛参与和配合。在系统工程将任务分解后，需要有力的基层组织和社会组织来保障落实。

基层组织是落实执行政策的主要力量，无论是党的基层组织、政府的基层机构，还是民间组织，在推动中国式现代化的实现进程中将国家的宏观政策和规划转化为实实在在的成果。基层组织在弥合中央与地方、上级与下级、城市与乡村之间的信息鸿沟方面发挥着桥梁作用。他们站在实践一线，既理解国家的总体要求，又了解地方实际和民意，可以组织和动员群众，能够更加精准地实施国家政策，并进行有针对性的调整。基层组织是社会管理的前线，在维护社会稳定、积极防范各类风险中具有不可替代的作用。

三是着力培养人才体系。中国治国理政的一大重要理念就是"以人为本，人才为首"，人才是推动社会进步和经济发展的关键力量。通过培养高素质的人才资源、建立更为完善开放的人才市场、创造有利于人才成长的环境、建立国际化的人才引进机制等措施，充分激发人才的创新精神和创造才能，为中国式现代化进程提供强大的人力资源支持。国家鼓励高等教育和职业教育，支持企业、研究机构和高校开展人才培养，允许人才在不同行业、地区、企业之间流动，保障人才的知识产权和创新成果，鼓励外国人才来华工作。

四是争取更多的国际支持。信息化和全球化让世界更加紧密地相连，国际环境变化给中国的发展带来机遇，同时也使中国面临挑战。一方面，全球化已经使世界成为一个相互依存的大家庭。中国作为全球最大的发展中国家和第二大经济体，需要积极参与全球治理，扩大开放，更好地融入世界。另一方面，老牌发达国家的保护主义抬头，使中国在全球价值链的升级过程中面临压力。国际社会对中国的期待也越来越高。在面对国际环境影响时，中国选择坚持独立自主的和平外交政策，积极推动构建人类命运共同体。通过加强国际交流与合作，与世界共享发展机遇，共同应对挑战，推动世界朝着更加公正合理的方向发展。与此同时，中国还注重通过文化交流，讲好中国故事，增强软实力，向世界展示一个正在实现现代化，并且是具有中国特色和中国智慧的现代化的中国。

六　评估检验标准

现代化是生产力提升的结果，也是社会整体发展的结果。为衡量现代化水平，已有研究设置了现代化指数，摸索出一套评估理论、衡量标准、评估指标体系。世界银行的"世界发展指数"数据库的数据指标体系比较完整，收录了各国指标。经过比较分析和筛选，有研究者从中筛选出100个能代表世界现代化的指标，涵盖了经济、社会、政治、文化、环境和个人生活六个方面[①]，包括15个主题和35个亚主题，5个维度（行为、结构、制度、观念、副作用）。这些指标中有水平指标、特征指标、状态指标、结构指标、制度指标、观念指标、副作用指标和合理值指标。（见表1-1）

表1-1　世界银行的"世界发展指数"

	方面指标	主要指标
1	经济发展	生产与流通（生产和效率、经济机构、流通）、分配与消费（分配、消费和投资）、人口与卫生
2	社会发展	人口与卫生（人口、公共卫生）、学习与工作（学习、工作、收入与贫困）、休闲与福利（休闲、社会保障）
3	政治	政治参与（政治参与）、国家治理（政府收支、国家治理）、公共安全（国防安全、交通安全）

---

① 何传启等：《世界现代化指标体系研究》，《中国科学院院刊》2020年第11期。

续表

	方面指标	主要指标
4	文化	文化生活（大众文化、网络文化）、科技与创新（科技、创新）
5	环境	生态环境（能源、资源、大气环境、环境治理）、国际环境（国际移民、国际贸易、国际投资、关税）
6	个人生活	营养与健康（营养、个人健康）、家庭与住房（家庭、住房）、生活模式（生活方式、生活满意度）

这些评估模型和量化指标体系为构建中国式现代化的标准和指标体系提供了有益借鉴，也为科学认识中国式现代化与西方现代化的共同特征与独特性提供了实践样本。与此同时，尽管中国式现代化与世界现代化和西方现代化有一些共同的标准，但西方现代化不等于世界现代化，中国式现代化也只是世界现代化的一种实践形式。因此，有必要厘清中国式现代化的评价标准，梳理出中国式现代化的评价指标，体现中国国情和特色，从而形成现代化评价体系的中国标准，帮助认识和促进中国式现代化的发展。

中国式现代化是硬实力与软实力的结合，代表一种全新的现代化路径，独具中国特色和意义。自改革开放以来，中国在经济发展方面取得惊人成就，上升为世界第二大经济体，研发和制造业等领域硬实力日臻完善，高铁和超级工程等大量先进基础设施的建设也将中国在硬实力方面推向全球前列。中国具有深厚的历史文化底蕴，重视传统理念，不断优化社会主义制度，坚决反对干涉他国内政，尊重和保护人权，推动全球公平正义等，赋予中国独特的软实力。这种硬实力和软实力的有机结合既有坚实的物质基础，又有独特的价值引领，为其他发展中国家提供了一个重要的发展范例，在世界舞台上展示出了独特的魅力和影响力。

中国式现代化的评估体系应当遵循整体、系统、协同、高效的基本原则。评估指标体系应该包含以下六个标准。一是共同标准。

中国式现代化一方面是立足中国国情和实际，另一方面也是世界现代化的实践形式之一，因此与西方现代化有着一些共同的标准，如GDP、科技水平等。二是人民标准。中国式现代化是惠及全体人民的现代化，因此共同富裕、政治认同、政治参与等相关指标是中国的特色标准之一。可通过财富增长维度、财富分配维度、财富增长和分配的组合维度三个角度测量共同富裕的程度。三是国际标准。中国式现代化是开放、包容、发展的现代化，在国际社会中能产生共鸣的现代化，因此具有国际标准的指标也是中国式现代化指标体系的一部分，如国际贸易水平、国际投资水平、人文交流和技术合作水平指标等。四是发展标准。中国式现代化的发展需要有相应的发展标准，包括科技独立能力、发展能力和水平，资源利用能力，以及在不同发展阶段的标准变化等。五是创新标准，如科技创新能力指标、产业结构调整情况等。六是可持续发展动力标准。要科学认识中国式现代化的可持续发展动力指标，必须从中国共产党人破解历史周期率的两个答案中去寻找，也就是人民的监督和自我革命从理论和实践层面形成的科学的指标。另外，有研究者认为，中国式现代化评价指标体系应该包括经济高质量发展、精神文明富裕、社会和谐和睦、绿色生态发展、公共服务普及普惠五个维度，共计63个具体指标[①]。

第三节　中国式现代化与"一带一路"

1968年，30多名来自全球10个国家的科学家、教育者、经济学家和工业界人士齐聚意大利罗马的林西研究所，创立了一个名为

---

① 马晓河、周婉冰：《中国式现代化：评价指标体系构建及统计测度》，《贵州社会科学》2023年第8期。

"罗马俱乐部"的非政府性研究组织，启动了一个名为"人类困境研究计划"的研究项目，旨在探讨全球各国都面临的一系列迫切问题，如日益扩大的贫富差距、环境退化、失去对体制的信任、无序的城市扩张、就业不稳定、年轻人的精神疏离，以及传统价值观的逐渐丧失等。这些被罗马俱乐部称为"世界性难题"的问题具有三个共性：一是这些问题在各种社会中均不同程度地存在；二是这些问题的性质复杂多样，涵盖技术、社会、经济和政治多个层面，触及人类社会生活的各个方面；三是这些问题彼此之间存在相互影响和交织。这些问题如今大部分仍未得到妥善解决，且状况更为严峻。随着21世纪的到来，全人类越发深感不平等、生态危机、资源枯竭和增长潜力的限制等问题的重压。在这些挑战面前，以利润最大化为首要目标的资本主义伦理显得力不从心，现代化带来的种种难题也渐渐被东西方国家意识到。这些挑战是全球多数国家共同面临的问题，它们在不同国家以不同的形式出现，解决这些问题需要在各国的发展过程中进行，需要借鉴一种新的国际精神来指引，这种精神建立在人类共同的未来和不同文化的独特历史基础之上。①

中国的经济发展成就正加速世界经济重心向亚太转移。中国为世界发展贡献了稳定性和确定性，成为世界经济增长的主要动力源和"稳定器"。据统计，中国经济总量从1978年的1495亿美元跃升至2022年的18万亿美元，同期占世界经济总量的比重从1.8%提高至18%。人均GDP从2012年的6300美元提升至2022年的12741美元，接近世界银行划分的高收入国家门槛值。中国是世界第二大经济体、第二大消费市场、制造业第一大国、货物贸易第一大国、外汇储备第一大国。中国谷物总产量稳居世界首位，220多种工业产品产量稳居世界第一，研发投入规模居世界第二，已建成全球最大的高速铁路

---

① 鱼宏亮：《超越与重构：亚欧大陆和海洋秩序的变迁》，《南京大学学报》（哲社版）2017年第2期。

网、高速公路网、5G 网，发展物质基础更加坚实①。今天的中国已成为 140 多个国家和地区的主要贸易伙伴，每天有 3.2 亿美元中国直接投资走向世界，每月有 3000 多家外资企业落户中国②。

进入新时代，以习近平同志为核心的党中央坚持中国特色大国外交，提出推动构建新型国际关系，弘扬和平、发展、公平、正义、民主、自由的全人类共同价值，实行高水平对外开放，高质量建设"一带一路"，推动构建人类命运共同体。"坚持和平发展道路"不仅写入《中国共产党章程》，还写入《中华人民共和国宪法》。"一带一路"倡议自 2013 年提出以来，构建人类命运共同体的实践稳步推进。从双边到多边，从区域到全球，这一理念取得全方位、开创性的丰硕成果，共建"一带一路"倡议、全球发展倡议、全球安全倡议、全球文明倡议落地生根，给世界繁荣稳定带来巨大红利。

一　从中国式现代化迈向世界现代化

习近平总书记指出："治理一个国家，推动一个国家实现现代化，并不只有西方制度模式这一条道，各国完全可以走出自己的道路来。可以说，我们用事实宣告了'历史终结论'的破产，宣告了各国最终都要以西方制度模式为归宿的单线式历史观的破产。"③ 2023 年 8 月习近平主席在约翰内斯堡出席金砖国家同非洲国家及其他新兴市场和发展中国家领导人对话会时指出，不让任何一个国家在世界现代化进程中掉队，展现出了作为大国的世界责任感。"一带一路"倡议的初心，是借鉴古丝绸之路，以互联互通为主线，同各国加强政策沟通、设施联通、贸易畅通、资金融通、民心相通，为世界经济增长

---

① 中国国家统计局党组：《锚定高质量发展之路勇毅前行》，《求是》2022 年第 22 期。
② 《以中国式现代化为世界提供新机遇》，中国外交部（https：//www.mfa.gov.cn/wjbzhd/202305/t20230516_11078106.shtml）。
③ 《习近平关于社会主义政治建设论述摘编》，中央文献出版社 2017 年版，第 7 页。

注入新动能，为全球发展开辟新空间，为国际经济合作打造新平台[①]。世界现代化应该是和平发展的现代化、互利合作的现代化、共同繁荣的现代化[②]。"一带一路"倡议丰富完善了中国式现代化理论体系，成为世界现代化的重要组成部分。

中国式现代化迈向世界现代化的根本原因有以下五方面。一是全球化。在全球经济的大环境下，全球化无疑是未来的大趋势。只有融入世界现代化，中国的经济社会发展才能获得长远稳定的动力。二是经济发展需要。中国经济已经由高速增长转向高质量发展的新阶段，中国企业需要"走出去"获取更大市场，吸引更多投资，这也需要中国的社会制度和环境等各方面理念融入世界现代化中。三是科技进步。科技的发展和应用需要全球范围的合作交流，中国的科技进步和创新也需要融入世界科技的大流，这样才能更好地实现科技的进步和创新。四是文化交流。中国在进一步开放的同时也需要跨越文化差异，更好地融入世界现代化中。五是生态文明发展。随着环境问题的凸显，世界各国需要共同面对和解决环境问题。中国作为全球最大的发展中国家，承担着相应的环保责任，这也需要中国与世界联手，并积极满足绿色发展等现代化发展需求。

二 中国式现代化与"一带一路"的关系

中国的和平发展理念贯穿于中国式现代化理论体系中，构建人类命运共同体，创造人类文明新形态并非一个口头理念，而是在实践中逐步得以实现。一个人可以走得很快，一群人可以走得很远。中国式现代化不仅是在中国推进现代化，也是全球化的一个过程。"一带一路"有着庞大的合作伙伴，连接起世界各地，从国家间到区域间。

[①] 习近平：《建设开放包容、互联互通、共同发展的世界——在第三届"一带一路"国际合作高峰论坛开幕式上的主旨演讲》，《人民日报》2023年10月19日。

[②] 习近平：《建设开放包容、互联互通、共同发展的世界——在第三届"一带一路"国际合作高峰论坛开幕式上的主旨演讲》，《人民日报》2023年10月19日。

截至2023年10月,"一带一路"合作从亚欧大陆延伸到非洲和拉美,150多个国家、30多个国际组织签署共建"一带一路"合作文件。"一带一路"涵盖了亚洲、欧洲、非洲、拉美等五大洲,覆盖全球60%以上的人口,占据全球30%以上的经济总量。根据中国外交部的数据,截至2020年底,中国已在共建"一带一路"国家和地区实施了2400多个项目,总投资额达到1.4万亿美元。其中一些项目已成为标志性成果,如中巴经济走廊、中老铁路、中欧班列、雅万高铁等。

"一带一路"倡议一定程度上也是中国同世界上更多的国家和地区共同实现现代化的合作倡议。这个倡议与中国式现代化有着直接和深远的关联,主要表现在以下四个方面。第一,"一带一路"倡议是中国式现代化的重要表达。中国在其现代化进程中提出以和平发展、合作共赢、开放包容为核心现代化道路,这与"一带一路"倡议的精神内涵相一致。通过建设"一带一路",中国把自身的发展机会带给世界各国,推动了全球共享发展。第二,"一带一路"倡议体现中国式现代化的全球责任担当。中国在推进自身现代化的同时,积极承担国际责任,推动建设公正的全球治理体系,对全球化发展进程提出中国的解决方案。"一带一路"倡议就是在这种全球性视野和责任感的引领下推出,旨在推动全球共享的和平、繁荣、开放、创新与文明。第三,"一带一路"倡议是中国式现代化的国际合作平台。这个倡议涵盖政策沟通、设施联通、贸易畅通、资金融通、民心相通等多个层面,形成覆盖各方面的全方位、深层次、多领域的国际合作格局。第四,"一带一路"倡议是推动中国现代化的重要动力,促进了中国外交布局的进一步深化,加强了中国与共建"一带一路"国家的联系,提升了中国的国际影响力,为中国自身的现代化提供了强大支持。

中国特色大国外交政策的持续稳定发展为世界共同发展和繁荣提供了政策基础。在习近平新时代中国特色社会主义思想的指引下,

"一带一路"倡议将中国的发展与世界的发展紧密结合起来。通过深化改革主动解决国际贸易壁垒、技术交流与合作壁垒，在国际经济合作中充分发挥技术演进的正向推动作用，大力发展数字经济，推进数字治理现代化，展现以人为本的发展理念与和合共生的生存理念，中国正在以自身的发展稳定促进全球的稳定发展，在造福中国人民的同时也给世界人民带来更多的收益。

中国式现代化理论科学地总结了当前发展阶段的问题，提出运用新发展理念构建新发展格局的设想，尤其是"一带一路"倡议将和平与发展结合起来，将中国发展经验生动地呈现出来，向世界展示中国式现代化的有效性和科学性，为推进世界现代化展现中国之智，贡献中国方案，促进中国式现代化与世界现代化的有效衔接。

中国式现代化理论根植于中华优秀传统文化。中华优秀传统文化源远流长、博大精深，是中华文明的智慧结晶，其中蕴含的天下为公、民为邦本、为政以德、革故鼎新、任人唯贤、天人合一、自强不息、厚德载物、讲信修睦、亲仁善邻等，是中国人民在长期生产生活中积累的宇宙观、天下观、社会观、道德观。[①]"一带一路"倡议蕴含的中华传统文化价值观、和合大同的共同命运观、富民厚生的合作发展观、多元共生的文明互鉴观，致力于提升各国民生福祉，促进各国共同繁荣。

三 "一带一路"的建设成果

"一带一路"倡议自 2013 年提出至今，已形成的"一带一路"规划和落实措施可以归纳为"一个目标、二个角度、三个抓手、四个原则、五个理念、五大联通、六条走廊、七条道路"，指明了"一带一路"倡议为什么做（一个目标），怎么做（二个角度、三个抓手、四个原则、五个理念），做什么（五大联通、六条走廊、七条道

[①] 《中国共产党第二十次全国代表大会文件汇编》，人民出版社 2022 年版，第 15 页。

路)三大内容。

一个目标：人类命运共同体。

二个角度：双边发展伙伴关系的友好合作，多边塑造国际新秩序的全球治理。

三个抓手：官方的对接规划（政策和机制建设），民间的市场化活动（贸易、投资、金融、产能等务实合作），机构和民众的文明交流（历史、文化、思想、情感）。

四个原则：和平合作、开放包容、互学互鉴、互利共赢。

五个理念：创新、协调、绿色、开放、共享。

五大联通（从业务类型角度）：政策沟通、设施联通、贸易畅通、资金融通、民心相通。

六条走廊（从地理方向角度）：中蒙俄经济走廊、新欧亚大陆桥经济走廊、中国—中亚—西亚经济走廊、中巴经济走廊、孟中缅印经济走廊、中国—中南半岛经济走廊。

七条道路（从合作目标角度）：和平之路、繁荣之路、开放之路、绿色之路、创新之路、文明之路、廉洁之路。

"一带一路"倡议自2013年提出以来，其在五通领域取得了显著成果。

(一) 政策沟通方面

"一带一路"倡议在政策沟通方面取得了多项成果。一是建立政策对接机制，推动中国与沿线参与国家建立多层次的沟通对话机制，例如，建立了政府间合作委员会、定期高层交往和策略对话。二是签订国际合作协议。多个国家与中国签署了合作协议、谅解备忘录等文件，确认了开展"一带一路"合作的共同意愿，为后续的项目合作奠定了基础。三是建立区域多边机制。例如，亚洲基础设施投资银行（AIIB）等。四是举办国际峰会论坛。中国定期举办"一带一路"国际合作高峰论坛，吸引多国政府领导人、国际组织代表、企业家等参与，为各方提供交流平台，增进共识。五是推进规划和战略对接。与多国就经济发展规划和产业政策进行对接，对标合作国家的需求，实现优势互补。六是推动贸易和投资自由化便利化。参与国家之间在减少贸易壁垒、简化海关程序、促进人员往来等方面取得进展，为打造开放型经济体系做出努力。

（二）设施联通方面

中国通过"一带一路"倡议，与各国共同合作建设一大批基础设施项目，对接国际产能，大大优化全球物流网络。例如，截至2023年8月底，中欧班列运行线路86条，通达欧洲25个国家的217个城市，通行效率和通行能力大幅提升。具体来看，"一带一路"建设在设施联通方面的成果主要集中在以下七个方面。一是基础设施建设项目取得成果。多个国家与中国共同推进了一系列基础设施建设项目，包括铁路、公路、港口、机场、跨境光缆、油气管道等。二是建立交通走廊网络。通过重点项目建设，如开通中欧班列（铁路货运服务）和港口合作，加强各国之间的物流链接。三是能源合作取得成果。建设电站、电网油气管道、油田开采等能源基础设施，保障共建"一带一路"国家的能源安全和能源贸易便利。四是广泛开展工业基础设施合作。在钢铁、非铁金属、建材、化工等行业推动国际产能和设备制造合作，推进产业融合和技术交流。五是信息光缆网络快速发展。建立了跨境光缆网络和卫星信息服务，提高了数据传输速率和通信质量，为数字丝绸之路添砖加瓦。六是区域经济合作走廊取得成效。如中巴经济走廊、中亚经济走廊等多个区域性合作走廊促进了交通物流、能源、通信等基础设施的共建共享。七是标准体系建设取得共识。在项目建设中推广应用中国标准和国际标准，促进项目国际互联互通和管理标准化。

（三）贸易畅通方面

根据商务部数据，2013年到2022年，中国与共建"一带一路"国家的货物贸易额从1.04万亿美元扩大到2.07万亿美元，年均增长7.96%。2022年，中国对共建"一带一路"国家的出口和进口总额分别为 1.18 万亿美元和 8913.2 亿美元，较 2013 年分别增加 107.5% 和 89.1%。截至 2022 年，中国对共建"一带一路"国家的贸易额占中国对外贸易总额的比重由 2013 年的 25% 上升至 32.9%，对整体增速的拉动作用较为明显。除贸易增长外，在关税减免与贸易协定、贸易便利化措施、物流网络优化、多边与双边合作机制、打造国际物流大通道、出口信用保险、推广人民币国际化、跨国电子商务合作等方面都取得了优异成绩。

（四）资金融通方面

2013 年到 2022 年，中国与共建"一带一路"国家双向投资累计超过 2700 亿美元，投资项目数量和规模不断增加，通过提供稳健的金融支持和投资来推动共建"一带一路"国家的基础设施建设和经济发展。一是多边开发银行的参与。亚洲基础设施投资银行为一系列基础设施项目提供了资金支持。二是成立丝路基金，旨在为"一带一路"相关的基础设施、资源开发、工业合作、金融合作提供投资和融资。三是双边投融资协议。与多个参与国签署投资协议和货币互换协议，为实施双边项目提供本币及外币融资渠道。四是中资银行的海外发展。中国银行、中国建设银行等中国国有商业银行和政策性银行在共建"一带一路"国家设立了分行，提供直接的金融服务。五是人民币国际化。在共建"一带一路"国家推广使用人民币结算，在新加坡、伦敦等地进行一系列的离岸人民币中心的建置工作。六是发债融资。中国和"一带一路"参与国家的企业在国内外市场发行债券，融通资金用于项目建设。七是金融市场合作。与共建"一带一路"国家的金融市场合作加深，包括资本市场互联互通和金融产品的创新。八是外资吸引。"一带一路"项目推动共建"一带一路"国家吸引外资，优化投资环境，增强国际资本流动。

（五）民心相通方面

"一带一路"倡议在民心相通方面的成果主要涉及增进中国与共建"一带一路"国家间的文化交流与理解，人民之间的友好关系。

一是文化交流活动。通过组织各种文化节、展览、艺术表演等活动，增进不同国家和地区人民之间的文化交流与理解。二是教育合作。建立了合作学校和文化交流中心，进行师生交流、合作办学和奖学金项目，使更多的学生和教师有机会到不同国家学习和交流。三是学术与研究合作。举行国际研讨会和学术论坛，加强科研、教育等领域的合作，促进知识的共享和技术传播。四是旅游合作。便利签证政策和旅游推广增加了共建"一带一路"国家间的旅游往来，旅游互访有助于深化相互理解和感情。五是媒体合作。开展媒体人员交流、联合采访以及共同制作节目等活动，提高不同文化之间的认识和接受度。六是地方合作。很多共建"一带一路"国家之间的省州和城市成为友好城市，开展多领域深入合作和交流。七是民间组织和社团的参与。鼓励和支持非政府组织、企业、行业协会等在国际交流与合作中起到桥梁和纽带的作用。八是多语言信息共享。增加官方网站和平台的多语言版本，提供便于各国人民互通信息的渠道。九是公共卫生和健康医疗合作。通过开展合作研究、共建医疗中心、提供医疗援助等方式，提升共建"一带一路"国家间的相互支持和信赖。

四　未来方向

从国际格局的发展战略态势总体来看，和平与发展的时代主题没有改变，经济全球化大方向没有变，共建"一带一路"仍面临重要机遇。同时，世界百年未有之大变局正加速演变，新一轮科技革命和产业变革带来的激烈竞争前所未有，气候变化、疫情防控等全球性问题给人类社会带来的影响前所未有，共建"一带一路"国际环境日趋复杂。总的来说，"一带一路"政策方向正在不断调整和优化，目标是在全球化的现代经济社会背景下，实现更高质量、更绿色、更健康、更智能、更可持续的发展，建设"持久和平、普遍安全、共同繁荣、开放包容、清洁美丽"的世界，构建一个更畅通高效的互联互通网络，推动各领域务实合作实现新突破，提升共建国家民众的获得感和幸福感，基本建立更高水平的中国开放型经济新体制，让人类命运共同体理念深植民心。

根据 2021 年 11 月第三次"一带一路"建设座谈会以及习近平主席在 2023 年 10 月第三届"一带一路"国际合作高峰论坛上的讲话精神，未来"一带一路"的工作任务目标是"完整、准确、全面贯彻新发展理念，以高标准、可持续、惠民生为目标，巩固互联互通合作基础，拓展国际合作新空间，扎牢风险防控网络，努力实现更高合作水平、更高投入效益、更高供给质量、更高发展韧性，推动共建'一带一路'高质量发展不断取得新成效"[①]。习近平总书记在 2023 年 12 月 27—28 日的中央外事工作会议上指出，要以高质量共建"一带一路"为实践平台，推动各国携手应对挑战、实现共同繁荣，推动世界走向和平、安全、繁荣、进步的光明前景[②]。

共建"一带一路"的总趋势是向全球合作与共赢的目标努力，但这个过程长期且复杂，在推进过程中可能会面临诸多挑战，需坚守战略定力，把握时代赋予的战略机遇，在继承与创新之间、政府与市场之间、双边与多边关系之间、规模发展与效益提升之间以及发展与安全之间进行全面统筹。需要秉承共商、共建、共享的原则，贯彻开放、绿色、廉洁的理念，高举高标准、惠民生、可持续的发展旗帜，以制度规则的"软联通"为重要支撑，以增进人民群众的"心联通"为根本基础，抓好项目建设，尤其是优质标志性项目和民生项目，以重点项目（重点国别、重点区域、重点领域、重点项目）为抓手和新突破口，驱动"一带一路"向高质量发展迈进。

---

① 中华人民共和国年鉴社：《中国国情读本（2022 版）》，新华出版社 2022 年版，第 413 页。
② 《中央外事工作会议在北京举行，习近平发表重要讲话》，《人民日报》2023 年 12 月 29 日第 1 版。

第二章 新哈萨克斯坦

哈萨克斯坦2022年"1月事件"后，总统托卡耶夫于当年3月16日发表国情咨文，提出全新的政治、经济和社会改革方案，正式指出："我们为自己设定了宏伟的目标，我们开始共同建设新哈萨克斯坦。"当年6月5日经全民公决通过新宪法，9月16日议会联席会议又对宪法和部分国家政策做出修改和部署。可以说，"新哈萨克斯坦"是2022年"1月事件"后哈萨克斯坦总统托卡耶夫提出的国家发展道路和模式。新哈萨克斯坦就是公正的哈萨克斯坦，是主权国家的未来形象，是重新构建个人和社会价值体系后的新社会，是忠实于祖先遗训的国家，是当代人对未来的证明。正如哈总统托卡耶夫所说："一个不相信未来的民族，将无法建立一个强大的国家。历史上有很多这样的例子。我们意志坚定，对哈萨克斯坦光明的未来充满信心。我们将确保每个公民的宪法权利得到尊重。我们将形成国家与社会相互尊重、相互信任的新政治文化。重要的决定将在公民的参与下公开做出，因为国家会倾听每个人的声音。我们将永远高度赞赏认真负责的工作、进步的知识和先进的经验，我希望看到新哈萨克斯坦是这样的一个国家。为了实现我们的目标，只是国家机关的更新或人事变动是不够的，每个人都必须从自己开始改变。我们需要重新构建个人和社会价值体系。"[①] 托卡耶夫于2022年4月26日在执政党——阿玛

---

① Токаев: Новый Казахстан-это, по сути, Справедливый Казахстан, 2022.04.26, https://www.zakon.kz/6012915-tokaev-novyi-kazakhstan-eto-po-suti-spravedlivyi-kazakhstan.html.

纳特党第 23 届特别代表大会上指出："我们的公民经常问：什么是新哈萨克斯坦？我想我们可以简单而明确地回答这个问题。新哈萨克斯坦就是公正的哈萨克斯坦。我们的公民显然缺乏社会正义。无视老百姓利益经常发生。"[①] 托卡耶夫在 2022 年 11 月 26 日的总统就职仪式上表示："哈萨克斯坦有句古语说：如果富豪的财富来路不正，那这财富犹如粪土；如果执政者不能守护正义，那他的政令不过是废纸一张。"

哈萨克斯坦总统战略研究所认为，新哈萨克斯坦"是社会和民族的复兴，不仅是政治机构、国家机关和整个当局的更新，而且是公民和社会的更新；是精神上的变化，价值观的变化；是社会的新形象；是拒绝激进主义、极端观点和行动，加强创新动机；是社会价值观的重新启动；是克服社会上的各种分裂；是国家政策从人道主义角度出发，也是对人力资本的投入；是渐进式和系统性改革的延续；是人们必须对自己的生活、专业工作和环境负责的时代；是更新和现代化途径；是民众意识的重塑；是一个清晰的未来形象，团结一致的价值观，不是一个抽象的概念；是一个团结、睿智、沉着的民族；是一个反对无知和陈旧主义、激进主义和依赖、消费崇拜和腐败的社会；是一个欣赏人才和勤奋的社会；是将人及其利益和需求放在首位的国家；是一个拥有强大公民社会的高效国家；是一个公民和当局都担起责任的国家"[②]。

与"1 月事件"前的"旧哈萨克斯坦"相比，"新哈萨克斯坦"确实有很多新内容，在政治、经济和社会生活等国家治理和社会发展方面出台了很多新理念和新措施。可以说，新哈萨克斯坦不是对旧哈萨克斯坦的修修补补，而是全新的发展道路。新哈萨克斯坦的

---

① Токаев: Новый Казахстан-это, по сути, Справедливый Казахстан, 2022.04.26, https://www.zakon.kz/6012915-tokaev-novyi-kazakhstan-eto-po-suti-spravedlivyi-kazakhstan.html.

② Казахстанский Институт стратегических исследований при Президенте Республики Казахстан, Методические рекомендации «Новый Казахстан: путь обновления и модернизации», https://kisi.kz/wp-content/uploads/2022/04/poslanie_russ_.pdf.

"新",意味着其政治改革以公正为目标,加强反腐败,重塑总统、议会、政府和司法等国家机构间的关系,提高民间社会代表的积极性,规范政党和非政府组织活动,加强网络和媒体管理。其经济改革以公平为目标,以新技术革命为指引,积极调整产业结构,提高加工业比重,大力发展新能源、数字经济和基础设施,同时努力消除垄断,公平分配资源,减轻企业负担。社会改革以提高社会保障和发挥公民自主性为原则,巩固公民意识和国家意识,增强社会和谐稳定。因政策大方向符合社会需求,民众对国家面临的客观和外部不利因素也有预期,对执政当局总体上持认可态度。

与此同时,新哈萨克斯坦中的这个"新"字并不仅仅是"1月事件"后的应急反应,还在一定程度上具有时代特征。从中亚国家2022年的施政纲领和政策措施中可知,与哈萨克斯坦同期的整个中亚地区都将"新"字作为国家发展的突出特点。新时代和新局面、新任务目标、新措施办法等,新并不是哈萨克斯坦独家所有,而是整个地区的共同特点。当年1月,哈萨克斯坦总统托卡耶夫在议会两院讲话时提出建设"新哈萨克斯坦"口号和目标,乌兹别克斯坦通过《新乌兹别克斯坦:2022—2026年发展纲要》。当年2月,吉尔吉斯斯坦总统扎帕罗夫在向杰出公民颁发国家奖的仪式上明确指出,"我们的口号是'我们的目标是建设一个新的吉尔吉斯斯坦'"[①],土库曼斯坦2022年通过《复兴强大国家新时代:2022—2052年经济社会发展国家计划》。可以说,这个"新"字表明,中亚国家在独立30年后,国家发展已进入一个承上启下的新阶段,要求领导人和执政体系必须适应并紧紧抓住时代的需求和特点,在努力解决前期发展过程中积累的各种问题基础上,完善国家治理体系,聚焦本国未来发展。

---

① Наша цель—построить новый Кыргызстан: Садыр Жапаров провозгласил девиз, 10.02.2022, https://24.kg/vlast/223494_nasha_tsel_postroit_novyiy_kyirgyizstan_sadyir_japarov_provozglasil_deviz/.

在地缘政治形势发生巨大变化,处于分裂动荡状态的大环境背景下,如何建设新哈萨克斯坦呢?托卡耶夫指出,这是一个艰难的过程,需要数年时间。一是发扬过去的优良传统。"高度责任感、彼此之间的相互信任和关注、对国家的爱,将在这件事上帮助我们。……我们将坚决反对愚昧和古板,反对激进和依赖,反对消费和腐败。我们需要克服相互疏远,在变化的现实中恢复对社会的信心。我们将依赖于人们的精力、天赋和勤奋。我们将为每个公民的自我实现创造最有利的条件。"二是独立自主,依靠人民。"我们需要明白,外人不会为我们做任何事,一切都需要我们自己动手完成。我相信,依靠人民的支持,我们将团结一致实现目标。"三是坚决维护国家主权和领土完整、保障人民根本利益。"主权独立自主是哈萨克斯坦最宝贵的财富。我们必须保持我们的独立性,增进国民认同,并专注于国家的转型。这是我们对子孙后代的神圣职责。"四是加强国内团结,始终遵循"不同意见,一个国家"的原则。"现在不是设置政治路障、随意组织集会、坚持可疑决定、提出强制性要求、抨击履行职责的警察的时候。所有这一切都会在国际社会的眼中使我们的人民名誉扫地……高水平的对话和协商文化将成为加强我国公民团结的主要因素之一。"五是希望人民在当下就能享有幸福的生活,而不是在未来。

哈萨克斯坦之所以能在一年之内对国家体制作出重大修改,除现实国情要求外,主要源于托卡耶夫的治国理念与纳扎尔巴耶夫有所不同。首先,托卡耶夫认为"先经济后政治"的发展道路已不适合哈国情,"先经济"时期虽然增加了社会财富,但同时也积累了大量问题,现在需要通过"先政治"缓解社会压力,释放社会活力,公平利用社会资源,在新的平衡点上起步。托卡耶夫于2022年6月15日在接受媒体记者采访时表示:"先经济后政治的道路模式已经耗尽了它的资源,虽然这个模式在上世纪90年代初期非常有用,但我们需要进行政治转型,因为必须解放人们的公民活动,这是社会的一个非常大的要求。所以我从本质上开始了政治改革。"① 其次，托卡耶夫认为超级总统制这样一个权力超集中的管理体制已经失效，哈萨克斯坦需要强总统但不是超级总统，政治体制需要真正落实"强力的总统、权威的议会、负责的政府"原则，目标是建立一个拥有强大公民社会的国家。托卡耶夫表示："重要的是要确保公平和公开的竞争，彻底消除经济和政治上的一切人为垄断。只有在真正竞争的条件下，人民的福祉才有可能增长。权力超集中的管理体制已经失效。无法通过多样化的观点团结公民社会。因此，我们需要深思熟虑地调整和改变哈萨克斯坦发展的政治模式。首先，应该实现由超级总统制向拥有强大议会的总统制共和国的过渡。这样的体系将保证权力机构的最佳平衡，促进国家的可持续发展。需要加强议会作用，这是成功实施倾听型国家的重要因素。"②

第一节 2022 年"1 月事件"

2022 年 1 月 2—11 日大约十天时间，哈萨克斯坦国内发生 1991 年独立后规模最大、损失最重的骚乱，共造成 238 人死亡、4353 人受伤③，财产损失至少 36 亿美元。骚乱的起因是曼吉斯套州自 2022 年 1 月 1 日起提高液化石油气价格，从而引发居民抗议，抗议活动始于 1 月 2 日曼吉斯套州的扎瑙津市。3 日迅速扩大到整个曼吉斯套州和阿拉木图市。4 日扩散到国内其他地区，开始有骚乱迹象。1 月 5

---

① Токаев отказался от формулы «сначала экономика, потом политика», 15.06.2022, https://kazakh24.info/2836-tokaev-otkazalsia-ot-formuly-snachala-ekonomika-potom-politika-1655283043/.

② Послание Главы государства Касым-Жомарта Токаева народу Казахстана "Новый казахстан: путь обновления и модернизации", 2022.03.16, https://www.akorda.kz/ru/poslanie-glavy-gosudarstva-kasym-zhomarta-tokaeva-narodu-kazahstana-1623953.

③ Названо число погибших в ходе массовых беспорядков в Казахстане, 2022.01.15, https://tengrinews.kz/kazakhstan_news/nazvano-chislo-pogibshih-hode-massovyih-besporyadkov-459294/.

日已经是全国性大面积骚乱。哈政府宣布调整政府内阁、断网、进入紧急状态、请求集安组织（独联体集体安全条约组织）出兵等应对措施。6日集安组织援军到达后，局势开始逐渐平缓，9日仅剩阿拉木图州等南部地区的零星反抗活动。10日，哈萨克斯坦宣布为抗议活动中死去的人举行全国哀悼。11日全国恢复平静状态。除继续抓捕违法犯罪分子、启动刑事审查外，哈总统托卡耶夫在议会发表讲话，提出重大改革措施，标志着哈开始转入建设"新哈萨克斯坦"的工作轨道。

起初，哈政府认为骚乱是犯罪集团制造的恐怖行为，随着调查的深入，最后认定骚乱的性质是"未遂政变"。2023年1月5日，哈总检察院在议会上、下两院就2022年"1月事件"事件发布调查报告。调查表明，"1月事件"是有预谋的事件，前民族安全委员会主席马西莫夫是骚乱事件的主要组织者，准备进行政变。骚乱期间，哈国内多地发生抗议者冲击政府行为，犯罪团伙（部分执法部门人员也参与其中）占据了一些重要设施，1400余处公共设施遭袭（包括政府行政机关71处），抢夺和盗取上千余件武器弹药装备，发动了针对执法人员和普通公民的袭击行为，造成数百人死亡。

哈政府否认"1月事件"是"人民革命"。哈总统托卡耶夫在2024年1月3日接受《主权的哈萨克斯坦》报（*Egemen Qazaqstan*）采访时表示："全世界都目睹了和平示威演变为大规模骚乱和大屠杀的悲惨事件。带着冲锋枪、手枪和冷兵器来的能是和平示威吗？在冲击行政大楼时，难道可以殴打、杀害、虐待军事人员和安保人员吗？难道和平示威之后，商店和银行会被洗劫一空，汽车被烧毁吗？即使不包括对政府大楼和警察局的袭击，这些暴行造成的损失总额也超过30亿美元。不应基于想象的原因和后果来构建推测性版本。我要直截了当地说：关于所谓人民起义的论述，目的就是为犯罪行为辩护和粉饰。这种不负责任的、本质上是挑衅性的说法导致了真正的匪徒被英雄化，导致了有害的犯罪心理在社会中进一步加强。也就是说，这种说法会鼓动新的骚乱，损害国家安全和人民福祉。这是一个非常严重的威胁。因此，国家和社会必须团结一致，谴责这种无法无天的行为。我相信这一点。"①

一 骚乱导火线是液化气涨价

在哈萨克斯坦西部、里海东岸有个面积16.56万平方公里、人口74万（2021年底）的曼吉斯套州。该地的扎瑙津市曾在2011年12月16日至2012年1月5日发生过骚乱，当时要求涨工资的石油工人与军警冲突，造成15人死亡，上百人受伤。十年后的2022年1月，扎瑙津的居民再次走上街头，抗议车用液化气涨价，进而引发全国规模的骚乱。两次骚乱均由生活境遇引发，也都导致哈政坛震荡。

曼吉斯套州90%的GDP产值来源于油气开采，每年产量约占哈全国石油开采总量的1/3，石油开采时的伴生气和天然气大部分用来加工成液化气。由于价格便宜，哈国内越来越多的车辆改用液化气。据统计，2019—2021年，哈全国使用液化气的汽车数量从14万辆增加到31.34万辆，液化气的年消费量也从约130万吨增加到约160万吨。曼吉斯套州则90%以上的车辆使用液化气，这个比重明显高于哈国内其他地区，这也是该州居民对液化气价格更加敏感的原因所在。

据哈国家统计委员会数据，2021年曼吉斯套州职工月均工资约36万坚戈（约合人民币4900元），虽然高于哈全国平均工资26万坚戈（约合3600人民币），但由于该州除油气外其他产业不发达，往往是一个工人养活全家人口，因此家庭实际生活水平并没有外界想象的那么高。尤其是地处乌津油田附近的扎瑙津市（人口约10万），居民往往率先提出增加工资、降低物价等保障生活的要求。

---

① Касым-Жомарт Токаев: Как прогрессивная нация мы должны смотреть только вперед! 3 января 2024 года, https://www.akorda.kz/ru/prezident-respubliki-kazahstan-kasym-zhomart-tokaev-kak-progressivnaya-naciya-my-dolzhny-smotret-tolko-vpered-302415.

2020年新冠疫情发生后，哈萨克斯坦经济大受影响，GDP增长率为-2.6%，通胀率为7.4%。2021年宏观经济虽有好转，总体上止跌回升（GDP增长率为3.2%），但物价却持续高涨，全年通胀率约为8.7%，面包、小麦、糖、蔬菜、肉奶、汽柴油等生活必需品涨价幅度大，让本已拮据的居民抱怨不已。在曼吉斯套州，2021年初的液化气市场零售价为30坚戈（约合0.42元人民币），年中涨到50坚戈（约合0.7元），年底涨到约110坚戈（约合1.54元），转过年的2022年1月1日起，由于实行新的定价机制，零售价增至120坚戈（约合1.68元）。也就是说，曼吉斯套州的液化气价格在一年内涨幅约3倍。尽管与独联体其他国家相比（2021年12月底），哈境内的液化气价格最低，同期的阿塞拜疆约166坚戈，俄罗斯约182坚戈，吉尔吉斯斯坦约202坚戈，白俄罗斯约212坚戈，这样的价格涨幅也让当地居民无法忍受。示威游行首先从扎瑙津市开始，很快扩大到曼吉斯套州内其他地区，以及哈最大城市阿拉木图市。到1月4日更是波及哈国内大部分地区。抗议形式也从开始的上街游行、阻拦交通等，变成与军警冲突、焚烧车辆、冲击政府办公大楼、抢夺军械库等暴力行为。

哈能源部的解释是，哈政府从2019年起便寻求改革天然气定价机制，主导思想是市场化和电子化，由天然气生产商和销售商通过网上电子交易平台，按照市场化原则商议确定购销价格，零售市场上顺价销售。这样做的目的是减轻政府补贴负担，让销售价格能够弥补生产企业的成本，提高其生产积极性。截至2021年初，哈全国已有70%的地区执行市场化定价机制。曼吉斯套州计划从2022年1月1日起全面执行。按理说，能源部的价格改革计划有利于经济发展，但实践证明，该计划过多考虑了生产因素，忽视了油气作为国民经济和民生的战略性商品的政治属性和民生属性，完全交给市场往往在政治上行不通，需要政府的调节和补贴。

二 骚乱发展的三条线索

尽管2022年初的骚乱由曼吉斯套州的车用液化气涨价引发，但之所以迅速波及全国多个地区并出现大范围骚乱，说明背后的推动力量绝不是普通民众发泄不满这么简单。从哈总检察院报告中可知，在整个骚乱过程中至少存在三股力量，推动事态向复杂化方向发展。

一是对生活境遇不满的普通民众。在新冠疫情、经济不景气、实际民生水平下降、物价高涨的大环境背景下，民众长期积累的怨气和愤怒集中爆发。车用液化气涨价只是一个导火线，底层的火焰则是对部分政府政策和生活境遇的长期不满。骚乱过程中，在各种势力的煽动下，普通民众的诉求越来越政治化，从开始时要求降低物价，到后来发展为要求政府辞职、与托卡耶夫总统对话、恢复地方行政长官直选（当时是总统任命）、首任总统纳扎尔巴耶夫下台等。矛头已不限于经济层面，而是往政治权利方向发展。这些诉求表明，除对受新冠疫情影响的实际生活水平下降有怨言外，民众对国家政治现状也是愤愤不平。由于利益集团长期把持国家资源和权力分配，普通民众的政治权利往往难以真正实现，社会成就感越来越少，对未来愈加迷茫。这种感觉在青年人中尤其强烈。骚乱最严重的阿拉木图市，很多参与骚乱的都是外地来此打工的年轻人。

二是境内外的反对派和破坏势力，主要目的是制造社会动荡，干扰国家运行。如果说示威活动刚开始时哈政府将其视为民众的正常诉求，并派出官员开展对话，希望协商解决问题的话，后来随着事态发展，哈政府对形势的判断也逐步升级界定为"恐怖活动"，指出骚乱背后有"怀揣财政动机的阴谋家"，哈"受到来自国外的暴徒组织的入侵"。理由就是各地爆发的骚乱似乎不是自发，如果背后没有统一的组织协调，很难在短期内发动如此大规模和大范围的骚乱。

从各方披露的信息看，在海外流亡的反对派领袖穆赫塔尔·阿布利亚佐夫积极参与了此次骚乱。此人1963年出生，20世纪90年代曾在哈政府中担任能源、工业和贸易部部长，后进入金融领域，担任哈资产规模最大的图兰·阿列姆银行（BTA）董事长，其间挪用巨款（哈政府称至少60亿美元），2009年金融危机后败露，为躲避哈政府通缉而流亡英国，2020年获得法国政治难民身份。

阿布利亚佐夫于2001年成立"哈萨克斯坦民主选择党"。流亡海外后，因财力雄厚，他和该党成为哈最大的反对力量，在海外遥控指挥和资助哈境内的反政府活动。自托卡耶夫2019年就任总统以来，哈国内几乎所有的反政府活动都与阿布利亚佐夫有关。据乌克兰媒体报道，为支持骚乱，阿布利亚佐夫在乌克兰设立了一个指挥总部，还于2022年1月4日在自己的社交账号上发布视频，公布这个总部的联系方式，呼吁哈国内的示威抗议者协调行动，并威胁哈执法人员，说抗议者们可能发动类似乌克兰"广场革命"的行动。

阿布利亚佐夫在哈国内的助手是记者马迈（Zhanbolatu Mamayu）及其2019年成立的"民主党"（未获哈官方登记注册）。该党从成立之日起的主要活动就是抗议和集会，主张修改宪法、释放政治犯。这次骚乱从曼吉斯套州扩散到阿拉木图，马迈是主要推动者之一。正是他带人最早来到阿拉木图的市中心广场，号召支持曼吉斯套州的抗议活动。

三是执政集团内部高层间的政治斗争，主要目的是推翻托卡耶夫，具有政变性质。哈前总统顾问叶尔蒂斯巴耶夫认为，一些官员和执法人员的背叛是该国发生危机的原因之一，"发生在哈萨克斯坦的事情是整个后苏联地区30年来最严重的危机。这种未遂政变、武装叛乱的规模令人震惊，一个如此强大的组织能力，如果没有最高权力阶层的叛徒，特别是执法机构的叛徒，就不可能实现。"① 哈总统托

---

① Экс-советник Назарбаева назвал одну из причин кризиса, Экс-советник Назарбаева Ертысбаев назвал предательство чиновников причиной кризиса, 07.01.222, https://ria.ru/20220107/kazakhstan-1766885453.html.

卡耶夫在2022年3月16日的国情咨文中明确指出："阴谋者试图攫取政权。近年来，哈萨克斯坦走上了彻底的现代化改革道路，各个领域都开始了大规模的变革。而一些有权威的人并不喜欢这些改革，他们希望继续他们多年的非法活动。此外，他们渴望获得权力。阴谋者从官员中组成了一个由专业雇佣军、武装土匪和叛徒组成的地下团体，我们国家的内外敌人联合起来夺取政权。他们将和平抗议引向破坏性活动，利用人民达成自己犯罪的目的。叛徒中包括军队和安全机构的领导人，他们阻止执法机构采取法律行动，向国家领导层误报城市的情况，并控制政府和其他沟通渠道……我可以确定的是：这是一场大规模精心策划的行动，其目的是罢免最高领导层，在人民和外国公众眼中进行抹黑。为了实现这一目标，阴谋者毫不犹豫地利用了受过专业训练的武装分子，他们的任务是在我们最大的城市阿拉木图造成严重破坏，使人们感到恐惧，让他们相信事件结果的灾难性，并破坏国家局势稳定。"①

据哈著名作家斯马古尔·叶卢巴耶夫透露，哈总统托卡耶夫曾亲口向他讲述了"1月事件"时的一件事。叶卢巴耶夫说道："骚乱发生后，时任民族安全委员会主席马西莫夫带着一帮在哈国内有影响力的人来到托卡耶夫面前，说已经准备好了一架飞机，建议托卡耶夫总统离境。马西莫夫当时对托卡耶夫说'再见'。这是托卡耶夫亲口告诉我的。托卡耶夫第二天早上就叫来集安组织，很快就控制住了局势。托卡耶夫总统非常果断，抛开一切程序，发布命令，将权力抓在自己手里，将马西莫夫和他周围的人抓起来。"②

哈总统托卡耶夫在2024年1月3日接受《主权的哈萨克斯坦》报采访时表示："我认为，多年来未解决的社会和经济问题以及权力

---

① Послание Главы государства Касым-Жомарта Токаева народу Казахстана, 16.03.2022, https：//www.akorda.kz/ru/poslanie-glavy-gosudarstva-kasym-zhomarta-tokaeva-narodu-kazahstana-1623953.
② «Прощайте»：во время январских событий Масимов предложил Токаеву покинуть страну, 2022.06.15, https：//golos-naroda.kz/2838-sau-bolynyz-vo-vremia-ianvarskikh-sobytii-masimov-predlozhil-tokaevu-pokinut-stranu-16552831.

和社会的普遍停滞导致了2022年1月份的悲惨事件。正如人们所说，这是肉眼可见的事实。我在2019年当选总统后，采取了政治制度民主化、公共生活自由化、经济生活非垄断化的政策。社会活动家、公民活动家和专家积极参与了改革的设计和实施。许多倡议是在各种对话平台上制定的，包括在我特别设立的国家社会信任理事会会议上。坦率地说，这一新政策引起了一些有影响的人的强烈反对，他们认为这是对根深蒂固的国家状况及其在权力结构中的特权地位的威胁。他们对改革的暗中和经常公开的抵制逐渐增加。为了扭转这种转变和恢复以前的秩序，他们最终决定采取极端措施。这批高级官员对安全机构和犯罪活动产生了巨大影响，因此选择了暴力夺取政权。据调查，准备工作大约从2021年年中开始。随后，政府做出了一项不明智、不适当的决定，大幅提高液化天然气价格，在曼吉斯套州抗议者煽动人们举行示威。根据我的指示，政府成立了一个特别委员会，前往该州会见公众，并做出妥协。但抗议活动变得越来越极端，阴谋集团利用了这一点。总检察院的调查表明，'1月事件'呈波浪式发展。起初（第一波），曼吉斯套州发生了集会，其他州也发生了集会。尽管中央政府和地方政府尽了最大努力，但局势变得不稳定，为找到妥协解决方案而进行的谈判和对话没有得到骚乱组织者的支持。许多地区爆发了第一次冲突。所有这一切都有利于阴谋者，他们通过训练有素的人员，千方百计地纵容局势的恶化。即使在这种困难的情况下，执法机构也避免使用武力。这是第二波。第三波浪潮始于犯罪团伙，其领导人受阴谋集团控制，与恐怖分子有联系，包括来自国外的恐怖分子。他们利用特殊技术、挑衅者和暴徒，将和平抗议变成大规模骚乱，伴随着大规模暴力、大屠杀、纵火和破坏财产。在混乱的情况下，武装暴徒和恐怖分子加入了这一进程，他们同时以团队的形式袭击政府大楼、安全机构、武器库、执法部队和军事单位的军械库。不仅在阿拉木图，还在许多首府城市。我记得，在'1月事件'中有3000多件武器被盗，其中包括冲锋枪、机关枪甚至火箭榴弹发射器。

此外，交通基础设施和电信设施也遭到袭击。我再说一遍：暴徒和恐怖分子有组织地行动，彼此密切协调。极端分子、犯罪分子和宗教激进分子共同参与了未遂政变。他们的目的是在公民中散布恐惧，破坏国家机构，破坏宪法秩序，最终夺取政权。"[1]

三　集体安全条约组织出兵维和

哈总统托卡耶夫1月5日从纳扎尔巴耶夫手中接过哈萨克斯坦安全委员会（又称"安全会议"）主席职务后，立即与集体安全条约组织及其成员国元首联系，并以遭受"来自国外的暴徒组织的入侵"为由，请求集安组织派出维和部队，帮助哈政府稳定局势。集安组织遂宣布将派出3200名士兵维和，并于1月5日当晚，首批俄罗斯空降兵以集安组织名义抵达哈首都努尔苏丹（即阿斯塔纳）。1月6日，除吉尔吉斯斯坦外，其余集安组织成员国的维和部队部署到位，负责守卫努尔苏丹和阿拉木图等地的重要目标。吉尔吉斯斯坦起初因民众抗议和部分议员反对，吉议会在1月7日才通过决议，同意向哈派出维和部队，但只负责守卫重要目标，不上街执勤。据集安组织发布的信息，该组织实际派出的维和部队共2030人，其中俄罗斯1480人、白俄罗斯和亚美尼亚各100人、塔吉克斯坦200人、吉尔吉斯斯坦150人。1月11日哈总统托卡耶夫议会讲话后，集安组织从1月12日开始陆续撤军，十天后全部撤出。

作为战略伙伴和邻国，哈境内发生骚乱自然让俄罗斯高度担心。普京总统明确指出，不允许外部势力干涉哈内政。在中亚的地缘政治博弈中，俄罗斯借用集安组织可谓先拔头筹，稳固了自己在哈萨克斯坦的地位和影响力。本来，2021年俄哈关系在一定程度上有些微妙。除哈美两国借着阿富汗塔利班上台话题而互动频繁，关系似乎越走越

---

[1] Касым-Жомарт Токаев：Как прогрессивная нация мы должны смотреть только вперед！3 января 2024 года，https：//www.akorda.kz/ru/president – respubliki – kazahstan – kasym – zhomart – tokaev – kak – progressivnaya – naciya – my – dolzhny – smotret – tolko – vpered – 302415.

近外,俄罗斯对哈国内的民族主义增长有些不满。随着哈国内要求扩大普及国语(哈萨克语),一直作为官方语言的俄语的应用受到削弱。哈政府也出台《视觉信息法》,以法律的名义要求路牌、标签、说明书、广告等可视信息必须使用国语。另外,2021年夏季,哈西部出现"语言纠察队",侮辱歧视不说国语说俄语的人。这些行为在俄罗斯看来均是典型的"去俄化"表现,甚至怀疑哈高层在暗中默许甚至支持。

与此同时,随着北约东扩压力增加以及乌克兰局势日渐白热化,俄罗斯非常担心美国搞乱中亚,利用乌克兰和哈萨克斯坦两张牌,迫使俄分散精力和兵力,陷入两线作战窘境。对俄罗斯而言,美国在哈增加存在是威胁俄地缘政治安全的大事,必须尽量阻止。哈请求集安组织出兵,相当于给俄罗斯一个天赐良机,既巩固自身地位,又可趁机削弱甚至消灭哈境内的西方敌对势力,还能向外界展示"关键时刻靠得住"以及"关键时刻还得依靠俄罗斯"的形象。俄智库分析认为,骚乱平息之后,哈对俄依赖只能增加,不会减少,而对西方的信任则可能会下降。稳定住哈萨克斯坦和中亚之后,俄罗斯便可集中精力应对欧洲部分的难题。

哈一直强调求助集体安全条约组织"不是对俄罗斯的请求,而是对集体安全条约组织的请求,因为哈萨克斯坦也是该组织的成员"。集体安全条约组织维和部队没有参加反恐行动,也没有开过一枪。亚美尼亚特遣队保护着城市水网和阿克塞面包厂,白俄罗斯保护热特肯的航站楼,塔吉克斯坦和吉尔吉斯斯坦负责保护阿拉木图的第一和第二热电站,俄罗斯负责保卫阿拉木图的第三热电站和电信设施。在当时极其复杂的环境下,集体安全条约组织的维和部队有效发挥了震慑作用,最重要的是,让哈自己的部队被释放,得以腾出手来集中从事反恐行动。

四　骚乱的特点

与过去的骚乱相比，2022年"1月事件"呈现出如下三大特点。

第一，青年为主。人口年轻化带来诸多社会问题，但政府平时未能给予足够重视，积重难返的结果就是青年起来闹事。从骚乱视频中可知，2022年骚乱参与者主要是青年。原因不仅是青年容易受鼓动，更与部分青年生存压力大，趁机发泄有关。哈人口总体上非常年轻。截至2021年底，哈全国1966万总人口中，45岁以下人口（独立时未成年+独立后出生）1347万。也就是说，独立后成长和出生的年轻人已成为哈社会中坚。但对广大的普通青年而言，学习和就业压力很大。2016—2021年，哈官方登记的失业率平均为4.9%。虽然哈政府想方设法努力增加就业机会，但受国内产业和企业规模所限，就业难题并不容易解决。之所以骚乱期间阿拉木图表现最严重，原因之一就是这个城市的移民居多，各地来此打工，但因新冠疫情而生活艰难。经济越不景气，就有越来越多的人涌向大城市寻找机会。这些外来人口没有归属感，找不到好工作还有挫败感，容易失落和不满。一旦遇到发泄的机会，很容易上街参与骚乱。

第二，加大社会撕裂。权贵精英和底层民众之间、执政团队内部支持托卡耶夫的和反对托卡耶夫的新老干部之间，主张与俄罗斯友好合作的欧亚一体化支持者同主张"去俄化"的民族分子之间的矛盾增加，弥合社会分歧和凝聚社会共识的难度加大。骚乱会暴露各种社会问题，各种不满交错叠加，通常最后矛头都指向前期政策严重失调，谴责既得利益者的无能和贪婪。托卡耶夫总统指出哈萨克斯坦有162人拥有全国55%的财富后，媒体开始披露权贵家族在国内外拥有巨额财富。

第三，混合恐怖袭击。"混合恐怖袭击"（hybrid terrorist attack）是国际媒体赋予骚乱表现的新名词，用于描述概括骚乱的参与主体、行动对象、活动方式、目标任务等各个方面均呈现出复杂多样的特点。

哈国务秘书卡林 2022 年 1 月 10 日在接受记者采访时表示："我们正面临对哈萨克斯坦的混合恐怖袭击，目的是破坏稳定和政变。……这是一种新的、与过去不同的、无耻的剧本。目的是通过组织恐怖袭击，迫使国家局势动荡，从而夺取政权。"①

从骚乱过程表现可知，混合恐怖袭击呈现以下四个特点。

一是参与者成分复杂。有各种势力和群体借机活动，既有哈国公民，也有境外势力；既有和平示威的民众，也有实施暴力的团伙。暴力团伙至少包括伊斯兰极端分子以及受极端思想鼓动的信徒、受境外反对派支持的政治反对势力、想借机推翻政权的强力部门成员、黑社会等有组织犯罪集团分子、民族极端和民粹主义团体等。这些暴力团伙同时行动参与骚乱，彼此间未出现冲突，甚至不排除彼此间还有一定的协调，这是过去所没有过的现象。

二是行动对象和目标任务复杂。参与者提出涉及经济、政治、暴力和革命等多种内容的诉求。有的是单纯经济诉求（控制物价、增加工资、改善民生等），有的是政治诉求（政府辞职、追究有关责任人、与总统对话、地方行政负责人直接选举产生、首任总统纳扎尔巴耶夫下台等），有的是单纯的暴力（打人杀人、烧毁商店等），有的要政变（推翻托卡耶夫政权）。

三是活动方式复杂。与一般的街头暴力不同的是，混合恐怖袭击的暴力程度更高，不仅是通常情绪发泄时的打砸抢烧，而是有组织、有目的的武装暴动。骚乱表明，为实现政变图谋，政权内部的反对势力可能会与境外的反政府势力、极端势力等破坏性势力相互借助，甚至合作。

四是政府处置难度大。因参与者成分混杂，诉求不一，行为性质也不同，不能"一刀切"处置，否则出现误伤容易被敌对势力利用

---

① Мы столкнулись с гибридной террористической атакой - Карин, 2022.01.10, https：//tengrinews.kz/kazakhstan_news/myi - stolknulis - s - gibridnoy - terroristicheskoy - atakoy - karin - 458614/.

炒作。因参与手段先进多样，可能需要执政当局利用高科技、舆论战、心理战、经济战、外交战等多种手法综合应对，甚至军地协同，军队配合。因影响后果多样，需执政当局的事后重建措施涵盖面更广。

五 托卡耶夫成为真正的全权总统

骚乱导致哈政坛出现人事巨变。在骚乱的第三天（2022年1月5日），托卡耶夫总统接受马明总理辞职，由第一副总理阿里汗·斯迈洛夫代行总理职责，等待新总理产生。同日，托卡耶夫从首任总统纳扎尔巴耶夫手中接任哈萨克斯坦安全委员会主席，随即将国家政权的刀把子——民族安全委员会（实体机关，相当于中国的安全部）的领导层"大换血"，将民族安全委员会的主席、第一副主席、副主席三个关键岗位换人，从而巩固了自己的权力基础，削弱了掣肘因素，开始具备了协调各部门的能力，可以更好地应对国内动荡局势。

2019年首任总统纳扎尔巴耶夫辞去总统职务后，手中保留了哈萨克斯坦人民大会主席、执政党祖国之光党主席（该党在议会上、下两院各拥有2/3以上议席）、哈萨克斯坦安全委员会主席三个现职，使得纳扎尔巴耶夫"退而不休"，仍旧是国家权力的实际掌控人，造成哈中央权力架构呈现"双核"状态，首任总统纳扎尔巴耶夫和现任总统托卡耶夫各有一套人马和服务保障机构。托卡耶夫虽是名义上的国家元首，但没有宪法规定的总统的全部实权。这让下面的人往往难以适从，不知该把自己的政治前途"与谁捆绑"，高层权力斗争表面平静，实则暗流涌动，施政效率不高，国家的很多改革政策和发展措施说得很好，却难以落实执行，各项工作推进缓慢。这种状态是民众对国家政治最不满意的地方。大部分民众希望这种局面尽早结束。骚乱期间，多地广场上的纳扎尔巴耶夫塑像被推倒毁坏，便足以表明民众对他的态度。

其实，新冠疫情发生后，随着哈面临的内外形势发生变化，特别是 2020 年 6 月感染新冠病毒后，纳扎尔巴耶夫的健康状况促使其加速权力移交进程。2021 年已将人民大会主席和祖国之光党主席两个职务交出，加上 2022 年 1 月 5 日的哈萨克斯坦安全委员会主席职务移交，首任总统纳扎尔巴耶夫已将手中的全部现职悉数交给现任总统托卡耶夫。这意味着，纳扎尔巴耶夫已完全退休，结束过去所说的"双核"政治架构。纳扎尔巴耶夫时代正式谢幕，托卡耶夫成为名副其实的全权总统，得以开启哈萨克斯坦新时代。

第二节 公正的政治

从根本上讲，政治体制的功能主要是管理和整合社会，化解社会矛盾，分配社会资源，保障民主和自由，防止社会分裂和冲突。任何国家的政治制度和政治民主都应符合本国国情，并随着国情而发展进化。不同历史时期，不同国家和地域，政治体制都不尽相同。哈萨克斯坦 1991 年独立后，其国家体制发展分为两个阶段，也被称为"第一共和国"和"第二共和国"。第一共和国是从 1991 年到 2022 年，从苏联解体、获得独立到 2022 年"1 月事件"。这一时期，第一共和国的成就主要表现为苏联解体后的主权国家建设，与周边国家解决边界问题，探索市场经济建设，哈萨克斯坦作为独立的国家参与国际政治生活等。同时，在瞬息万变的世界局势和全球化进程中，第一共和国的政治体制没有时间进行结构转型和适应现代的现实和时代挑战，停滞现象开始出现，政治领域已难以展现和凝聚公众共识。第二共和国是指哈萨克斯坦的新历史时期，从 2022 年 3 月启动宪法改革开始。当年 1 月哈国内因液化气涨价而引发骚乱，进而发生未遂政变。在主权国家地位面临严重内部挑战的背景下，公民将国家改革的要求，特别是系统性的权力体制改革提上议程。第二共和国主要是宪政升级，是"新哈萨克斯坦"理念的制度性体现，简而言之，就是"重启国家治理体系"。

第二共和国（新哈萨克斯坦）是对第一共和国的扬弃，而不是全盘否定、抛弃。实际上，托卡耶夫自 2019 年就任总统以来，也就是说，从第一共和国的后期开始，已经启动了改革，从人事政策、决策体系、责任制度等做起，探索改变国家治理方法，只不过步伐没有第二共和国时期更大而已，但也为第二共和国的改革奠定了一定基础。从 2019 年 3 月接任总统至 2022 年 9 月发表国情咨文，托卡耶夫总统共提出六套改革方案（五次国情咨文提出的改革方案，加上 2019 年 12 月第二届国家社会信任委员会会议上提出的改革方案），围绕国家权力机关间的分权制衡、选举制度、政党制度、行政区划、民主原则等五个主要领域展开。

总体上，托卡耶夫的政策主张大体分为第一共和国末期和第二共和国两个阶段，既有连续性，也有创新点。这前、后两个阶段的治国理政思想和权力架构基本相同，即以公正为核心，以建设"倾听型国家"为抓手，努力构建力量相对均衡的"强力的总统、权威的议会、负责的政府"政治体制。这些特点体现出托卡耶夫总统的治国理念，与其长期从事外交，与世界各国打交道，特别是曾长期在联合国日内瓦办事处工作经历有关。也与哈当前社会情绪和需求相适应，即重新分配国家政治经济资源，增加社会参与的广度和深度。

从哈官方宣传用语看，"第二共和国"和"新哈萨克斯坦"是同一个事物，只不过第二共和国主要从政治制度角度讲，而新哈萨克斯坦则更体现时代特点而已。"第二共和国"侧重于雄心勃勃的改革，寻求改变政治制度，特别是扩大公民参与国家治理和形成新的政治文化。新哈萨克斯坦则侧重于国家未来的整体形象，更新社会价值观，形成新的国家品质。换句话说，第二共和国是国家模式的复兴，新哈萨克斯坦是社会和国家的复兴。

一　第一共和国末期（2019 年至 2022 年 "1 月事件"前）

托卡耶夫 2019 年 3 月接任总统后（3—6 月是代总统，6 月 9 日大选后成为正式总统），由于当时的首任总统纳扎尔巴耶夫仍保留哈萨克斯坦人民大会主席、执政的祖国之光党主席和哈萨克斯坦安全委员会主席三项公职，仍是实际上的哈萨克斯坦最高执政者，从而形成"双核"政治体制。托卡耶夫的总统工作仍受制于纳扎尔巴耶夫，总体上属于落实执行首任总统纳扎尔巴耶夫的既定战略和政策。他在 2019 年 9 月 2 日发表的国情咨文《建设性的社会对话——哈萨克斯坦稳定与繁荣的基础》中，提出要"继续全面实施民族领袖制订的五项制度性改革和国家计划"，即发展"现代化的高效国家"[①]。但与此同时，托卡耶夫也已经意识到社会上存在的不满情绪，认为政治领域的主要任务是发现民意和满足民意，"有效回应人民的需求是国家机构活动的主要优先事项"。因此，他在总体上继承纳扎尔巴耶夫政策体系的同时，也有自己的创新，利用各种场合阐述自己的施政纲领和治国新理念，显示其与纳扎尔巴耶夫不同的新气象。

从这个时期托卡耶夫总统的讲话和文章中可知，他在这个时期的政治改革主要遵循四个原则：一是在国家管理方面，建设"倾听型国家"；二是在国家与社会方面，加强社会对话，坚持"不同意见，一个国家"；三是在权力架构方面，坚持"强力的总统，权威的议会，负责的政府"；四是在发展道路方面，主张"先政治后经济"。

第一，建设"倾听型国家"。在世界进入新公共行政时代（信息化和全球化让公共行政的机构和工具发生变化），为适应开放社会的、以公民利益为中心的现代管理需求，国家管理和服务方式需加强社会对话、及时回应公民要求，扩大社会参与国家决策过程，由此提

[①] Послание Главы государства народу Казахстана от 2 сентября 2019 года Конструктивный общественный диалог-основа стабильности и процветания казахстана, https://www.akorda.kz/ru/addresses/addresses_of_president/poslanie – glavy – gosudarstva – kasym – zhomarta – tokaeva – narodu – kazahstana.

高国家机构的开放性和可及性指数。只有通过持续的权力和社会对话，才能在当代地缘政治背景下构建一个和谐的国家。"倾听型国家"是国家机构与公民之间的互动机制，目的就是让国家机关更好地为民众服务，增强国家和公共管理效率，最大限度地避免官僚主义的懒政怠政，公民可直接向授权机构提出问题，并迅速获得有关他们所关注的问题的回复。"倾听型国家"这个概念最早由托卡耶夫总统在其2019年9月2日发表的国情咨文《建设性的社会对话——哈萨克斯坦稳定与繁荣的基础》中提出。"倾听国家"不仅是加强社会对话，收集公民请求，更是让国家机关回应公民需求，让民众参与国家决策，寻找解决问题的方法。托卡耶夫指出："社会对话、公开性和对人民需求的迅速反应，是国家机构活动的主要优先事项。……由于中央和地方官员的耳聋和闭眼，人们经常被迫向总统求助。对某一领域决策不公正的反复投诉，意味着某一国家机构或某一领域存在系统性问题。……我们必须恢复公民的信任，用数字、事实和行动说服他们，迅速回应公民的批评和建设性建议。"[①] 为此，托卡耶夫要求在总统官网上开设国家元首虚拟接待室，在总统办公厅设立一个由总统助理领导的负责受理公众诉求的部门。各部门和各地方的各级领导人都要开通社交账号，进入社交网络与民众互动。

2020年新冠疫情暴发，抗疫过程中暴露政府工作不足。因此，当年度的国情咨文《新现实中的哈萨克斯坦：采取行动的时期》为后疫情时期的国家发展定调。政治领域的工作重点依然是建立"倾听型国家"，成立直属总统的总统改革委员会、战略规划和改革署、竞争保护和发展署，从改变国家治理方法、人事政策、决策体系、责任制度、执法司法等领域入手，系统性地探索新型国家治理模式，决定引入地方议会会议直播制度，民选代表的讨论内容不再对公众保

---

① Послание Главы государства народу Казахстана от 2 сентября 2019 года Конструктивный общественный диалог-основа стабильности и процветания казахстана, https：//www. akorda. kz/ru/addresses/addresses_of_president/poslanie – glavy – gosudarstva – kasym – zhomarta – tokaeva – narodu – kazahstana.

密；对公务员、议员、法官在外国银行的账户、现金和贵重物品等财产实行新的反腐败限制。

第二，在"不同意见，一个国家"原则指导下加强社会对话。即在统一的国家内，每个公民都可以有自己的意见和想法，需要对话沟通，凝聚共识，具体举措包括成立国家社会信任理事会、放松集会管制，降低政党成立门槛，在议会中增强反对派作用等。在2019年6月12日的就职典礼上，托卡耶夫决定成立隶属于总统的咨议机构——"国家社会信任理事会"，目标是建立民众与当局对话平台，加强社会对话，推进"倾听型国家"建设，共同制定有关国家发展的决议。理事会成员由来自各行业各地区的社会贤达组成，包括著名的政治人物、公众人物、经济学家和知识分子等。首次会议于当年9月6日举行。托卡耶夫认为："通过国家社会信任理事会完成的一系列工作，对深化哈萨克斯坦民主体制建设，以及促进政府与公众舆论之间的相互理解和信任关系的建立，起到了良好效果。我们的经验得到了国际组织的高度评价，认为这是一个负责任的、建设性的对话平台。最重要的是，国家社会信任理事会议没有辜负社会对它的期待。我们正在通过建设性对话建立新的政治文化。借助这一机制，我们将获得更好的建议和评价，以及建设性立场和负责任的价值观。我们克服了对不同观点的恐惧。政府不再认为异议是破坏，是对社会有害的现象。因此，我的'不同意见，一个国家'这个理念在国家社会信任理事会中得到了直接体现。这不是口号或想法，而是实际行动。"[1] 2022年6月，托卡耶夫签署命令，将国家社会信任理事会改组为新的直属总统的咨议机构——"国家库鲁尔泰"，使其成为一个容纳不同意见的对话平台，以便形成新的公共对话制度模式，加强政府与人民

---

[1] Выступление Главы государства К. Токаева на втором заседании Национального совета общественного доверия, 20 декабря 2019 года, https：//www. akorda. kz/ru/speeches/internal_political_affairs/in_speeches_and_addresses/vystuplenie-glavy-gosudarstva-k-tokaeva-na-vtorom-zasedanii-nacionalnogo-soveta-obshchestvennogo-doveriya.

之间的协作。虽然二者都是直属总统的咨议机构，区别在于，国家社会信任理事会讨论的重点是社会经济和政治改革等当前问题，而国家库鲁尔泰的讨论重点是在国家价值观基础上进一步发展社会团结的长期问题[1]。这也说明"倾听型国家"的终极目标是社会的和谐稳定与团结。

在2019年12月20日国家社会信任理事会第二次会议上，托卡耶夫总统表示："首要任务是针对国家当前的经济和政治问题制定系统、长期、有效的措施。正如我宣布的'倾听型国家'理念，我们首先要关注和解决普通老百姓面临的问题和需求。人民是至高无上的，没有什么比人民更重要。"在综合社会民众对国情咨文等意见基础上，托卡耶夫在会上发布了他执政后第一个系统的国家改革方案，主要内容如下。一是放宽组织和平集会的程序，界定组织者、参与者和观察者的权利和义务。只要集会不违法，就允许举行。二是将创建政党的注册门槛从4万人减少到2万人。三是为妇女和青年在政党选举名单中留出30%的名额。四是在议会中引入反对派制度。保障政治少数派的利益，少数派政党的代表可以担任议会某些委员会主席职务。五是加入《公民权利和政治权利国际公约》第二项任择议定书，修改《刑法典》第174条（煽动社会、民族、世系、种族、阶级或宗教仇恨罪）、删除第130条（诽谤罪）。

第三，坚持"强力的总统，权威的议会，负责的政府"，即权力相对均衡的政体模式。独立以来，哈萨克斯坦一直在探索适合本国国情的政权体制和国家治理模式。2017年1月25日，时任总统纳扎尔巴耶夫发表《致哈萨克斯坦公民呼吁书》，当年3月哈议会通过宪法修正案，旨在重新分配总统、政府和议会权力，原属于总统的40多项权力让渡至政府和议会。改革之后，总统在议会和政府间扮演终极

---

[1] Госсоветник Ерлан Карин назвал отличие Национального курултая от НСОД, 15 июня 2022, https://www.zakon.kz/politika/6017152-gossovetnik-karin-nazval-otlichie-natsionalnogo-kurultaia-ot-nsod.html.

裁判的角色，并负责外交、国家安全和国防事务；提高议会对政府的监督制约能力，政府向议会负责，而不是像以前那样对总统负责。这次宪法改革追求的政体模式被精练地概括为"强力的总统、权威的议会、负责的政府"。

不过，当时的改革虽然由总统适当向议会和政府分权，表面是总统权力下放，实质是减轻总统负担（抓大放小，转交给总理的主要是事务性权力）。改革后的总统依然是"超级总统"。总统依然保留对关键岗位的人事任免权（有权任命和解除政府内阁成员、民族安全委员会主席、央行行长、总检察长、审计署署长、州级地方行政负责人等），依然掌控强力部门，弹劾总统的难度依然很大[①]。因此，从2017年宪法改革后的政治运行实际效果看，权力体系并不均衡，总统高高在上，议会的立法和监督等职能被弱化，司法也难以真正独立。也就是说，理想中的"强力的总统，权威的议会，负责的政府"政体模式并未真正实现。这也是托卡耶夫执政后，政改的重要内容之一。

对托卡耶夫而言，哈萨克斯坦需要的是"强总统"而不是"超级总统"。托卡耶夫表示："重要的是要确保公平和公开的竞争，彻底消除经济和政治上的一切人为垄断。只有在真正竞争的条件下，人民的福祉才有可能增长。权力超集中的管理体制已经失效。无法通过多样化的观点团结公民社会。因此，我们需要深思熟虑地改变哈萨克斯坦发展的政治模式。首先，应该实现由超级总统制向拥有强大议会的总统制共和国的过渡。这样的体系将保证权力机构的最佳平衡，促进国家的可持续发展。需要加强议会作用，这是成功建设'倾听型

---

① 2017年的哈宪法规定：议会只能对总统的叛国行为提出弹劾。此时，须由议会下院1/3以上的议员提议，并经下院过半数通过方可提起弹劾案。弹劾案由议会上院审议，经上院半数通过后，提交上、下两院联席会议审议。两院联席会议依据最高法院的有罪判决和宪法委员会关于符合宪法程序的结论，以议会上下两院各3/4多数表决通过，弹劾案视为通过。若弹劾案自提起之日起2个月内未获通过，则该案视为失效。若弹劾案被否决或失效，则提起弹劾案的议员失去议员资格。在总统做出提前终止议会或议会下院职能后，议会不得对总统提起弹劾案。这意味着，除非政变或暴力革命，否则借助正常法律途径解除总统职务在实践中几乎不可能。

国家'的重要因素。"①

第四，将"先经济后政治"调整为"先政治后经济"。经过独立后近30年发展，尽管"先经济后政治"模式取得了巨大成就，但也积累了太多问题，国家发展已经进入深水区和"瓶颈"期。也就是说，政治体制遏制了其他资源和活力的释放和运用。如果不进行政治改革，其他领域的发展也会受限，难以深入进行下去。正因如此，托卡耶夫在2019年度国情咨文中表示："我们将进行的政治改革不是'先锋主义'，而是始终如一、坚持不懈、目标坚定。我们的基本原则：没有国家社会政治生活的现代化，就不可能成功地进行经济改革。"在接受俄罗斯24（俄罗斯国家电视台24频道）记者采访时，托卡耶夫表示："我意识到，我们需要进行政治变革，因为我们需要释放人们的公民活动，所以我放弃了'先经济后政治'模式。"② 哈萨克斯坦议会下院议员斯迈洛夫非常认可托卡耶夫的这个观点。他解释道："我们国家有100万贫困儿童，大量隐性失业。我们的大部分人口可以被列为贫困行列——他们将70%以上的收入用于食品和公用事业。如果不进行政治改革，这种情况就无法改变……我们看到，政府的经济决定一直是无效的。因为它不受控制。为什么我们的居民收入很低？为什么我们的资金浪费严重？资金耗费巨大得难以理解的项目是怎么产生的？很多问题我们已经谈了很多次了。"③

二 第二共和国阶段（2022年"1月事件"后至今）

哈萨克斯坦知名智库"风险评估小组"负责人萨特巴耶夫认为，

---

① Послание Главы государства Касым-Жомарта Токаева народу Казахстана «Новый Казахстан：пути обновления и модернизации», 16 марта 2022 года, https：//www. akorda. kz/ru/poslanie – glavy – gosudarstva – kasym – zhomarta – tokaeva – narodu – kazahstana – 1623953.

② Токаев отказался от формулы «сначала экономика，потом политика», Глава Казахстана рассказал, какими были три года его президенства, 15 июня 2022 года, https：//golos – naroda. kz/2836 – tokaev – otkazalsia – ot – formuly – snachala – ekonomika – potom – politika – 1655283043/.

③ Формула "сначала экономика-потом политика" себя исчерпала - депутат Смайлов, 2022.03.16, https：//baigenews. kz/index. php/formula_ – snachala_ekonomika_ – _potom_politika – _sebya_ischerpala – _deputat_smaylov_12887.

哈萨克斯坦的问题主要是内部问题，人们并不抱怨它的外交政策。①
2022年"1月事件"后，首任总统纳扎尔巴耶夫离开政治舞台，托卡耶夫成为真正的实权总统。2022年3月16日，托卡耶夫发表国情咨文，提出建设"新哈萨克斯坦"，一周后的21日与阿拉木图市民一起庆祝传统节日纳吾鲁兹节时，又提出"第二共和国"概念，指出"（我们）今后要大规模改革，要建设新哈萨克斯坦。我们一定会与你们一起，与年轻人一起，共同建设一个新国家、新哈萨克斯坦、第二共和国"②。第二天（3月22日），国务秘书卡林对总统讲话进行了解释，表示"很多人对'第二共和国'概念的含义以及它与之前宣布的'新哈萨克斯坦'概念有何不同提出了疑问。其实这两个意识形态概念的本质是相同的，只是表述角度不同而已"③。

2022年6月5日，哈举行全民修宪公投。全国登记在册的、拥有投票权的选民总计1173.4642万人，其中798.5769万选民参加了公投投票，占总选民总数的68.05%。投票选民的77.18%选择支持宪法修正案。宪法修正案获得通过，将托卡耶夫提出的全面系统的国家改革方案以国家根本大法的形式确定下来，标志着"哈萨克斯坦第二共和国"的法律基础得以奠定。

在第二共和国时期，哈萨克斯坦的改革重点是政治体系。具体措施包括完善公民权利、减少总统权力、改革选举办法、设立宪法法院、增加三个州级行政区、改组若干国家机构设置（国务顾问、国家库鲁尔泰）、重组强力部门、加大反腐败力度等。托卡耶夫总统表示："这些改革有助于形成政府各部门互动的新模式，为公民参与国家管理开辟道路，加强对人权和自由的保护。……宪法改革将加强国

---

① Президент Казахстана поменял местами базис и надстройку, Касым-Жомарт Токаев анонсировал политические реформы для развития экономики, 2 сентября 2019, https://kommersant-ru.turbopages.org/turbo/kommersant.ru/s/doc/4080454.

② Токаев: мы построим новый Казахстан, 21.03.2022, https://www.kt.kz/rus/state/tokaev_my_postroim_novyy_kazahstan_1377931025.html.

③ Госсекретарь Ерлан Карин разъяснил значение термина "Вторая республика", 22 марта 2022, https://tengrinews.kz/kazakhstan_news/gossekretar-erlan-karin-razyyasnil-znachenie-termina-vtoraya-464746/.

家体制基础，为发展民间社会铺平道路，加强相互理解和民族对话。"① 哈参议院议长阿希姆巴耶夫强调："立法机构支持总统的政治和经济改革是议会工作的主要优先事项。哈萨克斯坦改革的一个重要目标是加强人权保护制度，确保政府各部门之间以及中央和地方之间的权力与责任平衡。总的来说，通过的法律将有助于民主制度发展，加强公民对国家和政治机构的信任。这是建立公正的哈萨克斯坦的重要一步。改革的目的是建立一个法治、民主和社会的国家。"②

（一）完善和巩固公民的宪法权力

从各国宪法实践看，公民权利通常包括人身权利（生命、人身自由、人格、尊严、平等）、政治权利（选举和被选举、信仰、言论、出版、集会、结社、游行、示威、通信、诉讼等）、社会经济权利（居住、迁徙、教育、财产、劳动权、休息、获得救济等）。《世界人权宣言》规定：人人生而自由，在尊严和权利上一律平等。他们富有理性和良心，并应以兄弟关系的精神相对待。为进一步巩固和完善公民权利，哈2022年新版宪法做出五项修改。

一是第6条第3款，原先规定："土地和地下资源、水域、动植物和其他自然资源归国家所有。土地也可以在法律规定的条款、条件和范围内归私人所有。"新规定是："土地和地下资源、水域、动植物和其他自然资源归人民所有。国家代表人民行使所有权。土地也可以按法律规定的条款、条件和范围归私人所有。"也就是说，自然资源的所有权从"国家"转向"人民"，但国家有权代表人民行使所有权。这一条规定将对哈境内丰富的土地、油气矿产等地下资源的开发利用产生重要影响，执政当局不能再任意处置自然资源，因为国家并没有所有权，只是代为行使。实践中，托卡耶夫总统不止一次地强

---

① Президент публично подписал ряд законов, 2022.11.05, https://www.akorda.kz/ru/prezident-publichno-podpisal-ryad-zakonov-5104524.

② Ашимбаев: "Принятые Конституционные законы - важный шаг к построению Справедливого Казахстана", 2022.11.04, https://nomad.su/?a=3-202211040039.

调，必须有效利用土地资源，"土地应该属于那些能够发挥其价值的人"，避免土地使用不当。2019年，哈政府发布《闲置农业用地回收路线图》，提高对闲置土地征收的土地税税率，并将闲置土地强制收回的时限从2年缩短为1年，同时通过法律手段收回闲置或被滥用的土地。

二是第23条第2款，原先规定："任何人都无权任意剥夺他人生命。死刑是依据法律规定对涉及人员死亡的恐怖主义罪行以及战时犯下的特别严重罪行的一种特殊惩罚，被判刑人有权寻求赦免。"新规定是："任何人都无权剥夺他人生命。禁止死刑。"实际上，自2003年时任总统纳扎尔巴耶夫签署冻结死刑的总统令后，哈萨克斯坦未实际执行过死刑。尽管法院仍能继续针对犯下重大罪行者处以死刑判决（例如2016年阿拉木图恐怖袭击事件的主犯就被判死刑），但在执行时则以终身监禁代替死刑。2020年哈萨克斯坦加入联合国《公民权利和政治权利国际公约》后，托卡耶夫总统于2021年1月2日签署废除死刑的法案，正式废除死刑。2022年，哈又将废除死刑写入宪法，用国家最高大法进一步规范。

三是第24条第1款，原先规定："人人有工作自由，有自由选择职业和专业的权利。只有在法院命令或紧急状态或戒严的情况下，才允许强迫劳动。"现在则规定："人人有工作自由，有自由选择职业和专业的权利。只有在司法机关宣布某人犯有刑事犯罪或行政违法行为，或在紧急状态或戒严的情况下才允许强迫劳动。"也就是说，除紧急状态或戒严情况外，只有在法院有判决的情况下才能允许强迫劳动，未判决前，政府无权强迫公民劳动。

四是第83条第1款，原先没有，现在新增关于人权监察专员的内容，规定："哈萨克斯坦共和国人权监察专员促进恢复被侵犯的人权和公民权利及自由，加强促进人权和公民权利及自由。人权监察员独立行使其权力，不向其他国家机构和官员负责。人权监察专员在任职期间，未经参议院同意，不受逮捕、审判，不受法院的行政处罚或被追究刑事责任，但在犯罪现场被拘留或犯下严重罪行的情况除外。人权监察专员的法律地位和活动的组织，由宪法性法律规定。"也就是说，用国家根本大法来明确人权监察专员的地位和职能，其独立性、不可侵犯性、不受国家机构和官员干涉的权利得到更好的保障，将显著提高人权监察专员的地位和作用。

五是设立宪法法院。从保护人权的角度看，赋予公民宪法申诉权是最有效的模式之一。独立后初期，哈首部宪法曾设立宪法法院。该宪法法院曾于1995年裁定1994年3月7日举行的最高苏维埃选举有违宪行为，使得新选举产生的最高苏维埃不具合法性，不得不解散。此裁定帮助时任总统纳扎尔巴耶夫战胜最高苏维埃，从而结束哈独立后关于政体（总统制还是议会制）的争论。但1995年哈通过新版宪法，废除宪法法院，设立宪法委员会。2022年版宪法又改回宪法法院。重新设立宪法法院被视作人权保护的一大进步。在宪法监督方面，实践中通常有宪法委员会模式和宪法法院两种模式，二者的区别在于：宪法委员会具有政治机关性质，宪法法院则属于司法机关。宪法委员会模式被称为"抽象的原则审查"，属于在法律文件颁布生效前的预防性审查，法律生效后便无权审查。其违宪审查是国家制定法律的一项必经程序，其实质属于国家立法权而非司法权。通常对提交审查的主体资格也有严格限制，一般只有总统、议长、政府总理有权提起违宪审查诉讼。宪法法院模式被称为"事后审查"，是依据宪法，对生效法律以及其他违反宪法的行为的审查，属于诉讼行为，本质上属于司法权，具有被动性（不告不理，司法机关不能主动审查）和普遍性（任何公民或组织都有法定起诉资格）。除国家机关外，公民也可以提起违宪诉讼。另外，与宪法委员会不同的是，国家前总统不能进入宪法法院。因此，重新设立宪法法院意在赋予公民独立提起违宪诉讼的权力。新宪法同时赋予总检察长和人权监察专员启动对法律合宪性的监督权，使得立法和司法工作更加完善。在欧亚地区，俄罗斯、白俄罗斯、阿塞拜疆、亚美尼亚、塔吉克斯坦（2014年）、乌兹别克斯坦（2021 年）、吉尔吉斯斯坦（2021 年）也都设立了宪法法院。

哈 2022 版宪法规定：一是任何认为法律行为（法律、细则、规则）侵犯其宪法权利的公民都可以向法院申请并获得保护。法院将裁定规范性法令与宪法一致或不一致。被认定为违宪的法令自宪法法院作出裁定之日起或自其法定生效之日起被取消，不再适用。二是总检察长和人权监察专员有权向宪法法院提出违宪诉讼。三是宪法法院本身将由包括院长在内的 11 名法官组成。其中 4 名法官由总统任命，6 名法官由议会任命，法院院长由总统经参议院同意任命。四是国家前总统不能进入宪法法院。因为宪法法院法官遵循法官的遴选和任命程序与规则。

（二）增加行政区划

苏联时期，苏共中央有个不成文规定，即只有下辖州级行政区（如州、边疆区、自治共和国等）的数量达到 20 个及以上的加盟成员国领导人才有资格当选中央政治局委员，因此加盟共和国都愿意增加下辖的州级行政区数量，既可向中央要求更多补助和经费，又能提高领导人的政治地位。苏联解体前，哈萨克加盟共和国已经有 19 个州，第 20 个州还未来得及增加，苏联就已经解体。行政区划过多造成公务员和国家机构数量膨胀，给新独立国家留下巨大财政负担。在 1997 年决定迁都的同时，哈总统于当年 4 月 22 日《关于优化地区行政区划设置》和 5 月 3 日《关于进一步完善行政区划设置》连发两道总统令，决定撤销或合并地方行政区划及地方国家机关，并调整部分州的行政划界。改革之后，州级行政区数量从 19 个减到 14 个。2018 年 6 月，原南哈萨克斯坦州州府奇姆肯特市升级为中央直辖市，南哈萨克斯坦州更名为图尔克斯坦州，州府迁至图尔克斯坦市。2022 年 5 月 4 日，哈总统签署关于组建新行政区的总统令，正式组建阿拜州（州府谢米市）、杰特苏州（州府塔尔迪库尔干市）、乌勒套州（州府热兹卡兹甘市）三个州级行政区，将阿拉木图州的卡普恰盖市更名为库纳耶夫市，阿拉木图州行政中心从塔尔迪库尔干市迁移至库纳耶夫市。至此，哈萨克斯坦的地方行政区划截至2023年初共有17个州和3个直辖市。

托卡耶夫解释增加新行政区划的原因是："由于哈萨克斯坦的议会组成和选举制度都将发生改变，国家的行政区划也将相应做出调整。独立初期，国家的几个州由于政治和经济原因而合并在了一起。今天，哈萨克斯坦正在进入一个新的发展阶段。社会经济和人口状况完全不同，我们面临其他问题和任务。我们国家的进步直接取决于地区的繁荣。我在2019年的国情咨文中详细讨论了这个问题，'强大的地区—强大的国家'的原则没有改变。在这方面，优化国家的行政区划非常重要。……重新划分行政区划可为各地区的发展注入强大动力。行政区划的调整将有助于优化公共行政流程，使民众更容易往返区域中心，并加强对国内移民的管理。新行政区域的命名——阿拜州、乌勒套州、杰特苏州也有其深意。我们将继续加强我们的民族认同，还原历史名称，重振伟大人物。"[①] 与此同时，也有分析认为，增加行政区划的另外一个显著作用是增加干部编制和职位，可以更好地安排干部和平衡地方势力，提拔新人，安置政治老人，从而塑造执政新氛围。

（三）削减总统权力，扩大议会和地方机关（地方议会和地方行政长官）的权力

托卡耶夫认为，政治垄断必然导致各种社会病态和国家退化，必须摆脱总统权力过度集中现象，"权力超集中的管理体制已经失效。这种体制无法通过接纳多样化的观点来实现公民社会的团结。因此，我们需要深思熟虑地改变哈萨克斯坦的政治模式。首先，应该由超级总统制向拥有强大议会的总统制共和国过渡。这样的体制将保证权力

[①] Послание Главы государства Касым-Жомарта Токаева народу Казахстана «Новый Казахстан: Путь обновления и модернизации», 16 марта 2022, https://www.akorda.kz/ru/poslanie-glavy-gosudarstva-kasym-zhomarta-tokaeva-narodu-kazakhstana-162395.

机构的最佳平衡，促进国家的可持续发展。……哈萨克斯坦已经形成了一种超级总统制模式。这种模式在国家发展的初期是完全可行的，但我们现在不能原地踏步，社会在变，国家在变，政治制度也必须不断适应新的现实。我们国家的一切都围绕着总统转，这是不正确的，要一步步地改变这种模式"①。2022年新版宪法规定如下。

第一，总统在任职期间不得加入任何政党并担任政党职务，总统的近亲属无权担任政务类公务员和准公共部门实体的负责人②。这项规定是新宪法第43条新增的内容。法律上的近亲属是指父母、子女、养父母、养子女、有血缘的直系兄弟姐妹、祖父母、外祖父母、孙子女。正如托卡耶夫总统在其2022年3月发表的国情咨文中所说："2022年'1月事件'的一个重要教训是，权力集中在国家最高领导人手中会不合理地加强与他关系亲密的人以及金融寡头集团的影响力，让这些人将国家视为其个人的领地。无论在哪个国家，任人唯亲都将不可避免地导致消极的人事任命，成为滋生腐败的土壤。"

第二，改革地方行政长官的任命权，以及总统领导地方的工作方式与程序。2022版宪法第87条关于州、直辖市和首都行政长官的任命程序由原先的"各州、直辖市和首都的行政长官分别由共和国总统在征得所在的州、直辖市和首都的地方议会同意后任命。其他行政区划的行政长官依照法律规定的程序任命、选举和罢免。共和国总统有权自主解除地方行政长官的职务"改为"总统应提出至少2名候选人供地方议会表决。获得参加投票的地方议会议员过半数同意的候选人被认为获得了批准"。这项改革提高了州级地方议会的权力，增加了地方行政长官的竞争性，在一定程度上也减少了总统对州级地方干部的任命权。另外，托卡耶夫提议乡镇和区市（相当于地级市）

---

① 《哈萨克斯坦共和国总统国情咨文〈新哈萨克斯坦：革新和现代化之路〉（全文）》，2022年3月16日，https://www.inform.kz/cn/article_a3912839。

② 根据哈萨克斯坦国家反腐败署的相关规定，"准公共部门实体"（Субъекты квазигосударственного сектора）即国有的企业、有限责任公司或股份公司，包括国家是其成员或股东的国家管理控股公司、国家控股公司、国家公司，及上述公司的子公司、附属公司和其他根据哈萨克斯坦法律隶属于它们的法人。

行政长官由直接选举产生，各州的副州长数量原则上不超过三名，在特殊情况下可以四名，禁止各州州长和副州长在各政党的地方分支中担任职务。

宪法第88条关于地方工作程序的条款中，原先规定"地方行政长官的决定和命令可被哈萨克斯坦共和国总统、中央政府或上一级行政长官撤销，也可通过司法程序废除"，新版宪法取消总统此处的权力。这意味着，总统主要是影响地方干部的任免，对地方行政长官的具体工作则失去直接的干涉权力。此项改革的目的是向各地方行政机关和地方议会下放更多独立决策权，以便根除总统对地方的"人为控制"，促进政治现代化。

第三，将总统任期由5年改为7年，但不得连任（只能担任一届）。托卡耶夫解释道："经过深思熟虑，我得出的结论是，有必要重新审视总统任期的次数和年限。我提议将总统任期限制为一届7年，禁止连任。这项倡议的依据是什么？一方面，对于任何雄心勃勃的计划而言，7年时间都是足够的；另一方面，将总统任期限制在一个任期内，可确保国家元首最大限度地专注于解决国家发展的战略任务。生活不会停滞不前，全球进程和国内社会发展每天都在加速。我提出的宪法革新将大大降低权力垄断的风险。这就是我建议总统任期实施一届的原因所在。我们必须为权力的形成和运作建立文明原则。新的总统制将巩固政治稳定，增强哈萨克斯坦社会制度模式的可持续性。"[①]

第四，取消《哈萨克斯坦首任总统—民族领袖法》。2022版宪法第91条删去旧版宪法中的"纳扎尔巴耶夫是独立的哈萨克斯坦的缔造者"字样。哈宪法法院2023年1月10日裁定废止《哈萨克斯坦首任总统—民族领袖法》。三天后的1月13日，哈议会上、下两院联席

---

① Послание Главы государства Касым-Жомарта Токаева народу Казахстана «Справедливое государство. Единая нация. Благополучное общество» (г. Нур-Султан, 1 сентября 2022 года), https://www.akorda.kz/ru/poslanie-glavy-gosudarstva-kasym-zhomarta-tokaeva-narodu-kazahstana-181130.

会议通过废止该法的决议。宪法法院指出："根据2022年6月5日在基于哈萨克斯坦人民自主意愿下进行的全民修宪公投的结果，宪法当中对哈萨克斯坦首任总统—民族领袖特殊地位和一系列特权的规范性条款当下均已经被删去（包括宪法第46条第4款"哈萨克斯坦首任总统的地位和权力由哈萨克斯坦宪法和宪法性法律明确"及其他一些条款）。鉴于此，可以认定哈萨克斯坦宪法性法律《哈萨克斯坦首任总统—民族领袖法》已经失去在哈萨克斯坦境内的法律基础，因此判定该法律失效。"

《哈萨克斯坦首任总统—民族领袖法》被废止后，纳扎尔巴耶夫便失去"首任总统"和"民族领袖"称号及其特权，成为一名普通的前总统，其议会上院名誉参议员身份也被取消，其豁免权、待遇、安全、财产、家庭成员、荣誉和尊严等的保障仅根据《哈萨克斯坦总统法》执行。这部宪法性法律最后被取消，其意义并不仅仅是针对首任总统纳扎尔巴耶夫本人，而是针对所有前总统。也就是说，未来所有去职后的前总统都地位平等，不得享有超然的权力，不得干涉现任总统履行职权。另外也表明，政治领导人的历史地位应该由人民和历史去自发地评价，而不是由法律确定。

（四）加强议会

加强议会的作用旨在让拥有人民信任的、权威的、负责任的议员在国家建设中发挥更积极作用，提高国家的制度稳定性。改革重点有以下四个方面。

一是调整上、下两院的议员数量。议会上院（参议院）的议员数量原先是各地方（州、直辖市和首都）各2名+总统任命15名。2022版新宪法将总统任命的数量改为10名，另外5名改由哈萨克斯坦人民大会推举。议会下院（马吉利斯）的议席数量原先是107席（98席依照政党比例制选举产生，9席由哈萨克斯坦人民大会推举），新宪法取消哈萨克斯坦人民大会的推举资格，议会下院议席数量变为98席。鉴于哈萨克斯坦人民大会主席由总统兼任，取消其推举议会下院议员的权力，加上减少总统任命议会上院议员的数量，说明此项改革意在削减总统对议会的影响力。

二是改革议会选举办法。议会下院原先除哈萨克斯坦人民大会推举的议员外，其余98席全部依照政党比例制选举产生。2022版新宪法改为混合选举制，由70%（69席）按照政党比例制和30%（29席）按照100%单一选区制选举产生。地方议会（州、直辖市、首都）则按照50%政党比例制和50%单一选区制选举产生。市级和区级议会按照单一选区制选举产生。此举意在增加无党派人士的参政议政积极性，同时有利于防止"一党独大"，更好地平衡政党力量。同时完善竞选规则，包括简化选举观察程序、允许在社交网络平台上进行竞选活动、规范和限制选举资金捐赠、防范个人和外国干预选举等。

三是改革立法程序，提高议会下院的立法权，平衡上、下两院权力。改革前，议会下院的法案须经过议会上院才能提交总统签署。2022版新宪法则规定，议会下院通过的法案，议会上院要么批准并将其送交总统签署，要么不通过并将其退回议会下院重审。对于被退回的法案，上、下两院应首先协商解决，然后再分别通过，如果协商不成，并且议会下院再次以多数票通过的话，此时议会下院有权将该法案不经议会上院而直接提交给总统签署。

四是提高议会的监督权。2022版新宪法将原先的预算执行审计监督委员会改组为最高审计院，并规定其最高审计院院长每年应向议会下院报告两次。此项改革意在加大议会对国家预算方案制定与执行情况的监督检查力度。

（五）调整政党制度，降低成立政党门槛

政党制度、议会制度和选举制度相辅相成，均是代议制的核心要素。没有活跃的政党，议会文化也难以形成。为发展议会文化，托卡耶夫的举措之一便是完善政党制度。早在"1月事件"前一年的2021年1月15日的哈萨克斯坦第七届议会上、下两院全体会议上，托卡耶夫便提出政党改革建议，将政党进入议会下院的门槛从7%降低到

5%；在各级选举选票上增加"反对所有候选人"选项；为妇女和青年在政党选举名单中规定30%的强制性配额；反对派可担任议会各委员会的主席等。2022年"1月事件"后，托卡耶夫继续放松政党的建立和活动限制，主要措施如下。一是简化政党的登记注册手续，将组建政党所需的最低发起人数量从1000人减少到700人。注册门槛从2万人减至5000人。政党地方代表处人员的最低数量从600人减少到200人。此举旨在增加政党数量，加剧政治竞争，让公民真正有机会创建自己的政党并参与国家政治。二是改革执政党。2022年将祖国之光党改名为"阿玛纳特"党（哈语意思是"祖先的遗训"），总统不再兼任党主席，并要求所有地方行政长官退出党内基层组织中的职务。此举目的在于平衡各政党力量，减少阿玛纳特党的执政党色彩，减弱该党在哈政治生活中的作用，避免执政当局将手中的优势资源向阿玛纳特党倾斜，进而进一步加剧政党力量失衡，导致政党在议会内和社会上的作用不能完全发挥出来，阻碍了多元化政治和多元化社会的发展建设。

　　2023年3月19日举行的议会下院选举清晰地体现了哈政治改革的成果。一是议会组成更加多元化。上届议会中只有3个政党，本届则有6个政党进入议会，在哈司法部合法注册的7个政党中（阿玛纳特党、阿吾勒人民民主党、共和党、光明道路党、人民党、国家社会民主党、拜塔克生态党），只有2022年底新成立的拜塔克生态党得票率不足3%而未能进入议会。二是原先的执政党阿玛纳特党得票率不足2/3，较之前轻松占据2/3以上席位有大幅下降，一定程度上说明托卡耶夫已经放弃前总统纳扎尔巴耶夫时期的"执政党一党独大"的理念。三是亲总统托卡耶夫的阿吾勒人民民主党和共和党不仅自成立以来第一次进入议会，而且得票率位居第二位和第三位，尤其是代表实业界的、2023年1月份刚刚注册成立的共和党首次参加选举得票率就排名第三，显然获得了托卡耶夫大力扶持。四是多年参选但未能进入议会的公认的反对派"国家社会民主党"自1999年后至今时隔24年重新进入议会，尽管议席数量只有4席，但毕竟在议会有了席位，说明哈萨克斯坦在有意塑造自己的开明和民主形象。

（六）反腐败

反腐败是塑造社会公平公正的必由之路，政治改革需要反腐败保驾护航。民众痛恨腐败，强烈要求政府严惩腐败。哈萨克斯坦独立30年以来，尽管国民福祉显著改善，但一小部分富人与大量穷人之间的巨大收入差距引起全国大多数人的严重不满。据哈国家收入委员会数据，截至2023年初，哈公务员及其配偶在外国银行拥有近5300亿坚戈资产（约合12亿美元），354人在59个国家的外国银行拥有账户，377人在世界25个国家申报了466处房产。另据统计，哈萨克斯坦公民个人拥有490艘私人游艇和248架私人飞机，法人实体拥有176艘游艇和665架飞机[1]。

早在2014年12月，哈就通过《哈萨克斯坦共和国2015—2025年反腐败战略》，主要措施是设立一个独立的、直属于总统的反腐败授权机构——哈萨克斯坦反腐败署，鼓励民间社会积极参与反腐败斗争，开展反腐败教育，营造对一切腐败现象零容忍的氛围。尽管政府采取多项措施，在腐败预防、教育宣传、与社会建立伙伴关系、严格刑事司法措施四大领域取得一定进展，但实践中依然面临四大难题：一是日常生活腐败，即公民与国家机关互动活动时的腐败；二是公共和私营部门的腐败，国企内部经营活动始终是腐败高发领域；三是预算腐败，通过高估预算、非合理支持或补贴、资金预算外流转等方法助长腐败；四是政府采购腐败，政府采购占国家预算支出总额的35%，占哈萨克斯坦GDP的7%，1/5的腐败犯罪发生在这一领域。

随着2022年以来哈政治生态发生较大变化，反腐败查处和惩治力度也空前加强。从托卡耶夫总统等领导人讲话、国家发布的文件和

---

[1] Сагиндык Журсимбаев, экс-депутат ВС РК, доктор юридических наук, профессор, Спецоперация по возврату в казну Казахстана незаконно приобретенных активов стартовала, 31.07.2023, https://www.novgaz.com/index.php/2-news/3493-закон-о-«договорняках»-принят).

出台的措施看，哈政府认为反腐败应该从事后处理为主改为事前预防为主，从重视消除腐败后果转向从源头制度上消除腐败产生的先决条件，同时在社会上形成强大的反腐败免疫力。新哈萨克斯坦（第二共和国）时期，哈政府反腐败查处有三个重点方向。

一是针对日常生活腐败。该领域与老百姓生活密切相关，民众在与国家机关打交道过程当中，切身感受到腐败的影响，容易加重民愤。政府的主要应对措施是发展电子政府，提高数字化行政效率和透明度，减少执法和公共服务的随意性。

二是针对经济和社会资源的非法垄断。由于资本和权力垄断造成各种资源分配不均，进而加大贫富差距，加重社会不公，已经严重影响政治和社会稳定以及经济发展和民生改善。政府的主要应对措施是反垄断和反集中，切断垄断集团的利益链条，改善营商环境，为企业和社会组织，尤其是中小企业创造公平的发展空间。

三是针对权力机构的不作为。将国家机关的反腐败重点从过去的关注公务员个人，转到关注国家机关自身。庸政、懒政、怠政实际上也是一种腐败形式。政府的主要应对措施是打造"倾听型政府"，强化与公民的互动，提高行政效率，加大社会监督力度，必要时调整干部。

与此同时，托卡耶夫认为，仅靠国家机关的反腐败（依靠系统自身）远远不够，为提高反腐败效果，必须加强民间社会的监督，通过组建"国家库鲁尔泰"、在各机关中设立"社会委员会"以及发挥媒体的作用，让民间能够通过各种形式表达和参与解决具有重大社会意义的问题。

2022年以来，哈政府不断完善反腐败机制，出台多项涉及反腐败的法律法规。2022年2月22日发布《2022—2026年反腐败政策构想》及其《落实行动计划》，确定未来主要工作方向有六个：一是强化整个社会对腐败不容忍的态度；二是努力消除产生腐败的可能性；三是加强问责制措施；四是加强民间社会在反腐败中的作用；五是确保监督反腐败措施的有效实施；六是完善反腐败授权机构的工作。

2022年4月2日成立隶属于总统的咨询机构"反腐败委员会",主要任务是制定和采取协调措施,加强打击腐败和公务员违反公务道德的行为,提高公务员的责任意识。该委员会主席由国务顾问担任,副主席由总统助理兼哈萨克斯坦安全委员会(安全会议)秘书担任,秘书长由哈萨克斯坦安全委员会护法系统局局长担任。

第三节 公正的经济

国家治理体系转型是个系统工程。为建设新哈萨克斯坦,除大力推进政治体制改革外,托卡耶夫总统还非常重视经济社会发展,打造新哈萨克斯坦时期的经济社会发展新模式。从托卡耶夫总统发表的年度国情咨文中,可以看到他执政时期的经济发展理念和指导思想。自2019年接任总统后,托卡耶夫就已提出他对形势的新看法。比如2019年度国情咨文中,要求建设发达包容的经济,实现经济现代化,争取2025年前GDP年均增长率达到5%,拒绝资源思维,经济多样化;提高国企效率和竞争力;改革税制和贷款;发展"简单物品经济";发展中小企业,发挥私营企业主导作用;提高工资;发展农业。2020年度国情咨文中提出新经济政策应遵循七项基本原则:一是利益和责任公平分配;二是私营企业发挥主导作用;三是诚信竞争,向新一代企业家开放市场;四是发展生产力,提升经济复杂度和技术含量;五是开发人力资源,投资新型教育;六是发展绿色经济和保护环境;七是国家从自身优势和实际能力出发,做出合理决策,承担社会责任[1]。在2021年度国情咨文中,针对后疫情时代的中亚最大

---

[1] 《哈萨克斯坦共和国总统托卡耶夫2020年国情咨文(全文)》,https://www.inform.kz/cn/2020_a3692103。

经济体的经济，托卡耶夫提出哈萨克斯坦的战略发展目标是："加强哈萨克斯坦在中亚的领导作用，并巩固在全球经济中的地位。"在2022年9月1日发布的年度国情咨文中，托卡耶夫指出："哈萨克斯坦经济政策的基本目标保持不变——公民福祉的有效和包容性增长。新经济政策的优先事项包括三点：一是激发私营企业的积极性，即摆脱国家资本主义和国家对经济的过度干预；二是发展竞争，即为所有人提供平等机会；三是国民收入的公平分配。"

由此可知，如果说2022年"1月事件"前，哈经济改革主要表现为针对具体事务的应对措施，比如落实"2050年战略"和"2025年前战略"，应对新冠疫情危机等，"1月事件"后的改革有两项。一是聚焦于经济体制和机制，尤其是去垄断化和去集中化，旨在构建真正的自由市场经济，更加公正地分配国家资源与发展机会，创造更加公平的竞争发展环境。这也是重启国家治理体系的重要组成部分，是与政治体制改革同步配套进行的经济体制改革。二是确定未来发展方向和经济转型模式，即在过去已有的从依赖原材料生产的较单一经济模式向以加工业为主的多元化经济转型基础上，继续向信息化时代的绿色低碳的新型增长方式转变。

从哈政府领导人和政府文件中可知，新哈萨克斯坦就是"公正的哈萨克斯坦"，新哈萨克斯坦的新经济政策实质就是建设"公正的经济"。托卡耶夫总统不止一次地强调，哈经济和社会政策的根本任务是提高公民福祉，实现可持续的包容性增长，这是公正社会的必然要求。这其中包含两个经济发展原则：一是可持续发展，即经济社会发展的速度和规模同生态环境系统相协调相适应，从而实现代际公平、人与自然和谐，实现生态平衡与经济社会共同持久良性发展；二是包容性发展，又称共享式增长，是指经济发展成果惠及所有人。对哈萨克斯坦而言，可持续发展要求经济增长方式由传统高碳模式向绿色低碳和数字经济模式转型，包容性发展要求国家公平分配资源和发展机会，让所有民众共享发展成果。

一 包容性增长

社会发展问题世界首脑会议于1995年3月12日通过的《社会发展问题哥本哈根宣言》和《社会发展问题世界首脑会议行动纲领》两份文件认为，人民始终是可持续发展的中心课题，消除贫穷、创造就业机会和社会融合是"建立一个安全、公正、自由、和谐以及为所有人提供机会和更高生活水平的社会"的基础，因此"要在人的尊严、人权、平等、敬重、和平、民主、相互责任与合作以及充分尊重各种宗教与道德价值和人民的文化背景的基础上，追求有政治、经济、道德和精神远景的社会发展"[①]。

包容性增长的概念、内涵与"基础广泛的增长""分享型增长""益贫式增长"等相近。第二次世界大战后，尤其是冷战结束、全球化大发展以后，人们对于经济增长的认识不断深化，增长理念经历了从单纯强调物质增长（量的增加）到与社会发展相协调（质的提升）过程。20世纪90年代，世界银行提出"广泛基础的增长"（broad-based growth）和"对穷人友善的增长"（pro-poor growth，又称益贫式增长）等概念，并成为世界银行制定减贫政策的指导思想。亚洲开发银行（亚行）1997年将"益贫式增长"界定为"如果增长是伴随降低不平等、穷人收入增加、创造新就业机会，那么这种增长就是益贫式增长"。2007年亚行发布《新亚洲、新亚洲开发银行》报告，正式提出"包容性增长"概念，指出"新亚洲开发银行关注的重点要从应对严重的贫困挑战，转向支持更高和更具包容性的增长"。

世界银行认为，包容性增长至少包含公平、机会均等、共享增长收益、减贫、可持续增长五项内容。包容性增长的核心是发展权利的

[①] "联合国大会1995年3月12日第166/9号决议通过《哥本哈根社会发展问题宣言》"，https://www.un.org/zh/documents/treaty/A-CONF-166-9。

同质性和均等性，即权利公平、规则公正、成果共享、利益共容，让所有人群公平合理地分享经济增长成果和发展机会，在科学增长的同时实现和谐增长，以科学增长的方式实现发展权利的同质均等性，实现"公平增长""正义增长""共享增长"。可以说，包容性增长的内涵已经超出经济学概念范畴，成为政治学概念，不仅是经济社会发展的道路和模式，也是处理和化解社会利益矛盾的模式选择。

世界银行2006年度《世界发展报告：公平与发展》阐述了对公平与发展的认识，指出"公平是指在追求自己所选择的生活方面，个人应享有均等机会，而且最终不应出现极端贫困的结果"[①]。该报告认为：第一，国家内部和国家间长期存在的不平等会产生负面影响。这些不平等盘根错节，相当顽固，意味着在经济、社会和政治方面，有些群体的机会一直都少于其他公民，但受影响的个人对此却无能为力。当市场不完美时，政策会带来扭曲效应，权力和财富的不平等转化为机会的不平等，造成资源未必流向回报最高的地方，导致生产潜力遭到浪费，资源分配丧失效率。无论是从内在性还是从工具性角度看，机会不平等会加剧经济效率低下、政治冲突以及制度的脆弱性。另外，不公平还会塑造经济和政治制度，并形成代际自我复制，造成"不平等陷阱"。当市场以特定的方式分配收入或权力，会促使控制权力的人采用对自己有利的方式来塑造制度。这种政治、社会、文化和经济上盘根错节的不平等现象会扼杀阶层间的流动性，精英阶层会将这种不平等固定化，被边缘化和被压迫的群体则往往会将这种不平等内部化，从而导致穷人愈加难以找到摆脱贫困的道路。权力的不平等会形成将权力、地位和财富的不平等永久化的制度，这种情况不利于长期增长所依赖的投资、创新和冒险。第二，实践证明，公平和追求长期富足二者相辅相成。促进公平竞争环境的制度和政策

---

① World development report 2006: equity and development-overview, https://documents.shihang.org/zh/publication/documents-reports/documentdetail/317031468141275409.

（公平竞争环境是指在成为社会上活跃、政治上有影响力和经济上有生产力的角色方面，社会所有成员都享有类似的机会）有益于促进可持续增长和发展，有助于减少贫困。通常，穷人的发言权小、收入低、享受的服务少，如果社会更加公平，能够为所有人提供更好的机会，不仅可以让穷人直接受益，还能更有效地管理冲突，更好地利用社会上的所有潜在资源，使得发展过程本身更有弹性。第三，机会的质量至关重要，这意味着公共行动的中心应该是资产、经济机会和政治发言权的分配，而不是直接干预收入的不平等。通过增加对最贫穷人群的人力资源投资，以更平等的方式提供更多的公共服务、信息和市场，保障所有人的财产权，以及提高市场的公平性，政策可以从竞争环境的公平化入手，促进从"不平等陷阱"向平等和发展的良性循环的转变。为了增加公平的政策取得成功的可能性，需要在经济竞争环境公平化的同时，努力推动国内政治竞争环境的公平化，掌握好平衡，兼顾个人激励措施的直接成本和促进社会凝聚的长期效益，建立具有包容性的制度，提供广泛的机会。

世界银行增长与发展委员会2008年5月发布的研究报告《增长报告：持续增长与包容性发展战略》认为[①]，社会及经济领域的不公平现象通常是恶劣的政策、软弱的管治、不完善的法律和制度安排或市场失效的结果。政府在促进社会和经济公平方面的核心作用是纠正这些市场、制度以及政策失灵，并赋予人们政治、经济、文化以及社会平等的权利和自由，从而确保人们（尤其是贫困人口）不会因其个体环境，或因不属于某些控制政治和经济决策的权势群体而被排除在经济增长进程之外，从而无法为促进经济增长做出贡献和从中得益。该报告建议，为实现包容性增长，需要各国在政策层面建立三个相辅相成的支柱：一是通过高速、有效以及可持续的经济增长，最大

---

① World Bank, The growth report: strategies for sustained growth and inclusive development, 2008, https://openknowledge.worldbank.org/bitstream/handle/10986/6507/449860PUB0Box3101OFFICIAL0USE0ONLY1.pdf.

限度地创造就业与发展机会；二是确保人们能够平等地获得机会，提倡公平参与；三是确保人们能得到最低限度的经济福利。为纠正市场失灵，加强机会均等，建议各国政府关注三个领域问题：一是增加有助于培育和提升人力资本的教育、卫生、社会服务以及基础设施方面的投入，尤其关注落后地区和弱势群体并向其适当倾斜；二是创建良好的制度环境，实施善治，提升社会公平正义和竞争水平；三是构建社会安全网，以防止极端贫困。

随着气候变化的影响越来越大，2012年"里约+20"峰会后提出"包容性绿色增长"概念，将"绿色增长"和"包容性增长"两大发展理念相结合，强调经济增长的可持续、包容性和对生态环境友好性，实现经济、社会与环境的三赢，这是促进更公平、更洁净、更强健经济的关键[1]。亚洲开发银行2018年提出的"包容性绿色增长指数"（IGGI）由经济增长、社会公平性和环境可持续性三大支柱的多项指标构成，旨在综合反映一个国家的发展状况和评估增长质量。2020年暴发新冠疫情后，世界银行特别强调，"贫困、气候变化和不平等是决定我们这个世界未来走向的问题"，绿色、韧性和包容性发展是实现有力且持久的经济复苏的基础[2]。

从托卡耶夫总统发表的讲话看，这个曾经长期在联合国系统工作的领导人接受了包容性增长的理念，也找到了提升哈经济增长质量的突破口和钥匙。对哈萨克斯坦而言，发展包容性增长的首要任务是破除垄断，打击寡头，重构个人—企业—国家关系，建立公正的竞争与发展环境，消除阻碍公平公正发展的不利因素，消除所有阻碍公民创业精神的人为障碍和限制；其次是减小贫富差距，重塑社会公正，让弱势群体享受国家发展进步的好处。

---

[1] 经合组织秘书处：《为我们期望的未来实现包容性绿色增长——经合组织与里约+20会议相关的工作》，2012年6月，https：//www.oecd.org/greengrowth/Rio-brochure-Chinese-part-1.pdf。

[2] 《世界银行2021年度报告——从危机走向绿色、韧性和包容性复苏》，https：//pdf.dfcfw.com/pdf/H3_AP202110141522583177_1.pdf。

2022年"1月事件"后，托卡耶夫的重点打击对象便是权贵资本。措施包括成立政府下属的"经济去垄断委员会"①，改组国有企业，减少国有企业在竞争性市场中的经济参与；吊销违法企业经营许可，要求前总统和总统亲属等退出公职和岗位，向"为了哈萨克斯坦人民"社会基金（фонд "Казакстан халкына"）捐款，开展反腐败和刑事调查，提高预算透明度，鼓励公民参与预算，打击"影子经济"，追逃非法转往境外的资金，削弱权贵们在哈经济社会领域的影响力，迫使他们逐渐退出垄断市场，还资源于人民。在打击权贵资本的同时，托卡耶夫并不追求扩大国有资本，而是扶持民营企业（特别是中小企业），改善营商环境，给市场以信心，让民众感到有希望。

托卡耶夫在其2022年9月1日发表的国情咨文《公正的国家、团结的民族、福利的社会》中指出："哈萨克斯坦进入了一个新的发展阶段。宪法改革已成为建设新的、公正的哈萨克斯坦的关键一步。政治现代化应引领结构性经济改革。我们需从根本上改变公民—企业—国家之间的关系。首先，国家将为每个人提供平等的机会，并确保公平。将保证为包括残疾人在内的社会弱势群体提供高水平的公共福利和帮助。将成立直属总统的监察员机构。国家将全力支持经济自由，但同时也会大力保护公民免受市场过度波动的影响。中小企业将获得强劲发展。"托卡耶夫指出，当前哈经济已进入"瓶颈"期，过去的方法已经用尽，效果却不理想，需要系统的体制变革才能解决各种复杂艰难的具体问题。"我们很清楚经济中存在的系统性问题。包括严重依赖原材料，劳动生产率低，创新水平不足，收入分配不均。当然，所有这些都是复杂的问题，但也有具体解决方法：宏观经济稳定、经济多元化、数字化、中小企业、人力资本的发展和确保法治。

---

① "经济去垄断化委员会"（Комиссия по демонополизации экономики）于2022年3月22日成立，隶属于政府，总理是委员会主席，成员包括反腐败行动署、金融监督署与竞争保护和发展署第一负责人，以及政府、总检察长办公室和"萨姆鲁克-卡泽纳"国家基金代表，主要任务是为制定反垄断政策提供建议。

但是在这些问题上仍然没有明显的进展，显然需要新的方法。我们经济政策的基本目标保持不变——公民福祉的有效和包容性增长。新经济政策的优先事项包括以下三点：一是激发私营企业的积极性，即摆脱国家资本主义和国家对经济的过度干预；二是发展竞争，即为所有人提供平等机会；三是国民收入的公平分配。"①

根据瑞士信贷 2018 年的报告，哈萨克斯坦国内的个人财富分配情况是：资产规模 20 亿—30 亿美元的有 5 人，资产规模 0.8 亿—8 亿美元的有 45 人，0.5 亿—0.8 亿美元的有 112 人，100 万—5000 万美元的有 5838 人（占全国总人口的 0.05%），10 万—100 万美元的有 4.2301 万人（占全国总人口的 0.35%），1 万—10 万美元的有 32.6322 万人（占全国总人口的 2.7%），低于 1 万美元的有 1171.1334 万人（占全国总人口的 96.6%）。也就是说，在拥有 1900 多万人口的哈国内，个人资产规模超过 5000 万美元的共有 162 人，这些人的财富总规模大约占全国财富总额的 55%②。

托卡耶夫总统在 2022 年 1 月 21 日会见商界人士时讲道："国际机构（特别是毕马威）曾称，拥有哈萨克斯坦一半财富的只有 162 人，但哈国内有一半的人口每月收入不超过 5 万坚戈，即年收入略高于 1300 美元。必须立即改变社会上这种危险的不平等。亲爱的企业家们，这在很大程度上取决于你们。我在最高经济改革委员会的一次会议上已经说过，我国存在寡头垄断。我希望在座的每个人都知道寡头垄断的定义——生意大量地集中在一些人手中，而其他有能力的企业家却没有机会从事它。这是一个危险的趋势。……由于过于依赖原材料的单一经济结构，未能建成多元化的经济体系。国家的商业资源

---

① 《哈萨克斯坦共和国总统托卡耶夫 2022 年国情咨文（全文）》，https：//www.inform.kz/cn/2022_a3975124。
② 162 самых богатых казахстанца владеют 55% богатства Казахстана，https：//pkzsk.info/162-samykh-bogatykh-kazakhstanca-vladeyut-55-bogatstva-kazakhstana/.

高度集中，造成哈萨克斯坦社会的不信任和沮丧。"①

托卡耶夫 2022 年 5 月 19 日在总统府会见国内企业界代表时说道："我们知道，由于一些人和机构垄断了经济资源，使得国内很多商人过去没有机会以透明的方式工作。我们今天会议的目的是保护那些诚实和负责任的企业家，保护那些按照透明和公平游戏规则做事的人。我们知道，以前有许多商人出于客观原因，参与了各种见不得人的'灰色'活动。他们不这么做不行。这种状况大概到现在为止还依然存在。他们没有其他的办法，因为某些人和某些机构垄断了整个经济领域，出现了所谓的寡头垄断，使得到目前为止，没有一家正规的企业能够在不与这些人或机构有或多或少合作的情况下生存，或者换句话说，能够在不与这些人或机构存在腐败关系的环境下生存。甚至有些企业家为了获得行政资源、预算经费和政府采购，会主动寻求那些有影响力的官员和政治精英的支持，将他们列入自己公司的创始人名单。"②

2022 年 10 月 4 日，哈议会上院议长阿希姆巴耶夫参加青年专家俱乐部会议时表示：新经济方针的优先事项是刺激私营企业的主动性、促进竞争、公平分配国民收入，以及战略变革。"我们需要一个明确的游戏规则，以便企业家在未来的日子里可以在哈萨克斯坦工作，建立和开展自己的业务。这是制定公平、开放和民主的哈萨克斯坦新范式的重要一步。总统国情咨文中的另一项任务，是要通过改革重组国有的、准国有的和其他的机构，来减少国家在经济中的比重。还有一个优先事项，就是必须采取有针对性的措施，积极为经济提供信贷。总统讲述了基本的规则。需要我们就这些问题提出具体建议，将其传达到主要利益攸关方，并与各方一起共同遵守这些规则。此

---

① Токаев: У половины населения доход не превышает 50 тысяч тенге, 21 января 2022 Читайте больше: https://www.nur.kz/society/1952320 - tokaev - 162 - cheloveka - vladeet - polovinoy - blagosostoyaniya - kazahstana/.
② Касым-Жомарт Токаев провел встречу с представителями отечественного бизнеса, 2022.05.19, https://www.akorda.kz/ru/kasym - zhomart - tokaev - provel - vstrechu - s - predstavitelyami - otechestvennogo - biznesa - 1945733.

外，总统国情咨文特别关注对创业的系统支持，包括引入新的公私伙伴关系模式，以及解决信贷资源短缺问题。"①

2022年10月5日，哈总统托卡耶夫在卡拉干达州会见民众时表示："哈萨克斯坦寡头资本主义时代即将结束，对公民的社会责任时代即将到来。我们的公民需要有效率的、能够承担社会责任的、能够在国民经济中占据领先地位的企业。"托卡耶夫指出："国家非常密切地关注在我国运营的所有大型采矿公司的活动。我们不会允许非法资本外流。我们将监测他们实施各种社会计划的情况。哈政府将特别关注企业生产现代化，以及保护生态。如果大型工业企业不符合这些要求，我们将与其被迫终止合作关系。这决不是威胁，而是文明世界普遍接受的简单、公平和公正的工作规则。"②

2022年10月26日，托卡耶夫在视察国家公共指挥部时，谈到了寡头垄断造成的哈萨克斯坦经济问题。托卡耶夫说："我国的寡头垄断造成了巨大的社会不平等和经济系统性问题。垄断企业和接近权力的商人的活动阻碍了竞争的发展，剥夺了诚实企业家的成功机会。结果是富人变得更富，穷人变得更穷，对国家失去了信心。因此，我们面临着国内经济去垄断化的任务。"托卡耶夫表示："建设一个公正的哈萨克斯坦是我作为总统的主要使命。我坚信，我们将共同实现既定目标。现在，公正将成为我们公共政策中最重要的原则。整个国家意识形态都要渗透进公正的思想，公正将成为我们每一项决定和行动的基础。我们的主要财富和竞争优势是人民。我们将坚定地遵循'不是人民为国家，而是国家为人民'这个原则。作为总统，我要坚持三项原则：第一项原则是公正的国家。我们要继续政治现代化，提高国家机器的效率，加强司法独立。我们将在执法领域进行根本性改

---

① Мы сейчас нуждаемся в четких правилах игры для предпринимателей-Спикер Сената РК，2022.10.04，https：//www.inform.kz/ru/my-seychas-nuzhdaemsya-v-chetkih-pravilah-igry-dlya-predprinimateley-spiker-senata-rk_a3986724.

② Президент провел встречу с общественностью Карагандинской области，2022.10.05，https：//www.akorda.kz/ru/prezident-provel-vstrechu-s-obshchestvennostyu-karagandinskoy-oblasti-595028.

革，提高军队的防御能力。已经进行的宪法改革和体制改革为新的政治发展模式奠定了基础。第二项原则是公正的经济。这意味着建立公平的经济，在平等保护人民利益的基础上有效地利用资源。第三项原则是公正的社会，这意味着要建立发达的社会基础设施，为发挥人类潜力创造广泛机会，实施公平的社会政策。我们一切都为人民负责。现在是做出重大改变和果断决定的时候了，没有其他的可能性。我们有责任把我们的国家带到发展和进步的大道上，建设一个公正的哈萨克斯坦。"①

二 反垄断

反垄断的目的是让市场主体有更公平的竞争环境和准入资格。根据哈相关法律，"自然垄断"是指这样一种市场状态，即由于某行为主体的技术特性，或者提供商品、工程、服务等生产和服务，导致市场无法为满足该商品、工程、服务的需求而创造竞争环境，或在经济上不可行②。自然垄断主要涉及与公共服务有关的水、电、气、燃油、交通、通信等领域，以及与战略性商品、工程和服务有关的能源、矿产、基础设施（比如管道、电网、道路、通信）等。

2022年底和2023年初的严寒导致埃基巴斯图兹、里特尔等地区的电力和供热网络出现事故，暴露出一些已经私有化的企业为追求盈利而忽视设备设施的更新改造，致使老化严重。另外，为解决各地分散购买发电企业的上网电力难题，哈政府决定由国家电网下属的哈萨克斯坦电力和电力市场运营商（KOREM）承担唯一的上网电力收购商工作，统一协调和保障国内的电力企业利益。这说明，垄断和反垄断都是手段，目的是更好地保障和刺激企业生产经营，为民众提供更

---

① Касым-Жомарт Токаев посетил Республиканский общественный штаб, 2022.10.26, https://www.nur.kz/politics/power/1994417 - kasym - zhomart - tokaev - posetil - respublikanskiy - obschestvennyy - shtab/.

② Закон Республики Казахстан от 27 декабря 2018 года № 204 - VI «О естественных монополиях» (с изменениями и дополнениями по состоянию на 30.08.2023 г.), https://online.zakon.kz/Document/?doc_id = 38681059&pos = 3; - 106#pos = 3; - 106.

好的服务。从哈政府的措施内容看，反垄断主要有如下三个方向。

一是整顿私有化。这项工作既包括国有企业改革和私有化，降低国家在经济中的占比，让部分缺乏竞争力的国有企业让出原先垄断的市场份额，给私营企业更多发展空间。比如改革萨姆鲁克－卡泽纳国家基金组织管理结构，削减岗位人数，更新私有化项目清单，重启"人民IPO"。与此同时，还包括追回过去不合理甚至非法私有化的资产，即将一些已经私有化的企业，尤其是涉及公共服务和战略性资产的私营企业，以及被明显贱卖的企业重新收归国有，以便保护国有资产利益，使其合法合规运营，更好地发挥公共服务潜能。

二是用好价格工具，让价格适应形势变化，真正发挥市场调节作用。在市场竞争领域逐步减少国家价格干预和财政补贴，让市场定价，在垄断市场上实施"收费换投资"政策，让商品售价（自来水、电力、燃气、成品油、供热、电信、交通等）能够覆盖企业的投资和经营成本并获取一定利润，以便在限制垄断企业利润同确保基础设施投资之间建立平衡。截至2022年初，哈国内2/3的电力网络、57%的热力供应网络和近一半的供水网络已经老化。在这些公共服务领域如果政府为保持社会稳定而过度保持低价，虽有利于民众，但不利于企业经营，企业无心更新改造和扩大生产规模，最终受损的还是民众和国家。

三是关注跨部门多样化经营的混合联合企业（或称"综合性企业集团"，conglomerates）。起初，这类企业为分散市场风险，除横向或纵向收购与主营业务有关的企业，形成上下游全产业链，还吸收很多与生产和职能等主营业务无关的新产业，形成广泛且多样化的联合企业集团，比如油气开采企业经营房地产、教育培训、金融保险、商场等。与康采恩企业关注生产互助不同的是，混合联合企业由于旗下企业营业范围广泛，通常是财务上的互助，属于资本集中，在加强自身竞争力的同时，大大强化了资本的垄断力，通过交叉补贴、互相供销等形式，让中小企业更加难以生存，其复杂的资金往来也让国家难以监管寡头,资金流失和外逃屡禁不绝。托卡耶夫强调:"应在立法层面明确界定'联合大企业'或'企业集团'的概念。相互关联的市场主体需要取得经济集中的许可。必须仔细检查这类企业的所有交易,包括它们采用垄断价格的行为。这类单一经营者的活动已经给市场经济的发展带来负面影响,因此需要接受整顿。"[1]

根据托卡耶夫总统的指示,哈政府于2022年3月22日成立了隶属于内阁的咨询协商机构——"经济去垄断化委员会"。委员会主席由政府总理担任,副主席由政府第一副总理担任,成员有财政部部长、财政部副部长(兼任委员会秘书长)、信息和社会发展部部长、司法部部长、工业和基础设施发展部部长、国民经济部部长、能源部部长、数字发展、创新和航空航天工业部部长。根据需要,委员会成员还可以有国家保护和发展竞争署署长、国家反腐败署副署长、金融监管署副署长、副总检察长、民族安全委员会副主席、最高法院办公厅主任、萨姆鲁克-卡泽纳国家基金总裁。委员会原则上每个月举行一次会议,商讨有关事项,主要任务是改善竞争环境,尤其是就电信、交通、传媒和其他领域的垄断问题提出解决方案。

从政策执行效果看,自2022年3月成立至2023年底,已有多家企业被反垄断和反集中处理整顿。比如位于阿特劳的私企"液化石油气储存库"因垄断当地液化气市场和高价售气而被处罚,将其50%的股份转让给国有的阿特劳炼厂。掌握国内80%的医疗信息市场份额的Damumed公司因阻碍国内各医疗信息系统互联,其数据库转让给卫生部,以便开发国内统一的电子医疗系统"E-Densaulyk"。私营的Tau Bereke Group因不愿意"以国民负担得起的价格向国内市场供应商品和液化天然气"(国家规定的限价)而将旗下负责开发哈萨克天然气加工厂的GPC Investement公司100%的股份转让给萨姆鲁

---

[1] 《哈萨克斯坦共和国总统托卡耶夫2022年国情咨文(全文)》,https://cn.inform.kz/news/2022_a3975124/。

克－卡泽纳国家基金。国家评估和认证中心因滥用支配地位而高额收费,被国家保护和发展竞争署处罚。一家为30多个定居点提供电力的私营企业和一家掌握145条铁路段运营权的私营企业因不愿投入更新设备设施,"存在发生事故风险并经常收到民众投诉",其供电和铁路线的经营权被收回国有。据哈国家反腐败署数据,2022年国家依法收回了部分已经私有化了的土地以及工业、能源、铁路和电信领域的一些企业,共追回资产和钱款约6530亿坚戈(约合14亿美元)。①

三 反集中

所谓"经济资源的非法集中",简而言之,就是通过非法手段为个别人创造不正当竞争优势,从而造成国有资产损失,将经济资源集中到少数人手中。常见的方式包括低价收购国有资产和私有化、为追求超额利润而消除或限制竞争(包括政府采购领域)、通过政策优惠(税收、关税等)提高个别公司的盈利能力。各种中介机构、垄断运营商和"不必要"的代理人(比如服务外包)利用垄断的中介身份,收取过高的佣金和费用,每年赚取数十亿美元。托卡耶夫总统曾在政府扩大会议上指出:"政府机构往往以个别公司的利益为指导,而不是以社会的利益为指导。哈萨克斯坦人本可以花在自己身上的钱正在流入这些公司的口袋。"②

托卡耶夫当局认为,经济资源的"非法集中"为个别企业创造了不正当竞争优势,使其得以获得超额利润,从而造成国家利益和国有资产损失。因此,托卡耶夫总统便将追回寡头非法所得财产作为塑造"公正的经济"的重要抓手。这是打击权贵资本、净化营商环境,

---

① Агентство Республики Казахстан по противодействию коррупции. Национальный доклад о противодействии коррупции за 2022 год. https://www.gov.kz/memleket/entities/anticorruption/documents/details/494573?Lang=ru; Глава государства принял председателя Агентства по противодействию коррупции Асхата Жумагали. 24 июля 2023 г. https://www.akorda.kz/ru/glava-gosudarstva-prinyal-predsedatelya-agentstva-po-protivodeystviyu-korrupcii-ashata-zhumagali-246193.

② Глава государства провел расширенное заседание Правительства РК, 8 февраля 2022 года, https://www.akorda.kz/ru/glava-gosudarstva-provel-rasshirennoe-zasedanie-pravitelstva-respubliki-kazahstan-81311.

减少国有资产流失的重要举措,既得民心,又增加国家收入。哈议会下院议员马克萨特·拉曼库洛夫2022年2月在议会会议上指出:"近25年来(1998年国际金融危机至今),哈共向海外转移了1400亿—1600亿美元资产。"[1] 全球税收公正网络(Tax Justice Network)发布的报告认为,由于全球税收滥用,2022年各国损失4800亿美元的税收(3110亿美元由跨国公司滥用跨境公司税造成,1690亿美元则是因富人滥用离岸税造成),其中哈萨克斯坦的跨国公司共向海外转移5.89亿美元,造成跨境公司税损失1.178亿美元,相当于GDP的0.1%,共向离岸转移财富131亿美元,相当于GDP的7.3%,造成税收损失6550万美元[2]。

为了追回因非法集中(或垄断)造成的损失以及非法转移至境外的资金,哈政府于2022年6月5日成立由总检察长牵头的"打击经济资源非法集中跨部门委员会",11月26日托卡耶夫总统签发总统令《关于将非法所得资产返还给国家的措施》,2023年7月12日签署《关于修改和补充若干涉及将非法所得资产返还给国家问题的法》[3],10月5日哈政府发布落实该法的具体措施,10月10日成立政府总理领导的"将非法所得资产返还给国家委员会",并举行第一次会议。该委员会的常设机构是设在总检察院的"资产返还委员会"。可以说,经过一年多的努力,哈当局对打击非法获取资产和非法转移资产行为的相关制度和措施越来越严厉,越来越走向法治化轨道。制度上,从原先的总统令上升为议会通过的法律;主管机构上,从原先

---

[1] За 25 лет из Казахстана в зарубежные офшоры было переведено 140 - 160 млрд долларов, 03.02.2022, https://knews.kg/2022/02/03/za-25-let-iz-kazahstana-v-zarubezhnye-ofshory-bylo-perevedeno-140-160-mlrd-dollarov/.

[2] The Tax Justice Network, State of Tax Justice 2023, Key findings, https://taxjustice.net/reports/the-state-of-tax-justice-2023/, Table 4.1. Countries' profit and tax loss to global corporate tax abuse, P 34. Table 5.2. Countries' wealth and tax loss due to offshore financial wealth, P49, https://taxjustice.net/wp-content/uploads/SOTJ/SOTJ23/English/State%20of%20Tax%20Justice%202023%20-%20Tax%20Justice%20Network%20-%20English.pdf.

[3] Закон Республики Казахстан от 12 июля 2023 года № 21 - VIII «О возврате государству незаконно приобретенных активов».

总检察院牵头的"跨部门委员会"提升为政府总理牵头的"委员会"（总检察院成为该委员会下属的职能部门之一）；核心任务上，从原先以打击经济资源非法集中行为为主转为以追缴和收回非法资产为主。

根据相关规定[①]，将非法所得返还给国家的法律和措施的适用对象需同时符合两个条件：一是身份门槛，即担任国家重要公职的人，以及在国家法人实体、准公共部门实体以及附属于这些实体的担任职务的人；二是金额门槛，即个人的资产总额超过1300万核算单位[②]，即448.5亿坚戈（约合1亿美元）。这两个门槛意味着，只有那些与权力资源有密切关联的（有联系或者能够施加影响）严重腐败主体和寡头才可能成为被追究的对象，实践中主要是政府高官和大型国企领导人。国家授权部门的调查对象（嫌疑对象）主要针对两类人：一是实际资产远远超过其合法收入，并无法解释超额部分的收入来源；二是拥有的资产规模（自有或通过关联人拥有）超过法律法规确定的门槛。哈检察机关特别指出，将非法所得资产返还国家的法律法规同样适用于前总统纳扎尔巴耶夫家族成员以及与其有关的人。比如，哈反贪机构2022年查处凯拉特·萨特巴德乌雷（哈首任总统纳扎尔巴耶夫亲弟弟的大儿子）在担任哈萨克电信公司和交通运输服务中心负责人时贪污2400亿坚戈（约合5亿美元）案件，经过多方努力，当年从阿联酋追回其中的1400万美元资产。

追索非法所得和被非法转移资产的工作程序主要分为三步。一是国家授权机构初步调查，确定嫌疑人。二是列入追讨名单。将初步调查报告提交政府总理领导的"将非法所得资产返还给国家委员会"，由该委员会决定是否列入追讨名单。如果列入名单，则先给嫌疑人解释说明的机会，由其在一个月内（必要时可延长至三个月或更长时

---

① Токаев подписал закон о возврате незаконно приобретенных активов, 12.07.2023, lhttps://www.kt.kz/rus/state/tokaev_podpisal_zakon_o_vozvrate_nezakonno_priobretennyh_1377952732.html.

② 核算单位是哈萨克斯坦行政事业收费和罚款的计量单位。每年根据物价会有所调整。2023年度的1个核算单位相当于3450坚戈。

间）提交资产申报表，解释说明其资产来源。三是追缴非法获取的和非法转移的资产。退赃分为自愿和强制两种方式。嫌疑人可以主动自愿退回非法资产，包括支付金钱、将部分或全部非法资产转让给国家、向国家偿还税款损失、个人在拥有资产所有权期间获得的超额收入（但不得少于给国家带来的损失）。国家对主动自愿退赃者实施保护机制。对于不能主动退赃的，则启动司法程序和强制措施，由法院判决和执行，并通过国际司法合作确保法院判决的执行、信息交流和其他法律合作。被追回的非法资产将转入财政部下属的政府特别基金，该基金负责收取和管理被追回的资产，确保用于资助社会和经济等民生项目。哈当局指出，追索非法所得资产的具体工作由检察机关负责，主要考虑工作效率和部门职能，是为了提高反腐败效率，而不是人为地增加刑事案件数量。

从实践效果看，自 2022 年初至 2023 年上半年，因总检察院抗诉，一些原先被寡头操控的显失公平交易被制止，部分流失的国有资产被追回。比如价值 120 亿坚戈的哈萨克斯坦疗养院的所有权从人民银行（Halyk Bank）重回国家手中。当局没收了寡头维克多·赫拉普诺夫家族（曾任阿拉木图市市长、东哈萨克斯坦州州长、紧急情况部部长）位于东哈萨克斯坦州的 8 处由非法私有化获得的地块。终止了寡头博拉特·纳扎尔巴耶夫（首任总统纳扎尔巴耶夫的亲弟弟）收购阿拉木图市最大批发市场"巴雷斯—4"的股份交易（该批发市场的实际市值 15 亿坚戈，但售价却只有 3.07 亿坚戈）。收回寡头凯拉特·萨特巴德乌雷掌握的哈萨克电信公司 28.75% 的股份、交通运输服务中心 100% 的股份、阿克莫利特公司 100% 的股份，初步评估这些资产价值 2000 亿坚戈。

在政策执行过程中，民众对追缴非法资产政策最不解的地方就是设置金额门槛。哈议会下院议员阿扎特·佩鲁阿舍夫在议会会议上曾质问政府代表："为什么我们的返还门槛是 1 亿美元，而不是 50 或

10 美元?"① 从托卡耶夫当局的角度看,哈在初期阶段只能将精力集中在"大老虎"身上,不能作为一项廉政制度安排全面铺开,否则就会过分消耗精力,打了一堆"苍蝇",但真正的"大老虎"却毫发无损。

四　创造一个高科技、完全自给自足和有竞争力的经济体

世界经济史上没有一个国家能够在 GDP 增长率低的情况下提高收入,没有一个国家能够在没有经济增长的情况下增加就业机会,各国只能通过提高 GDP 增长率来改善所有人的福利。任何改革均需要经济发展为支撑,改革的目的也是更好地发展。2019 年就任总统后,托卡耶夫当年便要求建设发达包容的经济,实现经济现代化,争取 2025 年前 GDP 年均增长率达到 5%。2022 年 11 月就任新一届总统后,托卡耶夫承诺任期内的改革主要目标是到 2029 年实现经济年增长 6%—7%,国民经济规模翻一番,达到 4500 亿美元。2023 年 3 月新一届议会下院和新政府产生后,托卡耶夫要求新政府达到 GDP 年增长率 4% 的目标,从根本上转变经济发展方式,着力加强市场竞争原则,降低国家对市场过程的影响水平,扩大经济自由度,消除垄断经济、创造真正公平的竞争环境,系统地实现经济多元化,进一步巩固哈在中亚地区的投资中心的地位。"通过不断提高制度成熟度,增强抵御各种内部和外部冲击的能力。最终目标是创造一个高科技、完全自给自足和有竞争力的经济体。"

哈萨克斯坦经济研究所曾经测算了三种场景②。第一种场景是哈

---

① Политическая монополия покрывает монополии в экономике, Азат Перуашев озвучил позицию Демпартии "Ақ жол" о работе Правительства по запросам избирателе, 12.10.2023, https://nomad.su/? a = 3 - 202310120033.
② директор Института экономической политики, член Национального курултая и консультативного комитета Высшего совета по реформам РК Каирбек Арыстанбеков, Экономика Казахстана: три сценария развития, Казахстанская правда, 08.12.2022, https://kazpravda.kz/n/ekonomika - kazahstana - tri - stsenariya - razvitiya/.

经济以适度的速度发展，即 GDP 年增长率为 2%—3%。在这种情况下，出口、商贸和政府预算等部门会是主要受益者，但对整个经济的带动作用不大。第二种场景设想 GDP 年增长率为 3%—5%。在这种情况下，主要受益者的数量略有增加：出口和原材料部门、一些国内导向的产业、商贸和社会服务部门等受益最大，这种情况可使全国 60%—70% 的国民受益，但仍不能保证全国所有人口都能享受到发展的好处。第三种场景是 GDP 年增长率达到 5%—7%。在这种情况下，所有产业都会发展，全国 90%—100% 的人口会受益。如果 2029 年 GDP 总值比 2021 年增加一倍，工资、养老金、补助金和奖学金等可能增加两三倍。从托卡耶夫总统的讲话中可知，他显然选择了第三种场景，并在就职典礼上承诺"将尽一切努力，不辜负人民的信任，将哈萨克斯坦变成一个繁荣富强的国家"。

当前哈萨克斯坦的困境有两个。一是国家资本比重大。2008 年国际金融危机后，为抵御外部市场冲击，哈政府强化了国有企业的救市和维稳功能，国家资本主义不断发展壮大，真正的市场经济规模却逐渐萎缩。国企还与政府机构建立了"非正式"关系，形成官僚资本，少数寡头集团和金融工业集团逐渐占主导地位。国有企业一直专注于扩大生产规模而不是提高效率，使得国家越来越多地救助或补贴亏损的国有企业，同时将有盈利能力的国有企业私有化（亏损企业想私有化也卖不出去），由此形成"哈萨克斯坦经济怪病"（卖了好企业，留下了坏企业）。二是随着国内外形势变化，过去常用的调节补偿手段的效用逐年减弱。从哈 GDP 构成结构看，其产业经济部门大体上分为六大部分：一是原材料出口部门（采矿、油气、冶金、农业出口等）；二是国内导向部门（包括制造业、农业、建筑业等）；三是基础设施和公共服务部门（交通、仓储、通信、电力、供水、供热等）；四是贸易和维修；五是社会服务部门（卫生、教育等）；六是其他行业（公共管理、房地产、金融保险、科技等）。为维持这六大部分的结构平衡和促进经济平稳发展[①]，哈政府的主要政策手段通常是低工资（比如制造业职工平均工资通常是采掘业的一半）、低收费（水、电、气、热、住宅等公共服务收费价格很低）、限价（国家对成品油气等社会重要商品的价格严格管控）、汇率（本币坚戈兑美元等不断贬值）。新冠疫情和俄乌冲突使得哈输入性通胀压力大，需要提高工资收入和公共服务收费标准才能满足民众生活和企业发展需求。上述这两大困境（收入、收费）意味着，若想刺激经济高速发展，单纯依靠财政支持国有企业拉动经济显然不够，不提高居民收入也不行，预算要适当向民众收入和福利倾斜，而不是侧重投资或补贴国企。由此，托卡耶夫之所以提出"公正的经济"理念，要求建设公平的市场经济，保护私有财产，加强竞争，消除腐败，提高收入，增加就业机会，就是为了消除阻碍经济高增长的机制体制障碍。只有实现GDP的高增长，才能真正改善所有人的福利。

托卡耶夫指出，新经济模式的核心是公正、包容、务实，经济新范式的基础是有效利用国家竞争优势，最大限度地开发生产领域的劳动力、资本、资源、技术等主要要素的潜力。从哈政府表态看，建设有竞争力的经济体的具体措施是加强工业（重点发展诸如金属深加工、油气煤化工、重型工程、铀转化与浓缩、汽车零部件、化肥生产等）、农业、基础设施、军工、采掘业，关注水资源和能源，发挥交通物流潜力，发展数字化创新经济，壮大中小企业，改革经济政策规划体系，振兴地方经济，提高国民竞争力等。

总体上，托卡耶夫执政时期的哈投资环境与产业政策已发生较大变化，表现在以下方面。

第一，在发展理念方面，强调"先政治后经济"。先理顺政治权力架构和政商关系，希望通过反腐败和反垄断，以及起用年轻人和新

[①] 通常认为，结构失衡会影响哈萨克斯坦的经济稳定。比如过分强调发展社会服务就会增加财政负担，过分加强采掘业发展会患上"荷兰病"，过分发展外贸会给国内制造业带来压力，还会增加"影子经济"和资产外流风险。

人，打破纳扎尔巴耶夫时期旧有的关系网络，减少政府干预，重新调配资源和机会，改善营商环境。将高质量完成经济发展任务作为考核各级干部的指标之一。

第二，在发展环境形势判断方面，认为外部的地缘政治环境恶化，不确定性和不稳定性增加，全球需求总体萎缩，各国发展增速放缓，大国在中亚的竞争以及中亚国家间的竞争加剧，国内要求减少不平等和缩小社会差距的需求增加，资源民族主义情绪上升，过去的融资渠道收窄且风险加大，政府和企业的偿债压力增加，过度依赖油气的经济必须转向多元化。

第三，在产业发展方面，更重视发展韧性和自给自足，强调全新的产业链和供应链建设。首先是抵御危机的能力，包括贸易和国际通道多元化、产业链和供应链稳定，降低物价，发展中小企业。合作对象尽量多元化，减少对某一地区、某一通道、某一外部市场的依赖，尤其是减少对俄罗斯的依赖，以减少进口依赖为抓手发展全产业链，提高增加值。

第四，在合作模式方面，更重视国家—私人伙伴关系模式（PPP），让企业承担更多风险和责任，减轻国家担保责任。减少国有企业和大资本的垄断，完善政府采购，增加国产品比重，采用新的地下资源开发利用合同模板，增加自然资源的国家分成比重。

第五，在落实机制方面，强调项目落地。要求外国投资者真正投资洽谈具体项目（不是仅表达意向），制订一揽子项目方案。加强政府与特定行业和战略伙伴的合作，各地区各行业要制作投资清单和路线图，建立投资者和投资项目的数字数据库。

从外国投资者的评价中，也可看到托卡耶夫经济改革的积极效果。2022年，哈创纪录地吸引了280亿美元外国直接投资（2018年243亿美元，2019年241亿美元，2020年172亿美元，2021年237亿美元），说明外国投资者看好哈国市场，相信它的前景与潜力。美国国务院发布的《2022年哈萨克斯坦投资环境报告》也同样认为哈营商环境有所改善。国际评级机构标准普尔 2023 年 9 月调高哈萨克斯坦的主权信用评级为 BBB-/A-3，评级展望为"稳定"，并预计 2023—2026 年的经济增长率将达到 4%，综合预算赤字占 GDP 比重到 2026 年下降到 1.6%。这一评级基于哈经济表现，说明哈经济改革初见成效。

五 可持续绿色发展——碳中和

可持续发展即"既能满足当代人的需要，又不对后代人满足其需要的能力构成危害的发展"[①]。在哈萨克斯坦，可持续发展在一定程度上等同于调整经济结构，发展非资源领域经济，减轻对油气等资源行业的依赖。一来，依赖资源开发的单一经济结构难以承受市场波动，不利于经济稳定，只有多元化经济，尤其是具有更高附加值的加工业才能更有效地防范风险，巩固国家独立与主权，增加本国就业，减少进口依赖；二来，资源开发使得自然资源越来越少，必须在资源枯竭之前调整经济结构，为资源耗尽后的国家建立新的经济基础。绿色经济被公认为实现可持续发展最主要的，甚至是唯一的途径。它不仅是新的产业经济部门，更是新的经济社会增长模式。因此，发展绿色经济，实现可持续发展，不是单纯的经济问题，而是涉及国家政治与安全，关系民生福祉的大事。如果说哈萨克斯坦在首任总统纳扎尔巴耶夫时期已经提出了发展多元化经济和绿色经济战略的话，那么在托卡耶夫时期，哈在前期成就基础上进一步提高了对自己的要求，将多元化和绿色经济的目标明确设定为低碳经济。这是一个更高标准的发展目标。

在当前的全球气候治理氛围中，绿色低碳意味着工业革命以来以化石能源为基础的经济增长模式将被以清洁能源为基础的经济增长模式取代，围绕着化石能源经济形成的一系列制度、体制、机制和利益

---

① 王能应主编：《低碳理论》，人民出版社 2016 年版，第 20 页。

集团也将让位于以清洁、无碳、智能、高效为核心的绿色智能经济体系。以绿色低碳为基础的国际合作与竞争直接影响各国的经济社会系统重构和国际力量对比，进而引发各国发展未来差异和国际体系变革。凡是在绿色低碳潮流中具有相对领先优势的国家，其国际地位和影响力也相应较高。可以说，绿色低碳的意义不仅体现在改善生态环境上，还体现在推动经济结构和发展模式转型的社会经济上，以及国际力量博弈的政治安全上。为了跟得上世界未来发展趋势，各国都努力制订碳中和目标和落实计划。

作为国际社会的一员，哈萨克斯坦于1995年5月批准《联合国气候变化框架公约》，2016年批准《巴黎协定》，承诺到2030年前将温室气体排放量较1990年（3.85亿吨二氧化碳当量）减少15%。在2020年12月举行的庆祝《巴黎协定》签署五周年联合国"气候雄心"峰会上，哈总统托卡耶夫承诺，到2060年实现碳中和，到2025年前种植超过20亿棵树，增加碳封存潜力[①]。哈由此成为第一个提出碳中和目标的前苏东地区的国家。为落实总统的碳中和承诺，哈政府总理马明在2021年11月的《联合国气候变化框架公约》第26次缔约方大会上指出，哈计划到2030年，将煤炭发电占发电总量的比重逐步从目前的70%减少到40%，将环保清洁能源的发电比重提高一倍，从2020年的占比20%增至38%，将可再生能源发电比重增加4倍，从2020年的3%增至15%，到2050年增至50%[②]。为此，哈政府计划根据《巴黎协定》采取更加大胆和有针对性的行动，着手对所有经济部门进行重大改革，尤其是能源、制造业、农业和林业、交通、住房和公共服务以及废物处理管理等，逐步淘汰燃煤发电和供热，希望通过最大限度地发挥市场机制和民间投资的潜力，争取完成

---

① Президент на саммите по амбициозным задачам в области изменения климата заявил. что страна обязуется достичь углеродной нейтральности к 2060 году. https://informburo.kz/novosti/kasym-zhomart-tokaev-ya-hochu-eshchyo-raz-podtverdit-nashe-namerenie-borotsya-s-izmeneniyami-klimata.html.

② А. Мамин принял участие в глобальном саммите по изменению климата COP26. https://primeminister.kz/ru/news/a-mamin-prinyal-uchastie-v-globalnom-sammite-po-izmeneniyu-klimata-cop26-2105618.

自己的承诺。尽管距2060年碳中和目标还有很长时间，但相对于当前哈经济状况和能力，这个任务难度依然不小。

哈之所以选择碳中和这条路，也是形势所迫。自1940年以来，哈全国年平均气温每10年升高0.28℃，尤其是秋季增温幅度最大，每10年升高0.31℃，同时，年均降水量每10年减少0.2毫米以上。与1980—1999年的平均温度相比，预计哈全国年平均气温到2050年将增加2.4℃—3.1℃，到2100年增加3.2℃—6.0℃[①]。哈气象部门分析认为，气候变化对哈经济社会产生诸多负面影响，极端天气事件的频率增加，威胁着公众健康、经济、基础设施和环境，冰川融化和降水减少导致缺水，对农业、牧场和森林生态系统产生负面影响。如果不显著改变作物生产方式，到2050年春小麦的产量可能会减少13%—49%，森林和草原火灾的频率和规模也将增加[②]。另外，随着全球科技进步，风电和太阳能光伏电站的加权平均度电成本逐步降低，已经具有新增装机成本和运营成本优势[③]。国际可再生能源署《2021年可再生能源发电成本》报告显示，2010—2021年的全球加权平均度电（每千瓦时）成本，公用事业规模太阳能光伏项目从0.417美元降至0.048美元（下降88%），海上风电项目从0.188美元降到0.075美元（下降60%），陆上风电项目从0.102美元降至0.033美元（下降68%），陆上风电项目平均总安装成本从2042美元/千瓦下降到1325美元/千瓦。这意味着，陆上风能和太阳能等可再生能源的行业运营成本下降趋势越来越快，已与燃煤发电基本持平甚至更低[④]，以化石燃料为基础的发电正变得没有竞争力，即使单纯从经济角度考

[①] Стратегия достижения углеродной нейтральности Республики Казахстан до 2060 года. https://legalacts.egov.kz/npa/view? id = 11488215.

[②] 《可持续发展目标13：采取紧急行动应对气候变化及其影响》，联合国网站（https://www.un.org/sustainabledevelopment/zh/climate-change-2）。

[③] IRENA, Renewable Power Generation Costs in 2021, https://www.irena.org/publications/2022/Jul/Renewable-Power-Generation-Costs-in-2021.

[④] 鞠立伟、刘力：《挖掘风光电力更大潜能》，国家能源局网站（http://www.nea.gov.cn/2021-10/29/c_1310277274.htm）。

虑，比化石燃料更便宜和清洁的可再生能源必然是未来各国能源安全保障和生产生活方式的主要出路。这对于现在仍然依赖油气产业的哈萨克斯坦而言，无异于是巨大挑战和艰难选择，需要现在就做出决断，否则就有可能在新一轮国际竞争中落伍。

为了实现向绿色低碳过渡，哈政府利用 Times、CGE、System Dynamics 和 TICS 四组模型，设想了"基准情景"和"碳中和情景"两种发展路线图。基准情景模式是一条没有采取脱碳措施的经济道路。在这种情景模式下，预计哈 2060 年的温室气体排放量将达到 4.74 亿吨，其中 0.01 亿吨可以被土壤和植被吸收，其余 4.73 亿吨净排放到大气中。这种情境下，哈将无法实现经济增长的预期指标。原因有三：一是欧盟等哈主要贸易伙伴引入了边境碳税，哈出口商品失去竞争力；二是未来能源价格可能因需求减少而下降，导致国家收入减少；三是气候变化将对农业产生负面影响。碳中和情景则是采取了必要脱碳措施的发展道路。在这种情景模式下，哈温室气体排放量预计会大幅下降，到 2060 年可降到只有 7700 万吨，并且可以全部被捕获、储存、使用，或者被植被和土壤吸收，从而在 2060 年实现整体经济零排放净平衡目标。

哈生态、地质和自然资源部部长布列克舍夫指出：哈政府根据碳中和情景模式，从最低投资成本和最大经济效益角度出发，制定了有助于经济脱碳的最佳路线图。与 2020 年的排放量相比（3.512 亿吨二氧化碳当量），通过节能措施、气化、电化、热化以及广泛使用分布式可再生能源，预计到 2060 年，哈全国住房和公用事业领域的直接排放量将降至零。在运输领域由于普及电化（比如推广电动车）和应用氢燃料，排放量将减少 9/10 以上。如果说 2017 年哈燃料和能源篮子基本由化石能源提供，其中煤炭占 54%、石油占 24%、天然气占 22% 的话，则到 2060 年，化石能源在一次燃料能源结构中的比重将下降到 29%，可再生能源比重将提高到 70%。

实现雄心勃勃的气候目标对哈萨克斯坦乃至全世界都是一个巨大

挑战。减少温室气体排放量和实现碳中和需要根本改变生产和消费模式，从不可持续的化石能源燃烧向无碳技术的快速有效过渡，在工业、交通、建筑、农业、居民生活等领域大规模实施绿色创新，用更现代、无碳和环保的解决方案替换过时和低效的技术。总体上，哈萨克斯坦支持并积极落实联合国的行动倡议，从管理体制、落实机制、行业发展规划、思想意识等多个角度出发，制定相应对策。哈政府制订的路线图行动计划主要围绕五个优先领域：改造电力等能源基础设施；建立监管框架，普及可再生能源；改革补贴和碳定价机制；开展宣传，争取公众支持；加强环境保护。在生产方面，哈努力构建清洁低碳的生产生活体系，以采掘、冶金、建材、建筑、农业、交通工具、废物利用等为重点，加速产业结构调整，发展可再生能源和节能产品，对现有老旧设备设施实施绿色改造，加快部署气化（普及天然气应用）和电化，推动重点领域节能降碳。在政策扶持方面，加大财政、金融、税收、科技、生态环保、价格、海关、自然保护区等政策工具的支持力度，提升生态碳汇能力，统筹碳排放权和交易，优化可再生能源电力交易机制，增加森林、草原、湿地等资源量，开发适合哈国情的绿色科技，鼓励节能减排，提高碳汇能力。

联合国相关机构开展的研究和报告表明，尽管各国为应对气候变化和实现碳中和需要大量投入，但这些投入会带来正收益，收获远超前期投入成本。2020年全球大约花费了5.9万亿美元补贴化石燃料行业，到2030年之前，全球需要每年投资约4万亿美元发展可再生能源，包括技术和基础设施投资，只有这样才能保证到2050年实现净零排放。根据世界银行2019年10月的数据，2030年前全球基础设施建设需要约90万亿美元投资，如果这些投资结合向绿色经济转型的话，则可释放新的经济机遇和工作机会，平均1美元投资会产生4美元收益。全球经济与气候变化委员会发布的2018年度《新气候经济报告》指出，相比于正常的行动，大胆的气候行动到2030年保守估计可带来26万亿美元的直接经济收益。仅减少污染和气候影响一项，全球到 2030 年就可以每年节省高达 4.2 万亿美元。① 由于风能和太阳能的发电成本比煤炭还低，如果替代煤炭产能的话，每取代 500 吉瓦的煤炭产能就可每年节省成本 230 亿美元，并带来价值 9400 亿美元的经济刺激，约占全球 GDP 总值的 1%。②

哈政府利用 Times、CGE、System Dynamics 和 TICS 四组模型计算后认为，为实现碳中和目标，按照碳中和情景模式，哈需要在未来近 40 年时间里（2021—2060）投资 6500 亿美元发展和应用低碳技术，其中电力和热能生产领域 3050 亿美元，运输领域 1670 亿美元，采矿和制造业领域 650 亿美元，公用事业领域 570 亿美元，林业领域 490 亿美元。③ 考虑到按照碳中和情景模式，未来 40 年时间里哈全国总排放量预计总共减少 93.35 亿吨二氧化碳当量，相当于每吨二氧化碳当量的脱碳成本为 71.5 美元。哈需要从现在开始就采取积极行动，改革所有可能影响整个国家排放量的行业政策，制订脱碳计划，发展绿色融资，增加政府对绿色技术、项目和创新的支持。④

第四节 社会意识形态重构

历史证明，国家和民族的发展需要有精神基础和价值支撑。意识形态是指观念的集合，是对事物的各种理解和认知的集合，即所谓的

---

① 《可再生能源——为更安全的未来提供动力》，联合国网站（https：//www.un.org/zh/climatechange/raising-ambition/renewable-energy）。

② 《气候融资》，联合国网站（https：//www.un.org/zh/climatechange/raising-ambition/climate-finance）。

③ До 2060 года Казахстан перейдет на углеродную нейтральность. https：//primeminister.kz/ru/news/reviews/do-2060-goda-kazahstan-pereydet-na-uglerodnuyu-neytralnost-1103515.

④ Министр экологии Сериккали Брекешев презентовал проект Доктрины достижения углеродной нейтральности РК до 2060 год. 13 октября 2021. https：//www.gov.kz/memleket/entities/ecogeo/press/news/details/269399？lang=ru. Доктрина（стратегия）достижения углеродной нейтральности Республики Казахстан до 2060 года. 3.14 Оценка требуемых инвестиций. https：//legalacts.egov.kz/npa/view？id=11488215.

共识、主义。国家意识形态就是执政者为了说明自己的合法性，由国家机器整理和宣传的官方的观念总和，在政治领域就称为政治意识形态，在经济领域就称为经济意识形态。意识形态工作是治国理政的重要方面，关乎国家政治安全，是发展的精神动力，是实现国家长治久安的重要保障。随着"新哈萨克斯坦"口号的提出，国家治理理念和模式的改变，以及国家政治、经济、社会等各领域的转型改革，作为上层建筑的意识形态也需随之调整加强，就国家和社会生活中的方向性、根本性、全局性重大问题做出及时合理的说明解释，以便凝聚国民共识，激发精神斗志，统一思想认识。否则，如果意识形态混乱，工作的态度和立场就会不坚定，原则性和灵活性就不好把握，思想舆论阵地就不牢固，执政根基就不稳，就得不到民众的理解和支持，就容易被国内外的反对势力推翻。

托卡耶夫的"公正的哈萨克斯坦"改革不仅是政治制度的总体设计，为新经济模式奠定基础，也是一场公民意识的变革，改变社会价值观和规范。哈萨克斯坦国务顾问卡林表示："2023年下半年，国家政策的主要焦点逐渐转移到重新启动国家价值体系的问题上。这项工作始于托卡耶夫在第二届国家库鲁尔泰大会上的讲话。他在讲话中列出了一份价值观名单：独立和爱国主义、统一和稳定、正义和团结、法律和秩序、信任和责任、知识和专业精神、节俭和勤劳。与此同时，公众舆论也围绕着必须遵守法律和秩序原则、保护妇女和儿童权利、打击家庭暴力、打击破坏公物和文化行为等问题展开。这表明，社会对建立和遵守个人和社会文化新规范的要求也在增加。哈萨克斯坦正在进行一个新的、更复杂却非常重要的转变——向形成一个新的国家品质方向转变。与政治改革不同的是，这是一个渐进的、逐步的、自然的过程，这个转变仅靠立法改革或建立新的制度是远远不够的，我们不可能捕捉和加速社会良知的演变，只能引导和调节，使新的社会伦理成为更新的民族心态的基础。"[1]

一 核心价值观

意识形态建设的要素之一便是核心价值观。核心价值观就是思想和文化的内核，体现着一个国家和一个民族的文化理想和精神高度。人类社会发展的历史表明，对一个民族、一个国家来说，最持久和最深层的力量是全社会共同认可的核心价值观。核心价值观承载着一个民族和一个国家的精神追求，体现着一个社会评判是非曲直的价值标准[2]。核心价值观是文化软实力的灵魂和文化软实力建设的重点。这是决定文化性质和方向的最深层次要素。一个国家的文化软实力，从根本上说，取决于其核心价值观的生命力、凝聚力、感召力。培育和弘扬核心价值观，有效整合社会意识，是社会系统得以正常运转、社会秩序得以有效维护的重要途径，也是国家治理体系和治理能力的重要方面。历史和现实都表明，构建具有强大感召力的核心价值观，关系社会和谐稳定，关系国家长治久安[3]。

从哈萨克斯坦领导人的讲话中可知，哈萨克斯坦的意识形态和价值观在国家层面就是自由、民主、公正，社会层面是团结、和谐，个人层面是诚信、友善、爱国、勤劳。托卡耶夫总统指出："现在是网络时代，大量的负面信息毒害了现代人的意识。虚假的意义和不永恒的价值观广泛传播。这是一个非常危险的趋势。在这种时候，知识分子的积极作用就显得尤为重要。知识分子的权威不是来自奖项，而是其真实的行动，主要任务是向年轻人灌输普遍的人类价值观。在我们的社会中，需要培养爱国、求知、勤奋、团结和责任感等品质。因

---

[1] Ерлан Карин: Казахстан переходит к новой, очень важной трансформации, 29 декабря 2023, https://www.zakon.kz/politika/6419173-erlan-karin-kazakhstan-perekhodit-k-novoy-ochen-vazhnoy-transformatsii.html.

[2] 《青年要自觉践行社会主义核心价值观》，《人民日报》2014年5月5日第2版。

[3] 《习近平2014年2月24日在中共中央政治局第十三次集体学习时强调 把培育和弘扬社会主义核心价值观作为凝魂聚气强基固本的基础工程》，中国政府网（http://www.gov.cn/ldhd/2014-02/25/content_2621669.htm）。

此，我呼吁知识分子不要回避解决影响国家未来的问题。发展对话和公民参与的传统，培养国家团结和统一的进步价值观对我们来说很重要。"①

"公正"是新哈萨克斯坦国家意识形态和核心价值观的根本，是托卡耶夫等领导人曲不离口的理念和治国原则。2022年4月26日，托卡耶夫在阿马纳特党非例行代表大会上讲道："我们的公民显然缺乏社会正义。无视普通人利益的事司空见惯。不幸的是，国家机器的代表有时恰恰是严重不公正的根源。因此，公民对政府机构一直不信任。……阿马纳特党党员必须站在与人民合作的前列，成为民间社会和政府之间互动的有效渠道。"②

2022年4月29日，托卡耶夫在参加第31届哈萨克斯坦人民大会时表示："团结、和谐与和平是我们不可动摇的价值观。紧张的地缘政治局势导致了新的挑战。在当前形势下，应特别重视加强公民身份和培养爱国主义精神。我们永远不会放弃我们的基本原则，即多样性的统一。我们必须培养年青一代真正的爱国者。政治和社会多元化不应采取激进的形式。对公民的任何歧视，对他们的荣誉和尊严的侮辱，都是不可接受的。……新哈萨克斯坦本质上是一个公正的哈萨克斯坦。新哈萨克斯坦是在一个动态变化的世界中加强我们民族身份的途径。如果没有所有公民的参与，国家机构、任何政治决定和经济手段都无法使我们实现国家现代化的目标。为了建设一个新的哈萨克斯坦，我们需要彻底改变个人和社会价值体系。我们将坚决反对任人唯亲、家长制、腐败和买办。新哈萨克斯坦必须成为正义的领土。要做到这一点，不仅要遵循法律的文字，还要遵循法律的精神。法律不是教条，必须加以完善，以解决公民的紧迫问题。法律、正义和秩序将成为决定我们幸福生活的真正因素。……在社会中形成对话文化和加

---

① 《哈萨克斯坦共和国总统托卡耶夫2021年国情咨文（全文）》，https://www.inform.kz/cn/2021_a38330。
② Токаев: Нашим гражданам явно не хватает социальной справедливости, 2022.04.26, https://www.nur.kz/politics/kazakhstan/1966860-tokaev-nashim-grazhdanam-yavno-ne-hvataet-sotsialnoy-spravedlivosti/.

强相互理解与信任，所有这些对于国家光明的未来和人民的福祉都是必要的。我们必须接受和理解彼此，无论我们的观点和信仰如何不同。必须寻求共同点，巩固和提升使我们团结在一起的东西。我们的'不同意见，一个国家'的原则不可动摇。我们不能接受的是，崇高的爱国主义价值观被低级的民族优越感取代，友谊和团结被相互憎恶和仇恨的语言替代。必须严厉打击一切形式的不容忍和敌我分裂。哈萨克斯坦人民必须保持和加强团结，只有共同努力，我们才能建设一个新的哈萨克斯坦。"[1]

2022年10月28日，托卡耶夫发表竞选纲领，提出的总统竞选口号就是"建设公正的哈萨克斯坦，即公正的国家、公正的经济、公正的社会"。他说道："我们整个国家意识形态都要充满正义的思想。我们的文化代码必须包含崇尚勤劳，努力求知，尊重法律和遵守法制，放弃野心和激进主义，厌恶私利、浪费、坐享其成和消极悲观，尊重人道，善待他人；互助等品质。"哈萨克斯坦政治学家达尼亚尔认为，托卡耶夫总统接受了哈萨克先哲阿拜的"完整人格"的哲学思想。阿拜在他的《教诲之词》中写道，"对心灵有伤害的品质有粗心、冷漠、追求无缘无故的快乐、沉迷于阴暗的想法和有害的激情。这四种恶习可以摧毁智慧和才能"，"不要只讲好处，要讲良心"。[2]

2022年11月26日，托卡耶夫总统在他的就职仪式上指出："专业、诚实和谦虚应该成为我们的主要原则。如果我们不能向社会灌输新的价值观和培养更好的品质，那么所有的改革都将徒劳无益。蔚蓝色的国旗、护照和我们的国语，是我国人民精诚团结的标志。我们的先祖们曾经团结一致，在欧亚大陆上纵横驰骋，建立了金帐汗国和哈

---

[1] Президент определил приоритеты деятельности Ассамблеи народа Казахстана, 29 апреля 2022 года, https://www.akorda.kz/ru/prezident-opredelil-prioritety-deyatelnosti-assamblei-naroda-kazahstana-2935315.

[2] Идея справедливости. Глава Казахстана выступил с предвыборной программой, 2022.10.28, https://aif.ru/politics/world/ideya_spravedlivosti_glava_kazahstana_vystupil_s_predvybornoy_programmoy.

萨克汗国等强大的国家，在历史上留下了辉煌篇章。而在国家面对危难的时刻，我们的人民也曾团结一心共同抗争。历史上那些伟大的可汗、勇士和杰出人物的英雄主义事迹便是其生动的写照。正是无数先烈为了争取自由而进行的顽强斗争，才令哈萨克斯坦得以获得独立。我们必须给予那些为我们主权国家的建立和巩固做出巨大贡献的历史人物公正的评价。对其成功与失误的评判只能属于时间和历史，时间是最公正的法官，而历史则是真理的尺度。正因如此，围绕他们的政治化解读和政治化利用是不能被允许的。如果我们想成为一个公正的国家，那么我们就必须客观地评估过去并从中吸取教训。学习好的，远离坏的。立志于未来的国家必须遵守这一规则。我经常指出，我们应该将爱国、勤奋、求知、创新、创造、团结、仁爱等高尚品质作为我们的处事原则。"[1]

2022年"1月事件"后，哈政府特别注意通过纪念历史人物的方式，来彰显传统文化和民族精神气质。时任哈政府总理阿里汗·斯迈洛夫2022年8月2日表示，2022年是阿拉什共和国成立的105周年，作为恢复历史正义的重要行动，为了纪念在苏联政治大清洗中蒙冤受难的阿拉什先烈，哈政府在国家层面举办大型游行纪念活动——《向阿拉什致敬》[2]。阿拉木图市、江布尔州、卡拉干达州、科斯塔奈州、图尔克斯坦州和乌勒套州均为一批阿拉什党人竖立纪念碑。阿拉什党人是一批20世纪初期活跃在哈萨克斯坦的进步学者，因其组成的政治党派"阿拉什党"而得名，他们希望通过教育和工业振兴民族，

---

[1] 《哈萨克斯坦总统托卡耶夫在宣誓就职典礼上的讲话》，2022.11.26，https://www.inform.kz/cn/article_a40065。

[2] "阿拉什"是哈萨克族各部落统一的战斗口号，类似中国的"前进、加油、冲啊"、俄罗斯的"乌拉"。其来源有多种说法：一是认为阿拉什是古代波斯的大英雄，哈萨克人的共同始祖，类似中国的炎黄。二是认为阿拉什是红狮汗（一个部落首领）的儿子，因身上长满斑点而被父亲嫌弃和抛弃。但后来阿拉什长大后作战勇敢，他的下属冲锋陷阵时便呼喊他的名字"阿拉什"。从此哈萨克人留下以首领或英雄的名字作为战斗口号的传统。哈高调纪念阿拉什党人，也是想借此机会告诉外界，哈历史上早就建立过"独立的"国家，阿拉什党人当时的主要活动基地是今天俄罗斯的奥伦堡，该地历史上是哈萨克人的生活地，哈北部是哈萨克人的土地，不是"俄罗斯赠送的礼物"。

实现主权独立和民族自由。阿拉什党人于 1917 年 12 月 13 日建立了独立的"阿拉什自治共和国",组建了政府、军队并颁布共和国法律。该政权于 1920 年 8 月 26 日被苏联红军强行解散。除少部分成员流亡国外,大部分阿拉什党人在苏联政府后来的大清洗中遇害。2014 年 8 月 29 日普京在参加"谢利格尔"青年论坛时指出:"哈萨克斯坦总统纳扎尔巴耶夫做了一件独一无二的事——在从来不曾有过国家的土地上建立起了一个国家。"普京的这番话被认为是质疑哈萨克斯坦的独立性。此后,哈萨克斯坦政府特别重视挖掘阿拉什共和国和金帐汗国话题,以便证明自己也曾有过独立国家,也有自己的历史传承。

2022 年 10 月 1 日,科斯塔奈州托尔盖区为阿拉什运动领导人阿赫梅特·拜图尔森努勒和米尔扎赫普·杜拉特吾勒竖立一座纪念雕像。哈议会上院议长阿希姆巴耶夫在纪念阿赫梅特·拜图尔森努勒 150 周年活动上表示:要促进"托尔盖人精神"遗产在教育年青一代和建设公正的哈萨克斯坦方面的重要作用。"托尔盖精神"意为一生为国家和人民的独立、自由和发展贡献力量。

哈总统托卡耶夫在 2024 年 1 月 3 日接受《主权的哈萨克斯坦》报采访时表示:"我们更不能掉进古老的时代,沉迷于关于过去伟大或冤屈的空洞讨论。当然,历史是我们民族身份的一个重要组成部分,因此国家现在正在系统地朝着这个方向努力。出版了许多专题文献,建立了专门的科学机构,并对现有机构进行现代化改造。最近完成了关于斯大林镇压受害者的大量研究工作。总之,研究我们几百年的历史,恢复历史正义将永远是我们的优先事项之一。但重要的,不是我们过去是谁,而是我们现在是谁,最重要的,是我们将来是谁?我们必须团结一致,不仅了解我们走过了多么艰难的道路,还要了解我们所追求的目标。我们需要的不是回忆过去,而是对未来的渴望,用行动证明我们民族的伟大。我们必须摆脱文化模仿、虚假的爱国主义和肆无忌惮的夸夸其谈。在这方面,不应忽视存在的缺陷,而应努力消除这些缺陷。我现在所说的,对哈萨克斯坦在这个不断动荡的世界中的未来至关重要。为了我们民族的新崛起,必须不断吸收一切进步的东西,摆脱一切让国家倒退的东西。对劳动和生产性创造力的崇拜必须扎根于我们的社会,知识和创造性思维的力量必须占上风,实用主义和现实生活的原则必须占主导地位。我必须说实话,并不是所有自称为民族良心的知识分子都能体面地完成这一崇高使命。我们听到的不是真正的精神滋养,而是围绕着小主题的抱怨、习惯性的自我赞扬,以及对当局忽视他们的物质利益的抱怨。这些做法会让民族思想沿着错误的道路发展。作为一个进步的国家,我们必须向前看,思考团结而不是分裂我们的东西。必须把民族价值观放在首位。尽管我已说过很多次,但我想再说一遍:统一、团结、勤奋、崇尚知识、专业精神、相互支持、进取心、主动性、诚实、谦虚、节俭,这些是公民和真正爱国者的价值观和品质。这些品质将使我们的国家更加强大,并使我们能够取得成功。通过培养这些价值观,我们将能够塑造我们国家的新品质。"[1]

二 语言政策——发展国语的同时维护俄语地位

随着独立后一代(互联网一代)成长为社会中坚,民众对本民族的历史文化和传统更加推崇,哈国内的民族主义情绪也有所增长,尤其表现在说国语(哈萨克语)上,对国语越来越重视。由此,俄语地位、"三语"教育、哈萨克语拉丁化这三大问题近年来在哈国内备受关注,也是新哈萨克斯坦建设需要面对和解决的重大问题。

关于俄语地位问题,托卡耶夫在 2021 年度国情咨文中表示:"我们一直奉行团结。我们不会容忍对语言、国籍或种族的歧视,以及对荣誉和尊严的侮辱,我们将依法追究他们的责任。这种不负责任的做法有悖于宪法,违背了我国的利益。发展哈萨克语仍是国家政策的优

---

[1] Касым-Жомарт Токаев: Как прогрессивная нация мы должны смотреть только вперед! 3 января 2024 года, https://www.akorda.kz/ru/president-respubliki-kazakhstan-kasym-zhomart-tokaev-kak-progressivnaya-naciya-my-dolzhny-smotret-tolko-vpered-302415.

先事项之一，这方面的工作成果显著。哈萨克语正在成为教育、科学、文化和商业的通用语言。总的来说，国语的使用正在逐步扩大，这是自然现象。因此，没有理由说哈萨克语的应用领域变得有限。根据宪法，哈萨克斯坦的国语是哈萨克语。俄语具有官方语言的地位，不应妨碍其依法使用。每一个将自己的未来与哈萨克斯坦联系起来的公民，都应该重视学习哈萨克语，这是爱国主义的主要表现。如果我们的年轻人能掌握包括俄语在内的其他语言当然更好。哈萨克斯坦和俄罗斯之间的边界是世界上最长的边界，俄语是联合国六种官方语言之一。因此，我们需要理性看待这个问题。"[1] 2022 年 4 月 29 日，托卡耶夫在第 31 届哈萨克斯坦人民大会上表示："由于历史和民族特点，哈萨克斯坦是一个多语言国家。这是我们的优势，我们的资产。我们必须采取措施，加强哈萨克语的地位，但不损害，更不歧视其他语言。围绕语言问题的政治博弈可能会导致无法弥补的后果。现代国际舞台上有很多这样的例子。因此，让我们对我们的国内政策负责。哈萨克语是我国的国语，但俄语在我国宪法中占有应有的地位，所以，让我们从这个角度出发考虑问题吧。我们哈萨克斯坦是一个没有外人的大家庭，只有共同努力，才能建设我们的新哈萨克斯坦。"[2] 2022 年 6 月 15 日，托卡耶夫在接受俄罗斯 24 采访时表示："那些声称俄语在哈的地位已经下降，规模在缩小，甚至变得有缺陷的人，他们说的完全不是事实。这些都是恶人为了使局势政治化而进行的讨论。俄语在哈国的地位总体上没有任何恶化，俄语学校的数量也没有减少。与此同时，人们对哈萨克语教育的兴趣越来越大，哈萨克斯坦当局必须确保这些希望自己孩子们能上哈萨克语学校和幼儿园的人的愿望。"[3]

---

[1] 《哈萨克斯坦共和国总统托卡耶夫 2021 年国情咨文（全文）》，https://www.inform.kz/cn/2021_a3833099。

[2] Токаев заявил, что статус русского языка в Казахстане ущемлять нельзя, 29 апреля 2022, https://tass.ru/mezhdunarodnaya-panorama/14513125.

[3] Токаев фразой «от лукавого» оценил данные об ущемлении русского языка, 15 июн 2022, https://www.rbc.ru/politics/15/06/2022/62a9a3cb9a79472bc51eb3d0.

关于哈萨克文拉丁化问题。历史上，分布在世界各地的哈萨克人使用过三种文字体系：哈萨克斯坦和俄罗斯等独联体国家的哈萨克族使用西里尔字母；中国境内的哈萨克族使用以阿拉伯字母为基础的哈萨克文；土耳其和欧洲的哈萨克族使用拉丁字母来拼写自己的语言。中亚国家独立以后，随着部分中亚国家再次开启文字书写拉丁化进程，哈萨克斯坦也出现是否对现有的西里尔字母文字进行拉丁化改革的热烈讨论。2006年，时任总统纳扎尔巴耶夫在人民大会上提出哈萨克文字拉丁化问题后，社会上反应强烈。主张对哈萨克现行文字进行改革的观点逐渐占了上风并得到纳扎尔巴耶夫的支持。纳扎尔巴耶夫表示，推广使用拉丁字母的哈萨克文字是深思熟虑后做出的选择，拉丁化的哈萨克文字更便于学习，也更有利于哈萨克斯坦融入世界，改善与外界的交流，令人们更好地学习英语和掌握互联网的语言，推动哈萨克语和哈萨克斯坦的现代化。2017年10月26日，纳扎尔巴耶夫签发《关于哈萨克语由西里尔字母向拉丁字母转化的总统令》①。2018年2月20日，哈政府正式发布哈萨克语的拉丁文正字表。在实践中，文字的普及工作需要时间，更需要民众接受。尽管政府有一定意愿，但拉丁化的哈萨克文字普及率并不高。

托卡耶夫认为："这项工作不可急于求成，而是必须精心研究，经过全面的分析，进而制定一个最妥善的拉丁字母规范方案。此前出台的三套拉丁字母规范方案都不完善。所以说，这项工作必须依靠科学的方法，不能草率对待。文字改革工作并非仅仅只是将西里尔字母替换为拉丁字母。需要对哈萨克文字进行改革和现代化。我们期待着学者们提出的权威性意见。我再重复一遍，我们需要真正地对哈萨克文字进行改革。在这种关乎民族命运的问题上，不能冒进，更不能轻率对待。"②

---

① Указ Президента Республики Казахстан от 26. 10. 2017 г. № 569 "О переводе алфавита казахского языка с кириллицы на латинскую графику"//Казахстанская правда. 27 октября 2017.

② Выступление Главы государства К. Токаева на втором заседании Национального совета общественного доверия, 20 декабря 2019 года, https://www.akorda.kz/ru/speeches/internal_political_affairs/in_speeches_and_addresses/vystuplenie-glavy-gosudarstva-k-tokaeva-na-vtorom-zasedanii-nacionalnogo-soveta-obshchestvennogo-doveriya.

关于"三语"教育问题。"三语政策",即哈萨克斯坦公民应该通晓哈、俄、英三种语言。哈语是国语,俄语是族际交流语言(相当于通用语言或第二官方语言),英语是"确保哈能够融入全球经济和科技的语言"。该政策构想最早由时任总统纳扎尔巴耶夫在 2004 年国情咨文中提出,此后逐步成熟,哈政府也不断出台政策,最终于 2013 年起开始在小学一年级引入英语,实施"三语"教学。哈官方认为,维护民族语言和文化不能两手空空,不能不了解正在发展变化的世界的信息,鉴于英语是世界通用语言和获取先进科学技术的重要手段,一个国家如果要尽快实现现代化以及要参与世界经济竞争,就必须培养大批能够直接使用英语获取最先进科学技术的人才,因此,同时懂得哈萨克语、俄语和英语三种语言,是哈萨克斯坦公民融入全球生活的通行证。

由于"三语"教育政策加重了孩子的学习压力,实际效果没有当初设想得好,而且随着俄语和英语的教学和普及,使得公民在日常交流时更多应用这两种语言(更方便),反而在一定程度上弱化了国语(哈萨克语)应用。针对民众的反映,哈教育和科学部长阿斯哈特 2022 年 6 月 7 日在接受传媒采访时表示:"学生能同时掌握哈、俄、英三种语言是哈萨克斯坦的教育优势。不过,世界上确实很少有从小学一年级起就同时传授三种语言的国家。哈争取这样落实'三语政策':在使用哈萨克语的学校里,孩子在小学一年级只学习一种语言——哈萨克语,也就是说,让他们首先学会用自己的母语读写。在小学二年级,课程中会增加俄语。在小学三年级,再增加英语。在俄语学校,孩子们从小学一年级起就要学习俄语和哈萨克语(列入教学大纲),英语从小学三年级开始教授。"[1]

---

[1] Министр образования прокомментировал отмену трехъязычия для первоклассников в Казахстане, 2022.06.07, https: //ru. sputnik. kz/20220607/ministr - obrazovaniya - prokommentiroval - otmenu - trekhyazychiya - dlya - pervoklassnikov - v - kazakhstane - 25371918. html.

第五节　新哈萨克斯坦的对外政策

哈萨克斯坦认为，随着国内国际形势变化，国家安全的传统挑战正在发生转变，新的不对称和混合威胁正在出现，但无论经济、技术、社会现实和外部条件如何变化，国家利益都不可动摇，即哈萨克斯坦的主权和领土完整、统一和政治稳定、公民的福祉和社会正义。国家安全战略就是保护这些价值观。[①] 2020年3月，哈发布《2020—2030年哈萨克斯坦对外政策构想》，结合变化了的国际国内形势，决定实行多元平衡的实用外交政策，以巩固伙伴关系和预防性外交为重点，确定区域国别政策方针是与俄罗斯发展联盟关系，与中国发展永久全面战略伙伴关系，与美国发展扩大的战略伙伴关系，与周边中亚国家发展战略协作关系，与欧盟及其成员国发展扩大的伙伴关系。2021年6月，托卡耶夫总统批准《2021—2025年国家安全战略》（以下简称《战略》），对"国家利益"概念做出新界定，对各领域面临的新风险挑战和机遇做出详细分析，并使用新的战略管理方法（指标体系），制定具体应对措施。《战略》提出生物安全、公共卫生安全、生态安全、金融安全、粮食安全、能源安全、过境通道安全、信息安全、传统安全（混合战争）等安全内容，聚焦于应对新冠疫情和生物安全威胁、技术革命所产生的变化、外部市场危机以及全球和地区紧张局势升级四大挑战，其中公民、社会和国家的安全被放在首位，重点是确保人力资源潜力，保护和增加国家的智力潜力。经济安全重视调整增长方式、应对外部风险挑战、提高技术含量、增加就业

---

① В Казахстане разрабатывается новая Стратегия национальной безопасности до 2025 года, 2021.02.03, http://casp-geo.ru/v-kazahstane-razrabatyvaetsya-novaya-strategiya-natsionalnoj-bezopasnosti-na-2021-2025-gody/.

和收入、保障粮食安全和金融稳定、保障过境通道畅通等。信息安全的重点是提升信息空间安全性，尤其是保障个人信、信息基础设施和战略设施的安全。

2022年"1月事件"后，哈萨克斯坦开启国内改革，但当年2月份便发生俄乌冲突，给哈萨克斯坦的外部发展环境带来很多新变数，外交工作不得不适应新形势发展需求。新哈萨克斯坦向何处去的问题由此备受世人关注。为给国内发展创造良好的外部环境，哈领导人借用各种场合，详细阐述自己对国际时局的看法与判断，强调继续遵循和平、开放、全方位、平衡、务实、尊重联合国宪章这一外交路线，努力发展友好合作。也就是说，新哈萨克斯坦主要致力于国内政治经济体制重构，但对外政策保持连续性。2020年3月发布的《哈萨克斯坦2020—2030年对外政策构想》仍是指导哈外交工作的基础文件。

2022年9月27日，托卡耶夫总统在会见奇姆肯特市居民时，针对民众提出的哈萨克斯坦对乌克兰局势的立场问题时表示：在大国对抗制裁期间，必须维护人民的和谐。哈萨克斯坦需要在外交政策中采取中立立场，以便维护与邻国和国内的和平。"哈萨克斯坦的外交政策旨在为进一步巩固国家地位提供有利条件。哈萨克斯坦将继续保持平衡、多元和建设性外交政策。我们认为，加强国际关系中的正义、不干涉内政、尊重国家主权和领土完整的原则至关重要。只有我们能够维持国家和平，我们才能成长和发展。我们不需要外部敌人，也不需要内部纷争。因此，我们在外交政策中保持中立立场。"[①]

2022年10月7日，托卡耶夫在支持他作为哈萨克斯坦总统大选候选人的论坛上发表讲话时解释了哈国外交政策："我坚信，哈萨克斯坦应实施平衡、多元、建设性的外交政策，以确保地区和全球安全。哈萨克斯坦将继续倡导在国际关系中坚持平等和民主原则、国际

[①] Токаев подтвердил нейтралитет Казахстана во внешней политике, 27 сентября, https://kz.kursiv.media/2022-09-27/tokaev-podtverdil-nejtralitet-kazahstana-vo-vneshnej-politike/.

法和《联合国宪章》。哈萨克斯坦将积极努力加强联合国作为一个普遍性和不可替代性的国际组织的权威。我们将与独联体、上海合作组织、欧洲安全与合作组织、突厥语国家组织等重要国际组织合作,加强亚洲相互协作与信任措施会议的潜力。这种外交政策符合哈萨克斯坦的战略利益。"①

2022年11月4日,托卡耶夫总统在接见驻外使节代表时表示:在前所未有的动荡条件下,哈萨克斯坦将继续奉行平衡、多元和建设性的外交政策,坚定地秉持持久和平、合作和信任的价值观,主张基于《联合国宪章》和国际法的国家平等、主权和领土完整原则。"今天,哈萨克斯坦表现出开放态度,愿意与所有感兴趣的国家和组织进行互利合作。"

2022年11月26日,托卡耶夫在他的总统就职仪式上表示:"哈萨克斯坦将继续执行以保障国家利益为核心的平衡的、建设性的外交政策。与俄罗斯、中国、中亚伙伴国家,以及一体化联盟内的伙伴之间的互利合作和战略伙伴关系问题,将是我们优先关注的重点。我们将竭尽全力发展与美国、欧盟、亚洲、中东和高加索地区国家以及所有有关国家的多方面合作。哈萨克斯坦始终将是坚定遵守现行国际法和《联合国宪章》的国家。"②

一 对国际形势的判断

从领导人在各种场合的发言以及答记者问中可知,哈萨克斯坦对2022年以来的国际形势的看法总体上不乐观,认为风险增加,需要国际社会继续凝聚共识,加强合作,遵守《联合国宪章》精神和国际法基本原则。

---

① «Сбалансированная, разнонаправленная, конструктивная» -Токаев о внешней политике Казахстана, 2022.10.07, https://e-cis.info/news/566/103826/.

② 《哈萨克斯坦总统托卡耶夫在宣誓就职典礼上的讲话》,2022.11.26, https://www.inform.kz/cn/article_a40065。

第一，当今时代的一个显著特征是互信缺失、冲突和制裁加剧。在 2022 年 9 月 16 日上海合作组织元首峰会上，托卡耶夫总统指出："当今世界已进入形势严重恶化的危险时期，出现了制裁施压方式，以及对抗性解决全球重大问题的方式。在这种情况下，以互信、平等、公开对话为基础，强化与生俱来独特性的上海精神显得极为重要。"[1] 2022 年 9 月 20 日，托卡耶夫在参加联合国一般性辩论大会上发言时指出："我们在人类的关键时刻聚集在联合国总部。世界似乎已进入一个地缘政治对抗日益加剧的新时期。面对混乱和不可预测，建立在秩序和责任基础上的长期国际体系正在失去立足之地。全球制衡体系未能维持和平与稳定。安全架构即将化为乌有。世界大国之间的相互不信任正在以惊人的速度增长。世界成为新一轮军事冲突的牺牲品。两代人以来，我们第一次面临使用核武器的危险，而不是作为最后的手段。新的分割线制造了人为的障碍和经济孤立。经济和政治制裁已成为新常态，破坏了确保粮食安全的供应链，从而危及数百万人，尤其是脆弱社区。这些困难只会加剧当前通货膨胀上升、失业和对全球经济衰退的恐惧等挑战，尤其是对发展中国家而言。这些冲击最终严重阻碍了我们都同意采取的应对气候变化和支持可持续发展的紧急行动。"[2]

第二，尊重联合国权威，联合国宪章精神是指导国际合作的最基本原则。托卡耶夫 2022 年 9 月 20 日在参加联合国一般性辩论大会上发言时指出："77 年前，联合国的创始国将国际法的原则和规范引入了本组织的宪章，在这段时间里，它成功地规范了我们的活动。目前，没有什么比回归作为这个全球性组织基础的基本原则更重要的

---

[1] Выступление Президента Казахстана Касым-Жомарта Токаева на заседании Совета глав государств-членов ШОС в расширенном формате, 2022.09.16, https://www.akorda.kz/ru/vystuplenie-prezidenta-kazahstana-kasym-zhomarta-tokaeva-na-zasedanii-soveta-glav-gosudarstv-chlenov-shos-v-rasshirennom-formate-168294.

[2] Текст выступления Токаева на Общих дебатах Генассамблеи ООН опубликовала Акорда, 20 сентября 2022, https://www.nur.kz/politics/universe/1988787-tekst-vystupleniya-tokaeva-na-obschih-debatah-genassamblei-oon-opublikovala-akor.

了。特别是，我们需要重新思考三个基本原则之间的关系：国家主权平等原则、国家领土完整原则和国家和平共处原则。这三个原则相互依存，遵守其中一项意味着遵守其他两项，违反其中一项就意味着违反另外两项。随着全球常规和核裁军制度的削弱，这三项原则受到威胁。相反，遵守所有三个原则可让它们得到加强。这三项原则共同构成了在次区域、区域和全球等各个层面加强国家间合作的基础。这是全球福祉的红利。在联合国框架内得到加强的价值体系，仍然是我们星球数十亿人的希望灯塔。我们必须将联合国置于最前沿，坚决捍卫这些价值观，以及作为这些价值观基础的合作精神。换句话说，我们不能耸耸肩接受两极分化和分裂。我们不能承受可能破坏我们共同遗产和共同利益的优柔寡断或狭隘利益，此事事关重大。在这方面，哈萨克斯坦愿意本着包容、多边主义和善意的精神，与所有相关行为体合作。我坚信，只有各国共同努力，我们才能战胜时代挑战。"①

第三，合作与和平解决争端是应对风险和解决问题的唯一出路。在 2022 年 7 月 21 日吉尔吉斯斯坦乔尔蓬阿塔举行的第四届中亚元首磋商会议上，托卡耶夫指出："磋商会议已成为国际政治的重要因素，使国家元首能够以信任的方式确定该地区未来的发展方向。在地缘政治动荡和世界经济不稳定的情况下，本次峰会展现了中亚各国的团结，体现了共同应对新挑战和威胁的意愿。……中亚地区应该成为可持续社会经济发展、全面合作、和平与繁荣的广阔地区。各国领导人必须尽最大努力消除中亚地区持续存在的不稳定因素。在国家间边界上的每一声枪响，不仅在有关国家，而且在整个地区都会引起沉重的回响。相反，正是在目前的危机条件下，我们各国必须树立文明且负责任地解决矛盾的榜样。我们从自己的经验中知道，边界的法律化过程非常复杂，在整个地区都会产生强烈反响，只能本着真正睦邻和

---

① Выступление Президента К. К. Токаева на Общих дебатах в рамках 77 – й сессии Генеральной Ассамблеи ООН, 20 сентября 2022 г., https：//www. akorda. kz/ru/vystuplenie – prezidenta – kk – tokaeva – na – obshchih – debatah – v – ramkah – 77 – y – sessii – generalnoy – assamblei – oon – 208226.

尊重国际法基本原则的精神和平解决争端，没有其他选择。"①

第四，善用多边机制。尤其是与中亚国家一道，同世界大国开展对话合作的"C5+1"（中亚五国+）模式。该合作机制始于2004年的"日本+中亚"对话，接着是2007年建立的"韩国—中亚"合作论坛。美国与中亚五国2004年签署贸易投资框架协议，规定每年讨论双方的投资、贸易和区域合作问题，但美国与中亚五国正式的"C5+1"合作机制是2015年11月时任美国国务卿克里与中亚五国外长在乌兹别克斯坦撒马尔罕举行会议时建立。对中亚国家来说，"C5+1"模式是一种与世界大国平等对话的方式，甚至可在一些问题的协商谈判中依靠集体力量而处于有利地位，促进形成共同立场。

2022年，"C5+1"合作机制异常活跃。中亚国家不仅与中、美、俄、印、土耳其、日、韩等已经建立了"C5+1"合作机制的伙伴继续夯实和拓展合作领域，强化合作共识，还不断升级和开发新的合作伙伴。2022年1月27日举行了首届"印度+中亚五国"元首峰会，6月8日与中国宣布由原先的"中国+中亚五国"外长会晤升级为元首会晤，9月7日举行首届"海湾阿拉伯国家合作委员会+中亚五国"部长级战略对话会，10月14日首届"俄罗斯+中亚五国"元首峰会在阿斯塔纳举行（2018年建立了"俄罗斯+中亚五国"外长会晤机制），10月27日首届"欧盟+中亚五国"峰会在阿斯塔纳举行，11月11日在乌兹别克斯坦撒马尔罕举行第18次"欧盟+中亚五国"外长会议。换句话说，"C5+1"机制在2022年异常活跃，一方面说明国际社会对中亚地区的兴趣显著增加，另一方面也表示大国博弈升温，会在一定程度上加大中亚国家的选择难度。

---

① О чем говорил Токаев на Консультативной встрече глав государств Центральной Азии，2022.07.21，https：//www.nur.kz/politics/universe/1979560 - o - chem - govoril - tokaev - na - konsultativnoy - vstreche - glav - gosudarstv - tsentralnoy - azii/.

二 国别和地区政策

托卡耶夫认为,"外交仍然是管理国际关系、降低风险和加强安全与福祉的唯一工具","作为中亚的主要经济体,哈萨克斯坦将继续为区域和全球发展做出贡献,并在各大洲、各文化和各国家之间建立桥梁。在这方面,哈萨克斯坦将继续与包括东盟、中东、非洲和美洲在内的国际社会所有成员建立积极的伙伴关系,还将继续与联合国、亚信会议(亚洲相互协作与信任措施会议)、独联体、上海合作组织、突厥语国家组织等国际和区域组织合作"[1]。

哈外长穆赫塔尔2022年7月1日在国际会议"哈萨克斯坦在现代国际关系体系中的地位"上,详细阐述了哈对外政策方向[2]。

第一,与主要战略伙伴俄罗斯的建设性合作正在蓬勃发展。"作为欧亚一体化的积极支持者,我国成为独联体、集体安全条约组织和欧亚经济联盟等一系列区域组织的创始人。哈萨克斯坦2022年担任独联体主席国的重点,是通过加强经济合作作为国家可持续发展的主要因素来进一步提高该组织的效率。西方对俄制裁意味着必须转变欧亚经济联盟的活动方式,以创造真正自由的市场,这是欧亚经济联盟经济增长的关键条件。参加集体安全条约组织是哈萨克斯坦确保国家和区域安全的最重要方向,因为该组织的主要任务是加强和平与稳定,保护成员国的领土完整和主权。"

第二,中国仍然是哈萨克斯坦在亚洲的关键伙伴。"我们看到了双方贸易合作的巨大潜力,并希望增加哈萨克斯坦产品出口。我们预计,欧亚一体化与'一带一路'倡议的对接将有助于加强基础设施互联互通,确保可持续增长。"

---

[1] Касым-Жомарт Токаев провел встречу с главами иностранных дипломатических миссий, 4 ноября 2022 года, https://akorda.kz/ru/kasym-zhomart-tokaev-provel-vstrechu-s-glavami-inostrannyh-diplomaticheskih-missiy-410270.

[2] Основные приоритеты внешней политики Казахстана обозначил глава МИД РК, 1 Июля 2022, https://www.inform.kz/ru/osnovnye-prioritety-vneshney-politiki-kazahstana-oboznachil-glava-mid-rk_a3950316.

第三，与中亚地区深化合作是哈外交政策的最重要优先事项。"哈萨克斯坦正在采取一系列举措，以释放该地区的经济、运输、物流和投资潜力。哈努力加强中亚的国际主人翁精神，使其能够就区域和全球议程的相关方面发出团结一致的声音。"

第四，与突厥语国家组织及其成员加强合作。突厥语国家理事会已升级为突厥语国家组织，并通过《突厥世界 2040 愿景》，图尔克斯坦于 2021 年被宣布为"突厥世界的精神首都"，可以被视为对哈萨克斯坦在突厥世界中的作用的承认。

第五，与美国建立新关系。在"扩大的战略伙伴关系"委员会框架内定期举行高级别会议，是在政治与安全、贸易与投资等领域互利合作的基础。

第六，与欧盟保持友好合作。"在欧洲方向上，哈萨克斯坦与欧盟的合作基于最大限度地利用现有的《扩大伙伴关系与合作协定》所创造的优势，加强贸易和投资合作。尽管英国退出欧盟，但哈萨克斯坦与英国之间的新战略伙伴关系协议已经完成。"

第七，与东亚国家的关系正在稳步发展。"本着扩大战略伙伴关系的精神，继续与日本进行政治对话。与东南亚国家的合作潜力日益增长。"

第八，大中东地区仍然是关注的焦点。"因为这可能导致政治格局的重大变化。阿富汗的事态发展促使人们重新审视南亚的地缘政治重要性，巴基斯坦和印度可以通过开发新的运输和物流路线，为中亚国家提供进入其海港的机会。"

第九，尊重联合国权威。"在多边外交领域，哈认为联合国仍然是为全人类的利益和迫切需要服务的不可替代的普遍组织。"

第十，为国际社会稳定阿富汗局势的努力做出力所能及的贡献。"定期向阿富汗人民提供人道主义援助，并在哈萨克斯坦教育机构实施国家和国际方案，以培训阿富汗青年。在阿拉木图开设联合国阿富汗援助团临时远程办事处。"

三 与俄关系始终是重中之重

从哈总统和外长表述看，2022 年"1 月事件"后的对外政策方向与之前并没有区别，依然延续过去的政策重点。俄罗斯始终是重中之重。尽管随着独立时间越来越长，哈萨克斯坦民族意识和国家意识增强，心理上存在一定的去俄化情绪，但现实需求让哈萨克斯坦对俄罗斯依赖越来越大，需要借助俄罗斯主导的集体安全条约组织和欧亚经济联盟来维护自身的安全稳定与发展。哈总统托卡耶夫在 2024 年 1 月 3 日接受《主权的哈萨克斯坦》报采访时表示："俄罗斯是哈萨克斯坦的主要战略伙伴和盟友，是哈萨克斯坦的主要贸易和经济伙伴之一。俄罗斯联邦在世界政治中发挥着至关重要的作用，拥有联合国安理会常任理事国的地位。俄罗斯总统弗拉基米尔·普京是一位用自己的言行塑造全球议程的领导人。全世界都要考虑俄罗斯的意见，没有这个国家的参与，任何一项世界问题都无法解决，这是事实。"[①]

不过，自 2019 年托卡耶夫就任哈总统后，哈俄之间也曾因"领土问题"产生过不愉快。2020 年新冠疫情暴发，以及泽连斯基当选乌克兰新总统后，俄乌关系开始进一步恶化，俄国内部分政客不断发表关于"俄罗斯的礼物"等言论，在哈国内引发巨大反响和担忧。2020 年 6 月 21 日，俄总统普京在接受俄罗斯电视 1 台"俄罗斯·克里姆林宫·普京"节目采访时表示："苏联的一些加盟共和国在加入苏联后获得了大量的俄罗斯土地，这些土地在历史上属于俄罗斯。但当这些加盟共和国脱离苏联时，他们并没有拒绝接受俄罗斯的这份礼物。其实这些共和国应该怎么来的就怎么离开，离开的时候不要带走这些俄罗斯的礼物。"[②] 结合当时普京讲话的前后文可知，普京此话

[①] Касым-Жомарт Токаев: Как прогрессивная нация мы должны смотреть только вперед! 3 января 2024 года, https://www.akorda.kz/ru/prezident-respubliki-kazakhstan-kasym-zhomart-tokaev-kak-progressivnaya-naciya-my-dolzhny-smotret-tolko-vpered-302415.

[②] Путин напомнил, как республики «тащили» из СССР «подарки» русского народа», 2020.06.21, https://vz.ru/news/2020/6/21/1046250.html.

的本意是抱怨一些原苏联的加盟共和国忘记友谊，不但忘记俄罗斯的好，甚至还对俄罗斯充满敌意，这样做是不对的。但普京的话被一些人断章取义，歪曲利用。2020年12月10日，俄国家杜马教育和科学委员会主席尼康诺夫于在俄罗斯第一频道一档节目中表示："历史上（在俄罗斯人到来之前）根本不存在哈萨克斯坦。现在的哈萨克斯坦北部以前根本没有人居住。今天哈萨克斯坦的领土是沙俄和苏联给予的一份厚礼。"①"俄罗斯的礼物"言论深深伤害了哈萨克斯坦民众的心，遭哈各界强烈批评，反俄情绪一度增长。2021年6月，哈西部出现一个民族主义组织"语言纠察队"，要求国民说哈语，并命令说俄语的人道歉。该组织的部分视频在网络播出后，一度引发哈俄关系紧张，迫使哈总统托卡耶夫不断强调哈反对一切形式的民族傲慢和民族歧视，所有民族一律平等，俄语是哈族际交流语言。

2022年6月17日托卡耶夫在出席圣彼得堡国际经济论坛期间，当着俄罗斯总统普京的面，表示不承认俄罗斯支持的卢甘斯克和顿涅茨克两个"人民共和国"独立，认为"如果放任这种民族自决权，那么地球上将不是193个国家，而是出现500—600个国家。这将导致混乱。"②。托卡耶夫总统此言一出，引发俄罗斯国内舆论热议，甚至有人提出"哈萨克斯坦就是第二个乌克兰"，"解决完乌克兰问题后就要解决哈萨克斯坦问题"。惹得俄罗斯高层紧急出来"灭火"，称哈萨克斯坦是俄罗斯的战略盟友，两国关系非常友好。总体上，哈萨克斯坦对俄罗斯在乌克兰的特别军事行动的中立立场，让哈在处理对俄关系时既有原则性又有灵活性。

四 对华关系始终友好

哈萨克斯坦是中国的永久全面战略伙伴，是"一带一路"的首

---

① Российский депутат: Территория Казахстана-это подарок России, 2020.12.11, https://orda.kz/rossijskij-deputat-territorija-kazahstana-jeto-podarok-rossii/.

② «Откровенный ответ». Токаев объяснил, почему Казахстан не признает ДНР и ЛНР, 17 июня 2022, https://www.gazeta.ru/politics/2022/06/17/15004898.shtml.

倡地，是山水相连、命运与共的好邻居、好朋友、好伙伴。自1992年1月建交以来，两国始终友好，相互尊重，相互支持，关系不断迈上新台阶，树立了独一无二的双边关系定位，打造了相互尊重、睦邻友好、同舟共济、互利共赢的新型国家关系榜样。中哈关系内涵已经超出双边范畴，对地区乃至世界和平稳定具有重要意义。中哈共建"一带一路"先行先试，实施了一系列具有战略意义的合作项目，不仅为两国人民带来了实实在在的福祉，也为国际社会树立了典范。这个2013年在哈倡议的"星星之火"现已在全世界形成"燎原之势"①。哈总统托卡耶夫在2024年1月3日接受《主权的哈萨克斯坦》报采访时表示："对于中国，我们不应该有来自外部的恐惧，也不应该基于过去的想法。中国现在是一个高度发达的国家，包括在高科技领域。全世界都承认这一点。因此，哈萨克斯坦必须与我们的东部邻国合作，有效利用这种友好关系和相互信任的所有优势。"②

从中哈领导人一系列活动时的表态中可知，两国均认为交往合作进入一个历史新机遇期，中国发展进入了新时代，哈萨克斯坦也在努力建设新哈萨克斯坦。未来的任务和目标就是"以两国建交30周年为新起点，共同开创中哈关系发展一个新的黄金三十年，推动中哈永久全面战略伙伴关系进一步发展，携手构建世代友好、高度互信、休戚与共的中哈命运共同体，造福两国和两国人民"。而落实实现此战略目标的方法和途径就是"进一步加强发展战略对接，推进各领域合作，深化睦邻友好关系"，具体做法如下。③

第一，坚定发展和巩固两国友好关系。习近平主席表示：中哈友

---

① 国家主席习近平在《哈萨克斯坦真理报》发表题为《推动中哈关系在继往开来中实现更大发展》的署名文章，2022年9月13日，http://lt.china-office.gov.cn/xwdt/202209/t20220913_10765654.htm。

② Касым-Жомарт Токаев: Как прогрессивная нация мы должны смотреть только вперед! 3 января 2024 года，https://www.akorda.kz/ru/prezident-respubliki-kazakhstan-kasym-zhomart-tokaev-kak-progressivnaya-naciya-my-dolzhny-smotret-tolko-vpered-302415。

③ 《习近平会见哈萨克斯坦总统托卡耶》，《人民日报》2022年2月6日第1版；《习近平对哈萨克斯坦共和国进行国事访问》，《人民日报》2022年9月15日第1版；《习近平致电祝贺托卡耶夫当选哈萨克斯坦总统》，《人民日报》2022年11月21日第1版。

好牢不可破，有助于世界积极力量和进步力量发展，也有利于构建人类命运共同体。中方高度重视对哈关系，坚定不移捍卫中哈友好，坚定不移深化合作，坚定不移相互支持，愿同哈方深化政治互信，拓展全方位合作，共谋发展振兴。中方愿同哈方做彼此发展振兴的坚强后盾，助力彼此实现发展繁荣。托卡耶夫表示，哈中双方坚定致力于开辟两国关系新的黄金三十年，这在当前动荡复杂的国际形势下具有特殊重要意义。

第二，加强政治互信。习近平主席表示：中方坚定支持哈萨克斯坦维护独立、主权和领土完整。中方相信哈方有能力维护国家安全、社会稳定，坚定支持哈方为维护国家稳定和发展采取的改革举措。中国永远是哈方值得信赖和倚重的可靠朋友和坚定伙伴，愿为哈萨克斯坦维护稳定、发展经济、改善民生提供帮助。希望加强两国顶层设计，保持高层密切交往，加强政府、立法机构、政党、地方各层级交流合作，发挥总理定期会晤机制、中哈合作委员会及各分委会作用。托卡耶夫表示，哈方将一如既往做中国的朋友、兄弟和可靠战略伙伴，坚定奉行一个中国政策，在涉及中方核心利益问题上给予中方坚定支持，不会受外部势力挑拨离间的影响和干扰。

第三，完善战略对接，发展经济合作。习近平主席强调，中哈双方要继续以高质量共建"一带一路"为主线，共同打造"绿色丝绸之路""健康丝绸之路""数字丝绸之路"，扩大经贸、产能、互联互通、抗疫等领域合作，以产能、贸易、农业、基础设施建设为优先方向，不断提升互联互通水平，提升投资和贸易便利化水平，充分释放口岸和跨境运输潜力，同时拓展大数据、人工智能、数字金融、跨境电商、现代医疗、绿色能源、绿色基建等创新合作，培育新增长点，打造一批高标准、可持续、惠民生的优质项目，推动双方合作再上一层楼。托卡耶夫表示，哈方将继续积极支持和参与共建"一带一路"合作，支持习近平主席提出的全球发展倡议以及在中亚五国同中国建交30周年视频峰会上提出的重要倡议，愿同中方一道积极推进落实。

第四，深化安全合作，维护两国和地区安全稳定。深化执法、安全、防务合作，以全球安全倡议为指引，践行共同、综合、合作、可持续的安全观，妥善应对各类新问题新挑战，反对外部势力干涉中亚国家事务，共同维护本地区长治久安。

第五，增进民心相通。促进中哈两国人民友好往来和相互理解，扩大旅游、留学、文体活动，增进人文交流。

第六，加强多边领域合作与国际协作。及时就国际治理、粮食安全、能源安全、产业链供应链稳定、地区热点等问题交换意见，反对单边主义和阵营对抗，在上合组织、亚信会议、"中国+中亚五国"等多边机制框架内加强合作，践行真正的多边主义，共同推动国际秩序朝着更加公正合理的方向发展，为构建更加公正合理的全球治理体系做出"中哈贡献"。

第三章 政策沟通

"政策沟通"概念脱胎于"宏观政策沟通"。"二战"结束后，随着资本主义世界经济的相互依赖性凸显，西方发达经济体搭建了一系列政策沟通机制和平台，协调各自的财政、货币、汇率和贸易政策，促成集体行动，以便降低国内政策外部性，提高全球经济稳定性和保障公共产品供给。冷战后，随着全球化进一步发展、全球性金融危机的爆发、区域经济格局变化和权力转移，共同催生了新的政策沟通机制和平台。宏观政策沟通的演化同时也是国际经济治理变迁的缩影。中国在参与国际宏观政策沟通的过程中，与主要大国和周边国家建立了多个双边和区域性多边政策沟通机制。在这一系列政策实践中，中国逐步创新和丰富了传统政策沟通的范畴和内涵。

由西方界定和主导的传统宏观政策沟通着眼于维护资本主义体系的经济和金融稳定，防止经济失衡。这决定了传统宏观政策沟通实质上是一种"稳定导向"的政策沟通，其沟通的范围、深度、力度必然是狭隘的、有限的、保守的。而"一带一路"倡议框架下的政策沟通是一种"发展导向"的政策沟通。中国和广大新兴经济体及发展中国家着眼于发展，希望在百年变局中共商发展战略，共同解决制约发展的短板和"瓶颈"，共享发展成果，形成发展共同体和命运共同体。因此，必须将政策沟通引向深水区，通过广泛的、深度的、务实的战略对接、规划对接、机制对接、市场对接、项目对接来保障合作。

"一带一路"是中国在百年变局下解决全球治理赤字、实现包容发展的治本方案。中国与"一带一路"建国的政策沟通是各领域和各级别政策部门间的全层级对接，是国家发展战略和规划的全维度对接，是具体合作项目的全流程对接，有效提升了沟通效率，保障了"一带一路"高质量建设。

中哈"一带一路"政策沟通启动最早，成果丰硕，包含了元首、中央政府和各领域主责部委、地方政府、企业和社会组织等层次，在完善程度上超过其他几乎所有"一带一路"共建国，是政策沟通的典范与样板。

第一节　政策沟通的概念探源与辨析

"一带一路"倡议框架下的政策沟通是一个重要的政策类概念。研究政策类概念，一要厘清概念所根植的历史背景，二要紧密联系该政策概念的发起国、主导国和主责部门的政策实践，研究概念在相关政策实践和话语中的变迁。只有明确了政策概念的时空背景和实践演化的线索，才能全面和准确地把握该概念的理论和历史坐标，分析该概念的内涵、创制考虑和创新价值，明确该概念适用的分析对象、具体情境和边界。[①]

根据相关权威文件的表述，"一带一路"倡议框架下的"政策沟通"是"加强政府间合作，积极构建多层次政府间宏观政策沟通交流机制，深化利益融合，促进政治互信，达成合作新共识"。"政策沟通"的具体手段包括"沿线各国可以就经济发展战略和对策进行充分交流对接，共同制定推进区域合作的规划和措施，协商解决合作

[①] 当前，国内学界对"一带一路"政策沟通的专门研究相对有限，对这一概念的分析也较为薄弱。一些既有研究望文生义，仅仅从字面意思出发，用行政学和公共管理学的概念来解释"政策"，用传播学、心理学和人类学概念解释"沟通"，这脱离了这一概念所根植的历史背景与实践脉络，无法把握其整体特征和演变规律。

中的问题，共同为务实合作及大型项目实施提供政策支持。"①

2018年3月中央全面深化改革委员会第一次会议指出："要把积极参与国际宏观经济政策协调作为以开放促发展促改革的重要抓手……以'一带一路'建设为统领，以多边机制和平台为重点……逐步形成参与国际宏观经济政策协调新机制。"② 2021年11月《中共中央、国务院关于构建开放型经济新体制的若干意见》提出："加强与'一带一路'沿线国家的宏观政策沟通与协调。"③ 2022年11月党的二十大报告强调："促进国际宏观经济政策协调，共同营造有利于发展的国际环境，共同培育全球发展新动能。"④ 国家发展和改革委员会习近平经济思想研究中心学习贯彻党的二十大精神文章指出，要"着力发挥'一带一路'共建机制的牵引作用，加强与国际组织、不同国家之间的宏观经济政策沟通协调，共同应对全球经济发展面临的新问题新挑战"⑤。

从"一带一路"倡议框架下的"政策沟通"概念以及与其密切相关的宏观政策沟通概念的初始内涵、历史背景、中国参与国际宏观政策沟通的实践历程中可知，"一带一路"倡议框架下的政策沟通，在逻辑上与宏观政策沟通或宏观经济政策协调高度相关，在语义上包含宏观政策沟通或宏观经济政策协调。

中国在参与国际宏观政策沟通的过程中，与主要大国和周边国家建立了多个双边和区域性多边政策沟通机制。在这一系列政策实践中，中国逐步拓展和丰富了宏观政策沟通的范畴和内涵，加入了战略对接和产能合作等重要内容。沿着这条历史发展线索可以发

---

① 国家发改委、外交部、商务部：《推动共建丝绸之路经济带和21世纪海上丝绸之路的愿景与行动》，http://2017.beltandroadforum.org/n100/2017/0407/c27-22.html。
② 《加强和改善党对全面深化改革统筹领导，紧密结合深化机构改革推动改革工作》，《人民日报》2018年3月29日第1版。
③ 《中共中央、国务院关于构建开放型经济新体制的若干意见》，人民出版社2015年版，第18页。
④ 《习近平重要讲话单行本（2022年合订本）》，人民出版社2023年版，第134页。
⑤ 习近平经济思想研究中心：《深入学习贯彻党的二十大精神 不断开创中国国际经济合作新局面》，国家发改委网站（https://www.ndrc.gov.cn/xwdt/ztzl/srxxgcxjpjjsx/yjcg/202302/t20230203_1348319.html）。

现,"一带一路"倡议中的政策沟通,是中国参与国际经济治理、推动宏观政策沟通机制和平台创新的一系列外交实践发展的逻辑结果。

一 宏观政策沟通的含义及历史背景

宏观政策沟通或宏观经济政策协调是全球经济治理和国际金融领域的重要概念。曾担任艾森豪威尔政府经济顾问和美联储理事会成员的美国经济学家沃利奇(Henry C. Wallich)认为,政策协调就是在承认国际经济的相互依赖性质的基础上,对国内政策做出重大调整。[①] 自由制度主义国际关系理论的代表学者基欧汉(Robert Keohane)也将"政策协调"界定为"行为者将它们的行为调整到适应其他行为者现行的或可预料的偏好上"[②]。曾任国际清算银行总经理的英国经济学家布洛克特(Andrew Crockett)认为,一方面,相互依赖关系的增强,使经济体的宏观政策产生更大外部性,对其他经济体带来更明显的影响。各经济体必须进行沟通,调整国内政策,降低外部性的负面影响。另一方面,只有各经济体在沟通协调基础上形成集体决策,才能保障国际金融稳定这一公共产品的稳定供给[③]。

由此可知,传统宏观政策沟通有两重功能:一是通过沟通来调整国内宏观经济政策,降低负外部性;二是通过沟通来形成集体行动,生成国际公共产品。而传统宏观政策沟通的范围主要包括国内生产总值增长率、通货膨胀率、利率、失业率、财政赤字率、经常账户和贸易平衡、货币增长率、储备和汇率等宏观经济预期指标,其中核心是货币、财政和贸易三大政策。

[①] Henry C. Wallich, "Institutional cooperation in the world economy", in Jacob A. Frenkel and Michael L. Mussa, eds., *The world economic system: Performance and prospects*, Dover: Auburn House, 1984, p. 86.

[②] [美]罗伯特·基欧汉:《霸权之后:世界政治经济中的合作与纷争》,苏长和等译,上海人民出版社2012年版,第63页。

[③] Andrew Crockett, "The Role of International Institutions in Surveillance and Policy Coordination", in Paul R Masson, et al., eds. *Macroeconomic Policies in an Interdependent World*, International Monetary Fund, 1989, pp. 343–380.

在宏观政策沟通的概念背后，有一系列长期的国际经济治理实践和学术传统。二战后，宏观政策沟通的发展和演化的驱动因素主要有两个。一是功能性因素，即为了解决当时决策者关注的重大隐患，纠正造成危机的首要问题。回顾历史可以发现，宏观政策协调的每一次演化都是发生在重大危机之后。二是结构性因素，宏观政策协调的演化受到国际经济体系中权力分布变化的影响。二战后，国际经济治理经历了从美国的霸权稳定，到主要发达国家的俱乐部协商，到更具代表性和包容性的集团治理的过程。

宏观政策沟通始于二战后建立的布雷顿森林体系。该体系是历史上第一个通过多边沟通协调建立的资本主义全球经济治理架构，其主要抓手是关税与贸易总协定、国际货币基金组织和世界银行这三大全球性经贸和金融组织，其设立初衷是为了避免恶性竞争、以邻为壑的货币和贸易政策，其运转高度依赖美国霸权。1973年西方经济危机期间，布雷顿森林体系崩溃，尽管三大全球性经贸和金融组织得以保留，但货币体系重归无政府状态。

1975—1976年，美国、英国、法国、德国、日本、意大利、加拿大七个发达国家建立了新的宏观政策沟通协调机制，即"七国集团"（G7）。七国集团不是由条约产生的、有常设秘书处的制度化国际组织，而是由成员国轮流担任主席国并举办各级别会晤，如首脑峰会、财政部部长会议、央行行长会议等。20世纪70年代中后期后，七国集团不仅协调了七国的财政、货币、汇率和贸易政策，也成为三大全球性经贸和金融组织的核心驱动引擎，推进形成全球多边贸易体制，并扮演了金融危机时期的最后贷款人角色。[①]

冷战结束后，全球化加速发展，跨国资本流动和国际贸易迅猛增长，新兴经济体和发展中国家地位上升，世界经济的相互依存性和全球经济失衡问题进一步凸显，原有宏观政策沟通机制的局限性日益暴

---

① 万红先：《西方国家宏观经济政策的国际协调》，《求是》2006年第4期。

露。1997年亚洲金融危机后，主要发达国家和新兴市场国家形成二十国集团（G20）会晤机制，最初是着眼于解决金融稳定问题的财长和央行行长会议。2008年国际金融危机后，二十国集团举办首次领导人峰会，逐步成为国际经济合作的主要论坛。二十国集团是一个开展对话和谋求共识的平台，成员国代表了全球GDP的85%，国际贸易的80%，人口的2/3。其在议题和讨论形式上也更灵活，远比成员国授权给国际组织来谈判要更加专业和"去政治化"，因而也更加容易促成国际合作的开展。[①]

除了全球性宏观政策沟通协调机制外，随着全球化进程的推进，欧洲、东亚、北美和欧亚等地区一体化进程不断加速。区域一体化组织成为重要的宏观政策沟通平台。以欧盟为例，欧盟及其前身欧洲共同体是政策沟通和融合程度最高、领域最广的区域一体化组织。从20世纪70年代起，欧共体开启了在内部实行"平行货币"，建立欧洲货币体系的进程，并在2002年正式实现了单一货币的目标，形成经济与货币联盟。欧盟理事会还协调各成员国经济政策制定，要求政府赤字占GDP的比例低于3%，政府债务占GDP的比例低于60%，以此在欧洲货币联盟内执行财政纪律，确保稳健和可持续的公共财政。2010年，欧债危机催生了"欧洲学期"机制（European Semester）。在该机制下，欧盟机构对成员国宏观经济政策进行事前监督与指导，以此提升欧盟整体的稳定性和趋同性，推动经济增长与就业。[②]

二　中国外交实践对传统政策沟通协调的超越与创新

中国参与国际宏观政策沟通协调的历史由来已久。改革开放使中国成为世界第一大贸易国、世界第二大经济体和第二大投资国，成为全球经济体系中的系统重要性国家。习近平总书记在中国共产党第二

[①] 朱杰进：《G20机制非正式性的起源》，《国际观察》2011年第2期。
[②] 宋馨、胡振虎：《"欧洲学期"能否推动欧盟实现经济与财政一体化》，《中国财经报》2014年8月7日。

十次全国代表大会上的报告中指出:"中国坚持经济全球化正确方向,推动贸易和投资自由化便利化,推进双边、区域和多边合作,促进国际宏观经济政策协调,共同营造有利于发展的国际环境,共同培育全球发展新动能。"①

中国广泛参与国际货币基金组织、世贸组织、世界银行和二十国集团等全球性多边政策沟通机制,积极推动全球性机制向更公平、更包容、更有效的方向改革。在多边的十国集团中,中国积极推动其从临时性、应急性和非正式机制转变成促进国际经济合作的主要平台。2016年二十国集团杭州峰会上,习近平主席对当前全球经济治理提出了五点建议:加强宏观经济政策协调,合理促进全球经济增长,维护金融稳定;创新发展方式、挖掘增长动能;完善全球经济治理,夯实机制保障;建设开放型世界经济,继续推动贸易和投资自由化、便利化;落实2030年可持续发展议程,促进包容性发展。②此外,在双边层面,中国与美国、俄罗斯、欧盟等主要经济体建立了双边政策沟通机制。在地区层面,中国与日本、韩国和东南亚联盟各国共同创建了区域宏观政策沟通和危机应对平台。

(一)中美政策沟通机制

2005年8月,中美启动了副外长级中美战略对话。2007年,对话升级为副总理级的中美战略经济对话。每年举行两次,轮流在两国首都举行。2009年起,"战略经济"对话扩展为"战略与经济"对话,每年举行一轮,至2016年共举行了8轮对话。在这十一年中,中美双边政策沟通日益稳定和完善,机制化程度不断提升,政策沟通领域不断扩展,双方参与对话的部门从财政部、商务部等扩展到全政府范畴,议题从汇率、经贸、投资、知识产权等,扩展到包含军事安全、全球治理、地区热点、环境、能源、人权等。中方从被动地应对

---

① 习近平:《高举中国特色社会主义伟大旗帜为全面建设社会主义现代化国家而团结奋斗——在中国共产党第二十次全国代表大会上的报告》,人民出版社2022年版,第61页。

② 《习近平外交演讲集》第1卷,中央文献出版社2022年版,第436页。

美方经贸法律和行政措施的规制以及人民币汇率升值的压力，转变为主动进行深化改革，逐步确立了推动外向型经济转型升级和全面建设小康社会的发展战略。美方则从聚焦于人民币汇率升值、平衡美中经贸关系，转变为致力于与中国建立处理分歧的新型模式，并承认中国已经成为全球性大国。[①]

2017年7月，中美两国元首在二十国集团汉堡峰会期间举行会晤，决定建立外交安全对话、全面经济对话、执法及网络安全对话、社会和人文对话四个对话机制。其中，全面经济对话于7月19日举行，由汪洋副总理与美国财政部部长姆努钦、商务部部长罗斯共同主持，双方约15名部级官员参加，就服务业、中美经济合作百日计划及一年计划、全球经济与治理、宏观经济政策、贸易与投资、高技术产品贸易、农业合作等广泛议题深入交换意见，增进了对相互政策的了解，深化了对分歧的认识，探索了解决问题的时间表和路线图，在一些问题上形成了共识，对话达到了预期的目的。[②]

2018年，由于特朗普政府公然挑起经贸摩擦，上述对话中断，未能形成机制化。但中国始终坚持通过对话协商解决争议的基本立场，与美国举行了13轮高级别经贸磋商，就农业、知识产权保护、汇率、金融服务、扩大贸易合作、技术转让、争端解决等领域展开谈判，最终于2020年1月达成第一阶段贸易协议。

2021年拜登上台后，在延续特朗普政府的保护主义政策基础上，提出要从"实力地位出发"（from a position of strength）处理对华关系[③]，即通过加强区域联盟、推行"小院高墙"式的出口与投资管制和技术领域脱钩政策来建立对华优势，迫使中国屈服。"从实力地位出发"是一种霸权心态，是阻碍中美稳定发展的重要症结。2021年，

---

① 金卫星：《中美经贸关系的历史轨迹（1979—2016）》，《美国研究》2018年第4期。
② 《首轮中美全面经济对话取得积极成果》，中国政府网（https://www.gov.cn/xinwen/2017-07/21/content_5212505.htm）。
③ Antony Blinken, "A Foreign Policy for the American People", U. S. Department of State, 2021-03-03, https://www.state.gov/a-foreign-policy-for-the-american-people/.

中美外交代表在安克雷奇、天津、苏黎世、罗马等多个场合深入沟通，中方强调不承认这个世界上还有高人一等的国家，劝诫美国应当改掉动辄干涉中国内政的老毛病，要求美方不得挑战中国的道路和制度，不得阻挠中国的发展进程，不得侵犯中国的主权和领土完整。美方亦表示，愿与中国相互尊重，和平共处，加强沟通，管控分歧，美国不寻求改变中国体制、不寻求通过强化同盟关系反对中国，无意同中国发生冲突。[①]

2022年11月中美元首巴厘岛会晤，双方一致同意两国财金团队就宏观经济政策、经贸等问题开展对话协调。2023年8月，中美商务部之间成立了"商务工作组"，启动出口管制信息交流机制，同意就强化行政许可过程中的商业秘密和保密商务信息保护问题进行技术磋商。9月，中美双方商定在财政金融领域成立工作组，包括经济工作组和金融工作组。其中，经济工作组由两国财政部副部级官员牵头，金融工作组由中国人民银行和美国财政部副部级官员牵头。10月24日，中美经济工作组以视频方式举行第一次会议。双方就两国及全球宏观经济形势和政策、双边经济关系、合作应对全球挑战等议题进行深入、坦诚、建设性的沟通。商务、经济、金融这三个新工作组的建立，是两国恢复常态化政策沟通的重要举措，有助于有效管控分歧，"多沟通、多对话、多商量"，共同推进互利合作，在百年变局下构建稳定、健康、可持续的中美关系。

（二）中欧经贸高层对话

中国与欧盟间有中欧领导人会晤、中欧经贸高层对话、中欧高级别战略对话、中欧高级别人文交流对话、中欧环境与气候高层对话等多个层级和领域的高层对话机制。其中，中欧经贸高层对话是2007年12月3日《第十次中欧领导人会晤联合声明》确立的副总理级对

[①] 王毅：《2021年中国外交：秉持天下胸怀，践行为国为民——在2021年国际形势与中国外交研讨会上的演讲》，中国外交部网站（https://www.mfa.gov.cn/web/wjbz_673089/zyjh_673099/202112/t20211220_10471837.shtml）。

话机制。双方参与对话的部门涵盖经济、贸易、财政、科技、能源、就业、环境、海关、工商、质检、外交等。截至2023年10月，该对话已举办10次。对话不定期举行，间隔最短的曾经一年内举行2次（2023年），间隔最长达到3年（第三轮与第四轮、第八轮与第九轮之间）。

与中美政策沟通主要聚焦传统的金融、贸易、投资、监管等议题不同，中欧经贸高层对话在这些传统议题之外，还曾讨论"一带一路"倡议与欧洲发展战略对接、国际产能合作与"欧洲投资计划"对接、中欧互联互通、5G领域战略合作、设立中欧共同投资基金等更深入、更有新内涵的合作议题[1]。其深度和广度要高于中美政策沟通。诸如发展战略对接、国际产能合作、互联互通等内容的加入也标志着中国对政策沟通概念的创造性发展和丰富。

2019年3月，欧盟对华政策展望报告提出"中国既是欧盟目标紧密一致的合作伙伴，也是需要与其寻求利益平衡的谈判伙伴，是追求技术领先地位的经济竞争对手（competitor），也是倡导不同的治理模式的制度性对手（systemic rival）"[2]。虽然中文都翻译成"对手"，但从语义上看，rival比competitor更强调竞争的持续性和长期性。这一定位显示出欧盟突出强调与中国在政治制度、价值观、治理模式上的差异与分歧不可调和，也使欧洲将经济摩擦和技术竞争上升到制度竞争层面，突出价值观因素，对华经贸政策更趋强硬保守[3]。

2023年3月，欧盟进一步提出对华"去风险"（de-risk）政策，

---

[1] 《第五次中欧经贸高层对话在京举行》，中国驻欧盟使团（http://eu.china-mission.gov.cn/zozyzcwj/20210112whc/202101/t20210122_8433666.htm）。《马凯副总理与欧方共同主持第六次中欧经贸高层对话》，中国驻欧盟使团（http://eu.china-mission.gov.cn/zozyzcwj/20210112whc/202101/t20210122_8433667.htm）。

[2] European Commission: "EU-China-A strategic outlook", 2019-03-12, https://commission.europa.eu/system/files/2019-03/communication-eu-china-a-strategic-outlook.pdf.

[3] 金玲：《"主权欧洲"、新冠疫情与中欧关系》，《外交评论》2020年第4期。

即保持合作和接触的前提下，减少对华依赖，增强对华经济竞争韧性[1]。欧盟对华战略的变化，表现出欧盟在中美博弈和乌克兰危机背景下强烈的"泛安全化"焦虑和一定的对美追随倾向，为未来中欧关系增加了不确定性。

（三）中俄政府间政策沟通机制

1996年4月，中俄两国总理决定建立政府首脑定期会晤机制，设立副总理级定期会晤委员会，下设部级的经贸合作分委会、科技合作分委会、能源合作分委会和运输合作分委会。两国总理1997年签署《关于建立中俄总理定期会晤机制及其组织原则的协定》，规定总理会晤每年不少于一次，在两国轮流举办。2000年增设了副总理级的中俄教文卫体合作委员会，2007年更名为中俄人文合作委员会。2008年原有的能源合作分委会升级为副总理级的能源谈判机制，2013年更名为能源合作委员会。2014年又设立了副总理级的投资合作委员会。2017年新增了中国东北地区和俄罗斯远东及贝加尔地区政府间合作委员会。由此，中俄双边政策沟通（即中俄总理定期会晤机制）截至2023年底已形成定期会晤委员会、人文合作委员会、能源合作委员会、投资合作委员会、地区政府间合作委员会五大副总理级合作委员会机制。随着中俄合作领域不断扩大与深入，副总理级的定期会晤委员会框架下又增加了核能、金融、银行、工业、航天、运输、通信与信息技术、环保、海关、建设和城市发展等部级分委会。

相比于其他双边和多边政策沟通机制，中俄政府间政策沟通机制有五个鲜明特点。

一是法制化程度高。该机制建立在经过双方立法部门批准的双边协定基础上，会晤的周期、双方代表级别、议题范围等都有清晰界

---

[1] "Speech by President von der Leyen on EU-China relations to the Mercator Institute for China Studies and the European Policy Centre", European Commission, 2023 – 03 – 30, https://ec.europa.eu/commission/presscorner/detail/en/speech_23_2063.

定，受到国际法和双方国内法的双重保障。每次涉及分委会增设或名称变更都会签署协定的补充议定书。

二是机制实体化程度高。各委员会和分委会在各自国家设有秘书处，由两国主责部委负责。如能源合作委员会秘书处分别是中国国家能源局和俄罗斯能源部[①]，投资合作委员会秘书处分别是中国国家发改委和俄罗斯经济发展部[②]。秘书处能够发挥重要的文件筹备、机制保障和档案保管工作，有效确保政策沟通机制的运转。

三是工作机制实现了政策层级对接全覆盖。委员会和分委会下设有多个专业细分领域的工作组，形成"委员会—分委会—工作组—工作小组"的模式，实现了两国政策部门从决策层到工作层的全覆盖，能够保障政策制定的全过程、全层级对接，兼顾了权威性与专业性。

四是政策沟通对接既有深度又有广度。囊括了两国经济社会发展的各个层面，深入具体入微的政策领域，远远超出传统的宏观经济政策范畴。

五是形成了样板和辐射效应。中俄政府间政策沟通机制的组织形式和工作机制对中国与其他国家的合作产生了巨大的样板和辐射效应。中国与中亚五国、白俄罗斯、乌克兰、摩尔多瓦、格鲁吉亚、阿塞拜疆、亚美尼亚等11国的政府间沟通机制都在不同程度上借鉴了中俄政府间政策沟通机制的模式。

（四）"东盟+中日韩"区域政策沟通

"东盟+中日韩"区域政策沟通进程由东盟10个成员国和中国、日本、韩国以及中国香港组成，源于亚洲金融危机背景下1999年11月东盟和中日韩领导人的联合声明，其重要组成部分是货币金融合作。1997年亚洲金融危机爆发后，国际货币基金组织等国际组织未能有效

[①] 徐洪峰、王海燕：《中俄能源合作的新进展及存在的制约因素》，《欧亚经济》2017年第1期。

[②] 《中俄投资合作委员会秘书长第18次会议成功召开》，国家发改委网站（https://www.ndrc.gov.cn/fzggw/wld/cl/lddt/202311/t20231103_1361751.html）。

提供东亚国家急需的金融救助，国际金融稳定公共产品出现赤字，促使东亚国家强化区域合作，通过政策沟通协调创造区域型公共产品。

"东盟+中日韩"财长和央行行长会议机制始于2000年5月，目标是加强在共同关心的金融、货币和财政问题上的政策沟通、协调与合作，首先关注宏观经济风险管理、加强公司治理、监测区域资本流动、加强银行和金融体系、改革国际金融架构等问题并通过"东盟+中日韩"框架加强东亚自救和支持机制。该机制第一次会议发起了"清迈倡议"，旨在建立区域性双边货币互换和回购网络，并在2010年启动多边货币互换交易安排"清迈倡议多边化"。2009年，"东盟+中日韩"财长和央行行长会议机制还决定建立"东盟+中日韩宏观经济研究办公室"（AMRO），作为独立的区域监测单位，监测和分析区域经济并支持"清迈倡议"决策。2015年，该办公室转变为总部设在新加坡的国际组织，负责制定各经济体总体宏观经济评估的季度综合报告，与个别成员国进行年度磋商并实施预警。在危机期间，该组织将负责分析与互换请求成员的宏观经济状况，并在互换请求获得批准后监控资金的使用和影响。2003年，"东盟+中日韩"财长和央行行长会议机制还启动了以本币计价的债券市场——亚洲债券市场倡议（ABMI）。

"东盟+中日韩"财长和央行行长会议机制的发展有两个特点。一是制度化水平不断提升。该机制经历了从基础性的政策沟通对话，到双边货币互换网络和实体化多边救助机制的制度升级[1]。通过建立"东盟+中日韩"宏观经济研究办公室等实体化组织来提升政策沟通的深度、制度化和效能，是该机制发展实践对传统政策沟通概念发展的重要贡献。二是着眼于提供区域公共产品。清迈倡议多边化是各国构筑区域金融安全网的重要举措，其发起动机就是解决国际货币基金组织等全球金融救助公共产品的供给不足。虽然实践中"东盟+中

---

[1] 李巍、吴娜：《东亚金融地区主义的制度升级——从"10+3"对话到"AMRO"》，《世界政治研究》2019年第2期。

日韩"机制运转面临一些困难,但其发展历程反映了中国对传统宏观政策沟通概念的超越与创新。

第二节 "一带一路"倡议与中哈命运共同体构建

当前世界大变局加速演进,世界之变、时代之变、历史之变正以前所未有的方式展开,世界进入新的动荡变革期,不稳定、不确定、难预料因素增多。

一是世界经济增长乏力,动能不足。联合国2023年《世界经济形势与展望》报告指出,世界经济正面临增长前景疲软、通胀率上升和不确定性加剧的严峻阻力。美欧发达国家长期实行低利率和量化宽松的货币政策,特别是美联储快速加息产生全球溢出效应,助长金融部门过度杠杆化,产生负面的全球溢出效应,对发展中国家构成巨大挑战[①]。乌克兰危机延宕造成严重的粮食和通胀等次生危机,使发展中国家疫后复苏的挑战更趋严峻。大多数发达经济体经济急剧下滑,大多数发展中国家的前景日益恶化,加强国际合作势在必行。

二是美西方挑起"新冷战",企图使世界重新回到阵营割裂和对抗时代。美西方将相互依赖武器化,炒作所谓"去风险""友岸外包""近岸外包""脱钩断链"政策,鼓吹泛安全化和逆全球化思潮,大搞经贸金融制裁,试图用经济战遏制别国发展,用违背市场规律、扰乱供应链的方式搞所谓战略竞争。世界贸易组织《世界贸易报告2023》发现,自2022年新一轮乌克兰危机升级以来,全球贸易的碎

---

① United Nations Department of Economic and Social Affairs: "World Economic Situation and Prospects as of mid-2023", United Nations, 2023-05-26, https://www.un.org/development/desa/dpad/publication/world-economic-situation-and-prospects-as-of-mid-2023/.

片化和沿着地缘政治重构的趋势已开始显现。全球化和相互依赖被视为风险，公共话语中"离岸"和"外包"等传统术语已被"回流""近岸""友岸""脱钩"取代。地缘政治集团间的货物贸易流量增长速度比这些集团内部的贸易慢4%—6%[1]。世界经济正处于关键的转折点，逆全球化行为可能会减缓甚至逆转冷战以来全球化带来的经济发展[2]。

三是全球治理赤字和发展赤字高企。冷战后经济全球化的快速发展，促进了各国发展与人类进步。但由资本扩张的新自由主义逻辑主导的旧全球化带来发展失衡、获益不均、南北差距和贫富鸿沟不断拉大等问题。世界银行2022年10月《贫困与共享繁荣报告》指出，2020年有约7000万人陷入极端贫困，是1990年开启全球贫困监测以来极端贫困人口最多的一年。西方国家在现有全球发展和经济治理机制中拥有绝对的话语权和规则制定权，新兴经济体和发展中国家代表性和话语权不足，很难推动全球发展问题上的共识和集体行动。发达国家往往从地缘竞争视角看待发展问题，肆意将新兴市场国家推动全球发展的政策议程"政治化"，严重损害全球发展合作共识[3]。美西方孤立主义、民粹主义思潮上升，供给全球发展公共产品的积极性大减，大幅削减对最不发达国家的贸易优惠政策和发展援助，都在进一步加剧发展赤字。在此背景下，广大发展中国家团结和独立自主意识空前高涨，拒绝追随美西方对俄制裁，蔑视美西方的意识形态说教，强烈希望将发展议题重新置于国际议程的核心，让世界重回实现联合国"2030可持续发展"目标的正轨，解决占地球70%的人口普遍关心的发展问题。由此，正如习近平主席所指出的：世界经济增长需要

---

[1] The World Trade Organization: "World Trade Report 2023 — Re-globalization for a secure, inclusive and sustainable future", https://www.wto.org/english/res_e/booksp_e/wtr23_e/wtr23_e.pdf.

[2] Douglas A. Irwin, "The pandemic adds momentum to the deglobalization trend", The Peterson Institute for International Economics, April 23, 2020, https://www.piie.com/blogs/realtime-economics/pandemic-adds-momentum-deglobalization-trend.

[3] 吴志成、刘培东：《全球发展赤字与中国的治理实践》，《国际问题研究》2020年第4期。

新动力，发展需要更加普惠平衡，贫富差距鸿沟有待弥合①。

一　"一带一路"倡议是百年变局下重塑发展动力的中国方案

发展是人类社会的永恒主题。共建"一带一路"聚焦发展这个根本性问题，着力解决制约发展的短板和"瓶颈"，为共建国家打造新的经济发展引擎，创建新的发展环境和空间②。共建"一带一路"是经济合作倡议，不是搞地缘政治联盟或军事同盟；是开放包容进程，不是要关起门来搞小圈子或者"中国俱乐部"③。中国倡导"普惠包容"的经济全球化，就是顺应各国尤其是发展中国家的普遍要求，解决好资源全球配置造成的国家间和各国内部发展失衡问题。中国坚决反对逆全球化、泛安全化，反对各种形式的单边主义、保护主义，坚定促进贸易和投资自由化便利化，破解阻碍世界经济健康发展的结构性难题，推动经济全球化朝着更加开放、包容、普惠、均衡的方向发展④。

"一带一路"倡议框架下的政策沟通，是传统意义上的宏观政策沟通的重大发展和飞跃。"一带一路"是依托中国式现代化和对外开放新发展格局，在世界范围内顺应广大发展中国家工业化和再工业化需求，超越新自由主义原则重新配置资源要素，超越意识形态和政治体制分歧，紧紧抓住发展这个永恒主题，凝聚全球发展共识，推动发展重回全球议程中央，构建共享繁荣、共谋发展的命运共同体。

第二次世界大战后的世界资本主义体系和冷战后的全球化体系中，美西方国家政策沟通的主要目标是保持全球经济的整体平衡和稳定，防止经济失衡。推动发展从来不是其主要目标。这种意义上的政策沟通仅仅是充当"灭火器"和"防火墙"，实质上是一种"稳定导

---

① 习近平：《携手推进"一带一路"建设——在"一带一路"国际合作高峰论坛开幕式上的演讲》，人民出版社2017年版，第4页。

② 国务院新闻办公室：《共建"一带一路"：构建人类命运共同体的重大实践》，中国政府网（https://www.gov.cn/zhengce/202310/content_6907994.htm）。

③ 《习近平出席推进"一带一路"建设工作5周年座谈会并发表重要讲话》，《人民日报》2018年8月28日第1版。

④ 《中央外事工作会议在北京举行　习近平发表重要讲话》，《人民日报》2023年12月29日第1版。

向"的政策沟通,其在沟通的范围、深度、力度上必然是狭隘的、有限的、保守的。

相比之下,中国和广大新兴经济体和发展中国家则着眼于发展,希望在百年变局中共商发展战略、对接发展规划,共同解决制约发展的短板和"瓶颈",共享发展成果,形成发展共同体和命运共同体。因此,必须将政策沟通引向深水区,通过广泛的、深度的、务实的战略对接、规划对接、机制对接、市场对接、项目对接来保障合作。"一带一路"倡议框架下的政策沟通不再仅仅是"灭火器"和"防火墙",而是驱动发展和保障发展的"风帆"和"船舵",是一种"发展导向"型政策沟通。

二 "一带一路"是中哈共建命运共同体的实践平台

中国和中亚国家都处在关键发展阶段,面对前所未有的机遇和挑战。哈萨克斯坦自1991年独立以来始终坚定奉行独立自主的外交政策和多元化经济战略,努力改善对外连通性和国内营商环境,通过对外经济合作打造符合本国国情的现代化发展之路。

从"哈萨克斯坦2050年战略",到"光明之路"(基础设施建设计划)新经济政策,再到"新哈萨克斯坦"战略,其中一脉相承、一以贯之的要素有如下四点。

一是利用国际产业转移和新型工业化补强哈萨克斯坦的工业基础,降低对能源矿产等初级产品的出口依赖,提高能源、化工、机械制造、农业等领域的重要产品的国产化水平。哈萨克斯坦多个国家发展战略和行业发展战略指出,必须发展新产业,重点是扩大出口导向型非能源部门,通过引进产能和交换技术推进国家创新工业化计划。[1]

---

[1] "Address by the President of the Republic of Kazakhstan, 'Strategy Kazakhstan – 2050': new political course of the established state", Akorda, https://www.akorda.kz/en/addresses/addresses_of_president/address – by – the – president – of – the – republic – of – kazakhstan – leader – of – the – nation – nnazarbayev – strategy – kazakhstan – 2050 – new – political – course – of – the – established – state.

哈领导人不断强调，经济政策的核心要素是"出口导向型工业化"，支持企业发展多元化消费品，扩大出口潜力，用国内商品填补国内市场，同时应大规模引进现代农业技术，增加农产品生产，扩大农业出口，解决增加附加值的战略任务。①

二是更新国内基础设施，加强互联互通。"光明之路"新经济政策以基础设施为核心，包括交通物流、工业、能源、住房和公共事业、供水供热网络等，让基础设施建设为经济增长提供更多机遇，将国家经济融入全球环境当中，大力开发本国的过境潜力，促进出口。哈总统托卡耶夫在2022年11月国情咨文中指出："哈萨克斯坦正在成为亚欧之间最重要的陆地走廊，哈要充分利用新机遇，成为真正具有全球意义的交通运输枢纽。哈萨克斯坦已经开始实施在阿克套建立集装箱枢纽和开发跨里海走廊等重大项目。世界先进的物流公司将参与这项工作。哈萨克斯坦2/3的供电网络、57%的供热网络和近一半的供水网络都已老化，亟待更新。"②

三是发展新能源。哈萨克斯坦希望在保持油气市场大型参与者地位的同时，发展可替代能源的生产，积极引进太阳能和风能技术。到2050年，可再生能源所占的比重应不少于全部能耗的一半③。

四是布局数字化转型。哈领导人曾在国情咨文中指出，应对部分哈萨克斯坦工业企业的数字化项目进行试点，然后将其经验广泛推广。在农业领域推广"智能灌溉"技术和无人机技术。在海关和物

---

① "State of the Nation Address of President of the Republic of Kazakhstan Nursultan Nazarbayev, October 5, 2018", Akorda, https://www.akorda.kz/en/addresses/addresses_of_president/state-of-the-nation-address-of-president-of-the-republic-of-kazakhstan-nursultan-nazarbayev-october-5-2018. "President Kassym-Jomart Tokayev's State of the Nation Address," Akorda, https://www.akorda.kz/en/president-kassym-jomart-tokayevs-state-of-the-nation-address-181857.

② "President Kassym-Jomart Tokayev's State of the Nation Address," Akorda, https://www.akorda.kz/en/president-kassym-jomart-tokayevs-state-of-the-nation-address-181857.

③ "Address by the President of the Republic of Kazakhstan, 'Strategy Kazakhstan-2050': new political course of the established state", Akorda, https://www.akorda.kz/en/addresses/addresses_of_president/address-by-the-president-of-the-republic-of-kazakhstan-leader-of-the-nation-nnazarbayev-strategy-kazakhstan-2050-new-political-course-of-the-established-state.

流领域引入区块链等数字技术，以便实时跟踪货物动态、提高通关效率，简化海关业务。①

上述四点要素是哈结合自身发展道路和全球发展趋势而得出的重大判断，是在全球发展高度不确定环境下谋求国家转型和长远发展的长期战略，是对国家民族在百年变局中前途命运的重要抉择。

哈拥有优越的资源禀赋，油气、矿产、农业资源得天独厚，但缺乏完整的工业体系，苏联时代的工业遗产所剩无几，关键产品依赖进口，关键基础设施老化严重、亟待更新。例如，作为能源出口大国的哈萨克斯坦尚不能生产油井必需的特种水泥；石油化工技术落后，长期无法自主生产重要的石化产品和润滑油。哈铝土储量和产量丰富，但单质铝仍需大量进口。

其他域外大国，无论是俄罗斯还是美国，都缺乏匹配哈萨克斯坦上述需求的能力和意愿。俄罗斯虽然在哈有较多企业和投资，但多在能源、金融、电信等行业。俄罗斯自2014年以来面对美西方的经济和金融制裁，工业产能有所萎缩，其自身也迫切需要建立进口替代产业链，增加新产能投资。2021年欧亚经济联盟《2025年前欧亚经济一体化发展战略》实施纲要虽然提出制定"工业化路线图"，制订和实施产能投资联合计划和联合投资项目，并在制造商之间建立行业间联系，但实施状况不容乐观。2022年乌克兰危机升级后，俄罗斯对哈萨克斯坦的经济辐射力进一步下降。美国虽然声称要为以哈萨克斯坦为代表的中亚国家提供区别于中国和俄罗斯的替代选择，促进整个中亚地区的"变革性经济增长"，但吝于提供真金白银，提供实质性的经济倡议和援助不多，也难以动员美国和其他西方企业投资中亚。2023财年对中亚的"经济韧性倡议"仅拨款5000万美元。

---

① "State of the Nation Address by the President of the Republic of Kazakhstan Nursultan Nazarbayev, January 10, 2018", 2018.01.18, https://www.akorda.kz/en/addresses/addresses_of_president/state-of-the-nation-address-by-the-president-of-the-republic-of-kazakhstan-nursultan-nazarbayev-january-10-2018.

有能力且有意愿对接哈萨克斯坦的战略诉求，与哈同发展共命运的只有中国。哈的战略诉求与中国构建新发展格局、着力推动高质量发展的目标二者间有高度的契合性。双方在产能合作方面存在战略对接的多重互补性以及开展产业转移所需的梯度性。[①] 中国制造业水平先进、门类齐全，但存在产能过剩问题，需要进行产能的转移和产业升级。中国在基础设施建设上有雄厚实力，中哈间又有作为邻国的地利。中国是世界上最大的风能和太阳能设备生产国，在绿色能源转型上有丰富经验。中国同时也是数字化转型和数字经济发展的先行者。中哈之间的发展战略对接完全是优势互补、互利共赢。

对哈萨克斯坦而言，中国富余的先进产能能够有效补足哈萨克斯坦的工业化和基础设施短板，中国的新质生产力能够帮助哈在新能源和数字转型的新赛道上弯道超车，后来居上。对中国而言，哈萨克斯坦的能源、矿产、农产品、过境潜能对中国经济发展与民生有直接助力。哈萨克斯坦同时是中国向西开放的第一站，是"丝绸之路经济带"的重点与支点。中哈构建世代友好、高度互信、休戚与共的命运共同体，具有得天独厚的结构性优势。

也正因中哈之间的契合点多、互补性强、合作领域广，才更需要强化政策沟通，为合作提供"风帆"和"船舵"。特别是中哈合作中最具典型性的产能合作，实质上是以投资建厂为切入点，探索建立涵盖投资、生产、销售、配套服务的一条龙产能合作模式，某种程度上是对转型期的哈萨克斯坦提供整套工业化经验的输出。[②] 这客观上要求将政策沟通引向深水区，通过广泛的、深度的、务实的战略对接、规划对接、机制对接、市场对接、项目对接来保障合作。

[①] 张栋、邵杨、董莉：《"一带一路"背景下中哈产能合作研究》，《欧亚经济》2019年第2期。
[②] 《2015年国际产能合作的五"新"》，中国政府网（https://www.gov.cn/xinwen/2016-01/28/content_5036809.htm）。

第三节　中哈政策沟通：结构与进程

哈萨克斯坦是共建"一带一路"倡议的首倡之地，是最早同中国开展"一带一路"合作的国家之一，也是在中亚地区共建"一带一路"的重要伙伴。在两国元首战略的引领下，中哈两国深入推进"丝绸之路经济带"建设和"光明之路"新经济政策对接，在投资和产能合作、跨境运输、农业、金融以及人文交流等领域取得显著成果。哈萨克斯坦见证了"一带一路"倡议和国际产能合作的提出，也见证了"一带一路"倡议框架下第一份双边战略对接合作规划、第一份产能与投资合作重点项目清单、第一个专项基金的诞生。中哈政策沟通机制完备，运转流畅，有力保障了两国共建"一带一路"和命运共同体，具有突出的典范和样板意义。

根据权威表述，"一带一路"政策沟通"以元首外交为引领，以政府间战略沟通为支撑，以地方和部门间政策协调为助力，以企业、社会组织等开展项目合作为载体，建立起多层次、多平台、多主体的常规性沟通渠道"[1]。做好政策沟通需加强四个层面的对接，"以发展战略对接为引领，以发展规划对接为蓝图，以机制与平台对接为支撑，以具体项目对接为抓手"，打造以"一带一路"国际合作高峰论坛为引领，以双边、三方和多边合作机制为支撑的复合型国际合作架构[2]。

---

[1] 国务院新闻办公室：《共建"一带一路"：构建人类命运共同体的重大实践》，中国政府网（https://www.gov.cn/zhengce/202310/content_6907994.htm）。
[2] "一带一路"建设工作领导小组办公室：《坚定不移推进共建"一带一路"高质量发展走深走实的愿景与行动——共建"一带一路"未来十年发展展望》，新华网（http://www.news.cn/2023-11/24/c_1129991247.htm）。

一 政策沟通的机制结构

中哈政策沟通机制包含了元首、中央政府和各领域主责部委、地方政府、企业和社会组织等层次,在完善程度上超过其他几乎所有"一带一路"共建国,是政策沟通的典范与样板。

(一)元首会晤

中哈元首会晤为双边政策沟通提供了总体战略布局和方向。"一带一路"倡议正是习近平主席2013年对哈萨克斯坦进行国事访问期间所提出。2019年9月,托卡耶夫总统来华访问期间,两国元首一致决定发展中哈永久全面战略伙伴关系,确定了独一无二的双边关系定位。2022年9月,两国元首宣布中哈将构建世代友好、高度互信、休戚与共的命运共同体。

中哈元首交往密切,据统计,2013—2023年十一年间,中哈两国元首共举行过双边正式会晤13次。[①] 全球新冠疫情结束后,哈萨克斯坦是习近平主席首次出访地。中哈两国在2019年、2022年分别向对方领导人授予最高荣誉勋章。除双边互访外,两国元首还在"一带一路"国际合作高峰合作论坛、上海合作组织元首峰会、中国—中亚合作机制、二十国集团领导人峰会、亚洲相互协作与信任措施会议、博鳌亚洲论坛等多边平台和场合就共同关心的重大问题经常性开展各种形式的战略沟通。

元首会晤期间,在中哈两国元首见证下,双方政府部门签署多个重要合作文件,推动具体领域政策沟通。

第一,2015年8月31日纳扎尔巴耶夫总统对中国进行国事访问期间,中哈签署《关于加强产能与投资合作的框架协议》,规定了两国产能与投资合作的重点领域和政策沟通对接机制。[②]

[①] 数据来自外交部、中国驻哈使馆网站等。
[②] 《中华人民共和国政府与哈萨克斯坦共和国政府关于加强产能与投资合作的框架协议》,2015年8月31日,中华人民共和国条约数据库(http://treaty.mfa.gov.cn/web/detail1.jsp?objid=1531877039181)。

第二，2016年9月2日杭州二十国集团领导人峰会期间，中哈签署政府间《关于"丝绸之路经济带"建设与"光明之路"新经济政策对接合作规划》。这是首份双边发展战略对接文件，提出在交通运输、工业、农业、能源、新兴产业、金融、知识产权七大领域深度合作，明确了双方要稳步推动产能和投资合作，加强信息沟通和政策协调，推动更多附加值高的项目落地。[①]

第三，2017年6月8日习近平主席对哈萨克斯坦进行国事访问期间，两国政府签署《关于中哈产能合作基金在哈萨克斯坦进行直接投资个别类型收入免税协议》。根据协议，哈政府对中哈产能合作基金在哈直接投资获得的个别类型收入予以免税。[②]

第四，2018年6月7日纳扎尔巴耶夫总统对中国进行国事访问期间，中国国家发改委与哈萨克斯坦投资和发展部签署了《关于共同编制中哈产能与投资合作规划的谅解备忘录》和《关于产能与投资合作重点项目清单及其形成机制的谅解备忘录》，共同确认形成了中哈产能与投资合作第十四轮重点项目，并进一步完善了重点项目清单形成机制，决定将共同编制中哈产能与投资合作规划，以充分发挥各自产业优势，深度挖掘合作潜力，为中哈产能与投资合作的多元化、深层次和前瞻性发展提供引领和支撑，不断提升两国务实合作水平。中国商务部与哈萨克斯坦外交部签署《关于电子商务合作的谅解备忘录》，共同推进丝路电商合作。

第五，2019年4月第二届"一带一路"国际合作高峰论坛期间，两国政府签署《政府间产能与投资合作规划》，中国银保监会与哈萨克斯坦阿斯塔纳金融服务局签署监管合作谅解备忘录，中国国家税务

[①]《中华人民共和国政府和哈萨克斯坦共和国政府关于"丝绸之路经济带"建设与"光明之路"新经济政策对接合作规划》，中国一带一路网（https：//www.yidaiyilu.gov.cn/wcm.files/upload/CMSydylgw/201702/201702160515014.pdf）。

[②]《中华人民共和国政府与哈萨克斯坦共和国政府关于中哈产能合作基金在哈萨克斯坦进行直接投资个别类型收入免税协议》，2017年6月8日，中华人民共和国条约数据库（http：//treaty.mfa.gov.cn/tykfiles/20210712/1626077364184.pdf）。

总局与哈萨克斯坦财政部国家收入委员会等有关国家（地区）税务主管当局签署《"一带一路"税收征管合作机制谅解备忘录》，建立"一带一路"税收征管合作机制，中国国家发改委与哈萨克斯坦有关部门签署产能与投资合作重点项目清单。峰会期间，中国海关总署与哈萨克斯坦财政部国家收入委员会签署海关贸易统计初步信息交换协议、统计方法和信息合作议定书，以及"经认证的经营者"（AEO）互认合作备忘录，在开辟农产品绿色通道、海关联合查验、信息共享等项目框架下开展合作。

第六，2019年9月11日托卡耶夫当选总统后对中国进行首次国事访问期间，中哈两国政府签署《关于落实"丝绸之路经济带"建设与"光明之路"新经济政策对接合作规划的谅解备忘录》，深化"丝绸之路经济带"建设与"光明之路"新经济政策对接，以路线图的形式突出了战略对接、重点任务和主要举措。

第七，2023年5月17日中国—中亚国家元首峰会期间，中哈两国政府签署《政府产能与投资合作规划》和《关于共同开展中哈第三条跨境铁路前期研究的谅解备忘录》，发挥规划对务实合作的引领作用，持续推进了两国的互联互通合作。

第八，2023年10月17日第三届"一带一路"国际合作高峰论坛期间，中国国家发改委与哈政府签署《关于发展中欧班列跨里海国际运输路线的政府间协定，与哈交通部签署关于共同推动塔城—阿亚古兹铁路项目合作的谅解备忘录》，与哈战略规划和改革署签署部门间《关于经济发展领域交流合作的谅解备忘录》。

（二）总理会晤

中哈总理会晤布局和规划了双边政策沟通的蓝图与路径。2012年两国建交20周年之际，中哈决定启动总理定期会晤机制，旨在加强对双边各领域交流与合作的统筹协调，推动解决重大问题，开拓新合作领域。中哈总理定期会晤每两年举行一次。总理会晤中，双方系统了解对方的新发展规划和理念，在此基础上更好对接新发展规划。[1]

2014年12月李克强总理访哈并出席中哈总理第二次定期会晤期间，首次正式对外提出全面推进"国际产能合作"，与哈领导人就中哈国际产能合作达成初步共识。[2] 两国还签署了《关于共同推进丝绸之路经济带建设的谅解备忘录》和《关于鼓励和相互保护投资协定》。2015年3月27日哈政府总理来华工作访问期间，两国总理共同见证并签署了《加强产能与投资合作备忘录》，以及两国开展钢铁、有色金属、平板玻璃、炼油、水电、汽车等广泛领域产能合作的33份文件，项目总金额达236亿美元。

2015年12月上海合作组织成员国政府首脑理事会第十四次会议期间，在两国总理共同见证下，丝路基金与哈萨克斯坦出口投资署（后改组为哈萨克斯坦投资公司）签署《关于设立中哈产能合作专项基金的框架协议》，丝路基金单独出资20亿美元设立中哈产能合作基金，重点支持两国之间的产能合作及相关领域项目。这也是丝路基金设立的首只专项国别基金。两国政府还签署了《关于在产能与投资合作框架内便利双方人员办理商务签证的协定》。

2016年11月第三次总理定期会晤期间，在两国总理共同见证下，两国政府签署《关于促进中小企业合作的谅解备忘录》。两国总理还为中哈产能合作项目科斯塔奈市江淮汽车厂举行揭牌仪式。

2018年第四次总理定期会晤期间，中国国家发改委与哈萨克斯坦投资和发展部签署《关于中哈产能与投资合作第十五轮重点项目清单的谅解备忘录》，强调将继续为重点项目提供必要支持。第十五轮重点项目共计55个，双方总投资约274亿美元。中国国家发改委还与哈萨克斯坦信息和通信部签署《关于加强数字经济合作的谅解

---

[1] 《哈萨克斯坦总理马西莫夫：愿同中方积极对接发展战略》，中国政府网（https://www.gov.cn/xinwen/2015-12/15/content_5024406.htm）。

[2] 杨芳：《解密"国际产能合作"的来龙去脉》，人民网（http://politics.people.com.cn/n1/2015/1213/c1001-27922214.html）。

备忘录》。两国还决定加快商签新版投资保护协定,为相互投资合作提供法律保障。

(三) 中哈合作委员会 (副总理级)

中哈合作委员会是各个部级常设政策沟通机制的重要统筹平台。2004年5月,中哈两国政府签署《关于成立中哈合作委员会的协定》,成立副总理级的常设政策沟通机制——中哈合作委员会,下设经贸、交通、口岸与海关、科技、金融、能源、地质矿产、人文、安全9个合作分委会,确定了两国各自的主责部委[①]。后来又增设了环保、铁路两个分委会。2023年5月,两国决定在中哈合作委员会下增设农业合作分委会,并将研究设立创新合作分委会[②]。截至2023年底,副总理级的中哈合作委员会共举行了11次会晤。

中哈合作委员会各个分委会分别由两国相关具体领域的主责部委牵头,下设负责各个细分领域和议题的工作组。如环保合作分委会下设"跨界河流水质监测与分析评估"工作组和"跨界河流突发事件应急与污染防治"工作组,口岸与海关合作分委会下设海关和口岸两个工作组,能源合作委员会下设油气、核能、电力、新能源等工作组。

(四) 专题性跨部门对话或联合工作组

除了中哈合作委员会这一常设的政策沟通机制外,中哈两国还会围绕重要的特定合作议题建立专题性的跨部门对话或联合工作组,这是政策沟通领域重要的生力军和突击队。

2015年起,中哈发起了产能与投资合作政府间对话。这一跨部门对话机制中,双方多个部委就重要的特定合作议题展开政策沟通和信息交流,为重要的双边会晤或协议做前期筹备,搭建企业和项目对

---

① 《中华人民共和国政府和哈萨克斯坦共和国政府关于成立中哈合作委员会的协定》,2004年5月17日,中华人民共和国条约数据库 (http: //treaty.mfa.gov.cn/web/detail1.jsp? objid =1531876863841)。

② 《中华人民共和国和哈萨克斯坦共和国联合声明 (全文)》,中国外交部网 (https: //www.mfa.gov.cn/web/ziliao_674904/1179_674909/202305/t20230517_11079124.shtml)。

接平台，沟通合作中出现的问题，并研究下一阶段工作重点。2015年12月25日，由中国国家发改委与哈萨克斯坦投资和发展部牵头，在北京举行了中哈产能与投资合作第一次对话，为签署中哈产能合作框架协议和企业间协议做前期准备。哈方代表团来自能源部、农业部、发展银行等部门，提交了54个项目清单，涉及冶金、石化、机械、建材等行业。中方参会单位包括来自国家发改委、外交部、商务部、国家能源局、国家开发银行等[1]。双方通过产能合作政策对话、企业分组项目对接和部长级会谈，交流了各自重点产业发展现状、规划和政策，确立了中哈产能合作的原则，即"政府引导、企业对接、务实高效、互利共赢"，初步确定了16个早期收获项目和63个前景项目清单，涉及钢铁、水泥、平板玻璃、能源、电力、矿业、化工等领域。哈方还希望在食品、轻纺、家具、建材、农业、旅游等领域开展产能合作，并愿意提供融资配套和优惠政策[2]。截至2023年底，中哈产能与投资合作已进行19次对话，制定了产能合作的各项规划和项目清单，推动具体产能合作项目落地。

此外，中哈两国还就重要双边文件起草成立临时性的联合工作组。例如，2015年12月，中哈两国政府联合公报宣布，中国国家发改委和哈萨克斯坦国民经济部作为两国牵头部门，成立"丝绸之路经济带"建设与"光明之路"新经济政策对接联合工作组，负责对接合作规划联合编制。中方工作组由中国国家发改委西部司牵头，发改委国际司、外交部欧亚司、商务部欧亚司、交通部国际司、水利部国际司、国家开发银行规划局等十多个部门参与。哈方工作组由哈萨克斯坦国民经济部国际合作司牵头，投资、运输、能源、金融等部门人员参加。中方工作组率先提出对接合作规划大纲和工作计划，提供

---

[1] 杨芳：《解密"国际产能合作"的来龙去脉》，人民网（http://politics.people.com.cn/n1/2015/1213/c1001-27922214.html）。

[2] 《中哈签署〈会议纪要〉将携手发展矿业、能源产业》，中国政府网（https://www.gov.cn/xinwen/2015-01/08/content_2802251.htm）。

给哈方讨论通过。双方进行了多次面商和十多次视频会议，在中方建议稿的基础上吸收哈方意见，基本形成统一规划稿。最终于二十国集团杭州峰会前完成文本，保证了如期在两国元首的见证下签署①。

另外，2015年12月丝路基金单独出资20亿美元设立了首只专项国别基金——"中哈产能合作基金"，重点支持中哈两国的产能合作及相关领域项目。为了促进该基金更好地推动中哈产能合作，经丝路基金倡议，中哈双方共同建立了联合工作组，与两国相关政府部门、使领馆、大型企业等建立并保持工作联系，在项目开发、政策协调等方面密切配合，共同对中哈产能合作领域兼具社会效益和经济效益的项目实行重点跟踪。②

（五）地方政府间和企业间政策沟通

中哈地方政府间和企业间合作平台在拓展务实合作领域、促进政企合作和沟通、保障具体项目平稳运行等方面，也发挥了重要作用。

2017年9月，中国商务部和哈萨克斯坦国民经济部在广西南宁共同主办首届中哈地方合作论坛。两国副总理和35个省州400多名政府和工商界代表出席，涉及贸易、能源矿产、农业、信息技术、加工制造、交通运输和旅游等行业。2019年5月，第二届中哈地方合作论坛在阿拉木图举办。论坛以"深入对接、共同发展"为主题，设置产能和金融合作、贸易和农业合作、物流运输和电子商务合作三场平行论坛，两国副总理、地方政府、企业及相关行业商协会、金融机构代表出席。两次论坛后都举办了两国企业对接和相关推介活动。

在双边产能和投资合作领域，中哈两国建立了"政府+企业"的双层政策沟通对话机制。在政府层面，由中国国家发展改革委与哈萨克斯坦外交部组成"中哈产能与投资合作协调委员会"，充分发挥总牵头和协调作用，统筹规划和推动双边的合作。在企业层面，由中

---

① 《发改委解读"一带一路"框架下首个双边合作规划》，中国一带一路网（https：//www.yidaiyilu.gov.cn/p/7651.html）。

② 袁勇：《丝路基金：为中哈产能合作注入活力》，《经济日报》2018年9月10日第12版。

国产业海外发展协会和哈萨克斯坦国家投资公司作为双方项目对接机制牵头单位，负责项目的对接和跟踪，协调和解决项目推进中遇到的问题，并向政府提供政策建议。

中国产业海外发展协会于2018年设立了中哈产能合作促进中心，主要职能包括梳理中哈产能合作重点项目清单，跟踪重点投资项目，协调解决项目执行中存在的问题，及时汇总并上报有关部门，通过政府间合作对话机制磋商解决；为政府相关部门提供政策建议，为双边企业提供咨询和相关服务，协助中方企业对接哈萨克斯坦政府有关部门；为双方赴哈开展产能与投资合作项目的商务人员提供便利化签证服务等。[①]

二　中哈政策沟通的运作特点

从实践效果看，中哈"一带一路"政策沟通框架下的合作机制具有以下四个特点。

一是运转效率高。例如，2014年12月中哈两国总理就中哈国际产能合作达成初步框架共识后仅10天后，两国多部委就举行了中哈产能合作第一次对话会。2015年共举行7次对话会，高效完成了中哈产能合作框架协议和重点项目清单。

二是流程全覆盖。中哈共建"一带一路"特别是产能投资合作，往往涉及双方多个部委、地方、企业等。中哈两国建立的多层级、跨领域、政企结合、央地结合的政策沟通模式，涵盖了具体项目所涉及的全政策范围和流程，做到了无盲点对接，形成密切沟通协作的"发展共同体"。

三是互谅互让。为促进双边往来和投资合作，通过密切沟通协调，哈方在签证办理、相关收入免税等方面给予中方便利和让步，显示了诚意。例如，赴哈萨克斯坦的签证难办曾经是中哈共建"一带

---

① 中哈产能合作促进中心：《部门简介》，http://www.ciodpa.org.cn/list-7-1.html。

一路"面临的最大"瓶颈"之一。两国总理和外交部多次探讨磋商，最终于2015年底签署了便利化签证的协定，在中哈产能合作机制框架下，被列入清单里的企业以及项目涉及的相关服务机构，比如银行、律所、保险，可在10个工作日获得便利化签证。2019年10月，哈方正式照会中方在中哈产能与投资合作机制下取消邀请函返签号，赴哈商务签证便利化水平大为提高。在哈驻华使馆大力支持和积极配合下，2019年11月13日，中方开始按简化流程提交首批签证材料，并于5个工作日后顺利获得签证。签证问题的顺利解决，为执行产能与投资合作的中资企业提供了实实在在的便利，也为中哈产能与投资合作迎来新的发展机遇。[①] 2023年中哈签署互免签证协议，更为两国往来提供了便利和动力。再比如，为解决项目融资难问题，中哈两国政府签署了《关于中哈产能合作基金在哈萨克斯坦进行直接投资个别类型收入免税协议》。根据协议，哈政府对中哈产能合作基金在哈直接投资获得的个别类型收入予以免税。这一实质性专项税收优惠协议显示了哈方的诚意和决心。

四是聚焦项目，畅通政企渠道，有助于解决企业的实际问题。双方确立了中哈产能合作项目对接机制。由中国产业海外发展协会和哈萨克斯坦国家投资公司作为双方项目对接机制牵头单位，负责项目的对接和跟踪，协调和解决项目推进中遇到的问题，并向政府提供政策建议。例如，哈萨克斯坦金骆驼集团是中国民营企业在图尔克斯坦州投资设立的食品工业集团，以骆驼奶粉为主要产品，是中哈产能与投资合作清单的重点项目之一。项目2016年签约，2017年开工，2018年投产，日加工能力100吨鲜骆驼奶，对解决当地就业和牧民增收等民生问题有重要意义。2018年底该企业发现，中哈两国乳制品贸易清单中没有骆驼奶一项，哈方也没有骆驼制品出口的相关检验检疫标

---

① 王克文、韦进深：《签证便利化推动中哈产能与投资合作》，《第一财经》（https://m.yicai.com/news/100736336.htm）1。

准，因此无法对华出口。2019年3月，该企业向中国产业海外发展协会反映了这一问题。协会立即将问题上报国家发改委，国家发改委对此给予了充分支持，并致函中国海关总署。同时，协会多次前往海关总署相关部门就此事进行沟通交流，后者对此亦给予全力支持。海关总署与哈萨克斯坦农业部进行密切沟通后[①]，哈农业部2019年6月批准《乳制品和羊毛对华出口检验检疫要求议定书》，中方同意将哈骆驼奶粉列入乳制品清单，并将骆驼奶粉纳入中国乳制品标准目录中[②]。2019年9月托卡耶夫总统访华期间，中哈两国签订上述议定书，骆驼奶粉和该企业进入符合出口资格的供应商名录和产品名录中，为哈国产品进入中国市场铺平了道路。

第四节 政策沟通的前景展望

哈萨克斯坦是"一带一路"首倡之地，在共建"一带一路"中具有特殊重要地位。托卡耶夫总统既是对中国有丰富了解和深厚情谊的著名汉学家，也是哈萨克斯坦独立以来外交政策的主要制定者和执行者。习近平主席与托卡耶夫总统多次会晤，结下了深厚的友谊与信任。[③] 托卡耶夫总统开启的"新哈萨克斯坦"改革有利于哈萨克斯坦的发展和稳定，哈未来政治经济局势有望进一步稳固，为中哈命运共同体建设和中哈政策沟通奠定坚实基础。

[①] 《中哈产能合作为何能成为最成功样本"之一"》，《经济观察报》2020年12月5日。
[②] 《哈骆驼奶粉将出口中国》，中国商务部网站（http://www.mofcom.gov.cn/article/i/jyjl/e/201906/20190602870555.shtml）。
[③] 《高端访谈｜专访哈萨克斯坦总统托卡耶夫》，2023年5月13日，央视客户端（https://content-static.cctvnews.cctv.com/snow-book/index.html?toc_style_id=feeds_default&share_to=wechat&item_id=4786094666528987053&track_id=D185AB4A-C365-4790-BC21-8CE677B3CFE4_705808357279）。

一　中哈政策沟通同哈其他双边合作机制的比较

据 2015 年相关法案信息，哈萨克斯坦与欧盟、中国、吉尔吉斯斯坦、乌兹别克斯坦、乌克兰、俄罗斯等国间设有政府间合作委员会。哈各部委在世界范围内建立了一百多个部际对话与合作机制。① 其中，哈与俄罗斯、美国、欧盟等主要国际行为体建立的双边合作机制和平台对中哈政策沟通具有重要的参考价值。

（一）哈萨克斯坦与俄罗斯的双边合作机制

哈萨克斯坦和俄罗斯都来自苏联的加盟共和国，两国具有漫长的边界、长期的共同历史、全方位的各领域联系、密切的文化和语言纽带。哈俄关系是"具有特别优越性"的"战略伙伴和联盟关系"。两国间缔结的双边条约和协定多达 350 余项。② 规范双边关系的基本法律文件包括《友好合作互助条约》（1992 年）、《面向 21 世纪的永远友好同盟宣言》（1998 年）、《21 世纪睦邻友好同盟条约》（2013 年）等。两国是独联体、上合组织、集体安全条约组织、欧亚经济联盟的创始成员国，在多边框架内保持着安全、外交和宏观经济政策的密切合作协调。哈俄双边合作具有高度的法制性和计划性。国家、部委间和地区间就未来合作制订有法律效力的联合计划，是哈俄双边合作鲜明的特色。得益于两国的共同历史，两国区域和地方政府、企业之间的对接和合作也非常活跃。

第一，哈俄元首会晤。两国高层交往极为密切。据统计，仅在 2022 年，两国总统就有 11 次面对面会晤，通电话 20 次。两国总理间会晤 8 次。两国议会领导人（哈萨克斯坦参议长、众议院议长，俄罗

---

① Об утверждении перечня государственных органов Республики Казахстан, ответственных за ведение казахстанской части совместных межправительственных комиссий (комитетов, советов) и их подкомиссий (подкомитетов, рабочих групп) по сотрудничеству с зарубежными странами/ Информационно-правовая системанормативных правовых актовРеспублики Казахстан, https://adilet.zan.kz/rus/docs/P070000972.

② 《普京：俄罗斯与哈萨克斯坦战略伙伴和联盟关系正稳步发展》，俄罗斯卫星通讯社（https://sputniknews.cn/20231109/1054824132.html）。

斯联邦委员会主席、国家杜马）也多次会晤。

两国元首会晤期间，通常会签署两国政府和部委间的重要双边协定和合作备忘录。两国每三年制订一个联合行动计划，用来指导主要领域的双边合作。从已经解密的文本上看，联合行动计划通常涉及政治、经济、教育科学、能源、航天、交通通信、地方、军事技术、执法等领域合作的预期成果、双方主责部门和实现年限，相当于制定"成果清单"。[①]

第二，哈俄政府间合作委员会。该委员会是哈俄两国最重要的双边合作平台，创立于1997年，由两国副总理牵头，下设8个分委会，包括交通、科学和新技术、工业、燃料和能源综合体、区域间和跨境、银行间和投资、军事技术、文化和人道主义合作。此外，两国还依托拜科努尔航天综合体建立了单独的航天领域合作政府间委员会。[②] 截至2023年底，政府间合作委员会已举行24次会议。在合作委员会框架下，两国有关部委定期开展对话。比如2019年，俄工业和贸易部与哈工业和基础设施发展部在工业合作发展领域启动联合行动计划，并设立了代表处。哈外交部、国家投资公司同俄罗斯在哈机构就正在实施和计划实施的投资项目清单进行了密切合作。

第三，哈俄地方合作论坛。由于地理毗邻和苏联时期经济联系的延续性，哈俄两国的地方之间存在着非常密切的经贸、产业链、供应链联系。在俄罗斯89个联邦主体中有76个与哈萨克斯坦保持着长期经贸关系，跨地区和跨境贸易约占两国双边贸易额的70%。如哈萨克斯坦埃基巴斯图兹向俄罗斯乌拉尔和西伯利亚发电站供应煤炭，交换后者供应电力。哈向俄罗斯南乌拉尔地区的矿山开采和冶炼厂供应

[①] План совместных действий России и Казахстана на 2013 – 2015 годы/ АО «Кодекс», https://docs.cntd.ru/document/499014866.

[②] Михаил Бочарников: Россия-Казахстан: четверть века дипломатических отношений и партнерства. 25 лет//Международная жизнь», Октябрь, 2017, https://interaffairs.ru/news/show/18580.

矿物原料，以换取其成品。哈向俄罗斯萨马拉州、奥伦堡州和巴什基尔共和国的加工厂供应原油和天然气，以换取成品油气。

为了促进和保障区域间合作，2004年起，两国建立了由国家元首参加的地方合作论坛。俄罗斯工商会、哈萨克斯坦"阿塔梅肯"企业家商会和哈萨克斯坦外贸商会等机构商讨制订跨境经济计划。两国边境检查站工作计划也通过该论坛实现对接协调。[①]

（二）哈萨克斯坦与美国的双边合作机制

哈美政策合作带有鲜明的不对称性。美国在双边政策合作机制中经常是承担援助、培训的一方。哈美双边合作层级不如中俄，但政企间和民间合作更为活跃。哈美元首会晤的频率较低，正式国事访问的频率更低。首任总统纳扎尔巴耶夫2018年1月16日至18日访美，是自2006年以来首次国事访问，而美国总统历史上从未到访过中亚国家。2023年9月23日托卡耶夫总统赴美参加联合国大会期间，应拜登邀请，参加了首届"美国—中亚五国"元首峰会。这是托卡耶夫自2019年就职总统以来第一次与拜登在多边场合会晤。

第一，哈美"扩大的战略伙伴关系"年度对话。哈美2012年起开始举行战略伙伴关系对话，每年一次，在两国轮流举行。对话由哈外长和美国国务卿主持，哈副外长和美国国务院负责南亚与中亚事务的助理国务卿主谈。2016年起对话扩大到国务院以外，成为跨部门对话。

纳扎尔巴耶夫总统2018年访美期间，哈美决定提升双边关系为"扩大的战略伙伴关系"（Enhanced Strategic Partnership），并建立"扩大的战略伙伴关系"年度对话。该对话机制由哈外交部副部长和美国国务院负责中亚和南亚事务的助理国务卿负责，下设政治与合作安全、贸易与经济合作、人道主义合作三个委员会。该对话是目前哈

---

① Елизаров Михаил Владимирович, Афанасьев Сергей Викторович: Российско-казахстанские отношения на современном этапе, E-Scio. 2021. NO.9（60）.

美之间最重要、运行最稳定的双边对话机制，每年年底举办。

第二，哈美国防合作。哈美两国国防部 2002 年起开始建立协调工作组，并在 2003 年联合制订了第一个双边军事合作五年计划，主要致力于解决军事教育、维和、后勤、专业军事医疗和工程人员培训等问题。美国国防部国际合作局、中央司令部等向哈方提供了军事基础设施改造和军官及士官培训援助，实施外军财政支持项目（foreign military financing program, international）、国际军事教育和训练项目（military education and training program）、合作伙伴能力建设计划（building partner capacity program）等。哈在里海沿岸的第一个海军基地就是在美国外军财政支持项目下得以建成的。哈军选送了多批军官到美国国防大学、西点军校等接受军事教育和训练，对于哈军的职业军队建设发挥着重要作用。[1]

第三，哈美战略能源对话。哈美两国能源部 2001 年建立能源伙伴关系，重点关注核安全和核能、油气、可再生能源、电力能源效率、能源安全和清洁能源等领域。哈能源部专家团 2016 年在美国能源部国际事务办公室安排下赴美考察美国电力市场监管经验。2017 年，哈美两国能源部在阿斯塔纳正式发起哈美战略能源对话，重点关注民用核合作、碳捕获利用和储存、电网弹性、开放和扩大能源市场以及核不扩散和安全等。美国能源部专家和哈能源部核物理研究所专家共同进行了将高浓缩核燃料改造为低浓缩核燃料的工作，并向哈方提供能力培训，设立核安全培训中心。美国国家能源技术实验室为哈萨克斯坦在碳捕获、利用和封存领域的专家提供培训。[2] 新冠疫情后，美国能源部和国务院能源局 2023 年恢复了与哈萨克斯坦能源部的双边战略能源对话，主要讨论哈能源出口路线多元化、减少对通过俄罗

---

[1] Sebastian Engels: "Cooperation Between Kazakhstan and the United States in Military Professionalization Programs", Marshall Center Alumni Programs, March 2018, Number 029, https://www.marshallcenter.org/en/publications/occasional-papers/cooperation-between-kazakhstan-and-united-states-military-professionalization-programs-0.

[2] "Joint Statement by Co-Chairs of the Kazakhstan-U.S. Energy Partnership", U.S. Department of Energy, 2017-08-28, https://www.energy.gov/sites/default/files/pi_iec/098b7ef980117dae.pdf.

斯线路的依赖、在铀矿等关键战略矿产上的合作等。[①]

第四，哈美高级别人权对话。美国国务院负责民事安全、民主和人权事务的副国务卿乌兹拉·泽亚2022年4月11—16日访问哈萨克斯坦，与哈外交部举办了首届哈美双边高级别人权对话会，成立了高级别人权工作组。泽亚表示支持托卡耶夫的政治改革议程，认为改革可极大促进哈萨克斯坦的稳定和未来发展。[②]

第五，哈萨克斯坦美国商会。与哈美之间相对较少的政府间机制相比，美国商会与哈政府之间的合作协调相当活跃。哈萨克斯坦美国商会成立于1999年，创始会员有35家美国企业，截至2023年底，已有超过200家企业和机构会员。从2008年开始，美国商会在投资问题上采取积极主动的立场，与哈总理办公室建立了密切的磋商关系，向其递交了一系列年度白皮书，并组织各类公开会议。比如2012年3月应哈政府要求，美国商会协助组建了"改善投资环境委员会"。2014年，哈政府为美国商会创建了四个部际工作组，就美国商会投资白皮书中反映的问题进行合作，以便推动立法改革并解决具体投资问题。

此外，美国商会在阿拉木图、阿斯塔纳、阿特劳、阿克套、奇姆肯特五个主要城市设有20个内部工作组，分为医疗改革、人力资源、贸易和海关、税务、外国投资、技术与创新、企业社会责任等领域，每月定期举行会议，邀请美国和第三国专家与哈萨克斯坦的决策者和官员互动，讨论各个具体领域的政策。

美国商会还游说美国国会取消对哈萨克斯坦的贸易限制。美哈双边经贸关系仍处在"不正常状态"。1974年美国通过《杰克逊—瓦尼

[①] Assistant Secretary for Energy Resources United States Department of State Geoffrey R. Pyatt: "Before the Senate Foreign Relations Committee Subcommittee on Near East, South Asia, Central Asia, and Counterterrorism", 2023-03-08, https://www.foreign.senate.gov/imo/media/doc/4256a03b-bd57-ce05-be0d-2a8d19201bfb/030823_Pyatt_Testimony1.pdf.

[②] "Under Secretary Zeya Delivers Remarks on Inaugural High-Level Dialogue on Human Rights in Kazakhstan", U.S. State Department, 2022-04-11, https://www.state.gov/under-secretary-zeya-delivers-remarks-on-inaugural-high-level-dialogue-on-human-rights-in-kazakhstan/.

克修正案》，限制总统和行政当局给予所有原苏联加盟共和国最惠国待遇。苏联解体后至今，哈萨克斯坦一直受到这一法案的限制。2023年5月，5名美国众议员在国会众议院发起《2023年哈萨克斯坦永久性正常贸易关系法案》，提出将哈移出《杰克逊—瓦尼克修正案》，给予哈永久性正常贸易关系，即无须每年审核的最惠国待遇[1]。但美国国会内部仍有一些无端反对意见，比如质疑哈萨克斯坦的上海合作组织成员国身份，称上合组织是"中俄在中亚培植傀儡政权的工具"，并认为哈萨克斯坦对美国企业采取了不公正待遇[2]。2024年1月，美国驻哈大使表示，美国计划支持美国商会、企业和哈萨克斯坦企业举办"关键矿产对话"[3]。

（三）哈萨克斯坦与欧盟的双边合作机制

欧盟是哈萨克斯坦的第一大贸易伙伴，占哈出口总额的41%。2022年双边贸易额总计400亿美元，对哈直接投资流量达到125亿美元。哈总统和欧盟领导人（一般包括欧洲理事会主席和欧盟委员会主席）的会晤频率较高，但一般是在中亚国家领导人与欧洲理事会主席年度联席会议、联合国大会等期间举行，并没有专门的机制化的双边领导人会晤。

第一，哈萨克斯坦与欧盟合作理事会。哈萨克斯坦—欧盟合作理事会（Kazakhstan-EU Cooperation Council）成立于2003年，是目前最高级别的双边政策合作机制，由哈政府副总理和欧盟轮值主席国负责外交事务的副总理级官员共同牵头，哈外长和欧盟外交与安全政策高

---

[1] "Reps. Panetta, Aderholt, Titus, LaHood, and Bera Introduce Legislation to Provide Permanent, Normal Trade Relations with Kazakhstan", United States Representative Jimmy Panetta, 2023-05-23, https://panetta.house.gov/media/press-releases/reps-panetta-aderholt-titus-lahood-and-bera-introduce-legislation-provide.

[2] REP. Carol D. Miller: "How we can counter the influence of Russia and China in Central Asia", The Hill, 2023-05-04, https://thehill.com/opinion/congress-blog/3936056-how-we-can-counter-the-influence-of-russia-and-china-in-central-asia/.

[3] "Ambassador Rosenblum sees greater US investment and engagement in Kazakhstan's future", Caspian Policy Center, 2024-01-05, https://www.caspianpolicy.org/research/press-releases/ambassador-rosenblum-sees-greater-us-investment-and-engagement-in-kazakhstans-future.

级代表参与，每年召开一次。合作理事会下设若干小组委员会（committee）和具体议题对话机制，讨论能源、运输和物流、数字化、民航、签证便利化、关键原材料开发等问题。

欧盟和哈萨克斯坦2015年12月签署《扩大伙伴关系与合作协定》（enhanced partnership and cooperation agreement，EPCA，以下简称《协定》）。该《协定》2020年3月1日经过欧盟所有成员国批准生效。该协定改革了合作理事会架构，规定在合作理事会下设立合作委员会（cooperation committee），负责的具体领域包括法治、善政、保护人权、经济发展和改革、能源、交通、环境、气候行动、人的交流、教育、科学、民间社会和区域合作等[①]。关于贸易、投资和海关事务的技术讨论定期由布鲁塞尔和阿斯塔纳的合作委员会进行。《协定》还专门规定设立了议会合作委员会（parliamentary cooperation committee）、贸易结构合作委员会（cooperation committee meeting in tradeconfiguration）和海关合作分委会（subcommittee on customs cooperation）。

合作理事会2022年的主要话题是欧洲议会人权决议和哈萨克斯坦政治改革。欧盟强调哈改革要切实解决律师独立性、言论自由以及集会和结社自由方面的问题，促进工会、媒体的独立与多元化，促进公民社会蓬勃发展。2023年的主要议题是发挥哈萨克斯坦的交通物流潜力，即通过跨里海国际运输路线与欧盟"全球门户"战略的合作，实现欧洲和亚洲之间过境走廊多样化，另外还有哈萨克斯坦公民签证便利化问题、哈萨克斯坦学生参与欧盟"伊拉斯谟+"和"地平线欧洲"计划的前景等。

此外，《协定》还规定协调哈萨克斯坦和欧盟在服务贸易、公司

---

① "on the signing, on behalf of the European Union, and provisional application of the Enhanced Partnership and Cooperation Agreement between the European Union and its Member States, of the one part, and the Republic of Kazakhstan, of the other part", *Official Journal of the European Union*, Volume 59, 4 February 2016, https://eur-lex.europa.eu/legal-content/en/TXT/? uri = OJ：L：2016：029：TOC.

设立和运营、资本流动、原材料和能源、知识产权、政府采购等领域的监管政策，促使双方采取趋同的监管政策。2023 年 5 月，欧洲理事会授权合作理事会与哈萨克斯坦就保护农产品、食品、葡萄酒和烈酒的地理标志谈判达成议定书，这是 30 多年来双边关系的重要里程碑。

第二，哈萨克斯坦—欧盟经济和商业事务高级别对话平台。该对话平台 2019 年由时任哈政府总理马明发起，使哈政府与欧盟企业和驻哈使团团长之间能够进行定期和直接对话，讨论减少贸易技术壁垒、税收立法等议题。这一对话平台也由此成为哈欧双方调整经贸政策的重要驱动者。

对话平台于 2022 年 7 月 15 日在哈首都阿斯塔纳举行第十次会议，哈政府总理斯迈洛夫与欧盟驻中亚大使共同主持，重点关注原材料和可持续采矿领域的合作。

2022 年 11 月 7 日，斯迈洛夫总理与欧盟委员会主席冯德莱恩签署了一份关于可持续原材料、电池和可再生氢价值链战略伙伴关系的谅解备忘录，双方决定打造原材料、电池和可再生氢的战略价值链，实现更紧密的经济和工业一体化，包括确定整个价值链的联合项目，采取高标准的环境、社会和治理（ESG），实现采矿和精炼工艺及技术的现代化，提高原材料、电池和可再生氢供应链的韧性，使用可再生能源和数字化使关键原材料价值链脱碳，实现采矿过程的绿色化和可持续性等。双方还承诺制定 2023—2024 年路线图，并在谅解备忘录签署后六个月内商定具体联合行动。[①]

2023 年 5 月，欧盟委员会执行副主席瓦尔迪斯·东布罗夫斯基和哈政府总理斯迈洛夫批准 2023—2024 年合作路线图。该路线图

---

① "Strategic Partnership between the European Union and Kazakhstan on sustainable raw materials, batteries and renewable hydrogen value chains", European Commission, 2023 – 11 – 08, https：//single – market – economy. ec. europa. eu/news/strategic – partnership – between – european – union – and – kazakhstan – sustainable – raw – materials – batteries – and – 2022 – 11 – 08_en.

反映了哈对采矿业现代化和脱碳等需求，提出促进可再生能源发展的技术转让项目，并预期在地质勘探、研究和创新方面进行更密切合作。[①]

2023年6月2日在第13届国际阿斯塔纳矿业和冶金大会期间，哈工业与基础设施发展部长卡拉巴耶夫和欧盟委员会副主席马罗什·塞夫科维奇讨论了实施2023—2024年路线图的具体项目和支持关键原材料和电池方面合作的欧盟融资工具。卡拉巴耶夫透露，欧盟启动的重大联合项目之一是德国HMS Bergbau AG公司投资开发的哈萨克斯坦锂矿床，并表示哈将坚持"原材料换技术"的原则[②]。

（四）中哈政策沟通的独特优势

与其他双边合作机制相比，中哈政策沟通具有平等、灵活、前沿的独特优势。

一是平等性。中哈政策沟通的基调是平等互利、合作共赢，不是一方对另一方的援助与培训，也不是一方对另一方的人权、社会制度、意识形态状况的训导和评分，更不会设置满足某一方意识形态标准或服从某一方实力地位的前提条件。中哈相互尊重各自的社会制度和发展道路，不因为意识形态上的差异或分歧而搁置务实合作，更不会将自身的制度和模式强加于人。

二是灵活性。中哈政策沟通机制是多层级、网络化的完整体系，聚焦解决具体合作领域和项目推进中面临的政策问题，为合作保驾护航。中哈政策沟通既有规划和计划等中长期安排，也更追求政策沟通和协调行动的"快、准、实"，而不过度追求过于宏大和刻板的"合作计划"。

三是前沿性。中哈政策沟通较早就关注环境治理、新能源、应对

---

① "EU-Kazakhstan strategic partnership becomes operational", European Commission, 2023-05-18, https://ec.europa.eu/commission/presscorner/detail/en/ip_23_2815.

② "Kazakhstan to Strengthen Cooperation with EU in Critical Raw Materials", The Astana Times, 2023-06-02, https://astanatimes.com/2023/06/kazakhstan-to-strengthen-cooperation-with-eu-in-critical-raw-materials/.

气候变化、科技创新、产业链供应链安全等前沿议题。中哈合作和政策沟通立足于最新的共同挑战，着眼于未来的长期合作，为中哈命运共同体行稳致远奠定了坚实基础。

二 发展前景

中哈共建"一带一路"合作起步最早，基础扎实，成果丰硕，后劲十足，已成为全球范围内共建"一带一路"的合作典范，具有超越两国关系范畴的重要意义[①]。两国政策沟通机制经受了实践考验，在双边战略对接和务实合作中发挥了重要的推动和保障作用，将两国发展战略和战略利益进一步绑定。2022年，哈萨克斯坦开启"新哈萨克斯坦"时代，中国迈入中国式现代化新时代新征程，两国命运共同体建设的长期愿景更加清晰。两国关系有望再上新台阶，开启第二个"黄金三十年"[②]。

与此同时也应当看到，中哈关系未来发展也面临一些杂音与挑战。首先，美西方和其他域外国家利用哈萨克斯坦社会和媒体管理相对松散、舆论环境较为自由的不足，长期资助哈反对派、非政府组织和非法工会组织散布各类"中国威胁论"，炮制涉疆谣言，煽动反华骚乱。其次，随着哈萨克斯坦政治精英的年轻化，一些受西方教育和影响的、对中国带有偏见的精英可能会占据关键位置。最后，中哈两国的民间人文交流特别是青年一代的相互了解还十分有限，存在"政策沟通"火热而"民心相通"相对薄弱的"温差"。

随着中哈合作日益深入，中哈政策沟通未来可在以下三个方面进一步加强和完善。

第一，地方合作。聚焦具体项目，在中哈相关地方政府和企业间建立常设合作协调机制。特别是对于在中哈两国都有关联性经营，或

---

① 张硕、文龙杰：《张霄大使接受中新社专访：中哈共建"一带一路"何以成典范？》，中国新闻网（https://www.chinanews.com.cn/gj/2023/10-09/10091253.shtml）。
② 张宁：《提前大选："新哈萨克斯坦"时代正式开启》，《世界知识》2022年第23期。

建立了跨境产业链、物流链的项目,项目的哈萨克斯坦东道州(直辖市)和投资方所属的中国省(市、区)的政府部门之间可建立常设对接机制,做好项目服务保障工作,重启中哈地方合作论坛。

第二,社会团体间合作。中国政府部门、企业、社会团体应进一步加强与哈萨克斯坦社会团体,特别是商会和工会的沟通与合作,建立更多政策宣介、商机对接、纠纷调解的平台,促进民心相通。

第三,应急风险防范工作。就近年来个别针对中资企业和华人的破坏行动,中哈两国执法部门应设立保护企业利益的联合工作组,切实防范和预警针对中企和华人的不法行为,确保投资安全。

第四章　设施联通

推进"一带一路"建设,加强与相关国家设施联通,对于构建开放型经济新体制、形成全方位对外开放新格局,对于全面建成小康社会、实现中华民族伟大复兴的中国梦,具有重大深远的意义。习近平主席在2014年11月8日"加强互联互通伙伴关系"东道主伙伴对话会上指出:"我们要建设的互联互通,不仅是修路架桥,不光是平面化和单线条的联通,而更应该是基础设施、制度规章、人员交流三位一体,应该是政策沟通、设施联通、贸易畅通、资金融通、民心相通五大领域齐头并进。这是全方位、立体化、网络状的大联通,是生机勃勃、群策群力的开放系统。"[①] 会后的《新闻公报》指出:"21世纪亚洲互联互通是'三位一体'的联通,包括交通基础设施的硬件联通,规章制度、标准、政策的软件联通,以及增进民间友好互信和文化交流的人文联通,涵盖政策沟通、设施联通、贸易畅通、资金融通和民心相通五大领域。基础设施建设是互联互通的基础和优先。"[②] 根据"一带一路"相关规划文件,设施联通主要指的是基础设施领域合作,基础设施主要指的是公路、铁路、管道、水利工程、电网、通信电缆等具有网络性、工程性和生产性的基础设施。

互联互通主要涉及交通、口岸、油气管道、电网、通信光缆、卫星通信等涉及陆海空天电的基础设施建设。国家发展改革委、外交

---

① 《习近平经济思想研究文集(2022)》,人民出版社2023年版,第404页。
② 李扬、张晓晶:《论新常态》,人民出版社2015年版,第187页。

部、商务部 2015 年 3 月发布的《推动共建丝绸之路经济带和 21 世纪海上丝绸之路的愿景与行动》中规定："基础设施互联互通是'一带一路'建设的优先领域。在尊重相关国家主权和安全关切的基础上，沿线国家宜加强基础设施建设规划、技术标准体系的对接，共同推进国际骨干通道建设，逐步形成连接亚洲各次区域以及亚欧非之间的基础设施网络。强化基础设施绿色低碳化建设和运营管理，在建设中充分考虑气候变化影响。"

推进"一带一路"建设工作领导小组办公室 2019 年 4 月发布的《共建"一带一路"倡议：进展、贡献与展望》中指出："设施联通是共建'一带一路'的优先方向。在尊重相关国家主权和安全关切的基础上，由各国共同努力，以铁路、公路、航运、航空、管道、空间综合信息网络等为核心的全方位、多层次、复合型基础设施网络正在加快形成，区域间商品、资金、信息、技术等交易成本大大降低，有效促进了跨区域资源要素的有序流动和优化配置，实现了互利合作、共赢发展。……道路通，百业兴。基础设施投入不足是发展中国家经济发展的'瓶颈'，加快设施联通建设是共建'一带一路'的关键领域和核心内容。"[①]

实践中，"一带一路"的互联互通建设始终遵循五个原则。一是以中国周边国家为重点方向，率先实现亚洲互联互通，为亚洲邻国提供更多公共产品，使其能够搭乘中国发展的列车，共享区域发展成果。二是以经济走廊为依托，建立基本合作框架。这一框架兼顾各国需求，统筹陆海两大方向，涵盖面宽，包容性强，辐射作用大。三是以交通基础设施为突破，实现早期收获。丝绸之路首先得要有路，有路才能人畅其行、物畅其流。四是以建设融资平台为抓手，打破合作"瓶颈"。除亚投行外，还出资 400 亿美元成立丝路基金，为共建

---

① 推进"一带一路"建设工作领导小组办公室：《共建"一带一路"倡议：进展、贡献与展望》，外文出版社 2019 年版。

"一带一路"国家基础设施、资源开发、产业合作和金融合作等与互联互通有关的项目提供投融资支持。五是以人文交流为纽带，夯实合作的社会根基。在建设项目的同时，帮助东道国培养自己的技术专家和施工队伍。[①]

第一节 中哈基础设施互联互通概况

边境口岸、公路、铁路、航空、桥梁、管道、缆线等基础设施互联互通是提升沿边开放、加强区域合作的基础和前提，是连接中哈的纽带和窗口，为密切与邻国的人员和经贸往来提供支持和保障，有利于形成利益共同体，强化区域经济，提高稳定周边的能力。中哈基础设施互联互通位于中国新疆与哈萨克斯坦交界地带，已建有公路、铁路、原油管道、天然气管道和通信电缆联通。

一 口岸

新疆维吾尔自治区内由北向南依次毗邻蒙古、俄罗斯、哈萨克斯坦、吉尔吉斯斯坦、塔吉克斯坦、阿富汗、巴基斯坦、印度8个国家，边界线长5600公里，其中与哈萨克斯坦边境线长1738公里。截至2023年初，国务院已批准17个一类开放口岸（包括乌鲁木齐和喀什2个航空口岸），其中与哈萨克斯坦对应的陆路边境口岸7个，即阿黑土别克口岸（阿勒泰地区，尚未开通运营）、吉木乃口岸（阿勒泰地区）、巴克图口岸（塔城地区）、阿拉山口口岸（博尔塔拉蒙古自治州）、霍尔果斯口岸（伊犁哈萨克自治州）、都拉塔口岸（伊犁哈萨克

[①] 《加强互联互通伙伴关系对话会联合新闻公报》，新华网（http://www.xinhuanet.com//world/2014-11/08/c_127192126.htm）。

自治州)、木扎尔特口岸(伊犁哈萨克自治州,尚未开通运营)。

中哈两国2015年12月签署的《中哈合作规划纲要(2015—2020年)》,决定研究建设第三条跨境铁路(克拉玛依—巴克图/巴克特—阿亚古兹)的可行性。2017年3月22日塔城地区与东哈州政府签订《关于开展克拉玛依—巴克图—阿亚古兹铁路建设前期研究备忘录》,并共同编制完成《塔城至阿亚古兹铁路方案研究》(全长约270公里)。中国境内克拉玛依至塔城铁路2019年5月30日开通运营,为打通新疆至中亚以及欧洲的第三条铁路通道奠定了基础。2023年12月21日,中哈第三条铁路哈境内段(巴克特—阿亚古兹)铁路开工建设,计划2027年建成运营,货物年运力约4800万吨。

据新疆海关统计,2022年,阿拉山口口岸进出口货物2530.99万吨,同比增长14.2%,较疫情前的2019年增长3.89%,铁路口岸日均出入境货物列车24列以上,过货量4万吨以上,公路口岸通行货车200辆以上、通关过货2000吨以上。[①] 霍尔果斯口岸进出境中欧(中亚)班列7068列,货运量952.4万吨,中亚天然气管道向中国输气432亿立方米。巴克图口岸进出口货物32.2万吨,创该口岸自1990年以来最高纪录。吉木乃口岸进出车次约9200辆,过货量16万吨,进出口货值约48亿元。都拉塔口岸进出口过货量约12万吨,进出口贸易额约13亿美元(见表4-1)。

随着中哈各领域合作日渐走深走实,各口岸正努力推动"通道经济"向"产业经济"和"口岸经济"转变。2018年8月,新疆明确先行在巴克图口岸、伊尔克什坦口岸启动边民互市贸易转型发展试点工作。2019年6月,巴克图口岸成为新疆首个边民互市转型发展试点口岸。进入互市贸易区的商品不受金额限制,在互市贸易区内进行查验;出互市贸易区时享受每人每日8000元免税政策;哈萨克斯

[①] 《在阿拉山口感受经济复苏力量:货物通关明显上升》,新浪财经(https://finance.sina.cn/2023-02-14/detail-imyfrkrz2380494.d.html?vt=4&fromsinago=717&cid=76729&node_id=76729)。

坦公民可三日免签证进入巴克图口岸边民互市贸易区开展贸易。

表4-1　　　　　　中国与哈萨克斯坦的陆路开放口岸（均为常年开放口岸）

中方口岸/哈方口岸	位置	性质
阿拉山口口岸/阿拉木图州多斯特克口岸	位于新疆博尔塔拉蒙古自治州博乐市境内的东北角，地处东经83°36′，北纬45°12′。距博乐市73公里，距乌鲁木齐市460公里；距中哈两国边防会晤点即接轨点4.4公里，德鲁日巴站12.3公里，阿拉木图580公里	铁路、公路、原油管道三重口岸。向第三国开放，具有国际联运地位
霍尔果斯口岸/阿拉木图州努尔饶尔口岸	位于伊犁哈萨克自治州霍城县境内，地处东经80°29′，北纬44°14′。距伊宁市90公里，距乌鲁木齐670公里。联检厅距中哈边境线210米。距哈萨克斯坦努尔饶尔口岸1.5公里，距哈萨克斯坦雅尔肯特市（原名潘菲洛夫市）35公里、阿拉木图市378公里	铁路、公路、天然气管道三重口岸。向第三国开放，具有国际联运地位
巴克图口岸/阿拜州巴克特口岸	位于伊犁哈萨克自治州塔城地区境内，地处东经82°48′，北纬46°41′。距塔城市17公里，至乌鲁木齐市621公里；出境至哈方巴克特口岸800米，至马坎赤市60公里，至乌尔加尔机场110公里，至阿亚古兹车站250公里，至东哈州首府800公里	公路口岸
吉木乃口岸/东哈萨克斯坦州迈哈布奇盖口岸	位于阿勒泰地区吉木乃县境内，地处阿尔泰山南麓，东经85°43′，北纬47°33′，平均海拔770米左右。距吉木乃县城24公里，至阿勒泰市198公里，至乌鲁木齐市650公里；出境至哈方对应口岸迈哈布奇盖0.5公里，距斋桑县60公里，至东哈州首府约500公里	天然气、公路口岸
都拉塔口岸/阿拉木图州科尔扎特口岸	位于伊犁哈萨克自治州察布查尔县境内，距察县约50公里，距伊宁市约63公里，距哈萨克斯坦阿拉木图市约250公里，距哈方科尔扎特口岸仅3.8公里	公路口岸
木札尔特口岸/阿拉木图州纳林果勒口岸	位于伊犁哈萨克自治州昭苏县西南109公里处，地处天山北麓，特克斯河上游，东经80°45′，北纬44°35′，海拔1806米。距新疆生产建设兵团农四师74团机关西北9公里，距伊宁市296公里。与对面哈方口岸相距4公里，距阿拉木图市320公里	公路口岸。截至2023年初尚未运营（未列入《关于中哈边境口岸及其管理制度的协定》名单）

续表

中方口岸/哈方口岸	位置	性质
阿黑土别克口岸/东哈萨克斯坦州阿连谢夫卡	位于阿勒泰地区哈巴河县西部，北纬48°21′，东经85°44′。距哈巴河县城117公里，距阿勒泰市284公里，距乌鲁木齐市829公里	公路口岸。截至2023年初尚未运营（未列入《关于中哈边境口岸及其管理制度的协定》名单

二　油气管道

截至2023年底，中哈之间的跨境能源管道主要有如下三条。

一是中哈原油管道。是中国第一条陆路进口跨国原油的管道，也是哈萨克斯坦唯一不经过第三国直接输送到终端消费市场的原油外输通道。全线长2800多公里，起点是哈萨克斯坦西部的阿特劳，途经肯基亚克、库姆科尔、阿塔苏，从中哈边境的阿拉山口进入中国，终点是独山子炼厂。管道共分四段："阿塔苏—阿拉山口"段962公里；"阿塔苏—卡拉卡因—库姆科尔"段（原苏联"鄂木斯克—奇姆肯特"主线）；"库姆科尔—肯基亚克"段792公里；"肯基亚克—阿特劳"段（2012年前主要向欧洲出口，实施管道反输改造后主要向中国出口）。2013年阿拉山口末站流量计改造工程完成后，中哈原油管道阿塔苏—阿拉山口段的设计输油能力达到每年2000万吨。2022年共输送约1000万吨原油。自2006年5月运营以来至2023年1月29日，中哈原油管道和计量站已经安全平稳运行6037天，累计输送原油1.6亿吨。[①]

二是中土天然气管道（又称"中国—中亚"天然气管道）哈萨克斯坦段。中土天然气管道共分A、B、C、D四线（截至2023年初A、B、C三线在运营，D线尚未建成）。其中A、B、C三线平行铺设，从土库曼斯坦出发，经乌兹别克斯坦和哈萨克斯坦，从新疆霍尔

---

① 《阿拉山口市：为跨国原油运输保驾护航》，天山网（https://www.ts.cn/xwzx/jjxw/202302/t20230204_11431909.shtml）。

果斯入境，A、B两线年输气能力各150亿立方米（加压升级后可达200亿立方米），C线设计年输气能力250亿立方米。D线设计年输气能力300亿立方米（路线途经乌兹别克斯坦、塔吉克斯坦和吉尔吉斯斯坦，由喀什乌恰县的伊尔克什坦口岸入境）。中土天然气管道自2009年投产以来，截至2022年12月31日，霍尔果斯压气首站累计输送进口天然气4232亿立方米，单日最高输量超1.63亿立方米。

中土天然气管道境外段长约2000公里，其中土库曼斯坦境内长188公里，乌兹别克斯坦境内长530公里，哈萨克斯坦境内（萨雷阿加什—奇姆肯特—塔拉兹—阿拉木图—霍尔果斯）长1300公里。哈萨克斯坦段建成后，为了更好地布局国内天然气供应网络，哈萨克斯坦又开始启动中土天然气管道支线工程，即哈萨克斯坦境内的"别伊涅乌—巴佐伊—奇姆肯特"天然气管道，起点位于哈萨克斯坦西部里海地区曼吉斯套州的别伊涅乌，途经阿克托别州的巴佐伊，终点是南哈萨克斯坦州奇姆肯特，在此与中土天然气管道相连，线路总长1454公里，管道直径1067毫米，设计年输气能力100亿立方米，加压改造后可达150亿立方米。

中土天然气管道支线（别伊涅乌—巴佐伊—奇姆肯特）是哈萨克斯坦独立以来最大的输气管道工程，是关系哈能源安全的重大项目，可以帮助哈南部地区摆脱进口天然气依赖，确保哈国内市场能源供应稳定，推动哈天然气出口多样化。该管道2022年完成输气生产计划的103%，共输气122.28亿立方米，其中内销65.26亿立方米，出口57.02亿立方米[①]。

三是萨拉布雷克—吉木乃天然气管道。由哈萨克斯坦东哈萨克斯坦州的萨雷布拉克（斋桑油气区块）至中国新疆阿勒泰地区的吉木乃县（建有一座液化天然气厂），是中国第一条由民营企业（新疆广

[①] Отчетная встреча руководства Товарищества по итогам 2022 года, 2023.03.14, https://bsgp.kz/18658-2/.

汇集团下属的吉木乃广汇液化天然气股份有限责任公司）投资建设的跨国能源通道项目，全长约 119 公里（哈境内 95 公里，中国段 24 公里），设计年输气量 5 亿立方米（每日输量 150 万立方米）。哈萨克斯坦的油气资源集中在中西部，南部和东部比较匮乏。新疆广汇集团经过勘探，在哈东部的东哈萨克斯坦州斋桑地区发现一处油气区块，当时探明储量约 65 亿立方米天然气和 1.05 亿吨石油。于是 2009 年与哈政府签署共同开发协议，投资约 14 亿美元，年产约 5 亿立方米天然气和约 100 万吨稠油，输入中国后在吉木乃的广汇 LNG 厂（新疆广汇液化天然气发展有限公司）液化。天然气管道于 2013 年 7 月正式投产通气，2014 年共输气 4.16 亿立方米（约合 28.7 万吨），2015 年起每年约 5 亿立方米。由于资源量有限，加上哈民众希望将天然气留在本国使用（实现东部部分地区天然气化），该管道于 2021 年 12 月底至 2022 年 3 月份一度停止供气。

三　通信光缆

通信领域的互联互通就是要通过开展区域性国际通信业务，建成集通信光缆、卫星通信、数字微波等多种手段为一体的立体化国际信息大通道。另外，基于全新技术架构的全球新一代互联网 IPv6 根服务器可提供多边、共治、民主、安全的互联网服务体系，是物联网的基础。2013 年 9 月，华为技术有限公司同哈电信部门签署合作协议，合同金额约 2 亿美元，为哈萨克斯坦建成覆盖全境的 4G 网络。2022 年 6 月，中国与包括哈萨克斯坦在内的中亚五国发布《"中国 + 中亚五国"数据安全合作倡议》。截至 2023 年初，新疆已经实现与哈萨克斯坦、吉尔吉斯斯坦、塔吉克斯坦等国家的光缆对接，由"骨干传输网、本地电话网、高速互联网、宽带接入网"这四大通信网络构成的国际通信大通道功能正在逐步完善。

中国与哈萨克斯坦的光缆连接主要依靠 1998 年投入使用的陆上光缆"亚欧陆地光缆系统"（TAE）。它起于中国上海，途经中亚五国、高加索三国、乌克兰、白俄罗斯、伊朗、土耳其,终于德国法兰克福,全长约1.9万公里,采用大容量的140Mb/s通信系统。该系统使中国与哈萨克斯坦、吉尔吉斯斯坦、塔吉克斯坦三国实现光缆系统对接,成为西向国际电信网络枢纽。该系统最早由中国邮电部倡议,得到广大沿线国家支持,是亚欧间最短的通信路由,被称为连通欧亚大陆的通信"丝绸之路"。

2006年中国电信在哈萨克斯坦的阿拉木图设立办事处,开展语音、专线、网络等业务。陆基光缆比海底光缆拥有性价比和基础设施兼容性等优势,但由于建设时间早,目前存在通道容量小等缺陷。中国电信计划以乌鲁木齐、法兰克福、伊斯坦布尔、俄罗斯、卡拉奇、吉布提为核心节点,主导建设"欧亚非信息丝绸之路",构建全球信息大通道,通过布局高质量数据转接中心和大型IDC中心,打通"一带一路"区域内互联网访问的主要"瓶颈"。

乌鲁木齐区域性国际通信业务出入口局2012年5月揭牌成立,成为继北京、上海、广州、昆明、南宁之后的中国第六个国际通信枢纽局,负责办理与中亚国家的长途业务及与上合组织11个国家的数据传输业务,新疆从过去的通信端口变为通信的通道和枢纽。

截至2023年初,中哈正在努力推进"跨欧亚信息高速公路"项目(TASIM)。该项目是一条从欧洲到亚洲的信息光缆,从法兰克福出发,穿越西欧、高加索、中亚,到达香港,全长约1.1万公里,初始带宽2Tbit/s。TASIM最初设定三条备选线路,第一条线路为土耳其、格鲁吉亚、阿塞拜疆、哈萨克斯坦、中国;第二条线路由东欧经波兰、俄罗斯到达中国;第三条线路经土耳其、格鲁吉亚、阿塞拜疆、土库曼斯坦到中国。该项目最早由阿塞拜疆倡议并获得联合国认可。现有30个国家参加,并由阿塞拜疆作为总协调人。2013年联合国大会又通过政治决议(A/Res/67/298),希望在该项目与国际通信联盟等国际组织一起打造"欧亚联通联盟",以加强区域合作、发展教育和通信事业。经过多年协商,中国电信、阿塞拜疆电信、哈萨克斯坦电信、俄罗斯电信、土耳其电信五国电信运营商于2013年12月签署谅解备忘录，组成TASIM联盟，进行具体项目运作。

中哈宇航卫星领域合作日益加深，主要表现在气象、遥感、导航等方面。2012年4月，中国气象局国家卫星气象中心与哈萨克斯坦国家空间通信中心举行协商与谈判，确立了双方长期沟通合作机制，签署了"风云二号"静止气象卫星与Kzasat-2通信卫星的共轨管理协议。这两颗卫星将共享东经86.5°轨道，确保双方卫星安全运行。2015年11月29日，中国—哈萨克斯坦航天合作工作组第一次会议在哈首都阿斯塔纳市召开。会议由中国国家航天局秘书长田玉龙、哈萨克斯坦航空航天委员会副主席沙依玛卡姆别托夫共同主持，双方就两国在遥感、通信、航天技术与设备、空间科学、专家交流与培训等领域合作进行了深入研讨。双方同意在地球遥感数据交换、数据处理和应用、对水体进行空间监测；联合开发和运营通信卫星、开展空间科学研究；提供用于仪器制造和空间技术的电子元件；哈专家在中国航天工业企业实习等领域开展合作。

全球卫星导航系统是重要的时空基础设施，为经济社会发展提供重要信息保障，其正以前所未有的深度、超越想象的广度融入人类社会生产生活的方方面面。北斗卫星导航系统在促进中国与中亚基础设施互联互通，提高基础设施建设水平，提高减灾救灾和人道主义救援的快速反应能力和协同指挥能力等方面发挥作用。比如基于北斗技术，2021年10月在塔吉克斯坦萨雷兹湖大坝上建立一个大坝变形监测系统，在乌兹别克斯坦建立一个水资源预报预警系统，在哈萨克斯坦建立一套基于大地测量数据的空间地理研发系统和铁路数字化项目。

随着智能手机、航天卫星和数字经济普及，共建"一带一路"国家的数据需求激增，对通信基础设施建设提出更高要求，包括升级现有通信基础设施，增强网络容量、传播速度、覆盖面积，降低资费标准，提高网络的可获得性和可负担性；加快从光缆为主向移动网络为主的通信设施转变，跟上新一代通信技术的应用普及。

四 跨境水利设施

中哈之间有 23 条跨界河流相连，其中最大的河流是额尔齐斯河、伊犁河。中哈跨境水利设施主要有如下三个。

一是霍尔果斯河友谊联合引水枢纽工程。霍尔果斯河发源于天山支脉阿克塔什峰，为中哈界河，自北向南流入伊犁河。河流全长 148 公里，流域面积 1606 平方公里。2011 年利用和保护跨界河流联合委员会第八次会议期间，中哈双方签署政府间《关于共同建设霍尔果斯河友谊联合引水枢纽工程的合作协定》。2013 年 9 月 7 日，中哈两国签署政府间《关于共同管理和运行霍尔果斯河友谊联合引水枢纽工程的协定》及其实施细则。工程由两国政府共同投资，2011 年动工，2013 年 7 月完工。该水利工程使河流下游地区免受洪水的威胁。

二是阿拉马力（楚库尔布拉克）联合泥石流拦阻坝。在建设霍尔果斯河友谊联合引水枢纽工程的同时，为减少霍尔果斯河上的高山冰湖威胁，确保霍尔果斯国际边境合作中心安全运营及两国沿河边境居民的活动与财产安全，中哈两国还在中哈霍尔果斯河友谊联合引水枢纽工程上游约 5 公里处共同建设泥石流防护工程。2017 年 6 月习近平主席访哈期间，两国签署了政府间《关于共同建设霍尔果斯河阿拉马力（楚库尔布拉克）联合泥石流拦阻坝的协定》。该联合泥石流拦阻坝工程于 2019 年 4 月开工建设。

三是苏木拜河引水工程改造。苏木拜河发源于哈萨克斯坦境内，河道全长约 61 公里，上游 35 公里在哈方境内，下游约 26 公里为中哈界河。2008 年，中哈在苏木拜河上联合建设分水闸，以解决当地农业灌溉用水问题。在后期使用过程中，哈方因泥沙淤积导致引水困难，提出对分水闸进行改造。2017 年 11 月中哈利用和保护跨界河流联合委员会第十五次会议期间，联委会双方代表签署《关于苏木拜河联合引水工程改造的协定》，同意共同实施引水工程改造工作。改造工程于 2017 年 12 月正式开工，2019 年 4 月竣工并投入使用。该工程是继中哈霍尔果斯河友谊联合引水枢纽工程之后，两国跨界河流务实合作的又一标志性成果，旨在改善中哈边界居民的引水条件，为两国边境地区经济社会可持续发展提供了条件。

第二节 中亚地区的交通走廊倡议

作为欧亚大陆的中心地带，中亚连接东亚、南亚、中东、欧洲和俄罗斯市场，成为周边大国发展陆上联系的重要通道，因此在中亚地区已有多个国际互联互通倡议，包括欧洲—高加索—亚洲交通走廊、青金石走廊、中间走廊、南北走廊等。这些交通走廊倡议多由国际组织或大国发起，对整合地区资源有积极推动作用。

一 欧洲—高加索—亚洲交通走廊

"欧洲—高加索—亚洲交通走廊"（TRACECA）是欧盟的技术援助项目，目标是建立可持续、高效和一体化的多式联运系统，确保货物安全且不间断运输。除修复和新建交通物流基础设施之外（道路、桥梁、港口、机场、中转站等），还包括协调或统一法律和政策（交通运输管理、道路交通便利化、海关程序等）、推动成员国加入相关国际公约和协定、人才培养（培训交通运输管理人才和道路建设工程师等）三项内容。TRACECA 框架内的具体援助项目很多，比如建设基础设施项目、资助可行性研究、举办研讨会、培训人才等。

1998 年 9 月 8 日在阿塞拜疆巴库召开"欧亚运输走廊—复兴古丝绸之路"国际会议，会议决定在巴库成立政府间委员会常设机构，并签署《关于促进欧洲—高加索—亚洲走廊发展的国际运输基本多边协定》。该文件的缔约国有亚美尼亚、阿塞拜疆、保加利亚、格鲁吉亚、伊朗、哈萨克斯坦、吉尔吉斯斯坦、摩尔多瓦、罗马尼亚、塔吉克斯坦、土耳其、乌克兰和乌兹别克斯坦。该文件对任何国家开放供其加入，但须经所有多边协定缔约方同意。区域经济一体化组织可作为准成员加入。

《TRACECA跨国委员会2016—2026年战略》的主要内容包括改善交通运输管理体制和机制、完善相关法律法规、整合与发展现代化的基础设施网络资源、通过稳定的多式联运运输链、开发航空潜力、简化贸易程序、提高运输的安全保障能力（用户、乘客、货物、环境等）、解决融资难题、重视人力资源建设等。具体措施包括增加集装箱流量、发展PPP融资机制、建立边境联合报关点、建设"单一窗口"、统一多式联运文件、促进电子贸易和电子许可证、推广货物跟踪系统、尝试无人驾驶运输等。

二 亚洲开发银行的"中亚区域经济合作"援助计划和青金石走廊倡议

亚行的"中亚区域经济合作"（CAREC）援助计划项目成员包括中国、中亚五国、高加索三国、蒙古等10个国家和6个国际多边机构。该项目的任务是实现亚行的经济贸易、交通运输、能源和生态环境四个核心战略目标，保障通往邻近大国高利润市场的出口通道畅通，减少交易费用，为货物转运和运输提供便利，改善能源供应，支持可持续增长，防止生态环境的负面影响。CAREC通过了《CAREC运输和贸易便利化2020战略》和《CAREC运输和贸易便利化2030战略》，成立了海关合作委员会，旨在通过新建基础设施，简化海关程序和统一规则，促进运输、物流和贸易便利一体化发展。

"青金石走廊"倡议系亚洲开发银行支持的阿富汗—土库曼斯坦—阿塞拜疆—格鲁吉亚—土耳其五国过境运输走廊。亚行为青金石走廊项目准备了20亿美元，并推动"青金石走廊"与土耳其的"中间走廊"倡议对接，从而将中亚、高加索和土耳其连为一体，并通向欧洲和北非。"青金石"这个词来源于两千多年前沿着古丝绸之路把阿富汗的青金石和其他宝石出口到安纳托利亚、高加索、俄罗斯、巴尔干半岛、欧洲和北非的历史路线。今日青金石走廊的路线走向与两千多年前一条通过驼队从阿富汗送货到中亚和欧洲的路线基本相同。

青金石走廊的合作重点是改善沿线基础设施、能源和私营部门，将沿线五国的交通网连接起来，减少区域贸易壁垒，降低过境和交易成本，扩大出口，增加经济合作机会，丰富欧洲和亚洲之间的经济和文化联系。对阿富汗而言，该走廊还可减少阿富汗对巴基斯坦卡拉奇港的出口依赖。与卡拉奇港口相比，青金石走廊成本低、更安全、更近。阿富汗的货物通过青金石走廊到达欧洲大约需要半个月的时间，而同样的货物通过巴基斯坦卡拉奇港到达欧洲需要20多天。青金石走廊属于落实联合国《国际公路运输公约》（TIR公约）的一个具体行动。

为了区域经济一体化和改善贸易联系，沿线5个国家（阿富汗、土库曼斯坦、阿塞拜疆、格鲁吉亚、土耳其）从2012年开始讨论贸易及运输道路协议问题，并于2017年11月15日在土库曼斯坦首都阿什哈巴德举行的第七次阿富汗区域经济合作会议（RECCA）上正式签署合作协议。主要内容有：一是改善主要公路沿线的道路条件和交通设施；二是扩大阿富汗和土耳其之间及其他地区的铁路连接；三是在五个沿线国家的关键节点改善多式联运陆路港口；四是分析走廊沿线国家建立跨境经济区的成本效益。

2018年12月13日在阿富汗赫拉特市举行走廊开通仪式，发送9辆装载棉纱、葡萄干、西瓜子和芝麻的卡车去往土耳其，总计175吨货物。阿富汗交通部发言人希克梅特图拉·克完齐表示，"青金石走廊让阿富汗第一次能够将自己的货物销往欧洲。通过青金石走廊，阿富汗现在可以沿着陆路丝绸之路向新市场开放。该走廊将对加强区域运输联系和消除跨境贸易和运输障碍具有长期影响。"

2020年7月2日，阿富汗、土库曼斯坦、阿塞拜疆三国领导人举行视频峰会，为加大青金石走廊建设力度提供了重要推动力，三国签署的三边合作文件涵盖了便利海关程序、确保交通畅通等实际实施问题。2021年1月16日，阿富汗、土库曼斯坦、阿塞拜疆三国跨部门工作组制定了三方合作路线图，约定消除青金石走廊沿线货物运输的障碍，并在信息技术、能源、电信、运输、物流、贸易和投资等多个重要领域扩大三方伙伴关系。

分析认为，青金石走廊是欧亚大陆中部的重要战略交通项目。对于所有参与国而言，该项目整合了沿线国家的基础设施和经济资源，使其能够进一步扩大与欧洲和东亚经济强国的联系，从而为沿线国家带来发展红利。与此同时，从地缘政治的角度看，青金石走廊绕过了美国三个最大的地区竞争对手——俄罗斯、中国和伊朗，并将内陆地区与欧洲连接起来，因此符合美国及其西方盟友的战略利益，得到他们的大力支持。[①] 印度对这个走廊倡议也非常感兴趣。

三 土耳其的中间走廊倡议

早在2008年，土耳其便联合阿塞拜疆、伊朗、格鲁吉亚、哈萨克斯坦和吉尔吉斯斯坦等国家发起"丝绸之路倡议和驿站计划"，旨在通过简化和统一海关流程，促进沿线地区贸易便利化，提升过境运输效率，构建高效国际供应链。2013年11月7日，作为在阿斯塔纳举行的第二届"新丝绸之路"国际运输和物流商业论坛的一部分，哈萨克斯坦、阿塞拜疆、格鲁吉亚三国的国家铁路集团签署《关于成立跨里海国际运输线路委员会的协议》，旨在促进区域铁路运输便利化和国际贸易发展。2014年2月该委员会正式成立，属副部级，主要任务是协商过境规则和税费，改善道路和港口基础设施，解决运

---

① Naghi Ahmadov, Azerbaijan, Afghanistan and Turkmenistan Sign Trilateral Roadmap for Cooperation on Eurasian Connectivity, Eurasia Daily Monitor Volume: 18 Issue, https://jamestown.org/program/azerbaijan-afghanistan-and-turkmenistan-sign-trilateral-roadmap-for-cooperation-on-eurasian-connectivity/.

输"瓶颈"问题，并组建"游牧快车"集装箱运输公司。该公司负责运营中国—哈萨克斯坦—阿塞拜疆—格鲁吉亚—土耳其的直达集装箱运输服务。2015年下半年到2016年初，"游牧快车"集装箱运输公司试运行了三列集装箱列车：一是2015年7月28日石河子（中国）—基什利（阿塞拜疆）；二是2015年11月29日连云港（中国）—伊斯坦布尔（土耳其）；三是2016年1月15日伊里切夫斯克（乌克兰）—多斯特克（哈萨克斯坦）

在此背景下，土耳其2015年提出"中间走廊"倡议，意在发挥自身的桥梁作用，建立欧亚之间的不间断交通运输联系，将欧洲、高加索、里海、中亚、中国和南亚连在一起。2016年成立"国际跨里海运输联合会"，首批成员有格鲁吉亚国家铁路集团、巴统海港公司、阿塞拜疆国家铁路集团、阿塞拜疆里海航运、巴库国际海上贸易港、哈萨克斯坦国家铁路集团、阿克套国际海运商业港公司、土耳其国家铁路集团。

2015年11月在土耳其安塔利亚举行的二十国集团领导人峰会期间，土耳其与中国签署关于将"一带一路"倡议与"中间走廊"倡议相衔接的谅解备忘录，约定加强铁路等基础设施建设、能源、通信等产业合作，促进双方贸易增长。2017年9月，中国连云港与跨里海国际运输线路委员会签署战略合作协议，共同打造连云港—里海—伊斯坦布尔的国际物流大通道。2017年10月30日，连接阿塞拜疆和土耳其的巴库—第比利斯—卡尔斯（BTK）铁路开通，初始年运力为100万人次和650万吨货物（预计到2034年将增加到每年300万人次和1700万吨货物），成为中间走廊的重要组成部分。2018年1月从新疆乌鲁木齐到阿塞拜疆巴库的36个集装箱试运行全程约4000公里，在途运输时间8天。2020年12月，首列沿着中间走廊行驶的"伊斯坦布尔—西安"中欧班列（长安号）开通运行。该线路穿越伊斯坦布尔的马尔马拉海底隧道和博斯普鲁斯海峡，经过南部通道巴库—第比利斯—卡尔斯铁路到达阿塞拜疆，再跨里海到达哈萨克斯坦，通过霍尔果斯口岸进入中国，共计运行 8693 公里，让原本走海运需要 40 天左右时间的路程缩短为 12 天半。

分析认为，如果中间走廊得到有效利用，估计每年货值可达 6000 亿美元。中亚国家将从中欧贸易中受益，在土库曼斯坦、哈萨克斯坦和阿塞拜疆的港口建立物流中心和自由贸易区，将促进跨里海合作[①]。德国国际与安全研究所认为[②]，中间走廊沿线覆盖中亚、高加索和土耳其等经济区，有助于促进南高加索和中亚的和平与繁荣，加强对中亚的商业准入，增强欧洲供应链的弹性，实现欧洲多元化能源等物资供应，平衡俄罗斯、中国和伊朗在中亚的影响力，符合欧盟和土耳其在加强欧亚互联互通方面的共同利益。

今天的全球供应链重组、欧洲能源危机以及欧盟寻求替代跨西伯利亚铁路货运路线的愿望，都为中间走廊沿线国家与中国和欧盟发展合作提供了巨大机遇和潜力。尽管从长远看，中间走廊无法完全取代过境俄罗斯的北部走廊（2021 年中间走廊的过境运输量仅相当于跨西伯利亚铁路运输货物量的 8%），但跨里海国际运输路线沿线的区域一体化，加上中亚国家希望减少对俄罗斯的依赖，未来必然会削弱过境俄罗斯的运量。2022 年 2 月开始的俄乌冲突引发的重大地缘政治后果之一，是重振了中间走廊。由于俄罗斯和白俄罗斯遭受西方制裁，过境这两国的新欧亚大陆桥（也称为"北部走廊"）受阻，中欧之间的运量 2022 年大幅下降了 40%。根据世界银行《乌克兰战争对全球贸易和投资的影响（2022 年）》，物流中断几乎影响了俄罗斯和欧洲之间的所有贸易流动，导致严重延误并推高了本已居高不下的全球运费价格[③]。

---

① Republic of Türkiye Ministry of Foreign Affairs, Türkiye's Multilateral Transportation Policy, https://www.mfa.gov.tr/turkey_s‑multilateral‑transportation‑policy.en.mfa.

② Stiftung Wissenschaft und Politik, Russia's War on Ukraine and the Rise of the Middle Corridor as a Third Vector of Eurasian Connectivity——Connecting Europe and Asia via Central Asia, the Caucasus, and Turkey, 28.10.2022, https://www.swp‑berlin.org/10.18449/2022C64.

③ World Bank, The Impact of the War in Ukraine on Global Trade and Investment, https://openknowledge.worldbank.org/entities/publication/8a37c7fb‑5fd8‑56aa‑bb7e‑2a0970c468d9.

美国外交政策研究所认为[①]，中间走廊不仅是一个多边的多式联运合作机制，而且越来越具有地缘政治色彩。"土耳其将中间走廊作为其中亚外交政策的核心。中间走廊不仅可以加强其与中亚的经济联系，还可提高其战略地位。土耳其希望通过利用其与中亚突厥语国家的共同语言根源，为中亚国家提供一个有吸引力的贸易通道，从而取代土耳其的长期竞争对手伊朗或俄罗斯。与此同时，从中国政府的角度来看，拥有一条美国不能直接阻止的（就像传统的海上路线一样），并且俄罗斯不占主导地位的贸易路线（就像北方走廊的情况一样），这对中国来说具有战略价值。"

四 俄罗斯的南北走廊倡议

国际南北运输走廊（INSTC）是一条从俄罗斯经伊朗到达印度的多式联运通道。这条通道早在第二次世界大战期间，曾作为美国对苏联提供物资援助的重要通道。当时经由波斯湾和伊朗抵达苏联的"波斯湾走廊"承担的援苏物资运量占援苏总援助量的1/4，对欧洲反法西斯战争的胜利产生了积极影响。与传统的海运相比（从圣彼得堡出发，经波罗的海、大西洋、地中海、苏伊士运河、红海、印度洋到印度孟买），南北走廊的运输时间可从30—45天缩短到15—24天。俄总统普京曾表示，希望"每年从欧洲国家经伊朗运送2500万吨货物到近东、中东和南亚"。

南北走廊的运输路线大体有三条。一是中线，从俄罗斯圣彼得堡到里海港口（阿斯特拉罕、奥利亚、马哈奇卡拉等），经里海水运到伊朗的里海港口（安扎利、阿米拉巴德、努沙赫尔等），然后到伊朗的波斯湾港口（阿巴斯港、恰巴哈尔港），再经印度洋到印度。这条路线大约长7200公里。二是东线，从俄罗斯出发，沿里海东岸（哈萨克斯

[①] Felix K. Chang, The Middle Corridor through Central Asia: Trade and Influence Ambitions, 2023.02.21, https://www.fpri.org/article/2023/02/the-middle-corridor-through-central-asia-trade-and-influence-ambitions/.

坦—土库曼斯坦—伊朗铁路和公路）到伊朗的波斯湾港口，再海运到印度。哈萨克斯坦—土库曼斯坦—伊朗铁路线于2014年完工并投入运营，让南北走廊东段全线畅通。三是西线，从俄罗斯出发，沿里海西岸（俄罗斯—阿塞拜疆—伊朗铁路和公路），到伊朗的波斯湾港口，再海运到印度。截至2023年初，全长162公里的连接阿塞拜疆和伊朗西北部的阿斯塔拉—拉什特铁路尚未建成。俄罗斯和伊朗曾希望该段铁路2024年动工，2026年竣工运营，届时南北走廊西线可全线畅通。

1999年，印度、伊朗和俄罗斯的一些运输企业签署《关于通过斯里兰卡—印度—伊朗—里海—俄罗斯国际运输走廊的集装箱进出口运输的总协定》，确定集装箱的运输费率和通行条件。2000年9月12日在圣彼得堡举行的第二届欧亚交通会议期间，俄罗斯、伊朗和印度三国交通部门签署《关于建立南北走廊的政府间协议》，后来又有10个国家加入该走廊协议（保加利亚、白俄罗斯、乌克兰、阿塞拜疆、亚美尼亚、哈萨克斯坦、吉尔吉斯斯坦、塔吉克斯坦、阿曼、土耳其）。土库曼斯坦外交部部长拉希德2022年8月19日在内陆发展中国家运输部长级会议新闻发布会上表示，随着国际物流新通道发展，土库曼斯坦可以成为多式联运走廊的主要十字路口之一；土库曼斯坦希望加入南北走廊，愿继续与俄罗斯在铁路、公路、航空、海洋和其他运输方式等领域建立伙伴关系。

在俄伊印三国积极推动南北走廊合作的同时，印度和中亚国家也在积极寻求与波斯湾的交通物流联系，这些合作成果也成为南北走廊这个大合作框架的一部分。2011年4月25日，乌兹别克斯坦、土库曼斯坦、伊朗、阿曼和卡塔尔五国签署《阿什哈巴德协议》[①]，目标是加强区域内的互联互通。后来卡塔尔于2013年退出，哈萨克斯坦、巴基斯坦和印度2018年加入。印度在2012年6月举行的首次"印

[①] Соглашение о создании Международного транспортного и транзитного коридора между Правительствами Исламской Республики Иран, Султаната Оман, Туркменистана и Республики Узбекистан（Ашхабадское Соглашение）（Ашхабад, 25 апреля 2011 года）, https：//continent - online.com/Document/? doc_id =37364992#pos =1；-76.

度—中亚"外长对话会上正式提出了"连接中亚"政策（connect central asia），明确将加强同中亚的互联互通放在首要位置。莫迪2014年执政后，更是借着印度正式加入上海合作组织的契机，推动印度积极地加强同中亚国家的互联互通。

俄罗斯一直将南北走廊作为弥补甚至替代从波罗的海经苏伊士运河到印度洋的物流通道。但自2000年俄伊印三国签署南北走廊协议后很长时间，该走廊的交通物流量并未有大幅增长，主要原因是基础设施落后，尤其是伊朗因核问题而长时间受美欧制裁，境内的基础设施投资不足，铁路和港口建设滞后，另外还有海关过境规则不统一，程序复杂且费用较高，综合性价比不敌海运。俄罗斯希望有一个单一的运营商（比如成立南北走廊协调委员会）来具体运营走廊过境物流，初期阶段争取年运送1500万至2000万吨货物。

2022年俄乌冲突爆发后，南北走廊成为俄罗斯与外部世界联系的重要通道之一，运输潜力得到较大发展。伊朗专家认为："鉴于俄罗斯和伊朗均受到令人窒息的制裁，这条国际走廊的重要性不仅限于贸易，还可以从战略及其他重要层面来打破西方的封锁，挫败其极限施压政策。这条南北走廊的特点是运输时间短、运输成本低、安全性高，以实现贸易各方最大的利润空间。伊朗决心使这条走廊成为全球贸易的桥梁，将自印度洋和东亚国家，经海湾国家，再到高加索和欧亚大陆，最后到东欧的范围接连起来。"[①] 2022年6月，俄罗斯国家铁路集团和伊朗国家航运公司发出一趟测试列车，沿南北走廊中线（圣彼得堡—阿斯特拉罕—安扎利港—阿巴斯—孟买）走行25天，7月发出第二列测试列车装有39个集装箱建筑材料，沿南北走廊东线（莫斯科—马卡特—萨拉赫斯—阿巴斯—孟买）走行14天。

---

① 《伊朗启动国际"南北"走廊：它能成为苏伊士运河的替代选项吗？》，2022.06.24，https://chinese.al-jazeera.net/economy/2022/6/24/%E4%BC%8A%E6%9C%97%E5%90%AF%E5%8A%A8%E5%8D%97%E5%8C%97%E8%B5%B0%E5%BB%8A%E5%AE%83%E8%83%BD%E6%88%90%E4%B8%BA%E8%8B%8F%E4%BC%8A%E5%A3%AB%E8%BF%90%E6%B2%B3%E7%9A%84%E6%9B%BF%E4%BB%A3%E9%80%89%E9%A1%B9。

分析认为，俄罗斯倡议的南北走廊可能对土耳其造成巨大影响，可能会分流经土耳其的博斯普鲁斯—达达尼尔海峡的物流。伊朗也在积极探讨绕过土耳其的"波斯湾—黑海"走廊（伊朗西北部的朱尔法市—亚美尼亚首都埃里温—格鲁吉亚的黑海港口巴统），减弱对土耳其的依赖。印度也希望发展绕开巴基斯坦的南北走廊，直接与中亚、高加索和俄罗斯建立贸易通道。

第三节　中哈两国的基础设施建设规划

依照国内外的通用定义，基础设施是指为社会生产和居民生活提供公共服务的物质工程设施，是用于保障国家或地区社会经济活动正常进行的公共服务系统。基础设施按所在地域分为农村和城市两大类，依照服务属性大体分为生产性和社会性两大类。据国家发改委的相关文件，基础设施建设还可以分为传统的基础设施建设和新基础设施建设两大类。传统基建是人们通常理解的"修桥铺路盖房子"，比如铁路、公路、桥梁、水利工程、通信网络、能源网络等大建筑。与旧基建的重资产特点相比，新基建立足于科技端的基础设施建设，本质上是信息数字化的基础设施，具有轻资产、高科技含量、高附加值的特点，它既是基建，又是新兴产业。2020年国家发改委确定"新基建"的范围包括三方面内容。一是信息基础设施（通信基础设施、新技术基础设施、算力基础设施）。主要是指基于新一代信息技术演化生成的基础设施，比如以5G技术、物联网、工业互联网、卫星互联网为代表的通信网络基础设施，以人工智能、云计算、区块链等为代表的新技术基础设施，以数据中心、智能计算中心为代表的算力基础设施等。二是融合基础设施。主要是指深度应用互联网、大数据、人工智能等技术，支撑传统基础设施转型升级，进而形成的融合基础设施，比如智能交通基础设施、智慧能源基础设施等。三是创新基础设施。主要是指支撑科学研究、技术开发、产品研制的具有公益属性的基础设施，比如重大科技基础设施、科教基础设施、产业技术创新基础设施等。

国家发改委2019年发布的《西部陆海新通道总体规划》提出要将西部陆海新通道建设成为推进西部大开发形成新格局的战略通道、连接"丝绸之路经济带"和"21世纪海上丝绸之路"的陆海联动通道、支撑西部地区参与国际经济合作的陆海贸易通道、促进交通物流经济深度融合的综合运输通道，并在通道基础设施、运行和物流效率、与区域经济融合发展、对外开放及国际合作四大方面发力。

哈萨克斯坦对基础设施的界定主要体现在"光明之路"新经济政策，按照功能分为六大领域。一是交通物流基础设施。按照"枢纽中心"原则，通过建设国内主要的公路、铁路、水道和航空设施，形成以首都阿斯塔纳为中心的放射状交通网络，将国内各地区与首都相连且彼此相连。二是工农业基础设施，为工业和农业生产服务，比如工厂、水利设施等。三是能源基础设施。尤其是电站、电网、热力网、油气管道等。四是公共事业基础设施。主要是涉及民生的供水管网、供热网络、通信等。五是住宅基础设施。六是社会事业基础设施。尤其是校舍、幼儿园、高校的物资技术设备等。但在哈政府2019年12月发布的《2020—2025年"光明之路"基础设施发展国家纲要》[①]，基础设施这个范围被缩减到仅剩交通物流，其他诸如工农业生产性基础设施、能源基础设施、公共事业基础设施、住宅基础设施、社会事业基础设施等已不出现。由于2022年国内外形势发生剧烈变化，哈政府2022年12月宣布废除《2020—2025年"光明之路"

[①] "Государственная программа инфраструктурного развития 'Нұрлы Жол' на 2020-2025 гг.", Постановление Правительства Республики Казахстан от 31 декабря 2019 года № 1055. Утратил силу постановлением Правительства Республики Казахстан от 30 декабря 2022 года № 1116.

基础设施发展国家纲要》，同时发布替代文件《交通物流发展国家纲要》。

一 新哈萨克斯坦时代的基础设施发展战略

哈萨克斯坦总统托卡耶夫2023年4月19日在国家经济社会发展问题扩大会议上表示，哈萨克斯坦大规模政治改革进程已经告一段落，接下来的任务是集中精力发展经济社会，努力发展经济，改善民众生活，满足公众对改革的期望，"我们生活在非常困难的时期。传统经济和物流联系的断裂伴随着创纪录的通货膨胀，世界经济放缓，国家债务负担加重，贸易壁垒成倍增加，国家间互不信任加剧。这一切都是世界经济的新常态，或者说是反常态。自然资源不可能是国家繁荣的可持续源泉，作为油气生产国，哈萨克斯坦应适应新的地缘经济形势。经济多元化是时代需要和战略任务。如果我们不立即行动起来，我们将无法在世界竞争中取得进步，只能在世界经济中垫底。过去10年，经济的惯性增长导致哈萨克斯坦陷入中等收入陷阱。如果现在不为经济的质量增长打下坚实基础，那么居民收入停滞不前就会为时不远。据专家测算，哈萨克斯坦要想进入高收入国家行列，需要（从现在起）确保GDP年增长率保持在6%的水平"[1]。为此，哈政府需要关注九个问题。一是解决通胀问题。需要增加国产量，减少进口，用好补贴机制，发展仓储物流。二是提高居民收入，遏制实际收入下降，需要用好信贷，发展中小企业。三是关注宏观经济增长。需要完善税收体制，发展地下资源综合开发利用，完善公私合营PPP机制。四是摆脱垄断，追回非法资产，为诚信竞争创造条件。五是发展基础设施，尤其是电网、热力网、道路、管道等公共基础设施。六是

---

[1] Выступление Главы государства Касым-Жомарта Токаева на расширенном совещании по вопросам социально-экономического развития страны, 2023.04.19, https://akorda.kz/ru/vystuplenie-glavy-gosudarstva-kasym-zhomarta-tokaeva-na-rasshirennom-soveshchanii-po-voprosam-socialno-ekonomicheskogo-razvitiya-strany-1934439.

建设一个健康和有文化的国家。重视医疗卫生、教育、青年，提高人力资源潜力。七是提高农民收入和生活质量。关注饮水质量和网络通信覆盖率。八是提高国家管理水平。九是完善国家发展战略，由于"2050年战略"和"2025年前战略"已不符合新时期新形势需求，需要修改。在新地缘政治形势下，安全和外交领域的主要任务是维护国内安全，加强防御能力，提高哈萨克斯坦乃至整个中亚地区的国际声誉。

第一，哈萨克斯坦非常重视基础设施建设，尤其是涉及民生的公共基础设施，以及能够发挥过境潜力的国际通道建设。托卡耶夫总统2022年9月6日在国情咨文中讲道："鉴于当前的地缘政治形势，哈萨克斯坦正在成为亚欧之间最重要的陆路走廊。我们需要充分利用目前开放的机遇，成为真正具有全球意义的运输和中转枢纽。哈萨克斯坦已经开始实施诸如在阿克套建立集装箱枢纽、开发跨里海走廊等大型项目。世界领先的物流公司将参与这项工作。哈萨克斯坦国家铁路集团将重组为过境物流集团。应特别关注公路建设的质量，包括地方道路。尽管投入了巨额预算，但这个问题仍在议题上。我之前曾指示到2025年地方道路状况良好的比例要达到95%。政府需要直接监督这个问题。在查明道路建设中的违规行为这件事上应有具体结果。到目前为止，沥青的供应一直中断。对于一个石油开采大国来说，这是说不过去的，政府必须彻底解决这个问题。"[①]

2022年7月7日，托卡耶夫总统在关于发展运输和过境潜力的政府工作会议上指出[②]："运输和物流业在哈萨克斯坦经济中具有特殊作用。当前的地缘政治局势和制裁对抗导致传统运输和物流链断裂，因此必须确保安全和不间断的出口。哈萨克斯坦应保持在中亚地区的领导地位，发展成为一个可靠的过境枢纽。"针对铁路运输，托卡耶

---

① 《哈萨克斯坦共和国总统托卡耶夫2022年国情咨文（全文）》，https://www.inform.kz/cn/2022_a3975124。

② Глава государства провел совещание по развитию транспортно-транзитного потенциала, 7 июля 2022 года, https://www.akorda.kz/ru/glava-gosudarstva-provel-soveshchanie-po-razvitiyu-transportno-tranzitnogo-potenciala-76050。

夫指出："有必要制定替代路线来运输和交付货物，实现运输多样化，包括实施多斯特克—莫因特、巴赫特—阿亚古孜、马克塔拉尔—达尔巴扎等项目，以及建设一条绕过阿拉木图的铁路线。"针对公路运输，托卡耶夫指出："要大力发展公路基础设施，首要任务是按时、保证质量地完成已经启动的阿克托别—坎迪阿加什—马卡特、阿特劳—阿斯特拉罕、阿拉木图—卡拉干达、塔尔迪库尔干—乌斯季卡缅诺戈尔斯克等高速公路的修复项目。"针对海运，托卡耶夫指出："哈萨克斯坦过去从来不是一个海洋国家，因此不具备充分利用海上运输的可能性。现在时代变了。我为政府设定了一项战略任务——改造我们的港口，将它们变成里海的主要枢纽之一。我原则上同意有必要加强船队建设，并在阿克套港建立一个集装箱枢纽。"针对石油出口，托卡耶夫表示："优先方向是跨里海航线。我指示国家油气集团制定最佳实施方案，包括吸引田吉兹项目的投资者。政府应与萨姆鲁克－卡泽纳国家福利基金一起采取措施，增加阿特劳—肯基亚克和肯基亚克—库姆托尔输油管道的容量。"

2022年7月21日，托卡耶夫总统在第四次中亚国家元首磋商会上表示[①]："中亚国家需要加强区域交通互联互通，不断改善过境条件。略看地图便可知，中亚处于俄罗斯、中国、南亚、中东和南高加索交界处，地理位置得天独厚。在新的地缘政治现实中，我们这个地区在促进和发展跨大陆贸易方面的作用正在迅速增强。在这种情况下，哈萨克斯坦正在积极发展跨里海国际运输路线。自2017年以来，这条走廊沿线的集装箱运输量增长了2倍，达到2.5万个。此外，哈方愿参与马扎里沙里夫—喀布尔—白沙瓦铁路建设。特别是，我们可以确保铁路轨道的材料供应，并提供机车车辆。就我们而言，我们敦促我们的合作伙伴更积极地利用哈萨克斯坦—土库曼斯坦—伊朗铁

---

① Выступление Президента К. К. Токаева на IV Консультативной встрече глав государств Центральной Азии, г. Чолпон-Ата, 21 июля 2022 года, https://akorda.kz/ru/vystuplenie－na－iv－konsultativnoy－vstreche－glav－gosudarstv－centralnoy－azii－2163148.

路，这是东亚与波斯湾国家之间的最短路线。在我最近访问伊朗期间，第一列集装箱列车从哈萨克斯坦开往土耳其，途经土库曼斯坦和伊朗。这种新的物流解决方案可以在短短 12 天内行程 6000 多公里。哈萨克斯坦的阿克套和库雷克海港可以提供进入中东和欧洲市场的通道。我相信哈萨克斯坦与正在成功开发土库曼巴什港基础设施的土库曼斯坦持同样的立场。我们目前正在积极与乌兹别克斯坦合作。达尔巴扎—马克塔拉尔铁路线的开通将使运力增加 1 倍，货物运输时间减少 2/3。我们还支持建设一条新的土库曼巴什—加拉博加兹—哈萨克斯坦边境高速公路。2025 年起，计划启动自扎瑙津至土库曼斯坦边境段的高速公路改造工作。协调这一领域的活动将显著增加我们的运输和物流项目的回报。因此，中亚各国政府应密切合作，优化关税政策，简化过境运输的行政程序。当然，我们的抱负不应仅限于将中亚定位为纯粹的陆路桥梁和原材料供应地。建立真正可持续的经济模式需要大规模工业化和加速发展有前途的新经济部门。"

2022 年 9 月 16 日，托卡耶夫总统在上海合作组织元首峰会上表示[①]："当今世界已经进入国际局势严重恶化的危险时期，在这一时期，制裁施压的方法以及用对抗方法解决全球核心问题变得更加突出。当今时代的一个显著特点是严重缺乏相互信任。在这种情况下，加强以互信、平等、公开对话为基础的'上海精神'至关重要……我想特别强调经济合作的优先领域——过境运输、粮食和能源安全。在改善物流互联互通方面取得的重大成就是通过了《上合组织成员国发展互联互通和建立高效交通走廊构想》，其中包括中国—欧洲方向的铁路运输和跨里海国际运输路线，以及在哈萨克斯坦和中国边境建设第三个铁路过境点的计划。哈萨克斯坦—土库曼斯坦—伊朗铁路具有巨大潜力，它开辟了从东亚到海湾国家的最短路线。哈萨克斯坦

---

① Выступление Президента Казахстана Касым-Жомарта Токаева на заседании Совета глав государств-членов ШОС в расширенном формате, 2022.09.16, https：//akorda.kz/ru/vystuplenie - prezidenta - kazahstana - kasym - zhomarta - tokaeva - na - zasedanii - soveta - glav - gosudarstv - chlenov - shos - v - rasshirennom - formate - 168294.

与中亚国家的过境运输合作正在蓬勃发展。我们欢迎实施有希望的项目，以确保区域各国间的互联互通。我们支持扩大中亚和南亚之间的运输线路，发展跨欧亚大陆的南北走廊和东西走廊的努力。总体而言，我们主张建立新的多式联运走廊和物流中心并使其现代化。"

2022年11月10日，托卡耶夫在撒马尔罕举行的突厥语国家组织元首峰会上指出："哈萨克斯坦连接着东方和西方、北方和南方，因此，在目前的过渡时期，提高过境交通和运输的潜力并最大限度地利用其潜力非常重要。我想借此机会提请你们注意这一方向。我们希望进一步扩大我们的过境和出口能力。首先，要对过境点进行现代化改造。其次，应采取必要措施发展铁路和公路的替代路线。最后，建立一个数字运输系统至关重要。该系统将优化货物清关程序，确保运输文件的快速交换，并为进入国际市场提供额外的机会。"

从上述托卡耶夫总统的讲话中可知，哈萨克斯坦认为，从2022年开始，随着新冠疫情结束和俄乌冲突开启，哈面临的内外环境已发生重大变化。在国内，民众对改善基础设施的需求增加，水、电、气、通信、住宅、交通、学校、医院等生活必需的设施需要更新改造或新建，经济发展也需要有更现代化的绿色节能、交通物流仓储、能源开发利用、信息交流、进出口通道等基础设施。在国际上，由于西方制裁致使过境俄罗斯的外部通道受阻，同时面临其他国家的通道建设竞争，哈必须大力发挥本国的过境潜力，才能维持住自己的"中亚枢纽"地位，成为欧亚大陆连接东西（中国—欧洲）和南北（俄罗斯—南亚、中东）的中心。

第二，基础设施发展纲要。根据哈总统2021年10月7日第670号法令，哈政府共批准了10个国家级发展规划（目前正在落实执行）：《健康国家——为每个公民提供优质和负担得起的医疗保健》；《优质教育——有文化的民族》；《文化、教育和国家精神》；《通过数字化和科学创新实现技术飞跃》；《企业创业发展国家纲要》；《强大地区——国家发展的驱动力》；《提高哈萨克斯坦人民的福利的可持续经济增长》;《绿色哈萨克斯坦》;《国家农工综合体发展纲要》;《安全的国家》[①]。

哈政府曾在2019年12月发布《2020—2025年"光明之路"基础设施发展国家纲要》（以下简称《纲要》）[②]，计划与2019年相比，到2025年运输和仓储业产值增长21.9%，运输和仓储业劳动生产率比2016年增长39.9%，运输和仓储领域固定资本投资比2016年增长308%，2020—2025年六年运输业创造55.07万个就业机会，其中固定岗位4.85万个，临时岗位50.22万个，状况良好且令人满意的公路在国家级公路中的占比达到100%，在州和区市级公路中的比重达到95%，哈萨克斯坦在世界经济论坛基础设施指标全球竞争力排名中的位置将提高18位，哈萨克斯坦在世界银行物流效率（LPI）排名中的位置提高21位。《纲要》预计投资5.559439万亿坚戈，其中68.3%（即3.794631万亿坚戈）来自中央预算，12.9%（7152.88亿坚戈）来自地方预算，12.9%（7199.62亿坚戈）来自国家—私人伙伴关系投资，5.9%（3295.58亿坚戈）来自企业自有资金。中央预算中的13.7%（5226.27亿坚戈）来自国际金融机构。

2022年11月11日，哈政府发布《2030年前交通物流潜力发展构想》（以下简称《构想》）[③]，用于替代《2020—2025年"光明之路"基础设施发展国家纲要》。新的《构想》目标与2019年相比，运输仓储业的劳动生产率到2025年提高19.3%，到2030年提高29.3%；固定资产投资规模增长98.4%。到2030年，关键的安全、可靠和效率指标得到改善，包括国际公路和国家级公路的技术状态100%符合标准，州级和区市级公路符合技术状态标准的比例不低于

[①] Указ Президента Республики Казахстан от 7 октября 2021 года № 670, https://www.akorda.kz/ru/ob-utverzhdenii-perechnya-nacionalnyh-proektov-1391918.

[②] "Государственная программа инфраструктурного развития 'Нұрлы Жол' на 2020-2025 гг.", Постановление Правительства Республики Казахстан от 31 декабря 2019 года № 1055. Утратил силу постановлением Правительства Республики Казахстан от 30 декабря 2022 года № 1116.

[③] Концепция развития транспортно-логистического потенциала Республики Казахстан до 2030 года, https://legalacts.egov.kz/npa/view?id=14291348.

95%；运输事故减少10%；将国际公路网中具有4条及以上车道的I类道路在总交通量中的比例提高至20%；私营承运人的货物运量比重不低于总运量的30%；国家级公路沿线的通信设备达到至少3G移动通信标准，互联网接入率达到100%；船闸的水动力事故风险降低到50.7%；使用寿命超过25年的客车比例降至3%；将使用燃气发动机的车辆的数量比重提高到15%，使用电动机的车辆的数量提高20倍；国际列车日行速度提高40%；铁路年客运量达到3400万人次；过境运输量达到3500万吨，其中集装箱数量达到200万个标箱；国际铁路的电气化线路比重提高到30%；将航空旅客的流动性（每10万人口）增加10%；符合国际民航组织标准和建议做法的安全飞行比重达到90%；所有国际机场100%符合国际民航组织的技术标准。

从上述规划文件中可看出，哈在基础设施领域面临两大难题。一是现有基础设施老化严重，需要巨额投资维修保养和新建。但基础设施现代化和设备更新需求不断增长，与国家、准公共和私营部门财力有限、国内外融资成本高的矛盾日益增长，使得发展基础设施面临越来越多的困难。二是必须扩大多元化对外联系通道，减少对某一国家或某一物流方向的依赖。与此同时，周边替代交通走廊的发展对哈构成竞争威胁。周边大国和中亚邻国都在积极发展过境运输，很多项目都是绕过哈萨克斯坦领土，哈存在被"边缘化"风险。

第三，发展过境运输。据统计，截至2022年初，哈境内有铁路1.6万公里、公路9.5443万公里、内河航道2169公里、无轨电车115公里、有轨电车76公里。每千平方公里的交通基础设施密度分别为铁路6.1公里、内河航道0.8公里和公路35公里。2022年，哈全国各种运输方式共完成货物运输量38.867亿吨，货运周转量6030亿吨·公里，运送旅客77.568亿人次，其中公路运输占99.7%。旅客周转量1165亿人·公里。公路是哈最主要的交通运输方式。2005年以来，哈萨克斯坦对公路进行了可通行轴重13吨车辆的建设和改造，目标是达到国际汽车运输走廊技术等级不低于Ⅱ类。据统计，在 2018 年公路运输的货物总量中，45.7% 的是煤炭，14.7% 的是建筑材料，3.7% 的是有色金属矿石，2.5% 的是原油和石油产品，0.3% 的是集装箱。

哈政府认为，哈境内已经形成并运营的陆上国际运输走廊有 5 条国际铁路，年总过境能力达 5000 万吨，8 条国际公路，年总过境能力达 1000 万吨。

5 条国际铁路分别是：（1）跨欧亚北部走廊（多斯特克/霍尔果斯—阿克托盖—萨亚克—莫恩特—阿斯塔纳—彼得罗巴甫洛夫斯克），是连接欧洲和中国的横跨哈萨克斯坦东西部的铁路干线。（2）跨欧亚南部走廊（多斯特克/霍尔果斯—阿克托盖—阿拉木图—阿雷西—萨雷阿加什），是经土耳其、伊朗、中亚连接东南欧和中国的铁路线。（3）跨欧亚中间走廊（萨雷阿加什—阿雷西—坎达加奇—俄罗斯的奥津济），是沿咸海东部的一条贯穿哈萨克斯坦南北的铁路。（4）欧洲—高加索—亚洲运输走廊（TRACECA，多斯特克/霍尔果斯—阿拉木图—阿克套，或者途经热孜卡兹甘—别伊涅乌），是一条经里海和高加索连接欧洲和中国的通道。（5）南北走廊，是条北欧经俄罗斯到波斯湾的线路，可经里海海运连接俄罗斯和伊朗的港口，或经里海东岸的乌津（哈萨克斯坦）—别列克特（土库曼斯坦）—戈尔甘（伊朗）铁路，或经里海西岸的俄罗斯—阿塞拜疆—伊朗铁路。

8 条国际公路走廊分别是：（1）全长 2747 公里的双西公路（西欧—中国西部）哈萨克斯坦境内段。萨马拉（俄罗斯）—乌拉尔斯克—阿克托别—克孜勒奥尔达—奇姆肯特（往南可到乌兹别克斯坦首都塔什干）—塔拉兹—比什凯克—阿拉木图—霍尔果斯。（2）欧盟的"欧洲—高加索—亚洲运输走廊"（TRACECA）哈萨克斯坦境内段。该路段很大部分与双西公路重叠，区别是起点在哈萨克斯坦的里海港口，即阿克套—多索尔（马卡特）—阿克托别。（3）（俄罗斯方向）阿克托别—坎德阿加什—马卡特—阿特劳—阿斯特拉罕。
(4)（沿里海的土库曼斯坦—俄罗斯方向）阿斯特拉罕—阿特劳—阿克套—哈与土库曼斯坦的边境口岸。(5)（俄罗斯—中国方向）鄂木斯克—巴甫洛达尔—塞米—迈卡普恰盖。(6)（俄罗斯方向）阿斯塔纳—科斯塔奈—车里雅宾斯克，全长860公里，每日通行约7000辆汽车。(7)（俄罗斯方向）阿拉木图—卡拉干达—阿斯塔纳—彼得罗巴甫洛夫斯克—库尔干，长1868公里。(8)（中亚—俄罗斯东部和远东方向）阿拉木图—塔尔迪库尔干—乌斯季卡缅诺戈尔斯克—谢莫纳伊哈—巴尔瑙尔，全长1210公里。

哈萨克斯坦的过境运输量逐年增加。据哈工业与基础设施发展部数据，各种运输方式过境哈萨克斯坦的货运量2018年共计1920万吨（其中铁路运输1760万吨），2019年1940万吨，2020年2270万吨（铁路2060万吨），2021年2380万吨（铁路2100万吨），2022年达到2680万吨。2015—2022年这8年间，过境哈萨克斯坦的20英尺标准集装箱运输量从2015年的21万个增到110万个，其七成集中在中欧方向，从2015年的4.7万个增加到2021年的73.2万个；其余三成在"中国—中亚"和"俄罗斯远东港口—中亚"方向。在"中国—伊朗"方向（哈萨克斯坦—土库曼斯坦—伊朗铁路）2015年为零，2021年有2900个集装箱。跨里海国际运输路线（阿克套港和库雷克港）2022年运输了3.37万个集装箱，是2015年的80倍。与中国接壤的两个铁路口岸（多斯特克/阿拉山口、阿腾科里/霍尔果斯）的年总通行能力约4000万吨，各约2000万吨。以里海港口阿克套港和库雷克港为代表的"西大门"，货物总吞吐量达2100万吨/年。哈萨克斯坦已经建立了从中国到里海和黑海的库雷克、阿克套、巴库、巴统、波季等港口的定期多式联运，可通往欧洲国家。

哈政府认为，随着经济社会发展，过境运输需求会不断增长。第一，中国和东南亚的经济增长和运量增加，希望增加通过陆路到欧洲国家的货物运输。哈萨克斯坦是最便捷和路程最短的过境通道之一，铁路每年承接约 4/5 的中欧班列。双西公路上的货运量也呈增长态势。据国际专家预测，2025 年前，中国与欧亚大陆主要市场的贸易额将增长 50%，即超过 1 万亿美元，其中 8500 亿美元流向中国与欧盟、俄罗斯、中亚国家、土耳其和伊朗。由于"一带一路"倡议的实施，预计中国西部和中部省份的出口将出现更快速增长，而这些地区主要采用陆上运输解决方案，将货物运往市场。第二，哈萨克斯坦的机场位于欧亚大陆中心，位于连接欧洲与亚洲、东南亚的航线上，因此，哈在扩大国际航空服务和增加哈国内航空公司飞往国内外的航班方面具有巨大潜力。第三，哈需要巨大的海外市场来消化承接自身工农业发展后的巨大产能。将本国产品出口到国外，同样需要设施完备的国际通道。第四，哈面临激烈的国际竞争。周边大国和中亚邻国也都在利用优惠政策吸引外资，积极发展过境运输，很多项目都是绕过哈萨克斯坦领土，比如中吉乌铁路与乌土伊阿铁路对接（乌兹别克斯坦—土库曼斯坦—伊朗—阿曼）、土库曼斯坦发展里海港口土库曼巴什、乌兹别克斯坦发展乌阿巴铁路（铁尔梅兹—马扎里沙里夫—喀布尔—白沙瓦）等，让哈感到竞争压力。

哈政府认为，限制哈境内公路过境运输潜力的因素主要是基础设施不发达，技术类别低，存在技术条件差的路段，自动化和数字服务发展不足，检查站和过境点能力不足，多式联运连通性差，降低了公路运输的吸引力。据统计，2018 年哈萨克斯坦与 40 多个国家和地区有国际公路客货运输活动，尤其是中亚邻国、俄罗斯、中国和外高加索国家。国际公路运输服务市场规模超过 2 亿美元。哈国内约有 3500 家承运人、1.7 万多辆汽车参与国际公路运输服务市场。哈本国承运人的份额约占哈国际公路货物运输总量的 46%，份额占比不高的主要原因是哈国内能够满足欧洲要求的车辆数量不足。

哈政府认为，限制哈铁路过境运输潜力的因素主要有以下四个。第一，运输技术和基础设施相对落后，跟不上集装箱运输大趋势。中亚邻国和俄罗斯过境哈萨克斯坦的运输倾向于使用货车车厢（不是集装箱），不能明显增加过境货物周转量，使得哈过境潜力（估计铁路运输每年至少可达 5000 万吨）未能得到充分开发。第二，跨越哈国境的 24 个铁路检查站（其中与俄罗斯 20 个，与乌兹别克斯坦 3 个，与吉尔吉斯斯坦 1 个）的设备设施已经老化落后，不符合现代通关技术要求，影响过境口岸的吞吐量增长。第三，长期运营导致铁路基础设施老化严重，部分大型枢纽站和中转站等基础设施使用寿命超过 30 年，迫切需要对现有的供电设备、通信系统、铁路自动化和远程机械进行现代化改造。第四，作为主要铁路网的一部分，单轨和非电气化路段比重大，导致存在大量限制列车容量和速度提升的"瓶颈"。

哈政府认为，哈萨克斯坦里海海港的设计年吞吐量为 2700 万吨。截至 2021 年底，哈海事部门登记的船舶约有 300 艘，包括 8 艘 1.2 万—1.3 万吨的油轮。海上运输发展面临的主要挑战包括缺乏足够的有竞争力的现代商船队（尤其是渡轮和集装箱船）；港口服务工作薄弱，对多式联运的监管法律支持不足；缺乏用于发展里海物流服务的现代工具；缺乏导航设备设施；船舶搜救系统弱；消除油污的能力不足。另外，尽管阿克套港和库雷克港的运力已接近设计上限，但鉴于阿塞拜疆大力扩充巴库港、伊朗发展阿斯塔拉港，土库曼斯坦发展土库曼巴什港，未来哈将面临极强的竞争压力。

哈政府认为，为提高铁路、公路、水运和航空的过境潜力，需要形成广泛的交通网络，让通过哈萨克斯坦的国际交通运输走廊将周边国家连接起来；需要改善基础设施，提高技术等级以及通行能力和通行速度；需要改善仓储物流条件，提高转运能力；需要从资产管理的角度出发，通过引入新的合同形式和交钥匙合同机制，将设计和通货膨胀风险转移给工程承包商，以便缩短项目的实施时间，引入无瑕疵维护的长期合同，从对工作量的定量核算转变为对交通运输和运营状况的定性指标。

二 中国式现代化的国际通道发展战略

早在2015年3月国家发改委、外交部、商务部经国务院授权发布的文件《推动共建丝绸之路经济带和21世纪海上丝绸之路的愿景与行动》（以下简称《愿景与行动》）中，明确指出建设"一带一路"的框架思路是根据"一带一路"走向，陆上依托国际大通道，以沿线中心城市为支撑，以重点经贸产业园区为合作平台，共同打造新亚欧大陆桥、中蒙俄、中国—中亚—西亚、中国—中南半岛、中巴、孟中印缅6个经济走廊。《愿景与行动》同时还规定"一带一路"的合作重点是以政策沟通、设施联通、贸易畅通、资金融通、民心相通为主要内容。其中，基础设施互联互通是"一带一路"建设的优先领域，尤其是交通、能源和通信设施，在尊重相关国家主权和安全关切的基础上，加强基础设施建设规划、技术标准体系的对接，共同推进国际骨干通道建设，逐步形成连接亚洲各次区域以及亚欧非之间的基础设施网络。强化基础设施绿色低碳化建设和运营管理，在建设中充分考虑气候变化影响。具体措施如下。（1）抓住交通基础设施的关键通道、关键节点和重点工程，优先打通缺失路段，畅通"瓶颈"路段，配套完善道路安全防护设施和交通管理设施设备，提升道路通达水平。（2）推进建立统一的全程运输协调机制，促进国际通关、换装、多式联运有机衔接，逐步形成兼容规范的运输规则，实现国际运输便利化。（3）推动口岸基础设施建设，畅通陆水联运通道，推进港口合作建设，增加海上航线和班次，加强海上物流信息化合作。（4）拓展建立民航全面合作的平台和机制，加快提升航空基础设施水平。（5）加强能源基础设施互联互通合作，共同维护输油、输气管道等运输通道安全，推进跨境电力与输电通道建设，积极开展区域电网升级改造合作。（6）共同推进跨境光缆等通信干线网络建设，提高国际通信互联互通水平，畅通信息丝绸之路。加快推进双边跨境光缆等建设，规划建设洲际海底光缆项目，完善空中（卫星）信息通道，扩大信息交流与合作。

由此可知，"一带一路"倡议主要依托国际通道建设，希望最终形成陆海内外联动、东西双向互济的开放格局，按照"经济、高效、便捷、绿色、安全"的要求，借助互联互通带动沿线经济和产业发展。该倡议提出后初期，国家发改委便提出要与共建"一带一路"国家共建六大经济走廊（新欧亚大陆桥、中蒙俄、中国—中亚—西亚、中国—中南半岛、中巴、孟中印缅），2018年又新增一个"国际陆海贸易新通道"[①]。这7个通道将东南、西南、西北和北部的陆上交通物流连为一个整体。

2022年12月国家发改委发布《"十四五"现代物流发展规划》[②]，规定"十四五"时期的物流产业建设目标是到2025年基本建成供需适配、内外联通、安全高效、智慧绿色的现代物流体系，基本形成"通道+枢纽+网络"运行体系，串接不同运输方式的多元化国际物流通道逐步完善，畅联国内国际的物流服务网络更加健全。主要发展方向之一，是加快"两沿"和"十廊"国际物流大通道建设，对接区域全面经济伙伴关系协定（RCEP）等，强化服务共建"一带一路"的多元化国际物流通道辐射能力。形成"核心节点+通道+班列"的高效物流组织体系，发展物流通道经济。在加快国际物流网络化发展方面，着力推进国际通道网络建设、补齐国际航空物流短板、培育国际航运竞争优势、提高国际物流综合服务能力。

---

① "国际陆海贸易新通道"（New International Land-Sea Trade Corridor）原名"中新互联互通南向通道"，是中国和新加坡共同打造、为东盟各国提供的公共产品和公共服务，以人流、物流、资金流、信息流高效联通为着力点，旨在推动中国与东盟区域一体化发展。2017年9月20日，习近平在会见来访的新加坡李显龙总理时，提出了共建国际陆海贸易新通道构想。2018年11月12日中新两国签署《关于中新（重庆）战略性互联互通示范项目"国际陆海贸易新通道"建设合作的谅解备忘录》，"中新互联互通南向通道"从此正式更名为"国际陆海贸易新通道"。2019年8月，中国发布《西部陆海新通道总体规划》，确定以重庆为运营中心，中国西部面对东盟各国全面开放新格局。2021年12月，中新两国共同完成了《国际陆海贸易新通道合作规划》编制，将该通道建设推向新高潮。参见《国际陆海贸易新通道共识与行动》，2022年3月21日，https：//www.cq.gov.cn/zt/yhyshj/zxdt/202203/t20220321_10531823.html。

② 《国务院办公厅关于印发"十四五"现代物流发展规划的通知》（国办发〔2022〕17号），中国政府网（http：//www.gov.cn/zhengce/content/2022-12/15/content_5732092.ht）。

（1）推进国际通道网络建设就是要"强化国家物流枢纽等的国际物流服务设施建设，完善通关等功能，加强国际、国内物流通道衔接，推动国际物流基础设施互联互通。推动商贸物流型境外经贸合作区建设，优化海外布局，扩大辐射范围。巩固并提升中欧班列等国际铁路运输组织水平，推动跨境公路运输发展，加快构建高效畅通的多元化国际物流干线通道。积极推进海外仓建设，加快健全标准体系。鼓励大型物流企业开展境外港口、海外仓、分销网络建设合作和协同共享，完善全球物流服务网络"。

（2）提高国际物流综合服务能力就是要"优化完善中欧班列开行方案统筹协调和动态调整机制，加快建设中欧班列集结中心，完善海外货物集散网络，推动中欧班列双向均衡运输，提高货源集结与班列运行效率。加快国际航运、航空与中欧班列、西部陆海新通道国际海铁联运班列等协同联动，提升国际旅客列车行包运输能力，开行客车化跨境班列，构建多样化国际物流服务体系。提高重点边境铁路口岸换装和通行能力，推动边境水运口岸综合开发和国际航道物流合作，提升边境公路口岸物流能力。推进跨境物流单证规则、检验检疫、认证认可、通关报关等标准衔接和国际互认合作"。

（3）在实施保障方面，需要加强国际合作，即"推动建立国际物流通道沿线国家协作机制，加强便利化运输、智慧海关、智能边境、智享联通等方面合作。持续推动中欧班列'关铁通'项目在有合作意愿国家落地实施。逐步建立适应国际铁路联运特点的陆路贸易规则体系，推动完善配套法律法规，加强与国内外银行、保险等金融机构合作，探索使用铁路运输单证开展贸易融资"。

截至 2023 年初，"一带一路"交通互联互通网络逐步显现立体化、全方位、多层次的特点。国际道路运输合作范围拓展至 19 个国家，水路国际运输航线覆盖 100 多个国家和地区，航空网络覆盖 60 余个国家和地区。据中国国家铁路局数据，中欧班列连通中国境内 108 个城市，通达欧洲 25 个国家 208 个城市，是世界上最繁忙的国际货运线路之一。2022年中欧班列共运行1.6万列、发送货物160万标箱①。为了进一步提升共建"一带一路"的多元化国际物流通道辐射能力，未来还要继续强化"两沿"（沿海、沿边）和"十廊"（珠三角、成渝、长江中游城市群、西北、西南、东南沿海、中部、华东、华北、东北）建设，推进基础设施"硬联通"和制度规则"软联通"，进一步畅通国际运输，保障国际物流供应链安全，为构建新发展格局、助力国内国际双循环奠定坚实基础。

社会物流成本水平是衡量国民经济发展质量和综合竞争力的集中体现，努力降低物流成本是交通物流建设的主要任务之一。中国社会物流总额2020年300万亿元，2021年330万亿元，2022年347.6万亿元。社会物流总费用2020年14.9万亿元，2021年16.7万亿元，2022年17.8万亿元。社会物流总费用与GDP的比率为2020年为14.7%，2021年为14.6%，2022年为14.7%。全国物流费用结构基本上是运输费用占54%，保管费用占33%，管理费用占13%。尽管物流成本已经下降很大，但依然有较大下降空间。预计到2025年，社会物流总费用与GDP的比率较2020年预计下降2个百分点。

第四节 中哈设施联通的前景

从中哈已经出台并确认的国家发展战略和落实措施可知，两国互联互通合作的理论和落实措施基础是交通走廊和经济走廊，均认为经济走廊是一种加快区域经济合作与发展的潜在有效机制。建设经济走廊，一方面将企业合作扩展至更广阔空间单位，使之进一步

---

① 《畅通国际物流通道　助力共赢发展》，国家铁路局网（https://www.nra.gov.cn/xwzx/xwxx/xwlb/202304/t20230418_341314.shtml）。

融入地区和全球生产链之中；另一方面有利于将现有的基础设施、相关机构和政策规定整合起来，创造较好的投资环境，吸引私人投资，进而创造更多的就业机会，促进经济社会发展。换言之，经济走廊可以有效促进地区间连通，将地区间的市场资源、人力资源、物力资源和自然资源等有机地整合在一起，互通有无，从而促进地区持续发展。

哈萨克斯坦的基础设施建设需求也非常大。随着人口增长和经济发展，以及老化设施更新改造，哈萨克斯坦在铁路、公路、灌溉等水利工程、自来水管线、电站、电网、通信基站、机场、卫星通信、住宅、公共事业基础设施（供水和供热管网）、社会事业基础设施（校舍、幼儿园、医院等）等传统基础设施的更新和新建需求较大。在新基建领域，哈萨克斯坦将发展数字经济作为本国经济发展的重要方向，由此带动的通信、新技术（人工智能）、算力（数据中心）、智能融合（特高压输电网、储能、氢能、高速铁路、城市轨道交通、新能源汽车充电桩、智慧城市、监控系统等）、创新产业园区等基础设施建设需求增长迅速。如果旧基建在升级改造过程中融入数字技术，则演变为新基建的"融合基础设施"。

结合中国与哈萨克斯坦的发展需求和基础设施现状，两国可继续扩大在交通、物流、能源、信息、通信、卫星、金融、新技术、城乡公用设施等基础设施建设及其数字化升级改造，频密航线和航班，加强智能化、标准化的物流和信息平台建设，降本增效，补齐基础设施的软/硬件短板，发挥过境潜力和枢纽网络体系优势。

中哈在基础设施互联互通领域的合作原则宜包括以下方面。

（1）注重打造战略性的网络型基础设施体系，保障运行安全，形成相互依赖的体系，避免发展孤立封闭的基础设施体系。在完善其自身基础设施的同时，将整个中亚地区的基础设施与中国的基础设施体系相连接，从而拓展各方的对外联系通道。

（2）注重与区域内其他国际合作项目和倡议对接，融合各方，相互借力，避免"另起炉灶"或相互对立的体系。将地缘政治竞争与正常的商业经济竞争分开，采取开放态度，欢迎各方共同建设繁荣稳定的中亚，造福地区民众。比如欧洲高速公路网、亚洲高速公路网（泛亚公路）、泛亚铁路、欧盟的跨欧亚交通走廊和通信走廊项目、阿塞拜疆协调的"欧亚跨国信息高速公路"、世界银行的 Digital CASA 项目[①]、美国的新中亚战略项目、阿富汗等国的青金石走廊倡议、俄罗斯的南北交通走廊倡议、高加索国家的"三海合作"倡议（里海、黑海、地中海）、土耳其的中间走廊计划、"丝绸之路经济带"与欧亚经济联盟、上海合作组织与欧亚经济联盟对接等。

（3）注意发挥市场机制，减少对政府的依赖，在有效管控风险的情况下，勇于尝试 BOT（建设—经营—转让）和 PPP 等形式。基础设施建设投资大、周期长、经营风险多、回收难度大。因此，实践中，中国与中亚国家的基础设施领域合作主要以 EPC（交钥匙）工程承包为主，其中大部分是跟随中国的项目投资、贷款或援助的工程建设，少部分是沿线国家或国际组织利用自主资金的招标工程。应用 BOT 和 PPP 形式的合作项目很少，这些形式的项目在中亚地区主要被俄罗斯、土耳其、韩国等企业垄断。这在一定程度上说明中国企业的海外竞争和生存能力仍有不足，过于依赖国家政策和支持。

（4）硬件与软件结合，提质增效。在设施建设的同时，跟上便利化合作，加强相关的规则和标准磋商协调，保证基础设施发挥应有的效率，减少硬件设施因软件规则不畅通而无法充分发挥效益的现象。

（5）围绕经济走廊想办法。"一带一路"规划的经济走廊与哈着力打造的增长极（城市群，尤其是阿斯塔纳、阿拉木图、奇姆肯特、

[①] Digital CASA 项目是世界银行信息通信团队（World Bank ICT Team）与中亚、南亚国家联合开发的数字合作项目，旨在通过促进私营部门的基础设施投资，优化相关政策和监管框架，以改进中亚和部分南亚国家互联网的跨境方式，完善这些国家之间互联网的连接。该项目的参与国有吉尔吉斯斯坦、塔吉克斯坦、乌兹别克斯坦、阿富汗和巴基斯坦。

阿克托别四大城市集群）本质相通，十分契合。换句话说，中哈两国的优先合作项目宜尽可能位于经济走廊沿线，并符合哈产业政策和工业园区政策，这样才能更好地集中资源，发挥规模效应。

（6）补足短板与空白，比如尝试建设中哈跨境电网。截至2023年初，除油气管道沿线为保障管道运行而建设的配套电网外，中哈之间尚无高压输变电网连接。中国国家电网公司希望借助特高压输电技术，建设"以特高压电网为骨干网架、输送清洁能源为主导、全球互联互通的坚强智能电网"，实现大型能源基地远距离外送，规划与俄罗斯、蒙古、哈萨克斯坦和巴基斯坦四国电网互联互通，打造"丝绸之路经济带"的电力走廊。

第五章　贸易畅通

贸易是经济增长的重要引擎，贸易畅通是有效参与全球分工，实现联动发展的重要路径。当前虽然贸易保护主义、逆全球化思潮不断有新表现，但经济全球化、贸易自由化的大趋势不可阻挡。中国与哈萨克斯坦都奉行开放的贸易政策，两国虽没有自贸制度安排，但贸易便利化水平不断提升。中哈自1992年1月建交以来，两国贸易额大幅提升，中国稳居哈萨克斯坦第二大贸易伙伴。中哈有地理相邻的区位优势和天然的经济互补性，两国贸易关系不断密切是大势所趋。

第一节　贸易畅通的意义与趋势

当今世界进入动荡变革期，大国竞争和地缘冲突趋于激烈，逆全球化思潮和贸易保护主义沉渣泛起，世界经济和国际贸易增速趋缓。但总体看，和平与发展仍是时代主题，经济全球化的大趋势没变，贸易便利化和自由化仍是多数国家的目标方向。

贸易是经济增长的重要引擎，跨境贸易是各经济体参与全球价值链的关键窗口。贸易畅通的本质是减少贸易壁垒，降低贸易成本，提高贸易效率，使商品充分便捷流动。贸易畅通有利于各国充分发挥各自的资源禀赋优势，更有效参与国际分工，提高经济竞争力和劳动生产率，同时还可以丰富商品供给，改善民众福祉，实现联动发展。

从中国的实践看，由于顺应经济全球化趋势，不断扩大对外开放，对外贸易成为中国经济最为活跃、增长最快的部分之一。正如《中国的对外贸易》白皮书中所说："中国对外贸易的发展，将中国与世界更加紧密地联系起来，有力推动了中国的现代化建设，也促进了世界的繁荣与进步。"[1]《中国与世界贸易组织》白皮书也强调，中国过去40年的经济发展是在开放条件下取得的，未来中国经济实现高质量发展也将在更加开放条件下进行。中国将继续坚持对外开放基本国策，以更加积极的姿态融入经济全球化进程，实行高水平的贸易和投资自由化、便利化政策，与各国构建利益高度融合、彼此相互依存的命运共同体[2]。

一 贸易畅通的内涵

贸易畅通是"一带一路"建设的重点内容，旨在激发释放共建"一带一路"国家的合作潜力，做大做好合作"蛋糕"。根据"一带一路"的相关政策，贸易畅通的合作内容至少包括六项。一是共建"一带一路"国家共同建设自由贸易网络体系，消除投资和贸易壁垒，促进贸易和投资便利化。共同商建自由贸易区，构建区域内和各国良好的营商环境，激发释放合作潜力。二是共同提高技术性贸易措施透明度，降低非关税壁垒，提高贸易自由化便利化水平。三是共同拓宽贸易领域，优化贸易结构，挖掘贸易新增长点，促进贸易平衡。四是把投资和贸易有机结合起来，以投资带动贸易发展，在投资贸易中突出生态文明理念，加强生态环境、生物多样性和应对气候变化合作，共建绿色丝绸之路。五是共同优化产业链、价值链、供应链和服务链，促进共建"一带一路"国家和地区产业互补、互动与互助。

---

[1] 《中国的对外贸易白皮书（2011年12月）》，中华人民共和国国务院新闻办（http://www.scio.gov.cn/ztk/dtzt/66/2/Document/1061092/1061092.htm）。

[2] 《中国与世界贸易组织白皮书（2018年6月）》，中国政府网（https://www.gov.cn/zhengce/2018-06/28/content_5301884.htm）。

六是共同探索新的开放开发之路,形成互利共赢、多元平衡、安全高效的开放型经济体系。

由此可知,除扩大贸易规模、优化贸易结构外,贸易畅通的主要任务是机制体制合作,创造良好的贸易制度环境,加强贸易可持续发展能力建设。通常情况下,贸易制度主要包括贸易便利化和贸易自由化两个层面的内容,二者相辅相成,相互促进。

(一) 贸易便利化

贸易便利化突出"便利"二字,核心要义是简化和协调贸易程序,加速跨境商品和服务的流通。不同机构对贸易便利化的定义不同,但内涵大同小异。亚太经合组织的定义是,贸易便利化是指使用新技术和其他措施,简化和协调与贸易有关的程序和行政障碍,降低成本,推动货物和服务更好地流通。中国海关总署的定义是,通过简化贸易程序、增强贸易法规的透明度、统一标准、完善规范、减少限制等一系列的措施,降低国际贸易活动中的交易成本,从而促进货物、服务的自由流动。

世界上没有统一的衡量贸易便利化程度的标准。世界银行选取的是进出口时间成本和费用成本,由北京睿库贸易安全及便利化研究中心组织编撰的《中国贸易便利化年度报告》则采用12项指标来分析中国的贸易便利化变化。实践中,贸易便利化是一项综合工程,除简政、降税、减费等政策外,还涉及交通和海关基础设施现代化、金融服务的便利性和可靠性、知识产权保护等诸多领域。基础设施的完善可增强运力,提升贸易的便利性和可及性,保障货物运输通畅。金融领域的可靠高效便捷的结算服务可为贸易畅通提供重要助力,而汇率波动风险、制裁与长臂管辖等会在很大程度上影响贸易成本,在大国博弈升级、地缘冲突不断的复杂环境下,金融工具对贸易畅通的作用更加显著。

世界贸易组织的《贸易便利化协定》(以下简称《协定》)是全球涉及范围最广的多边贸易便利化制度性安排。该《协定》共分3

个部分、总计24项条款。根据世贸组织2015年10月发布的报告，如果便利化协议全面生效，每年全球商品出口额有望增加1.8万亿至3.6万亿美元，贸易成本可削减9.6%—23.1%①。中国商务部2015年引用国际机构的测算，认为《贸易便利化协定》若能有效实施，将使发达国家贸易成本降低10%，发展中国家成本降低13%—15.5%；最高可使发展中国家出口规模每年增长9.9%（约5690亿美元），发达国家增长4.5%（约4750亿美元），从而带动全球GDP增长9600亿美元，增加2100万个就业岗位②。

2015年9月，中国政府决定接受世界贸易组织《协定》，之后不断推出贸易便利化措施。2017年启动和推广中国国际贸易"单一窗口"（标准版），2018年推出"关检融合"政策。2021年海关总署会同国家发展改革委、财政部、交通运输部、商务部、卫生健康委、中国人民银行等部门联合推出5大方面27项贸易便利化政策措施，包括支持海外仓建设，完善跨境电商出口退货政策；进一步降低进出口环节费用，提高口岸收费的规范化、透明化水平，修订《港口收费计费办法》，依法依规查处口岸经营活动中的涉嫌垄断行为；优化完善"经过认证的经营者"制度。截至2019年底，中国海关已与15个经济体的42个国家（地区）签订了"经过认证的经营者"互认安排，数量居全球首位。随着贸易便利化措施不断落地，贸易便利化水平大幅提高。以通关便利化为例，2021年中国海关进口整体通关时间为36.7小时，较2017年压缩62.3%，出口整体通关时间为1.8小时，较2017年压缩85.2%，进出口环节须验核的监管证件从86种精减至41种，减少52.3%。③

---

① 《WTO估算贸易便利化将使全球出口最多增3.6万亿美元》，中国商务部网站（http：//gpj.mofcom.gov.cn/article/zuixindt/201510/20151001148892.shtml）。

② 《商务部世贸司负责人就〈贸易便利化协定〉有关情况进行解读》，中国商务部网站（http：//www.mofcom.gov.cn/article/ae/ai/201501/20150100864841.shtml）。

③ 《商务部：中国进口关税总水平已降至7.4%》，人民网（http：finance.people.com.cn/n1/2021/1209/c1004-32303967.htm）。

哈萨克斯坦也是《贸易便利化协定》的接受国。在2022年11月举行的贸易便利化委员会会议上，哈方陈述了在便利化方面的举措和成果，包括引入电子申报系统（包含自行注册、预先申报、转关过境、货物清关、风险管理和个人账户等），启动了"单一窗口"①。世界银行《营商环境报告2018》的各国贸易便利化排名中，哈萨克斯坦的贸易便利化指数得分63.19分，世界排第123位，出口商品单据符合性审核平均耗时128小时，通关时间平均133小时，进口环节平均耗时分别为320小时和574小时。同期，中国的贸易便利化指数得分69.91分，排第97位，其中出口商品单据符合性审核21.2小时，通关时间25.9小时，进口环节平均耗时分别为65.7小时和92.3小时。另外，物流绩效指数是贸易便利化的重要参考指数之一，中哈两国在物流绩效指数上的差距非常明显，2023年中国排名世界第19，哈萨克斯坦排名世界第79（见表5-1），说明作为内陆国的哈萨克斯坦仍有许多工作要做。

表5-1 中国和哈萨克斯坦的"全球物流绩效指数"（LPI）世界排名情况

	2014年	2018年	2023年
中国	28位	26位	19位
哈萨克斯坦	88位	71位	79位

资料来源：根据世界银行2012年度、2018年度、2023年度"LPI Global Rankings"整理，Doing Business https：//archive.doingbusiness.org/en/reports/global-reports/doing-business-2018。

（二）贸易自由化

贸易自由化通常是指一国逐渐取消妨碍和限制跨境贸易的障碍，包括法律、法规、政策和措施等，为进口商品和服务提供贸易优惠待遇的过程。障碍不仅包括关税壁垒，还包括数量限制、品类限制及汇

---

① Заседание комитета Всемирной торговой организации по упрощению процедур торговли (ВТО), 29.11.2022. https：//www.gov.kz/memleket/entities/mti/press/news/details/468200？lang=ru.

率政策等。1947年签署的《关税及贸易总协定》（GATT）是首个全球性的以自由化为目标的多边安排，其宗旨是通过削减关税和其他贸易壁垒，消除国际贸易中的差别待遇，促进国际贸易自由化，以充分利用全球资源，扩大商品生产与流通。1995年1月1日，世界贸易组织取代《关税及贸易总协定》开始正式运作。截至2023年初，有164个成员，24个观察员，成员国的贸易额占全球贸易额的98%以上。尽管世贸组织遵循互惠原则、透明度原则、市场准入原则、促进公平竞争原则、经济发展原则、非歧视性原则（最惠国待遇、国民待遇）等基本原则，但该组织并不是一个自由贸易机构，它只是致力于逐步实现贸易自由化，促进成员间开放，营造更加公平的竞争环境。

多边贸易体制和区域贸易安排一直是驱动经济全球化向前发展的两个轮子。随着全球化进程，商品和服务的跨国活动增多，越来越多的国家希望通过建立自由贸易区等形式，推动区域经济一体化进程，拓展本国经济利益。据世界贸易组织数据，截至2022年12月31日，全世界向WTO官方通报的区域贸易协定共计593个，其中已生效360个[1]。区域贸易协定的形式包括自由贸易协定（FTA，自贸协定）、经济伙伴关系协定、关税同盟、服务贸易一体化协议等，其中自贸协定的数量约占2/3。

作为区域一体化机制的初期阶段，自由贸易区通常指两个以上的国家或地区，通过签订自由贸易协定（FTA），相互取消绝大部分货物的关税和非关税壁垒，取消绝大多数服务部门的市场准入限制，开放投资，从而促进生产要素优势互补和共同发展。

实践中，依照合作内容和发展水平，当前世界各地的自贸区大体可以分为货物贸易、服务贸易、"WTO+"低中高三个层次。一是低端的自贸区主要涉及货物贸易，如独联体自贸区，主要内容有关税减

---

[1] WTO, Regional trade agreements, https://www.wto.org/english/tratop_e/region_e/region_e.htm.

让、非关税措施消减、敏感商品范围等。二是中端的自贸区是货物贸易+服务贸易。主要涉及市场开放，另外还有与此相关的经济合作事务，如中国—东盟自贸区。三是高端的自贸区常被称为"超WTO"范式或"WTO+"范式。除贸易政策外，涉及更广泛的经济政策议题，如投资自由、政府采购、电子商务、竞争秩序、标准认定、市场经济地位、知识产权保护、劳动力、环保、宏观经济、跨国公司、中小企业、私营企业发展等。

高端自贸区以美国曾经倡导的《跨太平洋伙伴关系协定》（TPP）和《跨大西洋贸易与投资伙伴协定》（TTIP）为代表，其特点如下。一是全覆盖，没有例外，减免所有商品关税和非关税措施。二是谈判的重点不是传统的贸易政策范畴，而是广泛的经济政策，甚至进入社会事务领域，如跨国公司、劳工保护、环保等。三是进一步突破国家主权司法限制。尤其是关于保护跨国公司突破国家主权司法壁垒的规则和规定，将自贸区合作变为保护跨国公司的特惠贸易制度。在此之前，"自贸区通常处于WTO框架内，主要涉及货物和服务在协议国家间自由流动，跨国公司仍在主权国家间做生意，必须遵守主权国家的法律和仲裁，对跨国公司形成主权壁垒约束"。TPP则通过一套新的、独立于WTO争端解决机制的"投资者与国家间争端解决机制"（ISDS条款），赋予跨国企业绕过主权国司法体系，直接向国际商业仲裁机构提起仲裁并要求投资对象国政府赔偿损失的权利。[①]

国际上的自贸区谈判具有两大趋势：一是服务贸易成为贸易协定的重要部分，投资、知识产权、技术贸易壁垒、争端解决、劳工保护、环保、国有企业等内容往往被纳入进来，尤其是在以美欧为首的发达国家主导的区域贸易协定中更是如此；二是自由贸易协定已成为强国的对外政策工具之一，正逐步超越贸易这一传统领域，向政治、经济、安全和社会等领域发展渗透，成为强国拓展海外市场和施压别

---

① 张茉楠：《TPP之实：跨国公司主导下的特惠贸易》，《中国经营报》2016年3月7日。

国政治经济改革的砝码之一。自贸区建设过程中，地区内各国以及各国内各利益集团的诉求不同，对自贸区的态度和立场也不一致。①

2001年12月，经过15年谈判，中国正式加入世贸组织，成为该组织的第143个成员。中国在加入世贸组织时，承诺关税总水平不高于9.8%。2010年，中国履行完所有降税承诺，平均进口关税水平从2001年的15.3%降至2010年的9.8%。之后进入自主降税阶段，到2021年，中国的关税总水平为7.4%，低于入世的承诺。2022年，中国再次调整954项进口商品关税，涉及食品、医疗保健品、母婴用品等多种消费品。

2010年1月1日起，俄罗斯、哈萨克斯坦、白俄罗斯三国关税同盟启动，对外实行统一进口关税，哈萨克斯坦的关税平均税率为10.4%（加入关税同盟前为6.2%）。2015年，哈萨克斯坦正式成为世贸组织第162个成员。哈加入世贸组织时承诺将关税逐渐下降至6.5%，其中农产品平均关税从17%下调至10.2%，工业产品从8.7%下降至5.6%。为此，哈萨克斯坦将3512项商品的税率从欧亚经济联盟的统一关税撤销，执行更低的进口关税。

贸易自由化与经济全球化相伴而生，也是大势所趋。习近平主席在第二届"一带一路"国际合作高峰论坛上指出，要促进贸易和投资自由化便利化，旗帜鲜明反对保护主义，中国准备与更多国家商签高标准自由贸易协定。截至2023年初，中国签署了19个自由贸易协定，涉及26个国家和地区。其中，2022年1月1日生效的《区域全面经济伙伴关系协定》（RCEP）是世界人口最多、经贸规模最大、最具发展潜力的自由贸易区。2012年以来，中国签署了9个自由贸易协定，零关税的商品比例达到90%以上。

哈萨克斯坦参与的自贸区协定有两个。一是独联体自贸区。2011年10月，俄罗斯、乌克兰、白俄罗斯、哈萨克斯坦、吉尔吉斯斯坦、

---

① 荆林波、袁平红：《中国加快实施自由贸易区战略研究》，《国际贸易》2013年第7期。

塔吉克斯坦、摩尔多瓦、亚美尼亚8个独联体成员国签署自由贸易区条约，乌兹别克斯坦于2013年批准加入。二是欧亚经济联盟。2015年启动，目标是在2025年前实现联盟内部商品、服务、资本和劳动力自由流动，并推行协调一致的经济政策。

二　新冠疫情后的世界贸易的发展趋势

跨境贸易的根基是能够向国际市场提供有竞争力的产品，任何国家对外贸易都会面临竞争和挑战。为有效应对风险挑战，提高贸易质量，需要不断完善政策保障体系，包括贸易促进、服务保障、风险防范。即使中国这样的货物贸易第一大国也存在外贸发展不平衡和不协调等问题，需要不断拓宽贸易领域，挖掘贸易新增长点，促进贸易平衡。不同国家的资源禀赋和发展阶段不同，提升对外贸易发展能力的重点也不一样。

（一）全球贸易新版图的特点

在新冠疫情、地缘危机、大国博弈等多重因素叠加影响下，逆全球化思潮愈演愈烈，世界经济进入深刻调整期，国际贸易增速放缓，全球价值链供应链呈现断链重组的趋势，国际贸易关系出现巨大变化，新的全球贸易版图正在形成。

一是国际贸易的泛政治化和泛安全化色彩渐浓，各国都在强调供应多样化。西方甚至提出供应链从"近岸外包"向"友岸外包"转化这个概念，保护主义进一步抬头，一定程度上冲击了市场对资源配置的作用，给全球贸易畅通带来严重挑战。

贸易关系调整集中体现在中美俄欧四大政治经济力量。美国一再泛化"国家安全"概念，大搞技术封锁，脱钩断链，对全球产业链供应链的长期安全稳定构成严重威胁，也使中美经贸关系日益紧张，美国在中国的贸易占比开始下降，2020年至2022年，美国在中国货物贸易的占比分别为12.62%、12.48%和12.02%。随着乌克兰危机升级，西方对俄罗斯极限制裁，俄欧贸易也遭受沉重打击，欧洲与俄罗斯贸易激进脱钩后果逐渐显现，俄能源出口加速转向亚太，与中印、东盟等友好国家经贸关系持续加强。

二是全球经济治理面临重重困难，但贸易便利化自由化不会停步。世贸组织谈判机制效率低下、信用降低，加之美国一再阻挠上诉机构新成员遴选，致使世贸组织上诉机构因人员达不到最低要求而被迫瘫痪，不少成员纷纷转向双边和小多边贸易协定谈判。与贸易密切相关的是金融体系的潜在变革，特别是西方对俄极限制裁，传统的金融基础设施可靠性下降，越来越多的国家增加本币结算份额，减轻对美元的依赖，全球金融体系也进入调整期。尽管贸易自由化和保护主义的斗争更趋激烈，各种贸易壁垒花样迭出，但经济全球化为世界经济增长提供了强劲动力，这是不可逆转的时代潮流。世界上绝大多数国家反对贸易保护主义，经济全球化仍朝着开放、包容、合作、共赢的方向发展。美国虽极力拉欧洲构建"去中国化"的贸易圈，但欧盟及德法领导人频繁访华并坚决反对脱钩论，马克龙呼吁欧洲必须抵制那些减少对华贸易和外交联系的言行。这再次说明，"尽管单边主义、贸易保护主义、逆全球化思潮甚嚣尘上，但'地球村'的现实存在决定了各国利益交融、命运与共、合作共赢是大势所趋"[①]。

三是发达经济体在全球贸易的地位持续下降。虽然发达国家仍然在全球贸易和经济活动中占据主导地位，但已经表现出颓势，中国等新兴经济体已成为国际贸易增长的重要力量，占比越来越大。分水岭是2008年的国际金融危机。正是在那个时候，逆全球化思潮涌现，一些国家采取单边主义措施，发动贸易战，但非理性贸易对抗并未改变发展中国家在全球跨境贸易持续提升的态势。据联合国贸易和发展会议数据，2008年发展中国家货物出口占世界货物贸易的比重为41.4%，服务出口占全球的28.1%。到2020年，发展中国家在全球跨境贸易中的比重提高至41.3%，其中货物贸易的全球占比为44%，

[①] 许耀桐等：《社会主义在世界和中国的发展》，人民出版社2021年版，第345页。

服务贸易为31.5%。上述变化是世界力量对比出现前所未有变化趋势的具体反映，不会因个别国家实施贸易保护主义而改变。

四是区域经济一体化合作势头更猛。多边贸易体制和区域贸易安排是驱动经济全球化向前发展的两个轮子。尽管世贸组织的权威和改革遭遇挑战，但在全球范围内各种区域经济合作势头不减，正深刻影响着国际贸易的走向。比如，中国—东盟自贸区升级、《区域全面经济伙伴关系协定》生效，使东盟和中国的经贸关系进一步密切，东盟在中国的贸易地位持续上升。2020年起，中国与东盟互为第一大货物贸易伙伴。在政治互信和经济互补的双重刺激下，中国与俄罗斯和中亚的经贸关系持续发展，中国在俄罗斯外贸中的占比进一步提升，2023年中俄贸易额达到2401亿美元。中国与中亚的贸易额2022年达到702亿美元，较30年前更是增长了约100倍。

五是绿色贸易和电子商务成为国际贸易的增长点。随着人们越来越重视环境保护，绿色可持续发展成为各国的共同目标，自然而然地，"环境友好型商品"越来越受欢迎，企业也投入更多精力关注绿色产品开发。各国政府纷纷制定"碳达峰""碳中和"目标，碳税等绿色贸易政策开始出台，节能、绿色、有机食品、低碳标识产品的进出口进入爆发式增长期。据2023年3月联合国贸易和发展会议发布的《全球贸易更新》报告，2022年"绿色货物"（环境友好型商品）贸易额达到1.9万亿美元，其中，纯电和混合动力汽车贸易实现25%的增长，非塑料包装贸易增幅为20%。随着数字经济的高速发展，贸易方式正发生巨大变化，快捷高效、低成本的电子商务迅速崛起，为贸易畅通提供了持续动力。

六是贸易规模受地缘博弈、通胀高企等多种因素影响而增速趋缓。据2023年4月世贸组织发布的《全球贸易展望和统计报告》，预计2023年世界商品贸易量将增长1.7%，低于2022年的2.7%。据2023年3月联合国贸易和发展会议（UNCTAD）发布的《全球贸易更新》报告，地缘局势紧张、通胀率居高不下、多国上调利率以及能源、食品与金属原材料价格高企等阻碍了全球贸易增长势头，2022年下半年出现颓势，2023年上半年全球贸易或停滞不前，下半年可能有所好转。在世界经济调整期和国际秩序重构期，国际贸易呈现增速降低、不确定性增多的态势。

（二）提升对外贸易可持续发展能力

针对自身的不足，中国"十四五"规划提出：一要立足国内大循环，协同推进强大国内市场和贸易强国建设，形成全球资源要素强大引力场，促进内需和外需、进口和出口、引进外资和对外投资协调发展，加快培育参与国际合作和竞争新优势。二要促进内外贸法律法规、监管体制、经营资质、质量标准、检验检疫、认证认可等相衔接。三要降低进口关税和制度性成本，扩大优质消费品、先进技术、重要设备、能源资源等进口，促进进口来源多元化。四要完善出口政策，优化出口商品质量和结构，稳步提高出口附加值。优化国际市场布局，引导企业深耕传统出口市场、拓展新兴市场，扩大与周边国家贸易规模。五要加快发展跨境电商、市场采购贸易等新模式，鼓励建设海外仓，保障外贸产业链供应链畅通运转。六要创新发展服务贸易，推进服务贸易创新发展试点开放平台建设，提升贸易数字化水平。[①] 这些措施的根本目标，是提升中国跨境贸易可持续发展能力。虽然各国国情不同，但各国都需要不断扬优势，补短板，确保本国的产品和服务国际竞争力不掉队。

"哈萨克斯坦2050年战略"提出"商业强大，国家就强大"的理念。哈萨克斯坦对外贸易政策主要围绕两大方向展开：一是进口替代；二是鼓励出口。进口替代方面，哈萨克斯坦出台一系列鼓励国内生产的政策措施，包括《商业路线图—2025》、"简单物品经济"规划和《哈萨克斯坦共和国产业政策法》等，旨在提高"哈萨克斯坦

---

① 《中华人民共和国国民经济和社会发展第十四个五年规划和2035年远景目标纲要》，中国政府网（http://www.gov.cn/xinwen/2021-03/13/content_5592681.htm）。

含量"。前两者主要通过金融贷款、税收等优惠政策，增加"具有广泛社会意义的消费品和食品"的国内生产和供给，减少对进口的依赖；产业政策法旨在系统性解决实现国家工业化面临的主要问题，促进中高端产品生产，激励和支持工具主要面向中高端产品生产企业。2023年4月在政府经济工作扩大会议上，托卡耶夫再次强调，"国产化水平要稳步提高，从简单到复杂"。

支持出口方面，2021年2月，哈政府通过"2025年前国家发展战略"和"2025年前国家优先事项"，其中对外贸易政策的优先任务是扩大出口和出口市场多样化，发展外向型服务贸易。政策支持措施主要包括：建立支持出口的"单一窗口"；努力消除出口目的地国的关税和非关税壁垒；在境外设立出口保险公司代表处，为开拓市场提供支持；制定鼓励出口的金融支持措施。服务贸易出口重点领域是交通物流、旅游和医疗，其中，发展横贯东西、南北的国际物流大通道，构建多元、稳定、可靠的多元能源出口线路是重中之重。为扩大出口，哈萨克斯坦贸易与一体化部2020年启动了"出口加速计划"，遴选优质企业，为其提供出口支持。哈萨克斯坦还设立了两大支持和扩大出口的机制，分别是哈萨克贸易政策发展中心和国家出口保险公司。前者提供非金融支持的"单一窗口"，帮助企业获取关于促进非原材料出口的所有政策信息，如返还出口商部分费用、落实"出口加速计划"、组织经贸代表团出访、助企业入驻国际电商平台等。后者负责提供直接金融支持，包括贸易融资、出口保险、担保和贷款等。

第二节　哈萨克斯坦的对外经贸合作

2015年哈萨克斯坦加入世贸组织后，对国民经济发展产生积极影响，为哈企业和产品进入国际市场提供机遇，消费者也拥有更多商品和服务的选择权，使哈在世界经济格局中占有一席之地。同时，入世表明哈准备按照国际普遍接受的规则和标准融入全球产业链供应链价值链。

哈萨克斯坦奉行开放的贸易政策，贸易权完全放开，所有自然人和法人均可从事对外贸易活动。进口方面，除武器、弹药、药品等11类产品限制进口外，其余产品均可自由进口，不受配额及许可证限制。出口方面，主要实行出口鼓励政策。限制性出口措施通常有两种情况：一是根据国内市场需要，出台临时性限制出口措施，如新冠疫情期间，为抑制国内通胀，对粮食、菜子油、白糖等实行限制出口措施；二是对原油、某些动物皮毛以及废旧金属等征收出口关税。税率方面，由于哈萨克斯坦是欧亚经济联盟的成员国，执行联盟统一进口关税税率，但为吸引外资，保护本国利益，哈政府为400多种商品申请了过渡期。

2019年6月，哈萨克斯坦组建了贸易与一体化部，负责制定和实施外贸、内贸、国际经济一体化、出口促进等国家政策。2020年，该部根据托卡耶夫总统的指示，启动了"出口加速计划"，从近600家食品企业中遴选出35家企业，为其提供出口支持。2021年，"出口加速计划"清单进一步扩大至机械、化学、轻工和食品行业的出口企业，重点目标市场是中国、阿联酋、俄罗斯和中亚国家。

一 对外贸易总体走势

哈萨克斯坦独立以来，对外贸易伙伴迅速从原苏联空间拓展至全世界，已与190多个国家和地区建立了贸易关系。总体上，哈独立后的对外贸易发展历程大体分为三个阶段。

第一阶段是1992—2000年，是中速平稳增长期。据世界贸易组织数据，1992年哈对外贸易额为72.12亿美元，出口32.45亿美元，进口39.67亿美元，逆差7.22亿美元。随着经济发展回归正轨，1996年对外贸易额突破100亿美元，2000年达到138.52亿美元。

第二阶段是 2001—2008 年，为超高速增长期。进入 21 世纪，随着国际能源价格上涨，哈对外贸易增长迅速，2001—2008 年年均增速超过 30%，2008 年达到 1091 亿美元，首次突破 1000 亿美元。

第三阶段是 2009—2022 年，进入波动式增长期（见表 5-2）。随着 2008 年国际金融危机的蔓延，哈对外贸易进入第一个波谷。危机后国际能源价格再度飙涨，2012 年对外贸易又达到 1368 亿美元的阶段性高点。但 2014 年乌克兰危机爆发，西方对俄进行制裁，哈经济和对外贸易都受到波及，加之 2015 年哈萨克斯坦实行浮动汇率制度、国际大宗商品价格下跌，哈对外贸易进入深度调整期，直到 2021 年才重新迈过 1000 亿美元关口。受新冠疫情影响，2020 年哈对外贸易额下降 11.5%，但随即反弹，2021 年增长 19%，2022 年达到 1343.9 亿美元，增长 32.8%，接近历史高点，表明哈对外贸易能力有较大提高，经济现代化成果显现，金属及制品、化工产品、动植物产品的出口额持续增长（见表 5-2）。

表 5-2　　　　　2008—2022 年哈萨克斯坦对外贸易统计　　　（单位：亿美元）

	2008 年	2009 年	2010 年	2011 年	2012 年	2013 年
贸易额	1091	716	890	1261.6	1368.3	1314
出口额	712	432	592	881.2	922.9	825
进口额	379	384	298	380.4	445.4	489
顺差	333	148	294	500.8	477.5	336
	2014 年	2015 年	2016 年	2017 年	2018 年	2019 年
贸易额	1207.5	765.3	619.4	776.4	934.9	960.8
出口额	794.6	459.6	367.7	483.4	609.6	577.2
进口额	412.9	305.7	251.7	293	325.3	383.6
顺差	381.7	153.9	116	190.4	284.3	193.6
	2020 年	2021 年	2022 年			
贸易额	850.3	1012.3	1343.9			
出口额	469.5	580.3	843.9			
进口额	380.8	432	500			
顺差	88.7	148.3	343.9			

资料来源：世贸组织网站、对外投资合作国别（地区）指南 2014 版、2017 版、2021 版哈萨克斯坦国家统计局等资料整理。

(一) 进出口特点

哈萨克斯坦的贸易进出口具有以下四个特点。

第一,进口和出口结构较为稳定。尽管2015年以来制造业出口增加,但总体上仍未能改变出口以原材料为主,进口以制成品为主这样一个大的结构格局。进口主要为机械设备、化工产品、农产品及食品、金属及其制品、能源及矿产品、纺织品等(见表5-3)。机械设备占比40%上下,但进口价值增幅较大。出口主要是能源和矿产品、金属及其制品、化工产品、动植物源性产品及食品、机械设备及交通工具(见表5-4),上述几大类产品占哈出口商品的97%以上。

第二,成品油进口规模总体呈下降趋势。随着国内三大炼油厂完成扩能更新改造,哈本国能源制成品产量提升,能源和矿产品进口减少,特别是汽柴油的进口需求减少。

第三,出口商品主要是能源和矿产品。尽管出口额每年都有波动(取决于国际市场价格),但基本保持在出口总额的2/3上下(见表5-5)。受产品分成合同影响,大部分外国开采企业会将属于自己的份额油出口赚取高利润,而不是留在哈国内,因此哈每年原油出口的数量比较稳定(六七千万吨),但金额会随着国际油价涨跌,直接影响哈预算收入。

第四,服务贸易长年逆差,但幅度逐渐收窄(表5-3至表5-5)。服务贸易逆差2017年35.8亿美元(出口65亿美元,进口100.8亿美元),2019年逆差36.7亿美元(出口77.5亿美元,进口114.2亿美元),2020年受新冠疫情冲击逆差31.2亿美元,2021年逆差收窄至18.5亿美元(出口58.1亿美元,进口76.6亿美元)。2021年,哈最主要的服务商品出口是交通运输服务,出口39.7亿美元,进口19.7亿美元,顺差20亿美元。服务贸易最大逆差来自商业贸易技术服务,出口2.7亿美元,进口15.3亿美元,其次是工程技术服务,出口0.4亿美元,进口11亿美元。

表5-3　　　　　　　　　哈萨克斯坦主要进口商品种类　　　　　（单位：亿美元）

进口商品种类	2017年 进口额	2017年 在进口的占比	2022年 进口额	2022年 在进口的占比
机械设备及交通工具	110.4	37.3%	202.9	38.3%
化工产品	49	16.6%	83.8	15.8%
动植物源性产品及食品	34.2	11.6%	60.2	11.4%
金属及制品	34.2	11.6%	50.9	9.6%
能源及矿产品	27.4	9.3%	32.4	6.1%
纺织品、鞋类	11.5	3.9%	29.4	5.5
其他	29.3	9.9%	70.2	13.3%
合计	296	100%	529.8	100%

资料来源：根据哈萨克斯坦国家统计委员会数据整理，Статистика внешней и взаимной торговли，https://stat.gov.kz/official/industry/31/statistic/6。

表5-4　　　　　　　　　哈萨克斯坦出口商品结构　　　　　　　（单位：亿美元）

出口商品种类	2017年 出口额	2017年 在出口的占比	2021年 出口额	2021年 在出口的占比	2022年 出口额	2022年 在出口的占比
能源及矿产品	331.45	68.6%	397.6	65.9%	572	67.8%
金属及制品	87.3	18.1%	104.8	17.4%	118.4	14.0%
动植物源性产品及食品	23.79	4.9%	37.6	6.2%	55.8	6.6%
化工产品	24.77	5.1%	31.4	5.2%	46.3	5.5%
机械设备及交通工具	6.48	1.3%	19.6	3.2%	38.5	4.6%
其他	9.67	2.0%	12.2	2.0%	12.9	1.5%
合计	483.46	100%	603.2	100%	843.9	100%

资料来源：根据哈萨克斯坦国家统计委员会数据整理，Статистика внешней и взаимной торговли，https://stat.gov.kz/official/industry/31/statistic/6。

表5-5　　　　　　　哈萨克斯坦2017—2021年原油及制品出口情况

年份	2017年	2018年	2019年	2020年	2021年
出口量（万吨）	6871	6980	7000	7058	6570
货值（亿美元）	265.8	378	335.8	237	310.9
出口占比	55.0%	61.8%	57.9%	49.9%	51.5%

资料来源：根据哈萨克斯坦国家统计委员会数据整理，Внешняя торговля Республики Казахстан，https://old.stat.gov.kz/official/industry/31/publication。

(二) 主要贸易伙伴

从地理分布看,哈对外贸易伙伴集中在欧亚大陆,基本形成欧洲、独联体、亚洲三足鼎立之势,各占哈对外贸易的30%左右。欧洲是哈最大贸易伙伴,在哈出口中的地位突出。独联体地区是哈传统贸易伙伴,地位一直稳定。亚洲作为世界经济增长的引擎,在哈贸易中的地位不断上升。从地区组织看,欧盟是最大贸易伙伴,2022年占哈对外贸易总额的31.1%,占哈出口总额的40.1%。欧亚经济联盟占哈对外贸易总额的21.1%,占哈出口总额的11.5%。从国别看,哈主要贸易伙伴有俄罗斯、中国、意大利、荷兰、韩国、土耳其、乌兹别克斯坦等。

鉴于乌克兰危机升级前更能准确反映正常状态下的哈萨克斯坦对外贸易伙伴关系(见表5-6),这里选用2021年的数据。据哈国家统计委员会统计,2021年,哈前十大进口来源地依次为:俄罗斯(占哈进口总额的比重为42.5%)、中国(19.9%)、德国(4.4%)、美国(3.3%)、土耳其(2.8%)、乌兹别克斯坦(2.6%)、意大利(1.9%)、白俄罗斯(1.9%)、韩国(1.8%)、法国(1.6%)。前十大出口目的地依次为:中国(占哈出口总额的比重为16.2%)、意大利(14.7%)、俄罗斯(11.6%)、荷兰(7.3%)、土耳其(4.9%)、乌兹别克斯坦(4.6%)、法国(4.0%)、韩国(3.1%)、西班牙(2.7%)、印度(2.7%)(见表5-6)。

表5-6　　　　　2017—2021年哈萨克斯坦主要贸易伙伴　　　　(单位:亿美元)

年份	国别	俄罗斯	中国	意大利	荷兰	韩国	土耳其
2017	总额	173.7	104.9	96.1	50.3	16.9	18.8
	占比	22.2%	13.4%	12.3%	6.4%	2.2%	2.4%
	位次	1	2	3	4	9	8
2019	总额	199.8	147.9	99.6	46.4	65.4	32.3
	占比	20.4%	15.1%	10.2%	4.7%	6.7%	3.3%
	位次	1	2	3	5	4	7

续表

年份	国别	俄罗斯	中国	意大利	荷兰	韩国	土耳其
2021	总额	246.2	180	96.7	46.1	26.4	41.1
	占比	24.2%	17.7%	9.5%	4.5%	2.6%	4%
	位次	1	2	3	4	8	5

资料来源：Основные показатели внешней торговли，https：//stat.gov.kz/ru/industries/economy/foreign-market/publications/14477/。

俄罗斯是哈的传统贸易伙伴，稳居哈第一大贸易伙伴（见表5-7）。俄哈均为欧亚经济联盟的成员国，对外实行统一关税，对内相互开放市场，一体化水平程度很高。俄是哈第一大进口来源地，且占比很高，体现出哈对俄产品的特殊依赖性。2022年西方对俄制裁中，俄哈贸易也受到冲击，在哈整体外贸额增长32%的背景下，俄哈贸易反而小幅下降1.5%。

哈自俄进口占比超过30%（见表5-8），2021年甚至高达42.5%，进口货物种类繁多，体现出双方经济一体化程度较高，哈对俄商品的进口依赖度较强。而哈对俄的出口商品相对单一，矿产品和金属制品约占50%（见表5-9）。能源虽然是哈出口的主打产品，但在对俄出口中占比不高，且呈下降趋势。在哈萨克斯坦的矿产品中，铁矿砂及精铁、锰矿砂及精锰、铬矿石及精铬等黑金属类主要出口对象是俄罗斯。

表5-7　　　　　俄罗斯在哈萨克斯坦进出口的占比　　　（单位：亿美元）

年份	哈自俄进口额	占比	哈对俄出口额	占比
2017	117.3	39.6%	46.4	9.6%
2018	132.4	39.3%	52.8	8.6%
2019	143.1	36%	56.7	9.8%
2020	137.7	35.4%	50.1	10.5%
2021	176	42.5%	70.2	11.6%
2022	173.4	34.7%	87.8	10.4%

资料来源：Внешняя торговля Республики Казахстан 2017-2021，https：//old.stat.gov.kz/official/industry/31/publication，2022年哈萨克斯坦对外贸易年度报告整理。

表 5-8　哈萨克斯坦自俄罗斯进口主要商品（占哈进口该类商品总值的比重）

年份 \ 种类	肉类、食品、糖、蔬菜	机械及电子设备	黑金属及制品	矿物燃料、石油及制品	交通工具	化工产品	塑料及制品
2017 年	11.2%	15.2%	12.5%	13.2%	8.3%	9%	4.5%
2019 年	11.9%	15.3%	13.8%	10.1%	9.3%	8.4%	4.3%
2021 年	14.1%	16%	14.1%	7.7%	9.1%	8.6%	5.1%

资料来源：Внешняя торговля Республики Казахстан 2017 – 2021，https：//old.stat.gov.kz/official/industry/31/publication，2022 年哈萨克斯坦对外贸易年度报告整理。

表 5-9　哈萨克斯坦向俄罗斯主要出口商品（占哈出口该类商品总值的比重）

年份 \ 种类	黑金属及制品	燃料、原油及制品	化工产品	其他
2017 年	28.90%	13.70%	11.3%	25.50%
2019 年	21.70%	12.10%	11.3%	29.30%
2021 年	28.70%	7.90%	10%	27.30%

资料来源：Внешняя торговля Республики Казахстан 2017 – 2021，https：//old.stat.gov.kz/official/industry/31/publication，2022 年哈萨克斯坦对外贸易年度报告整理。

在欧洲伙伴中，意大利是哈萨克斯坦主要出口市场，主要出口商品是能源（原油、成品油及沥青等），占哈能源产品出口的 1/3 左右。德国则是哈主要进口来源地，哈自德主要进口药品、农机、汽车、医疗器械、机械设备等。哈高度重视与德国的经贸合作，双方的主要经贸合作机制有副总理级的哈德政府间经贸合作工作组、哈德战略合作商业委员会、柏林欧亚俱乐部、哈萨克斯坦—德国商务论坛等。与西方多数国家对哈投资主要集中在能源资源不同，德国对哈投资主要在加工制造领域，包括机械制造、化工、建材生产、物流运输和农工综合体，占德对哈投资的 90%。在哈的德资企业主要有林德集团、海德堡水泥、巴斯夫、可耐福、西门子、威乐、麦德龙、克拉斯农机公司等。截至 2022 年 5 月，哈德联合投资项目共有 48 个，投资总额 248 亿美元，已经实施 28 个，投资总额 11 亿美元。①

乌兹别克斯坦和哈萨克斯坦都是中亚的大国，两国互为重要的贸易伙伴。两国元首确定的目标是将两国贸易额提升至 100 亿美元。随着地区一体化的推进，哈乌两国的经贸关系日趋密切，乌在哈贸易中的地位不断攀升，2017 年两国贸易额 19.8 亿美元，乌是哈第八大贸易伙伴，2021 年达到 38.3 亿美元，乌成为哈第六大贸易伙伴。其中，哈对乌出口持续快速增长，2017 年哈对乌出口 12.5 亿美元，2021 年翻了一番，达到 27.8 亿美元，年均增速达 30%，远超哈同期对外出口平均增速（5.6%）。哈对乌主要出口食品、金属、能源及制品，化工产品和建材。自乌主要进口水果和蔬菜、纺织品、黑色和有色金属、机械、化工产品和塑料、建材。在哈出口商品中，乌兹别克斯坦是哈粮食（小麦、大麦、大米）及面粉的主要出口目的地，占哈粮食和面粉出口的 30% 以上。哈乌的双边经贸合作机制有政府间合作委员会、哈萨克斯坦—乌兹别克斯坦商业论坛、地方合作论坛等。政府间委员会分别由双方的总理牵头，每两年举行一次，2021 年举行了第 19 次会议。高层互动频繁对两国经贸关系发挥着重要作用，如 2022 年 12 月托卡耶夫访乌，双方签署了 37 项合作协议，涉及化工、能源、基础设施、工程、制药和农业等领域。2023 年初，位于两国边境的中亚国际产业合作中心开工建设。哈乌逐渐成为中亚地区经济一体化的两大引擎。

土耳其将哈萨克斯坦视为"突厥世界"的一部分，积极寻求扩大在哈影响力，在哈对外贸易中的地位迅速攀升。据哈方统计，哈土贸易额 2020 年为 31.5 亿美元，土是哈第六大贸易伙伴，2021 年贸易额达 41 亿美元，土为哈第五大贸易伙伴，2022 年贸易额达到 63 亿美元。2021 年 10 月，哈土两国元首提出将两国贸易额提升至 100 亿美元的目标②。

---

① Товарооборот Казахстана и Германии вырос на 6.4% в 2021 году, https://ru.sputnik.kz/20220513/tovarooborot - kazakhstana - i - germanii - vyros - na - 64 - v - 2021 - godu - 24782165.html.

② Торгово-экономическое сотрудничество, https://www.gov.kz/memleket/entities/mfa - ankara/activities/2070?lang = ru.

2005年至2022年上半年，土耳其对哈投资45亿美元，但近半是2018年以后启动。哈土之间的经贸合作机制是总理级政府间经贸合作委员会，2022年5月托卡耶夫访问土耳其期间，双方签署《扩大战略伙伴关系联合宣言》，对经贸领域进行了规划。

韩国在哈对外贸易中的地位起起伏伏。哈韩贸易额2017年17亿美元，其中哈对韩出口11.3美元，进口5.7亿美元，韩国是哈第十一大贸易伙伴，2019年双边贸易额骤增至65.4亿美元，成为哈第六大贸易伙伴。2020年两国贸易额降至49亿美元，韩国是哈第四大贸易伙伴。2021年进一步降至26.5亿美元，韩国为哈第八大贸易伙伴。2022年双边贸易额达到61.2亿美元。哈对韩国主要出口原油、黑金属、轧钢，原油的占比在80%—94%。哈自韩国主要进口锅炉、机械设备、交通工具、仪器仪表等。哈韩两国主要的合作机制是政府间经贸与科技合作委员会，哈方主席是工业与基础设施发展部部长，韩方是贸易、工业和能源部部长。另外，两国还设有实业家委员会，哈方为萨姆鲁克-卡泽纳国家福利基金会，韩方为可隆投资集团（Kolon Investments）。

美国是欧亚大陆之外哈萨克斯坦最大的贸易伙伴。2017年两国贸易额16.3亿美元，其中哈对美出口3.9亿美元，进口12.4亿美元。2022年两国贸易额增长至30.5亿美元，其中哈对美出口11.5亿美元，自美进口19亿美元。美是哈重要的投资来源国，1993—2021年，美对哈累计投资总额达到575亿美元，主要集中在能源领域。雪佛龙、埃克森美孚石油公司、通用电气、菲利普莫里斯烟草公司、摩根大通、花旗银行、贝克·麦肯齐律师事务所等是哈萨克斯坦外国投资委员会的活跃成员。美哈两国最重要的经贸合作机制是"哈萨克斯坦—美国实业家委员会"。能源是美对哈投资最集中的行业。两国设有能源战略对话机制，主要就核安全与核能、化石能源、可再生能源、电力四大领域开展对话合作。此外，两国设有"扩大的战略伙伴关系委员会"，哈方主席是外交部第一副部长，美方为负责中亚与南亚的助理国务卿，主要就政治、安全、经贸投资、人文进行对话交流。

二 哈萨克斯坦参与的主要一体化机制

哈萨克斯坦加入的区域自由贸易机制主要是独联体自贸区和欧亚经济联盟。

（一）独联体自贸区

哈萨克斯坦是独联体自贸区的成员国。2011年10月18日，俄罗斯、乌克兰、白俄罗斯、哈萨克斯坦、吉尔吉斯斯坦、塔吉克斯坦、摩尔多瓦、亚美尼亚8个独联体成员国签署了《独联体自由贸易区条约》。2012年10月，哈批准该条约。2013年12月，乌兹别克斯坦批准加入独联体自贸区协议，成为独联体自贸区第9个成员国。

独联体自贸区主要内容包括：取消相互贸易的数量配额限制，根据1994年关贸总协定第三条相互给予国民待遇；成员国相互贸易的绝大多数商品实行零关税，条约签署国不得在相互贸易中提高附件1所规定的关税税率[①]；实行出口关税的国家如果取消或降低对第三国的关税，则自动适用于成员国。

自贸区协议签订后，独联体国家在哈对外贸易中的地位有所提升，但规模占比不稳定，2012—2022年在25.2%—32.7%时高时低（见图5-1）。哈与独联体国家的贸易额也没有因建立自贸区而出现大幅增长。2021年哈与独联体国家贸易额甚至还略低于独联体自贸区协议生效的2012年。2012年自贸区生效，哈与各国贸易额为335亿美元，2021年为332.4亿美元，2022年为361.4亿美元。在2022年12月的独联体国家领导人非正式会晤时，哈总统托卡耶夫表示，为保持区域内贸易活力，应在消除关税壁垒、保护主义方面做好实质

---

① 附件1规定了不同国家针对其他成员国的特殊关税要求，如哈萨克斯坦针对乌克兰的白糖征收340美元/吨的进口关税，对产自乌克兰的伏特加征收关税2欧元/每升。乌克兰则对哈萨克斯坦产的白糖征收50%的关税。

性工作，在粮食安全问题上广泛开展合作，建立新的合作机制和形式提高独联体运输和物流效率（见图 5-1）。

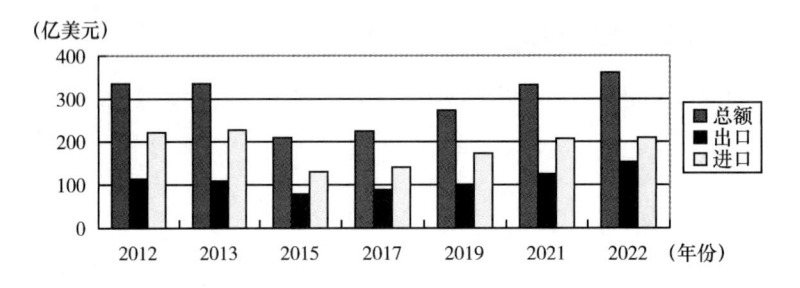

图 5-1 2012—2021 年哈萨克斯坦与独联体国家贸易走势

资料来源：Внешняя торговля Республики Казахстан 2011–2015，Внешняя торговля Республики Казахстан 2017–2021，https：//old. stat. gov. kz/official/industry/31/publication。

（二）欧亚经济联盟

欧亚经济联盟是哈萨克斯坦参与的最主要地区经济一体化机制，且哈是该组织的创始成员国。该组织的前身是 2010 年由俄罗斯、哈萨克斯坦、白俄罗斯三国组建的关税同盟。2015 年 1 月 1 日，欧亚经济联盟正式启动，随后吉尔吉斯斯坦和亚美尼亚加入，现有 5 个成员国，3 个观察员国（摩尔多瓦[①]、乌兹别克斯坦、古巴）。成立联盟的目标是在 2025 年前实现商品、服务、资本和劳动力自由流动，形成高度统一的经济空间。自成立以来，欧亚经济联盟成员在市场和技术统一方面取得明显进步。

一是在市场统一方面，影响盟内贸易的障碍和特例已经消除了 80%，备受关注的能源、交通、金融市场一体化有序推进。市场监管方面，2016 年开始对毛皮制品实行电子标签管理，后不断扩大强制电子标签管理范围，部分食品、瓶装水、烟酒、自行车等被纳入电子标签管理范畴。2019 年和 2021 年，联盟各方签署《关于建立欧亚经济联盟进口商品追溯体系的协定》《关于使用电子关封跟踪过境运输

---

① 2021 年摩尔多瓦总统桑杜表示，摩不再是欧亚经济联盟的观察员国。

货物的协定》，对进口商品流动进行有效监管。

二是在技术标准统一方面，欧亚经济联盟通过了 48 项技术法规，其中 44 项已经生效，能够对市场上 85% 的商品和服务进行规范。劳动力自由流动方面成果显著，也是最得民心的领域。除疫情等特殊情况外，各国劳动力可自由流动，且劳务移民的就业权、养老保险连续计算、劳务移民及家庭成员医疗救护权都有法律保障。2021 年 7 月，欧亚经济联盟推出"工作无国界"统一求职信息系统，帮助成员国居民在联盟国家寻找工作岗位。

欧亚经济联盟对哈对外贸易有"稳定器"作用（见表 5-10）。得益于相互取消关税等，欧亚经济联盟成员国间的相互贸易成本低。比如 2022 年 1—9 月，哈对俄罗斯和中国分别出口天然气 61.6 亿立方米和 40 亿立方米，价值分别为 1.33 亿美元和 9.3 亿美元，可见哈对中国出口的价格明显高于俄罗斯。与此同时，由于欧亚经济联盟成员国间的优势商品趋同，哈与其他成员国间的贸易额并未大幅上升，成员国间的贸易转移效应也不明显。

表 5-10　　2015—2022 年哈萨克斯坦与欧亚经济联盟成员的贸易走势　　（单位：亿美元）

	2015 年	2017 年	2019 年	2021 年	2022 年
贸易额	163.2	177.8	217	265	283.1
占比	21.3%	22.8%	22.2%	26%	21%
—出口	51.2	52.6	64	78	97.1
—进口	112	125.2	153	187	186

资料来源：внешняя торговля республики казахстана, https://stat.gov.kz/official/industry/31/publication。

第三节　中哈贸易畅通

中国长期稳居哈萨克斯坦第二大贸易伙伴。建交三十年多来，中哈双边贸易额大幅提升。根据中国海关统计，2022 年中哈贸易额达312 亿美元，同比增长 23.6%，创历史新高。中哈贸易结构越来越完善，涵盖从能源、机电、黑色和有色金属、农产品等各个领域。两国贸易额持续增长有两大支撑。一是经济互补性强，互为对方提供广阔市场。中国有完备的工业体系和高性价比的消费产品，哈方有丰富的能源资源及深加工产品，农业生产自然条件优越。二是两国互视为重要的战略伙伴，为促进经贸合作，构建了从元首、总理到地方的全方位合作机制，签署了大量制度性保障文件，为经贸畅通创造了良好的环境。

一 双多边合作机制的建立与完善

中哈间建立了丰富的双边合作机制，包括元首会晤、总理定期会晤、副总理级政府间合作委员会及经贸部长会议等，既能与时俱进规划合作方向，也能及时沟通消除障碍，使经贸合作战略规划落地惠民。同时，多边机制，如上合组织、"中国—中亚"元首会议、中国—欧亚经济联盟对接合作等，也为中哈拓展贸易往来提供广阔舞台。

（一）顶层设计

中哈政治高度互信，高层交往频繁，短短 30 余年时间里，两国从睦邻友好关系迅速发展为永久全面战略伙伴关系，成为相互尊重、睦邻友好、互利共赢的新型国家关系的典范。良好的政治互信可以使双方能够从战略高度为两国经贸合作进行顶层设计。2006 年，中哈签署《21 世纪合作战略》，提出"力争使双边贸易额在 2010 年达到 100 亿美元，在 2015 年达到 150 亿美元"的目标。两国间的诸多重大项目都是在领导人关心下启动的，比如中哈石油管线项目。

2013 年 9 月，习近平主席访问哈萨克斯坦并提出"丝绸之路经济带"倡议，成为备受欢迎的国际合作公共产品，为中哈经贸关系发展开辟了新空间。访问期间，双方签署了《关于进一步深化全面战略伙伴关系的联合宣言》，对经贸领域合作提出五项要求：挖掘经贸合作潜力，推动优化两国贸易结构，努力提高高附加值产品和高技术产品在双边贸易中的比重，推动贸易便利化，打造展览会等贸易平台。同时还对有助于提升贸易畅通的海关等领域合作做出规划，包括深化边境口岸、海关、质检、检验检疫合作；加快边境口岸基础设施建设，提高口岸通行能力；加强金融合作，加快本币结算步伐等。

2015年，时任哈总统纳扎尔巴耶夫访华，两国签署《关于全面战略伙伴关系新阶段的联合宣言》，提出要加强战略对接，使"丝绸之路经济带"倡议与"光明之路"新经济政策相得益彰，其中经贸方面提出了新任务：推动双边贸易平衡发展；深化核能，推动和平利用核能领域的合作项目；加强粮食贸易，扩大农产品相互准入；完善双边贸易和投资合作的法律基础等。

2017年，习近平主席访哈，双方签署《联合声明》，增加了"加强军工军贸合作"以及"通过发展电子商务合作、共同实施投资项目、推行高效的过境制度，推动双边经贸合作"等新内容，中哈电子商务合作由此进入快速发展轨道。

2018年，哈总统纳扎尔巴耶夫访华，两国签署《联合声明》，对经贸合作予以新定位，从过去的"优化贸易结构"改为"丰富两国贸易商品结构，发掘双边贸易新增长点，积极探索创新合作"。从表述改变可以看出，两国希望通过创新合作模式，不断拓宽贸易种类，提升相互准入水平，更大程度使贸易合作惠及民生。同时，对电商合作的要求也更高，不仅要加强跨境电商合作，更提出"建立电商合作机制，打造合作新业态和新模式"等新要求。

2019年9月，哈总统托卡耶夫总统访华，两国元首一致决定"发展中哈永久全面战略伙伴关系"，提出制定新版《中哈经贸合作发展规划》，推动双边经贸合作高质量发展。

2022年9月，习近平主席访哈，在与托卡耶夫总统会晤时表示，双方要高质量共建"一带一路"，扩大经贸领域合作，拓展大数据、人工智能、数字金融、跨境电商、绿色能源、绿色基建等创新合作。

这一系列新领域锚定的是世界经济未来的发展方向，是建设中哈关系新黄金三十年的重要内涵。

（二）多层级的合作机制

为推动两国经贸等各领域合作落地，2004年5月成立了中哈政府间合作委员会，下设经贸、运输、口岸和海关、能源、金融、科技、地矿、人文、安全9个分委会，统筹、协调和指导两国合作的政府间机制，对推动两国关系和协调各领域合作发挥着重要作用。2012年中哈两国启动了总理定期会晤机制，每两年举行一次，在两国轮流举行。由此，中哈两国的政府间合作机制发展为总理定期会晤+副总理级别的中哈合作委员会。2015年12月，中哈签署《联合公报》，提出"尽快启动'丝绸之路经济带'建设与'光明之路'新经济政策对接合作规划联合编制工作"，推动对接从"大写意"走向"工笔画"。2022年11月，两国总理会晤以视频方式举行，就加强经贸、产能、能源、农业、互联互通等进行协调。

地方合作属于精耕细作，也是落实元首共识的重要平台。合作模式主要有两个。一是毗邻区的合作。2015年，两国签署《中哈政府毗邻地区合作规划纲要（2015—2020年）》，有力推动了霍尔果斯国际边境合作中心、口岸发展和物流通道建设。为进一步落实毗邻区合作，两国还设立了毗邻区对话机制。2023年3月，第二届哈萨克斯坦—中国（新疆）毗邻地区友好合作对话会在阿拉木图举行，新疆维吾尔自治区党委书记马兴瑞、哈萨克斯坦副总理兼贸易和一体化部部长朱曼加林出席并致辞，其间签署了总价值达5.654亿美元的16项合作文件，凸显地方合作平台对经贸合作的促进作用。[①] 二是地方合作论坛。每两年举办一次，级别为副总理级，由双方地方政府轮流承办，中方协调机构是商务部，哈方是贸易和一体化部。首届中哈地

[①] 《第二届哈中毗邻地区友好合作对话会在阿拉木图举行》，哈通社网站（https://www.inform.kz/cn/article_a4050613）。

区合作论坛 2017 年 9 月在广西举行，第二届论坛于 2019 年 5 月在阿拉木图举行。

除官方机制外，民间的中哈企业家委员会为两国商界和实业界的对话搭建平台。该委员会 2013 年 9 月在阿斯塔纳举行成立大会，习近平主席和纳扎尔巴耶夫总统共同出席并致辞。中方牵头单位是中国国际贸易促进委员会，哈方为萨姆鲁克-卡泽纳国家福利基金。

（三）多边平台

除双边合作机制外，还有多个重要的多边平台也对促进区域贸易便利化发挥着重要作用，为中哈贸易畅通锦上添花，包括上合组织、中国—欧亚经济联盟对接合作、"中国+中亚"合作机制、中国进口博览会等。

中哈都是上合组织成员国，该机制下有诸多推动经贸合作的制度性安排，如 2014 年 9 月通过的《上合组织成员国政府间国际道路运输便利化协定》，规划了从中国连云港到俄罗斯圣彼得堡，覆盖中国、俄罗斯、哈萨克斯坦、吉尔吉斯斯坦、塔吉克斯坦和乌兹别克斯坦 6 个成员国的 6 条国际公路运输线路。2019 年通过的新版《上海合作组织成员国多边经贸合作纲要》，是 2035 年前区域经贸合作的指导性文件，包括贸易畅通的路线图。

中国与欧亚经济联盟 2018 年 5 月签署《中华人民共和国与欧亚经济联盟经贸合作协定》，内容涵盖海关合作和贸易便利化、知识产权、部门合作以及政府采购、电子商务等 13 个章节，是中国与欧亚经济联盟首次达成经贸方面的制度性安排，标志着中国与联盟及其成员国经贸合作从项目带动进入制度引领的新阶段。2019 年 10 月，协定正式生效，为中国与哈萨克斯坦扩大贸易往来提供新机遇。

首届"中国+中亚五国"外长会 2020 年 7 月以视频方式举行，并发表《联合声明》，搭建了中国与中亚国家合作的新平台。2021 年 5 月举行的第二次"中国+中亚五国"外长会重点关注了地方合作，发表了《关于深化地方合作的联合声明》，提出要通过发展地方合作丰富中国同中亚国家关系的内涵，打造合作新增长点。各方决定建立"中国+中亚五国"地方合作机制，定期举办论坛、博览会、展销会，促进经贸、投资、农业、文化、旅游等领域合作。2022年6月举行的第三次外长会除发表联合声明外，还通过了《关于深化"中国+中亚五国"互联互通合作的倡议》，提出拓展在"智慧海关、智能边境、智享联通"方面的合作试点，探讨开展国际贸易"单一窗口"、电子证书联网等领域的交流与合作。在"中国+中亚五国"机制下，2022年1月举办了首届中国—中亚经贸合作论坛。2023年4月举行了首届"中国+中亚国家"经贸部长会议，就贸易投资、数字经济、绿色发展、互联互通、地方合作交换意见，并决定举办"聚合中亚云品"电商活动，向中国消费者推介更多中亚名优特产品。

首届"中国—中亚"元首峰会于2023年5月19日在中国西安举行，六国元首全部出席。元首们总结各领域合作经验，展望未来合作方向，达成诸多共识，包括边境口岸农副产品快速通关"绿色通道"全覆盖，开展国际贸易"单一窗口"互联互通、促进跨境通关便利化，对口岸设施进行现代化改造，增加中国进口中亚农产品种类。习近平主席表示，中方将出台更多贸易便利化措施，升级双边投资协定，实现双方举办"聚焦中亚云品"主题活动，打造大宗商品交易中心。

中国国际进口博览会是一个独特的贸易畅通机制，是迄今为止世界上第一个以进口为主题的国家级展会，是国际贸易发展史上一大创举，是中国主动向世界开放市场的重大举措[①]，为中哈经贸合作提供了新舞台。2018年11月中国举行首届进口博览会，共有30家哈萨克斯坦企业参加，涉及工业、农业、机械制造、旅游等领域。2019年，哈作为第二届中国进口博览会主宾国之一参会。2021年，托卡耶夫总统视频出席第四届进博会并致辞，称进博会已成为通往广阔中国市

---

① 习近平：《共建创新包容的开放型世界经济——在首届中国国际进口博览会开幕式上的主旨演讲》，中国国际进口博览会网站（https://www.ciie.org/zbh/cn/19news/leader/xnews/20190320/13179.html）。

场的"金色大门"。从首届进博会开始,哈每年都组织企业参会,由哈萨克斯坦贸易和一体化部下属的哈萨克贸易政策发展中心具体负责参会事宜。

二 中哈贸易畅通历程

中哈在双多边框架下都没有启动自由贸易区的谈判,因此中哈贸易畅通未触及降低关税问题,主要涉及贸易便利化和扩大市场准入,涵盖政策对接、交通物流、海关、金融、标准服务诸多领域。

(一)贸易政策对接

2013年9月,中哈签署《中哈经贸合作中长期发展规划(至2020年)》,就扩大双边贸易规模,优化贸易结构,扩大相互投资,加强金融合作等制定了路线图。2014年12月,中国国家发改委与哈萨克斯坦国民经济部签署《关于共同推进丝绸之路经济带建设的谅解备忘录》,提出将共同推进"丝绸之路经济带"有关合作,发展和加强区域间互联互通,促进经贸、旅游、投资等领域的经济活动。2016年9月,中哈签署政府间《"丝绸之路经济带"建设与"光明之路"新经济政策对接合作规划》,这是中国与沿线国家签订的首个对接合作文件,提出要拓展贸易合作领域,优化贸易结构,扩大贸易规模,提高高新技术产品在双边贸易中所占比例,促进机电成套设备、电子信息、太阳能光伏、"两自一高产品"、有色金属、石油、天然气、石油产品、石化产品、农产品等贸易;协调认证认可政策,并创造良好的认证结果互认条件等[①]。2019年9月,在习近平主席和哈总统托卡耶夫的共同见证下,两国又签署《关于落实"丝绸之路经济带"建设与"光明之路"新经济政策对接合作规划的谅解备忘录》,以路线图的形式确定战略对接的重点任务和主要举措,共同绘制中哈

---

① 《中华人民共和国政府和哈萨克斯坦共和国政府关于"丝绸之路经济带"建设与"光明之路"新经济政策对接合作规划》,国家发改委网站(https://www.ndrc.gov.cn/fzggw/jgsj/kfs/sjdt/201610/t20161017_1086133_ext.html)。

共建"一带一路"的"工笔画"。

(二) 海关合作

贸易畅通离不开海关部门的合作，通关效率的提升能提高物流效率，降低贸易的制度性成本。2014年9月，中哈签署《关于中哈边境口岸及其管理制度协定的修订和补充议定书》，规范口岸的管理。2017年5月，中国海关总署与哈财政部签署《中哈海关关于落实"信任"项目的技术方案》，就加强海关"信息互换、监管互认、执法互助"等达成一致。2019年4月第二届"一带一路"国际合作高峰论坛期间，中国海关总署与哈财政部国家收入委员会签署《关于中国企业信用管理制度与哈萨克斯坦共和国"经认证的经营者"（AEO）制度互认的安排》[①]，为进口自对方AEO企业的货物提供通关便利，相关企业查验率可降低60%—80%，通关时间和通关成本可降低50%以上。同时签订的还有《关于经中哈边境进出境货物及运输工具预先信息交换合作的议定书》《关于对外贸易海关统计方法和信息合作议定书》，加强信息互换、监管互认，提高通关效率。2019年4月，中国海关总署倡议实施"海关—铁路运营商推动中欧班列安全和快速通关伙伴合作计划"（简称"关铁通"），经过两年多磋商沟通，首票中哈"关铁通"项目货物2022年1月经阿拉山口出境，标志着该项目进入试运行阶段，最终目标是实现中哈海关监管互认。中国驻哈大使张霄认为："'一带一路'倡议提出10年来，中哈不断简化通关流程，加快推进口岸设施设备现代化改造，口岸运输效率大幅提升，有效推动'一带一路'沿线国家物流货运畅通。"[②]

农副产品有保鲜需要，对通关时效性要求高，针对农副产品的特

[①] AEO是世界海关组织倡导的一项制度，即海关对信用状况、守法程度和安全措施较好的企业进行认证，为通过认证的企业提供通关便利，包括缩短通关时间，降低通关成本等。

[②] 《张霄大使接受央视环球资讯广播〈直通使领馆〉栏目采访》，中国驻哈萨克斯坦大使馆网站（http://kz.china-embassy.gov.cn/dszc/dshd/202304/t20230403_11053767.htm）。

殊性，中哈开设了农产品"绿色通道"，即在口岸设置专用农产品进出口报关报检窗口，第一时间对农产品报关报检单据进行审核，对符合条件的企业和运输车辆发放"绿色通道"标识，运输车辆通过专用口岸通道验放。2013年12月，中国与周边国家首个"绿色通道"巴克图（中）—巴克特（哈）口岸农副产品快速通关"绿色通道"开通①。在试运行基础上，2014年9月，双方一致同意商签《关于在边境口岸开通中哈农产品通关"绿色通道"的协议》，为扩大"绿色通道"覆盖范围奠定了法律基础。2019年9月，霍尔果斯（中）—努尔饶尔（哈）口岸农副产品快速通关"绿色通道"开通，成为两国间的第二个"绿色通道"。2022年5月，新疆维吾尔自治区与哈萨克斯坦国家收入委员会举行视频会议，就开通阿拉山口（中）—多斯特克（哈）、吉木乃（中）—迈哈布奇盖（哈）、都拉塔（中）—科尔扎特（哈）公路口岸农副产品快速通关"绿色通道"达成一致。2023年3月，阿拉山口（中）—多斯特克（哈）口岸农副产品"绿色通道"正式开通，采取"提前预约、即来即办"原则，通关时间缩短了90%。"绿色通道"在中哈口岸全覆盖指日可待。

（三）规则标准"软联通"

商品标准化对发展商品经济，改善产品质量，开展国际贸易有着重要意义。国家间的标准统一和互认是现代国际贸易的推动器，可有效减少贸易的技术壁垒，为贸易便利化、自由化铺平道路。2015年12月，中哈政府《联合公报》提出，双方将交换两国进口商品有关技术标准的文件。2017年5月，中国与哈萨克斯坦等国共同签署《关于加强标准合作，助推"一带一路"建设联合倡议》，开启了中哈两国标准领域合作新篇章。为促进标准相通和互认，中国国家标准化管理委员会2017年6月决定在新疆筹建"中亚标准化研究中心"，

---

① 中哈双方在口岸设置专用农副产品进出口报关报检窗口，第一时间对进出口农副产品报关报检单据进行审核；对符合条件的农副产品进出口企业和运输车辆发放"绿色通道"标识，运输车辆通过口岸专用"绿色通道"验放。

以服务中国与中亚国家间的标准化交流与合作。2021年6月,"一带一路"国家计量测试研究中心(陕西)与哈萨克斯坦标准化与计量研究院签署合作谅解备忘录,双方约定按照国际通行原则和标准、遵循双方国家法律要求开展计量交流合作,共同改善实验室条件,交换信息、法律及规范性文件。2021年,中方向东哈萨克斯坦州的食品质量检测实验室提供检测设备,助其建立中国标准的农产品检测实验室,以扩大哈农产品的对华出口。虽仍有大量工作要做,但上述合作使中哈在标准和规则统一和互认上迈出重要一步。

(四)金融服务

现代国际贸易离不开金融服务,金融又通过汇率、支付通道等影响国际贸易。中哈在扩大双边本币结算取得了一些成果。中哈2014年12月签署了本币结算和支付协议,本币结算范围从边境贸易扩大至一般贸易。2018年4月在霍尔果斯边境合作中心实现首笔坚戈现钞跨界调运业务,意味着中哈两国企业和居民在边贸、旅游时可更方便使用本币交易。同时,两国启动了人民币兑坚戈在岸、离岸统一的汇率直接形成机制,两国货币可不通过第三方货币直接进行报价交易,有利于企业规避汇率风险,减少汇兑成本。哈萨克斯坦大部分城市兑换点可兑换人民币。中国在哈设有中国工商银行阿拉木图股份公司、哈萨克中国银行等中资金融机构。2018年,中信银行收购哈萨克斯坦阿尔金银行60%股权,成为首家拥有哈银行股权的中资银行。2019年9月,中国建设银行阿斯塔纳分行开业,成为阿斯塔纳国际金融中心人民币清算行,为企业提供融贷款、贸易融资、外汇买卖和结算服务。2022年9月,哈萨克斯坦自由金融全球公司获得中国证监会合格境外投资者资格,可在中国境内开展证券期货投资业务。在美国单边主义和霸权霸凌愈加肆无忌惮的情况下,中哈双边贸易受到美元波动、长臂管辖的影响越来越大,采用本币结算越来越迫切。在2018年的上合组织青岛峰会上,时任哈总统纳扎尔巴耶夫提出使用双边货币结算的倡议,得到各方支持。但中哈本币结算的市场规模仍然较小，需要鼓励更多企业和机构参加双边货币直接交易的外汇市场，还需要银行提供更多的汇率风险管理工具和手段。

（五）商事调解服务

有贸易往来就难免出现商业纠纷，世贸组织的基本原则之一就是公正平等处理贸易争端。商事调解能够以更低成本、更高效率、更加稳妥、更为灵活地预防和化解商事纠纷，有助于营造更好的商业氛围，公平公正地保障企业的合法权益。商事调解既是服务贸易大局的需要，也是睦邻友好关系的需要，避免商业纠纷被放大并影响民心相通。2019年7月，"一带一路"国际商事调解中心在阿拉木图成立调解室。该中心与哈萨克斯坦IUS国际仲裁中心签署《关于仲裁和调解领域互助合作的协议》，约定IUS国际仲裁中心受理的与中国相关的仲裁案件推荐给"一带一路"国际商事调解中心，由双方互荐仲裁员和调解员解决经济纠纷。

（六）农产品相互市场准入

中哈之间的工业品相互准入度相对较高，因此扩大市场准入的焦点是农产品。不断扩大优质农产品食品相互检验检疫准入是两国领导人达成的共识。2014年12月，中国国家质检总局与哈萨克斯坦农业部签署《中华人民共和国国家质检总局与哈萨克斯坦共和国农业部关于中国禽肉SPS问题的备忘录》和《关于哈萨克斯坦小麦输华植物检疫要求议定书》，前者规范了中国对出口到哈萨克斯坦的禽肉质量安全要求，后者确保输往中国的哈萨克斯坦的小麦安全健康。之后，双方陆续签订了一系列农副产品检验检疫和兽医卫生要求议定书，涉及20多种哈萨克斯坦农产品进入中国市场的检疫许可议定书，包括小麦、牛肉、猪肉、马肉、大豆、蜂蜜、鱼、油菜子、苜蓿、玉米、红花子、荞麦、豌豆、鹰嘴豆、芝麻、亚麻子、乳品、骆驼毛，以及面粉和面制品、部分果蔬、坚果、开心果等。共有1036家哈萨克斯坦企业获得向中国市场供应农产品的许可[①]。在 2023 年 3 月第二届哈萨克斯坦—中国（新疆）毗邻地区友好合作对话会上，哈副总理兼贸易和一体化部部长朱曼加林表示，哈有意将对华小麦出口量增加到 100 万吨以上，现在基础设施条件已经具备。

（七）跨境电子商务等新业态

电子商务正在掀起国际贸易领域的一场革命，作为新贸易形态，它大大拓展了国际贸易空间和场所，简化了跨境贸易的流程，为中小企业低成本参与国际竞争带来前所未有的机遇，也为中哈贸易注入新动力。中哈在该领域合作的一个突出特点是企业先行，政策后续跟进。2016 年 5 月，哈萨克斯坦萨姆鲁克-卡泽纳国家基金、哈萨克斯坦邮政集团与阿里巴巴集团签署合作备忘录，决定开展电子商务、支付、物流等领域合作。当年 9 月，新疆跨境电商综合服务平台上线，并完成首单跨境进口，标志着跨境电商进口业务通道正式开启。哈萨克斯坦在阿里巴巴贸易平台开设了国家馆，截至 2022 年 9 月，已有 130 余家哈萨克斯坦企业入驻阿里巴巴平台，商品种类 7500 多种，销售额超过 1.37 亿美元[②]。2022 年 12 月，阿里巴巴集团与哈萨克贸易政策发展中心签署合作备忘录，协助中国进口商在哈直接采购并在阿里巴巴电商平台上销售。

随着电商合作蓬勃兴起，政府的支持政策开始跟进。2018 年 6 月在两国元首见证下，中国商务部和哈萨克斯坦国民经济部签署《关于电子商务合作的谅解备忘录》，约定建立电商合作机制，共同推进"丝路电商"合作，加强经验分享，开展人员培训，促进政企对话，促进优质特色产品跨境贸易。作为对哈贸易的前沿，新疆的乌鲁木齐国际陆港区、阿拉山口综合保税区、中哈霍尔果斯国际边境合

---

① 《中国—哈萨克斯坦：睦邻友好与互利合作的三十年》，https://chinastudies.kz/upload/medialibrary/978/978152e5f3e153882a031331148549c1.pdf。

② 《哈萨克斯坦企业通过阿里巴巴平台销售 1.377 亿美元的商品》，哈萨克斯坦驻中国大使馆微信公众号，https://mp.weixin.qq.com/s?__biz=MzA4NzU2MzYwNg==&mid=2652764132&idx=4&sn=74bd913cdc4b4ba947-d603de016effe5&chksm=8bdedbddbca952cbc6a4856de48e9c3300389c38c861c90ddac37c87842c6eb2ff98be10a868&scene=27。

作中心中方配套区、喀什综合保税区成为首批省级跨境电子商务试点产业园区。2021年7月，首票"跨境电商B2B直接出口"和"跨境电商出口海外仓"货物在阿拉山口海关申报放行，跨境电子商务在国家政策的支持下日益活跃。2022年1月，经国务院批复，同意在喀什地区和阿拉山口市设立跨境电子商务综合试验区。

中国是电子商务的引领者，拥有世界一流的售前、售后、支付和物流系统，中国政府鼓励企业以新贸易平台和新贸易方式提升贸易质量，支持企业在沿线交通枢纽建立仓储物流基地和分拨中心，完善区域营销网络，发展跨境电商等。哈萨克斯坦的电子商务尚处于起步阶段，政府高度重视。为推动电子商务发展，2019年哈政府制定并通过了《2025年前电子商务发展路线图》，为电子商务从业者制定了税收优惠政策。其中明确三个主要发展方向：扩大电商出口规模；吸引企业参与电商发展和基础设施建设；加强消费者权益保护。为帮助更多企业利用电商平台拓展业务，哈贸易与一体化部对国内符合条件的企业实施"互联网出口商培训"计划，还建设国家商品配送系统。该配送系统由24个批发配送中心构成，向当地零售网点、网店和其他批发商供应产品。随着哈国内电子商务领域的基础设施不断改善，中哈电商合作将进入快车道。

三 中哈贸易统计

经贸合作始终是中哈永久全面战略伙伴关系最具活力的组成部分，中国连续多年稳居哈第二大贸易伙伴国、第二大进口来源国地位，是哈第一大或第二大出口目的地国。托卡耶夫总统在2022年6月彼得堡经济论坛上表示，中国已成为哈萨克斯坦的主要经贸伙伴，深化对华合作是国家的重要任务。中哈经贸合作有天然的互补性，随着区域产业链供应链的发展，双方经贸关系还将再上一层楼。

自建交以来，中哈贸易额快速增长。双方的进出口总额从1992

年的 3.68 亿美元上升至 2022 年的 312 亿美元,增长了 84 倍。总体上,中哈贸易进程大体可分为三个阶段,这三个阶段与哈萨克斯坦整体对外贸易走势基本一致。

第一阶段为 1992—2001 年,增长平稳,波动不大。据中方统计,1992 年双边贸易额为 3.68 亿美元,1993 年增至 4.35 亿美元,到 2001 年增长到 12.9 亿美元,年均增速 15% 左右。

第二阶段为 2002—2008 年,高速增长。中哈两国元首 2006 年曾提出,到 2010 年两国贸易额达到 100 亿美元,但 2007 年中哈贸易总额就达到 138.76 亿美元,提前完成任务,2008 年达到 175.5 亿美元。这一时期,中哈贸易额增长了 13 倍多,年均增速达到 55%,远超同期哈对外贸易增速(年均 35%)。

第三阶段为 2009—2022 年,波动剧烈。起初随着 2008 年国际金融危机蔓延,中哈经贸的波动性明显。2009 年中哈经贸额为 140 亿美元,下降 20.2%,主要原因是能源及大宗商品价格下跌,比如 2009 年哈对华原油出口数量小幅增长 4.8%,但由于石油价格走低,原油对华出口金额下降 46.3%。不过,鉴于哈整体对外贸易降幅更大,中国在哈对外贸易中的地位不降反升,据哈海关统计,中国 2008 年为哈第三大贸易伙伴,2009 年则上升为第 2 位,是哈第二大进口来源地,也是哈第二大出口市场。[①]

随着经济金融危机的缓解,中哈贸易额再次恢复快速增长(见表 5-11),2013 年达到 286 亿美元新高。2013 年,习近平主席在纳扎尔巴耶夫大学讲演时提出共建"丝绸之路经济带"的重大倡议,并提出包括贸易畅通在内的"五通"合作路径,中哈经贸合作进入新阶段。尽管此后遭遇世纪疫情、地缘危机等困难,并一度出现下滑,但 2022 年重新回到历史高点。据中国海关统计,2022 年中哈货

---

① 中国商务部:《2009 年哈中双边贸易分析》,http://images.mofcom.gov.cn/kz/accessory/201004/1270365516996.pdf。

物进出口总额311.7亿美元,同比增长23.6%,创历史新高。其中,中国对哈出口163.6亿美元,增长17.4%,自哈进口148.2亿美元,增长31.3%,中方顺差15.4亿美元[1]。另据哈国家统计局数据,2022年中哈贸易额241.5亿美元,同比增长34.1%,占哈进出口总额的18%;其中哈对华出口131.7亿美元,同比增长34.7%,占比15.6%,哈自华进口109.8亿美元,同比增长33.5%,占比21.9%[2]。按照哈方统计,2022年中国是哈第二大贸易伙伴、第二大出口市场和第二大进口来源地。

中哈建交以来,中哈贸易规模呈稳定向好势头,进口和出口的差距较小,呈现出均衡发展趋势。中国在哈对外贸易中的占比持续上升,2017年为13.4%,2022年升至18%。中国市场对哈越来越重要,从哈第三大出口市场变成哈第一大出口市场(2021年)。

中哈贸易走势与同期的哈萨克斯坦对外贸易走势接近,但中哈间的经贸增速快于哈整体对外贸易增幅(见图5-2)。根据哈方统计,近年哈对华出口以能源、矿产品和金属制品和化工产品为主,占对华出口的95%左右(见表5-12和5-13)。有色金属及制品对华出口增长较快,在哈出口的比重较大,2022年1—9月,铜精矿及铜制品出口34.5万吨,其中对华出口22.4万吨,占比65%。铁矿石及精铁矿对华出口472万吨,占哈出口的67%。这说明随着哈国内加工制造业的发展,依托本国资源禀赋的资源深加工产品对华出口竞争力明显提升,中国市场也为哈提供了巨大机遇。但寄予厚望的肉奶等食品对华出口占比不大,2021年只占1.7%,有待挖掘(见表5-12至表5-14、图5-2)。

---

[1] 中国海关总署:《统计月报》,http://www.customs.gov.cn/customs/302249/zfxxgk/2799825/302274/302277/4899681/index.html。

[2] 哈萨克斯坦国家统计局,Основные показатели внешней торговли Республики Казахстан,https://stat.gov.kz/official/industry/31/statistic/6。

表 5-11　　　　　　　　　2013—2022 年中哈货物贸易走势　　　　　（单位：亿美元）

年份	进出口额	增幅	中方出口	中方进口
2013	285.0	11%	125.0	160.0
2014	224.2	-11.9%	127.1	97.1
2015	143	-36%	84.4	58.6
2016	130.93	-8.4%	82.89	48.04
2017	180.00	37.4%	116.43	63.57
2018	198.85	9.5%	113.50	85.35
2019	219.90	10.6%	127.30	92.60
2020	214.30	-2.7%	117.10	97.20
2021	252.5	17.8%	139.8	112.7
2022	311.8	23.4%	163.6	148.2

资料来源：中国海关总署《统计月报》，http：//www.customs.gov.cn/customs/302249/zfxxgk/2799825/302274/302277/4899681/index.html。

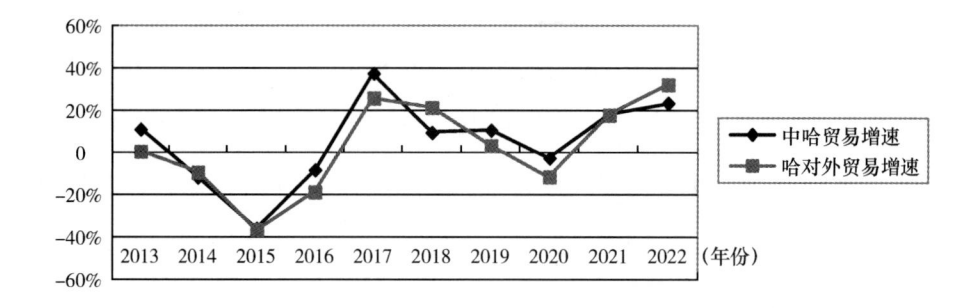

图 5-2　中哈贸易增速与哈对外贸易增速对比

资料来源：根据中国海关统计数据、哈萨克斯坦国家统计局数据整理。

表 5-12　　　　　　　　　　哈萨克斯坦对华出口商品结构　　　　　　　（单位：亿美元）

主要类别	年份	2017	2018	2019	2020	2021
	总金额	57.98	63.07	80.03	94.20	97.77
燃料、原油及成品油	出口额	10.0	19.5	28.3	26.9	29.8
	占比	17.3%	30.9%	35.3%	28.5%	30.5%
矿产品	金额	10.8	9.47	11.2	19.7	22.3
	占比	18.7%	15%	14%	20.9%	22.8%
有色金属及制品	金额	15.1	15.7	21.9	23.6	26.3
	占比	26.1%	24.9%	27.5%	25.2%	27%

续表

主要类别	年份	2017	2018	2019	2020	2021
黑色金属及制品	金额	8.8	8.3	8.3	9.9	8.0
	占比	15.2%	13.2%	10.4%	10.5%	8.2%
化工产品	金额	10.3	6.8	5.7	9.6	6.8
	占比	17.7%	10.8%	7.1%	10.2%	7%
以上合计	占比	95%	94.8%	94.3%	95.3%	95.5%

资料来源：Внешняя торговля Республики Казахстан 2017 – 2021，статистический сборник，https：//new.stat.gov.kz/ru/industries/economy/foreign – market/publications/8835。

表 5 – 13　　　　　　哈萨克斯坦自中国进口的主要商品　　　　　（单位：亿美元）

主要类别	年份	2017	2018	2019	2020	2021
	总额	46.9	53.8	67.9	63.8	82.3
机械设备	进口额	20.8	24.5	25.9	29.6	42.2
	占比	44.3%	45.6%	38.2%	46.4%	51.3%
金属及制品	进口额	6.5	6.1	7.5	6.6	6.1
	占比	14%	11.3%	11.1%	10.5%	7.3%
交通工具	进口额	1.8	2.6	3.8	3.7	4.3
	占比	4%	4.8%	5.6%	5.8%	5.3%
服装鞋帽及半成品	出口额	3.8	4.4	8.5	7.2	11.1
	占比	8.3%	8.1%	10.7%	11.3%	13.5%
化工产品（含塑料制品）	进口额	6.3	7.3	7.9	7.9	8.8
	占比	13.4%	13.5%	11.6%	12.2%	10.7%
合计占比		84%	83.3%	77.2%	86.2%	88.1%

资料来源：Внешняя торговля Республики Казахстан 2017 – 2021，статистический сборник，https：//new.stat.gov.kz/ru/industries/economy/foreign – market/publications/8835。

从服务贸易看，中欧班列的快速发展不仅成为东西方物流的大动脉，也推动了中哈服务贸易发展。哈萨克斯坦的服务贸易出口产品主要是物流运输服务，2021 年哈服务贸易出口额 58.1 亿美元，其中交通物流服务领域为 39.8 亿美元，占哈服务贸易出口的 68.5%。其中，对华运输服务贸易的出口额 21.4 亿美元，占哈服务贸易出口额的 36.8%，自华服务贸易进口总计 2.2 亿美元。哈对华运输服务贸易的顺差近 20 亿美元。未来，随着免签政策带动旅游发展，服务贸易将是中哈贸易的新增长点，中国对哈服务贸易逆差也将进一步扩大。

第四节　中哈贸易未来走势

中哈政治互信度高，经济互补性强，又有无与伦比的地理区位优势，在全球经济版图重构过程中，两国的经贸依存度持续上升是必然趋势。同时，两国经贸合作中也面临缺乏贸易自由化制度安排等制约因素，需要两国通过战略对接，不断完善投资、贸易和金融制度保障，使两国贸易潜力得到完全释放。

一　合作机遇

当前中哈经贸合作面临的机遇主要如下。

第一，新的全球产业链和供应链正在构建，中哈经济互补性进一步放大。新冠疫情和地缘危机的最直接影响是产业链供应链短链化、区域化，中哈互为安全可靠的直接的产品来源地，随着企业对产业链供应链的稳定性和韧性需求上升，中哈原本就存在的经济互补性将得到进一步释放。尽管中哈之间并没有签署自由贸易协定，但中国成为哈最大的出口市场和第二大进口来源地，经济互补性强是最主要的原因。能源和矿产品是哈出口主力，占哈出口的65%以上。金属及制品是哈第二大类出口商品，占比15%左右，而中国既是哈能源进口国之一，也是哈主要金属制品的进口国。农业方面，哈地广人稀，全国可耕地面积超过2000万公顷，得益于游牧民族的传承和广袤的牧场，哈肉类和奶制品质量在区域内也首屈一指，哈优质农产品在中国日益受到欢迎。

第二，近水楼台的地理区位优势和相对完善的基础设施。两国地理相邻，交通便利。目前，中哈有7对口岸，已开通5对常年对开口岸，分别是吉木乃、霍尔果斯、阿拉山口、都拉塔、巴克图（阿黑吐别克和木扎尔特口岸尚未开通）、5条油气跨境运输管道、2条跨境铁路干线和1个国际边境合作中心。东有连云港中哈物流合作基地，西有霍尔果斯—东大门无水港，成为连接欧亚大陆的桥梁。2018年，中国西部—欧洲西部的"双西公路"贯通，成为公路运输的大动脉。中哈第三个铁路口岸已于2023年底开工建设。"一带一路"建设启动后，中欧班列发展迅速，成为东西方的重要物流大通道。2022年发行1.6万列，其中经霍尔果斯口岸入哈萨克斯坦的班列数量7068列，经阿拉山口入哈的6211列，占中欧班列发行总量的83%。对本国的地理区位优势，哈总统托卡耶夫表示，"鉴于当前的地缘政治形势，哈正在成为亚欧之间最重要的陆路走廊。我们需要充分利用目前开放的机遇，成为真正具有全球意义的运输和中转枢纽"[1]。2016年，哈萨克斯坦在全球物流绩效指数排第77位，在独联体地区排名第一，对于一个没有出海口的内陆国家而言已经难能可贵。

第三，中国的持续开放政策。中哈两国都奉行开放谋发展的国家战略。习近平主席指出，要深化贸易畅通，扩大同周边国家贸易规模，鼓励进口更多优质商品，提高贸易和投资自由化便利化水平，促进贸易均衡共赢发展。中国的快速发展起于改革开放，入世更是让中国对外贸易插上翅膀，深度融入全球经济的中国深知贸易的重要性。目前，中国设立了6个自由贸易试验区，建设了海南自由贸易港，举办以进口为导向的中国国际进口博览会，主动降低关税水平，削减进口制度成本。在第二届"一带一路"国际合作高峰论坛上，习近平主席强调，中国有世界上规模最大、成长最快的中等收入群体，消费增长潜力巨大。我们将进一步降低关税水平，消除各种非关税壁垒，

---

[1] Послание Главы государства Касым-Жомарта Токаева народу Казахстана, 01.09.2022. https://www.akorda.kz/ru/poslanie-glavy-gosudarstva-kasym-zhomarta-tokaeva-narodu-kazahstana-181130.

不断开大中国市场大门，欢迎来自世界各国的高质量产品[①]。哈萨克斯坦对此当然看得非常清楚，也将开发中国市场视为重中之重。哈萨克斯坦2018—2022年国家出口战略将27个国家确定为本国重点出口市场，并将上述国家分为优先关切、高度关切、一般关切和远期关切4个类别。其中，中国和俄罗斯为优先关切市场。2019年4月，哈外长阿塔姆库洛夫在《环球时报》发表《我们将再次兑现对中国的承诺》文章，表示创建欧亚大陆的"自由贸易愿景"一直是哈萨克斯坦的目标，而"一带一路"倡议与哈萨克斯坦"光明之路"计划正将这一愿景转变为现实[②]。

第四，持续推进的大项目带动了相互贸易的提升。"一带一路"倡议提出后，为推动直接投资，两国建立了产能和投资对话机制，设立了中哈产能合作专项基金，产能合作蓬勃发展，已确定52个项目，投资总金额逾212亿美元。一批生产型企业落地，如江淮汽车生产线、奇姆肯特炼厂现代化改造。投资和产能合作一方面带动了贸易往来，另一方面丰富了两国间的产业链供应链，为后续的经贸往来夯实基础。中哈建成的产业园区有3个，分别是中哈阿克套能源资源深加工园区、阿拉木图中国商贸物流产业园和中哈智能制造产业园区。

第五，绿色经济的发展为两国贸易注入新动力。能源一直是中哈贸易的支柱，已经建成中哈原油管道、中国—中亚天然气管道哈萨克斯坦境内段，天然铀合作也非常稳定。随着全球去碳化进程，绿色能源成为中哈贸易的新增长点。2009年7月，哈政府颁布《支持可再生能源利用法》。托卡耶夫总统在联合国2020气候峰会上宣布，哈将在2060年实现碳中和。为此，哈计划持续提高可再生能源在能源结构中的占比，从2020年的3%提升到2030年的15%。为此，哈政府

[①] 习近平：《齐心开创共建"一带一路"美好未来——在第二届"一带一路"国际合作高峰论坛开幕式上的主旨演讲》，人民出版社2019年版，第9页。
[②] 《哈外长发表署名文章〈我们将再次兑现对中国的承诺〉》，2023年5月20日，中国商务部网站（http://kz.mofcom.gov.cn/article/jmxw/201904/20190402849113.shtml）。

正制定《2050年前低碳发展愿景》，进一步明确绿色经济的发展方向。中国作为新能源最大生产国，在技术和产能上都有绝对竞争力，双方在清洁能源领域的合作前景广阔，也必将为两国贸易带来新动力。

二 合作挑战

与此同时，中哈经贸合作面临的挑战主要如下。

第一，没有自由贸易安排，毗邻效应难以完全释放。中国的自贸区主要面向东亚和东南亚，包括《区域全面经济伙伴关系协定》（RCEP）、中日韩自贸区谈判等。中国已建的自贸区和正在谈判中的自贸协定，除瑞士外，全部为海洋国家，贸易便利性更明显。而哈萨克斯坦参与的自贸安排集中在后苏联空间，且关税制度受到欧亚经济联盟约束。随着RCEP的启动，中国与有自贸协定的国家贸易成本大幅降低，哈对华出口商品与东南亚同类商品相比将失去市场竞争力。而欧亚经济联盟对中国部分商品实施了"反倾销"措施，哈作为成员国也必须遵守。

第二，制造业和高技术产业没有形成密切的产业链关系。虽然双方都强调要努力提高高附加值产品和高技术产品在双边贸易中的比重，但受两国发展阶段的影响，中哈贸易结构仍以能源原材料和中低端制造为主。双方并没有形成明显相互依存的中高端制造业的产业链供应链，这和中国与日韩、东南亚国家的贸易合作有很大差别。中哈贸易需要克服"资源病"，一方面需要哈萨克斯坦本身的经济多元化，另一方面要通过产能与投资合作，带动产业链供应链的形成。

第三，中国经济结构转型升级，对原材料需求增速放缓。中国正面临经济结构转型的"新常态"，呈现增长速度换挡期、结构调整阵痛期、前期刺激政策消化期的三期叠加特征，从中远期看，对原材料和能源类的进口需求增幅不会太大。

第四，国际贸易环境和大国博弈的负面影响。美国对华遏制打压越来越无所不用其极，制裁中国企业的名单也越来越长，截至2023年3月，美国列入贸易黑名单的中国实体数量已经高达639家。从美肆无忌惮采用长臂管辖威胁第三国与俄罗斯贸易看，不排除未来会威胁哈企业不得与受美制裁的中国企业进行交易。有助于摆脱第三方制约的本币结算虽已启动，但在双边贸易中的占比不高，仍有待制定针对性措施，鼓励和推动本币结算走深走实。

三　前景展望

中哈贸易关系不断密切是大势所趋。中哈互为主要贸易伙伴，有先天的地理区位优势和经济互补性，互利共赢是两国贸易持续走强根本动力，任何外力都无法阻止。进一步推动贸易畅通，丰富和完善贸易结构是两国政府的战略选择。中哈双方都明确表示，愿共同分析并采取措施消除可能阻碍双边贸易增长和资本流动的因素。中国欢迎哈方扩大输华商品和产品种类，哈明确将中国列为优先出口市场。

随着区域产业链供应链的形成和完善，电子商务等新业态的蓬勃发展，中哈贸易关系将再上新台阶。新冠疫情结束后，人员往来正快速恢复，中哈在旅游、医疗、教育等服务贸易领域进入报复性增长期。但由于能源和原材料仍占据中哈贸易相当大的比重，受国际大宗商品价格影响，两国贸易额仍会有明显的波动性。

中哈贸易便利化制度安排将持续推进。两国在交通物流、金融服务、清洁能源、电子商务等领域都制定了合作规划，但仍有待完善，便利化制度性安排还会稳步推进，人员往来、金融合作等领域的合作也会加速落地。在"中国—中亚"元首峰会期间，中哈达成互免签证协议。随着上合组织部分国家签署本币结算路线图，中哈贸易将从中受益。

中哈是维护多边贸易体制的重要力量。两国均支持对世界贸易组织进行必要改革，共同捍卫多边贸易体制。两国一致认为，经济全球化是正确方向，致力于促进经济全球化和贸易自由化，维护以世贸组织为核心的多边贸易体制，坚决反对单边主义和保护主义，努力确保公平竞争环境推动构建公正、合理、透明的国际经贸规则体系。未来，中哈仍是公平合理开放的多边贸易制度的坚定维护者。

第六章 资金融通

在市场经济中，资金融通是一种供求双方通过投融资等金融工具对资金盈余进行调节，对项目进行投资的经济活动，目的是深化金融和投资合作，推进金融稳定体系、投融资体系和信用体系建设。作为"一带一路"的"五通"之一，资金融通主要是解决合作项目的资金难题，通过多渠道的融资，为合作项目提供稳定的资金支撑，从而完善区域内各国投资环境，促进"一带一路"沿线区域形成一个系统化的投资体系。通过整合财政和金融资源、加快生产要素流通、提升资源配置效率，促进经济增长，最终实现"一带一路"沿线区域内的合作和发展。目前，中哈都处在发展振兴的关键阶段，中哈关系已经开启新的"黄金三十年"。双方正密切发展战略对接，深化互利合作，共谋发展振兴，加速构建中哈命运共同体。资金融通是双方应对国际经贸规则高标准新趋势，在制度层面上推进对外开放，推进国家治理体系和治理能力现代化的重要途径。

据《2022年度中国对外直接投资统计公报》数据，2022年中国对外直接投资流量1631.2亿美元，为全球第2位，连续11年列全球前三，连续七年占全球份额超过一成[①]。《共建"一带一路"：构建人类命运共同体的重大实践》白皮书提到，截至2023年6月底，共有13家中资银行在50个"一带一路"共建国家设立145家一级机构，

---

① 《商务部、国家统计局和国家外汇管理局联合发布：2022年度中国对外直接投资统计公报》，中国政府网（https://www.gov.cn/lianbo/bumen/202310/content_6907593.htm）。

131个共建国家的1770万家商户开通银联卡业务，74个共建国家开通银联移动支付服务。此外，中国已与20个共建国家签署双边本币互换协议，在17个共建国家建立人民币清算安排，人民币跨境支付系统的参与者数量、业务量、影响力逐步提升，有效促进了贸易投资便利化。[①]

第一节 资金融通的意义与趋势

共建"一带一路"国家多是发展中国家，其经济建设和社会发展愿望强烈，各国的国家发展（尤其是基础设施和绿色发展）以及"一带一路"规划项目建设资金需求较大，这些资金需求往往不是某一个国家所能独立负担，需要国际社会支持。实践中，资金融通指的就是通过加强区域投资、财政和金融合作，解决合作资金来源和资金安全问题，满足沿线区域多样化的融资需求，促进经济要素有序自由流动、资源高效配置和市场深度融合，共同打造"开放、包容、均衡、普惠"的区域经济合作架构。

一 资金融通是国际公共产品

国际公共产品一般具有受益范围大（超出一国范畴）、受益对象广（多群体的广大民众可受惠）、受益时间长（作用效果持久）三个特征，"一带一路"的资金融通便具有这些特征，因此属于国际公共产品。其特点如下。

一是合作伙伴以发展中国家（包括新兴经济体）居多。正因如

[①] 《深化资金融通合作之路 推动"一带一路"共同繁荣》，中国政府网（https://www.gov.cn/yaowen/liebiao/202310/content_6908677.htm）。

此，融资合作机制也以发展中国家为主导，与过去由发达经济体或发达国家主导的国际金融公共产品有较大区别。例如，亚投行、产能合作基金是中国等发展中国家主导，亚行、世界银行、欧洲复兴开发银行等由西方国家主导。二者在项目选择和风险评估方法等一些业务领域有一定差异，前者更符合新兴经济体或发展中国家的国情。

二是定位于"一带一路"建设，直接为"一带一路"服务。这意味着，属于"一带一路"沿线国，或者列入对接合作清单或合作备忘录中的项目会优先获得资金支持。"一带一路"的对接项目基本都是中国与共建"一带一路"国家共同感兴趣的、对各自国家发展具有一定意义和影响的项目，无论是基础设施建设、产能制造业、贸易投资、人文合作等，都有助于各国发展经济，改善民生，立足长远，惠及广大民众的互利共赢合作。

三是开发性金融需求强烈。"一带一路"合作项目中，高风险的科技创新等风险投资相对少一些，多数是基础设施、基础产业和民生项目。这些项目资金需求大、回报低、周期长，如果完全的商业市场化贷款显然会加重需求方负担，因此开发性融资特点凸显。10年来，共建"一带一路"资金融通渠道逐步形成了以各国国内金融机构为主导、亚洲基础设施投资开发银行及丝路基金为先锋、传统国际金融机构为重要补充的多层次的融资服务体系结构。[①]

资金融通通常涉及的合作议题和内容如下。

第一，合作理念与原则。共建"一带一路"资金融通始终秉持"市场化运作、平等参与、利益共享、风险共担"的原则，加强政府和市场的分工协作，以企业为主体，共商共建共享，推动建立"长期、稳定、可持续、风险可控"的融资体系，助力合作伙伴经济社会发展。正如中国央行前行长周小川所言："长期来看，投融资合作不是单向的资金支持，需要各方共商共建，构建共同付出、共担风

---

① 万喆：《共建"一带一路"资金融通体系》，《中国金融》2023年第12期。

险、共享收益的利益共同体,同时还需要借助市场力量,最大限度地调动各种资源,确保可持续性。"[1]

第二,研究投融资标准。资金融通合作始终坚持高标准,即共赢、绿色、廉洁、透明、可持续。"一带一路"的合作项目都是合作伙伴感兴趣,尤其是其国家发展战略或行业、地区发展规划中确定的项目,这些项目注重低碳和数字化,体现包容性,都是利国利民的项目,不是落后的、高污染的、高耗能的中国产能转移至海外。合作资金不是中国一家独秀,而是来自多方融资,共建"一带一路"国家、发展中国家、发达国家、国际金融机构、国际金融中心、跨国公司等都发挥各自比较优势,形成优势互补。为了追求可持续发展,合作时关注债务和风险管理,考虑合作伙伴的承受力和偿债能力,避免"债务陷阱",不将债务政治化、武器化,中国财政部2017年与28个共建国家的财政部门共同核准了《"一带一路"融资指导原则》,2019年又发布《"一带一路"债务可持续性分析框架》(适用于低收入国家),2023年10月发布《"一带一路"债务可持续性分析框架(市场融资国家适用)》,为资金融通提供了参考方案与实用的管理分析工具。

第三,建立合作制度与机制,具体包括:(1)政府主管部门间签署合作协议或备忘录,建立工作组,研究投资与融资规则与机制;(2)与国际金融机构建立合作机制;(3)中国金融机构的海外布局(通过收购、参股、设立分支机构等形式,推进金融机构和金融服务的网络化);(4)成立亚投行、丝路基金、产能基金等融资平台;(5)能力建设(人才培养)等。

第四,务实合作内容,着眼于加强财政金融领域的中介服务,比如会计、保险、法律、项目选择与管理、资金结算和清算、项目和账

---

[1]《"一行三会一局"齐表态:加强投融资服务,助力"一带一路"》,中证网(https://cs.com.cn/xwzx/201705/t20170505_5270446.html)。

户管理、风险评估与管理、代理行关系、银团贷款、项目贷款等，旨在改善投融资环境，丰富投融资主体（商业银行、股权投资基金、保险、租赁和担保公司等各类商业性金融机构，以及养老基金、主权财富基金等长期机构），加强金融产品创新，改进风险评估办法，拓宽投融资渠道，创新投融资模式，增强协调和推广标准的能力，保障资金安全，减少债务负担和风险。

2015年3月28日，国家发改委、外交部和商务部联合发布的《推动共建丝绸之路经济带和21世纪海上丝绸之路的愿景与行动》中，提出要以政策沟通、设施联通、贸易畅通、资金融通、民心相通等"五通"为主要内容，打造利益共同体、命运共同体和责任共同体[①]。该文件明确指出资金融通是"一带一路"建设的重要支撑，并从金融合作和金融监管两个领域对资金融通进行了深入阐释。一是在金融合作领域，强调要深化金融合作，推进亚洲货币稳定体系、投融资体系和信用体系建设，探索新的支付结算办法，推动债券、证券、基金、银团贷款、银行授信等融资工具发展，完善多边金融投资合作机制等。二是在金融监管领域，强调要加强金融监管合作，建立高效监管协调机制，完善风险应对、危机处置和风险预警的制度安排，加强征信，引导社会资金和商业性股权投资基金参与项目建设。

实践中，资金融通要以"融"为主线，简而言之，就是能筹集到足够的项目资金。进入全球化时代以来，全球货物和服务贸易规模不断扩大，信息和通信技术的进步加快了资本要素在全球范围内的流动，极大增加了企业与国家可利用的资本，资金融通的重要性愈加凸显，是各国经济合作的前提条件和重要组成部分。资金融通的水平和效率是推动地区间经贸发展的关键因素，稳定和健康的投资合作体系会对实体经济产生显著的促进作用[②]。随着全球化的推进和经济全球

---

① 《经国务院授权　三部委联合发布推动共建"一带一路"的愿景与行动》，中国政府网（https://www.gov.cn/xinwen/2015-03/28/content_2839723.htm）。

② 李娅、华伟：《金砖国家国际金融合作协调机制研究》，《农村金融研究》2011年第9期。

化的加速，区域投资和金融合作逐渐成为国际经济合作的重要方向。

资金融通要以"通"为目的，简而言之，就是让资金有安全的去处。即通过对接投资和金融政策，协调规则和监管措施，完善货币政策，共同维护地区和全球的投资环境和金融体系稳定，提高投融资体系的稳定性和透明度，促进区域经济稳定和发展。实践中，要实现资金融通还存在不少困难。首先，各国法律、政治、环境和社会特征不一致给资金融通带来挑战。这些差异可能会导致金融市场的不平衡和不稳定。一国需要有保障的法律、监管和税收制度、可靠的中央银行、稳定的价格水平、较低的劳动力成本、有效的预算管理等有利经济因素，以营造有吸引力的投资环境。其次，区域金融合作对于金融安全具有双重影响。一方面，区域投资和金融合作可以加强金融体系的安全性。通过建立统一的监管机制和金融规则，可以有效地预防和化解金融风险，保障投资者权益，维护投资和金融市场稳定，但资本要素的跨境流动也使得金融领域内系统性风险的传导力与破坏力大大增强，区域金融合作存在一些挑战。另一方面，资金融通不仅需要防范当前风险，也要考虑那些未来可能出现且从未遇到过的情况，特别是潜在的全球性和系统性风险。例如气候变化、全球经济和金融危机、全球公共卫生和流行病问题等，因此国际资金融通越来越强调绿色和可持续原则。对全球各个国家而言，投资和金融稳定已然成为全球性的公共物品。减少金融市场自身缺陷造成的市场失灵问题需要金融监管的介入，而降低因金融市场全球化所带来的系统性风险扩散造成的损害，则需要金融监管国际合作制度正常持续地运行。[①]

二 国际资金融通的新趋势

新冠疫情后，全球地缘政治与经济格局加速演变，世界经济处于

---

① 封筠：《金融监管国际合作制度双边模式研究》，《暨南学报》（哲学社会科学版）2013 年第 5 期。

深度调整期,"黑天鹅"和"灰犀牛"事件层出不穷,国际发展合作动能被削弱,各国产业链供应链布局从以成本、效率、科技为侧重转向以安全、稳定和政治为侧重,呈现多元化、区域化等演进特征,并存在进一步碎片化趋势。① 世界银行指出,全球经济的"速度极限",即不引发通胀情况下的最高长期增速,可能在2030年前跌至30年来最低水平。发达经济体与新兴经济体经济走势与宏观政策持续分化,欧美央行加息与币值走强对新兴经济体的资本流动、大宗商品贸易、财政可持续发展均产生剧烈冲击,国际资金融通呈现复杂态势。

第一,产业链供应链安全成为各国重要考虑。世界经济论坛2023年7月发布的《全球首席风险官展望》认为,主要经济体间的地缘政治经济关系将持续存在不稳定性,并对供应链产生重大影响,尤其是在关键产品供应方面可能受到更多冲击。为降低可能的断供风险,防止在关键能源资源、粮食、核心技术等方面受限,许多国家的政策选择是推动本国产业链供应链多元化布局,引导跨国企业主动调整战略、分散投资,推进能源矿产等来源地和运输通道多元化。联合国贸发会议《2023年世界投资报告》显示,按行业看,基础设施和全球价值链密集型产业项目数量增加,能源项目数量稳定,数字经济领域项目数量放缓。面临供应链重组压力的全球价值链密集型行业,包括电子、汽车和机械,项目数量和投资金额都有所增长。为应对全球芯片短缺,在已宣布的5个最大投资项目中,有3个是在半导体领域。同时,受逆全球化、贸易保护主义抬头和发达国家推动产业链回迁等多重因素影响,区域合作也迎来新的发展动力。例如,2023年6月,《区域全面经济伙伴关系协定》(RCEP)对15个签署国全面生效。但部分美西方国家依然以"去风险"为由,推动全球产业链供应链朝着于己有利的方向发展,该领域碎片化倾向或将进一步增强,

---

① 支振锋、刘佳琨:《反"脱钩断链"是维护全球发展的正义斗争》,《光明日报》2023年8月31日。

增加世界经济复苏的不稳定性和不确定性。[①]

第二，全球对外投资下行压力持续存在，发展中国家的债务压力增加。联合国贸发会议《2023年世界投资报告》显示，受俄乌冲突、食品和能源价格高涨，以及公共债务飙升等因素影响，2022年全球外国直接投资较上年下降12%至1.3万亿美元。联合国贸发会议认为，国际项目融资交易减少，可再生能源的投资增长有所放缓，2023年全球外国直接投资的下行压力继续存在[②]。同时，由于全球流动性过剩、金融机构资产规模快速扩张、房地产及金融业增加值在GDP中的占比显著提升、金融资产价格和金融交易量大幅提升等，全球经济金融化明显。由于全球经济金融化蕴藏巨大风险，因此紧缩货币政策成为控制通货膨胀的必然选择[③]。国际金融协会（IIF）2023年10月发布报告称，创纪录的债务、高利率以及动荡的政治纷争，都在加剧发生新一轮信用危机的风险。IIF表示，2023年上半年全球债务增加了10万亿美元，达到创纪录的307万亿美元，其中80%以上来自发达经济体[④]。世界银行2023年12月发布的《国际债务报告》显示，2022年全球利率经历了四十年来最大幅度飙升，发展中国家用于偿还政府和政府担保债务的支出达到创纪录的4435亿美元。借款成本增加挤占了本应投入卫生、教育、环境等关键需求领域的为数不多的资金。全部发展中国家的偿债支出（包括本金和利息）比上一年增加了5%。2022年75个国家有资格从世行支持最贫困国家的国际开发协会（IDA）借款，其偿债支出达到创纪录的889亿美元。过去十年中，这些国家的利息支出翻了两番，2022年达到236亿美元的历史最高水平。《国际债务报告》发现，2023年和2024年24个最贫困

[①] 支振锋、刘佳琨：《反"脱钩断链"是维护全球发展的正义斗争》，《光明日报》2023年8月31日。
[②] 杨啸林：《全球产业链供应链加速重构》，《经济日报》2023年8月9日。
[③] 《加强国际经济金融合作，助力全球经济复苏》，中国金融信息网（https://www.cnfin.com）。
[④] 《全球债务总额再创新高！这一次危机会在哪里酝酿》，第一财经（https://www.yicai.com）。

国家的总体偿债成本增幅高达39%。[①]

第三，国际金融治理体系改革艰难。新冠疫情以来，主要发达国家金融政策收紧，中低收入国家债务风险加剧，经济复苏能力被削弱，更无力投资于气候行动和长期可持续发展。而国际货币基金组织和世界银行支持欠发达国家力度明显不足，改革这两大全球性多边金融机构的呼声高涨。联合国2023年5月发布的《国际金融结构改革政策简报》指出，国际金融结构是二战后工业化国家为它们自身设计的，目前正经历空前的压力测试，但并未通过测试，国际金融结构因此不能胜任使命，无法长期支持大规模调动资金，以便应对气候危机以及帮助世界80亿人口实现可持续发展目标[②]。同时，单一主权货币充当全球"公共产品"的内在矛盾越发显现，美元"武器化"问题凸显，美国越来越积极地利用其货币实现政治和地缘政治目的，利用国家/国际货币以及整个西方金融体系来打击敌对国家或被视为敌对国家的国家。其中，委内瑞拉、伊朗、阿富汗以及俄罗斯等国都成为其施加制裁和惩罚的目标[③]。这也在一定程度上驱动市场主体调整交易偏好，跨境金融币种结构更趋多元。2000年至2020年，美元在全球外汇储备中的比重下降了12个百分点，人民币、澳元、加元等非传统储备货币的份额持续上升。

第四，全球金融系统演变愈加复杂。高盛、摩根大通等知名国际金融机构所强调的全球大趋势都强调数字化、环境、生命科学等主题。首先，随着全球范围内跨境金融体系不断演变，发达经济体与新兴经济体之间、传统金融机构与非银行金融机构之间形成了前所未有的复杂、隐蔽链条。部分新兴经济体外债水平居高不下，结构性货币

[①]《2022年发展中国家偿还公债支出达到创纪录的4435亿美元》，世界银行（https://www.shihang.org/zh/news/press-release/2023/12/13/developing-countries-paid-record-443-5-billion-on-public-debt-in-2022）。

[②]《国际融资合作应着眼全球发展议题》，中国政府网（https://www.gov.cn/yaowen/liebiao/202306/content_6888089.htm）。

[③] 保罗·巴蒂斯塔：《应对"去美元化"，金砖国家货币R5的可行性有多大？》，观察者网。

错配问题突出。非银行金融中介广泛参与资金运转，提高了跨境金融体系的关联性和传染性。其次，跨境金融的数字化转型进程加快。随着新技术与数字经济发展，越来越多的金融机构通过数字化手段，丰富跨境金融场景，提升经营服务效率。国际货币体系数字化转型提速，提升跨境支付效率成为央行数字货币开发与应用的重要方向。国际清算银行调查显示，2021年全球大约90%的央行和货币当局参与不同形式的数字货币研发，创历史最高水平。最后，环境与社会责任日益成为全球金融市场的行为准则之一。在其推动下，"价值"正在从单纯的商业性向社会性和人文关怀演化。未来有价值的长期投资主题包括技术进步类（比如区块链、人工智能）、人口特征类（比如医疗、免疫）、城市化类（比如基础设施建设）、气候变化类（比如新能源汽车）、全球经济实力格局变化类（比如新兴经济体的机会）等。

上述国际投融资形势的四大趋势给共建"一带一路"国家资金融通带来了新挑战。受世界经济形势影响，各国国内发展难度增大，产业转型艰难，资金缺口难以弥补，在全球产业链价值链中的不利地位进一步凸显。新技术和新经济形态的出现也给各国监管提出新要求。但同时，这也推动各国越来越认识到，在现有发达国家主导的国际金融机构和金融体系无法满足其融资需求的情况下，迫切需要新兴市场国家主导的创新者更加多元，受益者更加平等，治理理念更加包容的新型多边金融机构加入进来，扩宽融资渠道[①]，推动形成有利于合作伙伴之间的产业分工格局、资金结算清算体系，建立有益于降低交易成本和交易风险的货币制度和外汇交易制度，建立有效的隔离外部风险的屏障[②]，加快构建公正高效的全球投资金融治理格局，实现经济的持续稳定发展。

[①] 国家开发银行、联合国开发计划署：《融合投融资规则，促进"一带一路"可持续发展——"一带一路"经济发展报告（2019）》，https://www.undp.org/sites/g/files/zskgke326/files/migration/cn/P020191106652075822071.pdf。

[②] 《加强国际经济金融合作，助力全球经济复苏》，中国金融信息网（https://www.cnfin.com）。

第二节 哈萨克斯坦的投资政策

从投资环境吸引力角度来看,哈萨克斯坦是中亚地区经济发展较快、政治局势较稳定、社会秩序相对良好的国家,有着丰富的石油、天然气、煤炭、有色金属等矿产资源和加工经验,农业基础良好。自独立以来,哈萨克斯坦坚持实行积极吸引外资的政策,并加强有关立法工作。2003年4月,哈萨克斯坦颁布新的《哈萨克斯坦共和国投资法》(以下简称《投资法》),不断完善修订投资立法,已与中国、英国、美国、法国、俄罗斯等国家签订了双边保护投资协议。2015年12月,哈萨克斯坦成为世界贸易组织第162个正式成员国。为进一步提高本国投资吸引力,2022年7月哈政府发布《2026年前投资政策构想》,采取综合措施吸引外国投资。

一 哈萨克斯坦的投资规模统计

哈萨克斯坦一直致力于吸引外资,开放的市场经济和丰富的自然矿产资源也吸引着外国资本蜂拥而至。哈计划在2030年前(托卡耶夫总统执政的7年间)吸引至少1500亿美元海外投资。[①] 据哈央行数据,截至2023年1月1日,外国对哈累计直接投资存量为2224.47亿美元。从投资来源地看,欧美、离岸群岛、独联体国家一直是哈吸引外资的主要来源国。从外资的投资行业看,采掘业一直是外国投资的主要领域,其次是科技服务、加工制造业、金融和商贸服务业。

据哈央行统计,2013—2022年,哈累计吸引外国直接投资净值

---

① 《哈萨克斯坦去年吸引外资规模创新高》,中国国际贸易促进委员会(https://www.ccpit.org/a/20230412/20230412cxhi.html)。

1332.50亿美元（见表6-1），除2015年和2020年外，哈年均吸引外资220亿—240亿美元。其中，采掘业共吸引外国直接投资净值677.67亿美元，科技服务434.16亿美元，加工业104.61亿美元，金融保险69.47亿美元，家庭服务12.54亿美元，行政和辅助活动8.57亿美元，农林牧渔5.52亿美元，教育、卫生、社会服务、娱乐2.02亿美元，不动产1.08亿美元。

据哈央行统计，2022年哈共吸引海外直接投资流量280亿美元，同比增长17.7%，创下十年来新高，其中，来自荷兰83亿美元、美国51亿美元、瑞士28亿美元、比利时16亿美元、俄罗斯15亿美元、韩国15亿美元、中国14亿美元、法国7.7亿美元、英国6.61亿美元、德国4.7亿美元。荷兰、美国和瑞士三国对哈投资占比合计达57.8%。按行业划分，采矿业是海外直接投资的重点行业，共吸引投资121亿美元；接着是制造业56亿美元，批发和零售行业51亿美元；科技活动11亿美元，运输和仓储11亿美元，建筑6.98亿美元，金融和保险6.5亿美元，电力和天然气供应6.356亿美元。按地区划分，西部的阿特劳州吸引海外投资额居首位，达83亿美元，接着是阿拉木图市76亿美元，阿斯塔纳市22亿美元，东哈萨克斯坦州22亿美元，阿克托别州12亿美元[1]。（见表6-1）

根据哈央行统计，2013—2022年，哈共向海外107个国家累计净投资130.4亿美元（见表6-2）。按投资对象国看，离岸公司、周边国家（俄罗斯、中国、吉尔吉斯斯坦、乌兹别克斯坦和土库曼斯坦）等是哈最主要海外投资地。从投资行业分布看，哈海外累计净投资的主要领域有金融（68.67亿美元），加工业（54.64亿美元），家庭服务服务业（29.04亿美元），建筑（15.43亿美元），交通物流（7.6亿美元），商贸（6.94亿美元）等（见表6-2）。与此同时，有147

---

[1] Казахстан привлек рекордный объем прямых иностранных инвестиций，2023.04.11，https://primeminister.kz/ru/news/kazakhstan-privlek-rekordnyy-obem-pryamykh-inostrannykh-investitsiy-23663.

亿美元从海外回流国内,投入油气、矿产开发和冶金等行业。从哈对外投资战略看,美欧、海外离岛和周边国家依然是哈对外投资的重点区域,金融、矿产开采与加工行业、可再生能源等哈具有一定比较优势的行业领域会是未来投资重点。

表 6-1　　2013—2022 年哈萨克斯坦累计吸引外国直接投资净值统计　（单位:亿美元）

	国别	累计投资额		国别	累计投资额
1	美国	581.92	11	新加坡	15.07
2	荷兰	265.39	12	比利时	14.48
3	百慕大群岛	179.59	13	维尔京群岛	10.85
4	俄罗斯	94.86	14	瑞士	9.59
5	法国	64.68	15	韩国	6.64
6	塞浦路斯	37.75	16	加拿大	6.52
7	日本	27.23	17	利比里亚	5.96
8	意大利	25.68	18	格鲁吉亚	4.74
9	阿联酋	20.5	19	巴哈马	4.71
10	土耳其	15.61	20	阿塞拜疆	3.48

资料来源:哈萨克斯坦央行官网, Международная инвестиционная позиция, https://www.nationalbank.kz/ru/news/mezhdunarodnaya-investicionnaya-poziciya。

表 6-2　　　　　2013—2022 年哈萨克斯坦对外投资净值统计　　　（单位:亿美元）

名次	国别	累计投资额	名次	国别	累计投资额
1	俄罗斯	40.65	13	美国	2.39
2	开曼群岛	32.99	14	毛里求斯	1.86
3	新加坡	16.99	15	荷兰	1.63
4	塞浦路斯	14.55	16	格鲁吉亚	1.58
5	阿联酋	13.24	17	拉脱维亚	1.44
6	吉尔吉斯斯坦	11.57	18	土库曼斯坦	1.38
7	乌兹别克斯坦	4.92	19	意大利	1.33
8	塞舌尔群岛	4.52	20	印度	1.29
9	德国	3.80	21	比利时	1.22
10	中国	3.11	22	香港	1.13
11	土耳其	2.79	23	西班牙	1.05
12	马恩岛	2.68	24	其他国家	均不足 1 亿美元

资料来源:哈萨克斯坦央行官网, Международная инвестиционная позиция, https://www.nationalbank.kz/ru/news/mezhdunarodnaya-investicionnaya-poziciya。

二 哈萨克斯坦的投资政策

在外商投资政策方面，哈萨克斯坦奉行积极吸引外国投资的政策，努力为投资者提供具有吸引力的投资环境（见表6-3）。哈于2003年颁布《投资法》，制定了政府对国内及外商投资的管理程序和鼓励办法。根据规定，哈对外资给予国民待遇，大部分行业投资没有限制，但对涉及国家安全的部分行业，哈政府有权限制或禁止投资。

随着吸引外资增多以及本国经济结构的调整，哈在2016年对《投资法》进行了大幅补充和修改，例如投资者主体中增加了"国家"，制定了"战略项目"清单：（1）石油和天然气部门的炼油和基础设施，采矿和冶炼综合体，核和化学工业；（2）机器制造、建筑业、制药；（3）农工综合体、轻工业、旅游业；（4）信息和通信技术、生物技术、替代能源、空间活动。

为加大吸引外资力度，哈2015年在首都阿斯塔纳建立了阿斯塔纳国际金融中心，为外商投资提供现代化的金融平台。该中心适用英国法律体系及税收优惠等便利条件。2018年12月，哈总统签署政府改组命令[①]，将主管投资事务的投资发展部改组为工业与基础设施发展部，同时将其制定国家投资政策的职能移交至国民经济部，将其实施国家招商引资和促进出口的职能移交至外交部，该部下属的"投资委员会"和"哈萨克投资公司"划归外交部。2019年4月，哈政府将哈萨克投资公司职能移交至阿斯塔纳国际金融中心。阿斯塔纳国际金融中心由此成为哈吸引外资和推广投资形象的唯一协调机构，未来目标是建设区域投资枢纽。

哈政府2019年出台《关于对哈萨克斯坦涉及营商环境和商业活

---

① Указ Президента Республики Казахстан от 26 декабря 2018 года № 806 «О мерах по дальнейшему совершенствованию системы государственного управления Республики Казахстан».

动管理的部分法律进行修订补充的法案》，旨在通过营造良好营商环境、减免部分税收、提升电子交易水平、加强消费者权益保护等方式吸引外商投资，同年又通过《关于加强哈萨克斯坦吸引外资工作的决议》，决定学习并借鉴国外在投资促进以及支持重大外商投资项目等方面的经验，进一步吸引外国投资，为此哈专门成立了吸引投资协调理事会，主要负责吸引投资相关工作，同时帮助协调落实新项目，优化营商环境。

2020年新冠疫情出现后，哈经济遭受冲击，外资减少。为吸引投资，哈政府决定推行新的引资工具——与投资商签订《战略投资协议》，即对列入战略投资项目清单的大项目，与投资者签署专门的战略协议，主要作用是锁定投资条件，从而保障投资安全，减少政策变动对投资项目的干扰和影响。在当年发表的国情咨文中，哈总统托卡耶夫指出："对于哈萨克斯坦来说最重要的任务是完全开发自身的工业潜力。尽管在这一领域取得了成功，但我们尚未充分发挥国内市场的所有潜力，大约2/3的加工产品是从国外进口的。为确保国民经济的战略自给自足，需要紧急开发黑色金属和有色冶金、石化、汽车和机械工程、建筑材料、食品和其他领域新的再分配。……政府将继续为行业发展提供广泛支持。同时，政府将确定重点战略行业和优先出口领域，扩大支持政策工具。对于战略项目，将提供包括实物补贴、优惠融资、部分担保、出口支持在内的一揽子支持政策。投资者的部分投资支出将通过税收抵扣来返还。对国有和准国有部门以及矿产资源使用人实施保障性采购，确保整个项目实施周期法律条件的稳定。当然，这些并不是所有的措施。具体的支持水平将取决于项目投资规模和优先等级。为锁定投资条件，政府将与投资者签订战略投资协定。这项工作应于年内在《恢复经济增长法案》框架内完成。政府将在 2021 年 4 月前建立战略协议投资项目库。"①

2022 年"1 月事件"后,托卡耶夫总统提出建设"公正的经济"。随后又发生俄乌冲突,俄罗斯深陷乌克兰战场,在中亚的活动力度有所减弱,哈萨克斯坦国内关于减轻对俄依赖,寻找绕开俄罗斯的贸易投资新通道需求增加,与西方及周边国家互动增多,希望获得安全保障承诺和技术投资,保障产业链、供应链和价值链安全,发展多元化国际运输通道。为了在复杂多变的国际形势下继续扩大吸引外资,这个时期的哈萨克斯坦强调建设投资生态,制定透明和可预测的投资政策,完善投资基础设施和制度。

这些投资政策导向的变化明显体现在 2022 年 7 月发布的《2026 年前投资政策构想》文件中。在具体的投资政策方面也提出新要求,具体如下。(1) 为发展高科技和创新产业而加大风险融资,利用新的风险投资规则鼓励投资者投资创新产业。(2) 实施"价格换投资",通过改革价格监管体系,实施合理的公共服务收费(水、电、气、热等),保障投资者投资基础设施的成本回收和收益。哈有约 2/3 的电力网络、57% 的热力供应网络和近一半的供水网络已经老化。过去的公共服务系统的价格监管体系无法保障投资者回收成本和盈利。(3) 完善 PPP 制度,避免不良企业利用规则漏洞不当得利。(4) 整合完善证券市场和债券市场,加大国际融资。(5) 简化破产程序。加速淘汰低效企业,释放经济投资潜力。(6) 加强自然资源开发利用管理。规定在哈萨克斯坦境内从事矿产开采的企业有义务首先向哈国内的制造业企业供应原材料,加强地下资源产品分成合同监管等。哈政府 2023 年 6 月 1 日成立"产品分配协议执行工作小组",确保在大型石油开采项目的产品分配协议(包括仲裁)中保护哈国家利益。

---

① 哈萨克国际通讯社:《哈萨克斯坦共和国总统托卡耶夫 2020 年国情咨文(全文)》,2020 年 9 月 1 日,https://cn.inform.kz/news/2020_a3692103/。2021 年度制定的战略投资项目库总价值超过 130 亿美元,包括 65 个项目,涉及 27 个农业项目,12 个石油天然气化学和化学项目,11 个采矿和冶金综合体和冶金项目,还有 15 个机械工程、能源、制药、建筑业、运输和物流项目。2022 年通过的《2026 年前投资政策构想》中列出的项目清单包含 765 个项目,总投资额 24.4 万亿坚戈(约合 530 亿美元)。

小组组长是政府总理,具体事务由哈政府副总理负责监督。(7)实行资本大赦,打击"影子经济",加大对非法收入(特别是转移到海外的资金)的追缴力度,充实国内发展资金,净化投资经营环境。

托卡耶夫总统 2023 年 12 月 4 日签署批准《关于提高国民经济吸引投资工作效率的措施》法令。规定制造业投资者从 2024 年起可享受三年免税期;设立"国家投资委员会",又称"投资总部",有权做出对国家机构和国企具有约束力的决定,并制定具有法律效力的临时规范性法案。投资总部由政府第一副总理负责,负责快速落实投资项目,提高招商引资工作效率,解决项目实施阶段的问题。投资项目的实施将由具体人员负责。每一个延误都将由具体个人负责。

哈政府总理斯迈洛夫于 2024 年 1 月 7 日主持召开改善投资环境委员会例会,强调吸引外资是经济增长的关键因素之一,也是哈政府的优先事项之一。哈萨克斯坦引入了新的投资协议机制,允许就个别条款签订协议。在签订投资承诺协议时,法律层面的税收政策稳定性得到 10 年的保障,签订石油和天然气项目改进版示范合同将得到财政激励措施的支持。投资者常反映的从非居民法人收取无形服务扣除的问题只适用于与离岸司法管辖区企业进行的交易(见表 6-3)。

表 6-3　　　　　　　　哈萨克斯坦外资相关的主要法律一览

名称	主要内容
《哈萨克斯坦共和国投资法》	投资人权利与义务,对投资人的权利保障,投资优惠政策,税收办法等
《哈萨克斯坦共和国海关事务法》	海关工作程序,进出口货物监管,海关税费的计算和支付,关税优惠与特惠等
《关于雇主向哈萨克斯坦共和国引进外国劳动力许可的限额确定、发放条件和程序的条例》	投资活动中取得在哈萨克斯坦工作签证、劳动许可证的程序和方法
《哈萨克斯坦共和国办理外汇业务的条例》	办理外汇业务的程序和必要文件
《哈萨克斯坦共和国对直接投资项目的国家优惠办法》	直接投资优惠政策

续表

名称	主要内容
《在哈萨克斯坦共和国拥有优先发展地位的经济部门实施投资计划时向投资委申请国家优惠、特惠政策细则》	
《哈萨克斯坦共和国外资纳税优惠条例》	投资优惠政策的种类、范围和期限
《哈萨克斯坦共和国外资收购上市公司政策》	收购上市公司、合并与兼并企业的界定、基本程序和特殊规定
《哈萨克斯坦共和国向优先发展经济领域的投资者提供优惠和特惠条件的规则》	提供优惠和特惠政策的目的和条件，优惠和特惠方法等
《在哈萨克斯坦共和国各银行开立、管理和撤销银行账户的条例》	银行开办账户手续

资料来源：哈萨克斯坦政府相关网站。

哈萨克斯坦加入的自由贸易安排主要有四个。一是世贸组织。2015年11月30日，哈萨克斯坦正式成为WTO第162个成员国。二是独联体自贸区。2011年签署，2015年生效，约定成员间实行零关税政策。三是欧亚经济联盟。2014年5月哈萨克斯坦、俄罗斯、白俄罗斯共同发起成立欧亚经济联盟，联盟保障商品、服务、资本和劳动力在成员国境内自由流通，并推行协调一致的经济政策。作为该联盟成员国，哈与其他成员间（亚美尼亚、白俄罗斯、吉尔吉斯斯坦和俄罗斯）形成关税联盟关系。截至2023年底，欧亚经济联盟已与越南、新加坡、塞尔维亚、伊朗签订了关于建立自由贸易区的协议，正与埃及、印度、印度尼西亚、蒙古等国就建立自由贸易区进行磋商。联盟与中国等签订了促进经贸合作的协定。四是双边自贸协定。哈与乌克兰（1994）、吉尔吉斯斯坦（1995）、格鲁吉亚（1997）、美国（1999）签署了双边自贸协定，与55个国家和地区签订了避免双重税收协定，与包括中国在内的52个国家和地区签署了投资保护协定，其中4个国家尚未生效，另外4个国家已终止。[①]

---

① Bureau of Economic and Business Affairs, 2023 Investment Climate Statements: Kazakhstan, https://www.state.gov/reports/2023-investment-climate-statements/kazakhstan/.

从投资环境吸引力和便利化角度来看，哈总体上坚持实行积极吸引外资的政策，并加强有关立法工作，法律体系较为完善，对境外投资有相应的法律给予保护，投资环境总体不断改善，实行"一个窗口"服务。与此同时，实践中也存在一些不完备之处，比如在经贸和投资方面法律法规多变且不健全，在解决具体问题时，则常用总统令、内阁规定等文件来调节外商在其国内的活动。频繁的总统令和内阁文件往往是后面否定前面的政策，多变的政策影响了投资环境的稳定，并影响投资者的决策。

三　主要合作伙伴

投资环境总体良好，丰富的能源资源和矿藏资源是哈萨克斯坦吸引外国投资者的重要原因之一。截至 2023 年 1 月 1 日，哈萨克斯坦有 3.65 万家外国公司[①]。哈采取的多元平衡的外交策略也鼓励与各方发展友好关系，以推动经济发展。俄罗斯与哈萨克斯坦存在传统经济联系，合作交往密切。受地理位置影响，俄也是哈出口货物的重要过境地。美国对哈投资主要集中在能源和采矿业，拥有许多优质资产。欧盟是哈萨克斯坦最大的贸易和投资伙伴，双方经济互补性较强。土耳其与哈萨克斯坦的投资合作开始较早，且民间力量广泛参与，对民众日常生活影响较大。阿富汗变局及俄乌冲突后，哈萨克斯坦的地缘战略地位显著上升，美国、欧盟、土耳其、印度等经济体纷纷加强与哈合作。在哈投资的外国公司也有所增多，原材料行业、金属加工、食品、饮料和烟草生产、橡胶和塑料生产、化学工业和炼油、可再生能源等都是较为热门的投资行业[②]。

[①] Statista, Number of legal entities with foreign participation and offices of foreign companies registered in Kazakhstan as of January and May 2022, by country of origin, https://www.statista.com/statistics/1337710/kazakhstan-foreign-companies-by-origin/.

[②] Michael Quiring, José A. Campos Nave, Successfully investing in Kazakhstan, 1 August 2023, https://www.roedl.com/insights/internationalisation/investing-in-kazakhstan.

（一）俄罗斯

哈萨克斯坦与俄罗斯是战略盟友关系，两国2012年签署《21世纪睦邻友好联盟条约》，奠定了两国关系的法律基础。哈在经济上与俄罗斯有着高度的相互依赖。欧亚开发银行发布投资分析报告指出，哈萨克斯坦是俄主要投资伙伴国，俄对独联体伙伴的直接投资的30%流向哈。哈一半以上的货物出口运输都要经过俄罗斯。2016年到2022年，俄罗斯对哈累计投资106亿美元。[①] 乌克兰危机后，对俄制裁给哈萨克斯坦的经济发展带来双重影响：一方面，与俄罗斯的亲密关系加上对俄罗斯的经济依赖使哈受到对俄制裁波及；另一方面，部分俄罗斯产业、资本和人员转移到哈萨克斯坦，在一定程度上推动了哈经济发展。

对于哈萨克来说，俄罗斯是极为重要的邻国和伙伴，需要借助在经济上对俄罗斯的依附性来发展本国经济。[②] 2023年11月哈总统托卡耶夫在回答《消息报》记者采访时表示："2005—2022年，俄罗斯对哈萨克斯坦的直接投资总额超过200亿美元（2022年就有39亿美元），哈萨克斯坦在俄罗斯的投资约60亿美元。俄在哈的联合项目有143个，总价值335亿美元，其中正在建设实施40个项目，价值166亿美元，涉及机械制造、冶金和化工等关键经济领域，可以创造1.5万个就业岗位。"[③] 截至2023年8月1日，哈萨克斯坦境内有4.1万家外国企业注册，其中1.8万家拥有俄罗斯资本（同比增长70%），主要是中小企业。规模较大的企业主要有俄罗斯原子能工业公司、俄气工业公司、俄罗斯石油公司、卢克石油公司、俄罗斯储蓄银行、俄罗斯铜业、卡玛斯集团。

---

① 《总台记者看世界｜俄罗斯央行预计2023年GDP增速接近2.5%，如何看俄经济"新周期"？》，央广网（https://china.cnr.cn/gdgg/20231031/t20231031_526470089.shtml）。
② 赵亮：《俄罗斯在后苏联空间国家的经济存在及影响研究（2001—2021年）》，《欧亚经济》2023年第4期。
③ Токаев рассказал о суммах инвестиций из России в Казахстан, 08.11.2023, https：//iz.ru/1601670/2023-11-08/tokaev-rasskazal-o-summakh-investitcii-iz-rossii-v-kazakhstan.

(二) 美国

美国是哈萨克斯坦经济的第二大投资者。哈萨克斯坦外交部投资委员会主席阿尔达克·泽别舍夫2023年7月表示,1993—2022年美国已在哈投资627亿美元。[①] 2022年俄乌冲突后,美哈合作逐渐加速。2022年,来自美国的投资总额较2021年增长82%(从28亿美元增至51亿美元)。哈美贸易额达到了30.5亿美元,同比(2021年为22亿美元)增长37.2%,其中哈对美出口额超过11.5亿美元,从美进口额18.9亿美元。

就投资领域而言,美国投资者尤其对采矿业更感兴趣。来自美国的直接投资约占哈采矿业领域吸引的外国直接投资总额的三成,另外还有保险业(占该领域吸引外资总额的6.6%)和地质勘探(占该领域吸引外资总额的9.8%)[②]。截至2022年1月1日,哈萨克斯坦境内注册的美资企业总数达695家。其中小型企业658家,中型企业15家,大型企业22家。在所有哈美合资企业中,168家从事批发零售业务,181家从事其他服务行业,83家专注于企业、科研和技术服务领域。制造业领域有36家美国企业[③],其中包括雪佛龙、通用电气、微软、亿磐、西屋制动、百事可乐、辉瑞、霍尼韦尔等。

总体上,美国在哈投资有如下两个特点。

一是哈在美对外投资中的比重较低。根据美国经济分析局数据,美向海外累计直接投资从2021年底的6.37万亿美元增加到2022年底的6.58万亿美元,增加了2122亿美元。这一增长主要是来自欧洲的头寸增加了1728亿美元,其中荷兰和英国的增幅最大。按行业划

[①] Saniya Sakenova, US Investments in Kazakhstan's Economy Exceed ＄60 Billion, 21 July 2023, https://astanatimes.com/2023/07/us-investments-in-kazakhstans-economy-exceed-60-billion/.

[②] Staff Report in International: US Ranks Among Top Three Investors in Kazakhstan's Economy, 20 September 2022, https://astanatimes.com/2022/09/us-ranks-among-top-three-investors-in-kazakhstans-economy/.

[③] 哈通社:《美国是对哈投资三大国之一》,2022年9月19日,https://cn.inform.kz/news/article_a3980702/。

分，制造业和批发贸易的附属公司占增长的大部分。[1] 相比之下，美国 2022 年在哈直接投资流量只有 51 亿美元，显然不是美国对外投资的重点地区。

二是能源合作至关重要。美哈能源合作开始较早，成果较多。哈萨克斯坦最大的油田之一——田吉兹油田，探明储量约 32 亿吨。田吉兹雪佛龙公司（TCO）于 1993 年 4 月开始开发田吉兹油田，据田吉兹雪佛龙公司官网数据，田吉兹油田 2023 年向哈上缴 103 亿美元税收，自 1993 年以来累计上缴 1860 亿美元。[2] 哈从 2005 年到 2020 年对能源领域累计投资 1610 亿美元，其中 300 亿美元来自美国。与能源行业相比，美国在其他领域的投资相对较少。

美国对哈投资正呈现以下三个新趋势。

一是越来越重视投资规则合作。美国驻哈大使丹尼尔·罗森布鲁姆曾表示，美国决定在七国集团提出的"全球基础设施伙伴关系倡议"框架下发展跨里海"中间走廊"和其他运输贸易路线的基础设施[3]。在美国国际开发署资助的哈萨克斯坦法治计划中，也包括对哈萨克斯坦投资立法进行修订和改进的建议[4]。

二是美国企业正对哈表现出越来越大的兴趣，与哈互动往来的企业数量和往来频次增加。2022 年 9 月哈总统托卡耶夫访美期间出席哈美投资圆桌会议。雪佛龙、埃克森美孚、福陆、壳牌、卡特彼勒公司、标准普尔全球、波音、安利、通用电气、冠军食品、百事公司、花旗银行、亚马逊、辉瑞、美敦力、网飞等美企代表出席会议。2023 年 7 月 21 日，哈萨克斯坦—美国商业委员会举办圆桌会议，雪佛龙、波音、谷歌、布朗斯坦、柏克德等美国大企业领导人出席会议。美企代表对

---

[1] U. S. Bureau of Economic Analysis: Direct Investment by Country and Industry, July 20, 2023, https://www.bea.gov/data/intl-trade-investment/direct-investment-country-and-industry.
[2] Tengizchevroil LLP, Company, https://tengizchevroil.com/company.
[3] 哈通社：《美国对哈萨克斯坦的投资流量增长 82%》，2023 年 7 月 19 日，https://cn.inform.kz/news/82_a4091535/。
[4] USAID: USAID Improves the Investment Legislation in Kazakhstan, May 26, 2023, https://www.usaid.gov/kazakhstan/press-releases/may-26-2023-usaid-improves-investment-legislation-kazakhstan.

哈萨克斯坦正在进行的税收和投资政策改革表现出浓厚兴趣，认为美哈双方在数字化、基础设施发展、农业等领域的合作潜力巨大。[①]

三是能力建设成为重点领域之一。例如，微软正计划在哈建立一个覆盖中亚国家、阿塞拜疆、亚美尼亚、格鲁吉亚、蒙古和巴基斯坦的多区域中心，并培训计算机技术专家以扩大哈的数字出口。波音公司提出了一项在哈培训人员的倡议，旨在培养航空领域的合格劳动力。[②]

（三）欧盟

欧盟是哈萨克斯坦最大的贸易和投资伙伴（见表6-4）。双方贸易额2022年达到399亿美元，同比增长38%。其中哈向欧盟出口323亿美元，从欧盟进口76亿美元，预计到2025年贸易量将翻一番[③]。欧盟对哈直接投资规模也很大，2022年达到125亿美元，同比增长23%，创10年来新高。截至2023年初，有3000多家欧盟公司在哈境内开展业务，包括壳牌、埃尼、道达尔、液化空气、阿尔斯通、西门子等国际知名跨国企业。

表6-4　　　　　欧盟与英国历年对哈直接投资统计　　　　（单位：亿美元）

年份	金额	增速	占哈当年吸引的外资比重
2019	111.9		45.3%
2020	90.47	-19%	52.6%
2021	112	23.8%	47.3%
2022	125	11.6%	44.6%

资料来源：哈通社：《对哈萨克斯坦境外直接投资的半数来自欧洲》，2022年5月25日，https://cn.inform.kz/news/article_a3936833/。

[①] 哈通社：《美国大企业有意投资哈萨克斯坦》，2023年7月21日，https://cn.inform.kz/news/article_a4092248/。

[②] Kazakh Invest, The Largest US Companies are Interested in Expanding Their Activities in Kazakhstan, 07.06.2023, https://invest.gov.kz/media-center/press-releases/krupneyshie-kompanii-ssha-zainteresovany-v-rasshirenii-deyatelnosti-v-kazakhstane/.

[③] 《签证协议是加强欧盟与哈萨克斯坦关系的关键》，https://zh-cn.eureporter.co/world/kazakhstan/2023/10/22/visa-deal-key-to-closer-eu-kazakh-relations/.

欧盟对哈萨克斯坦的投资主要来自两个方面。

一是企业投资，欧盟的主要能源公司对哈石油和天然气行业进行大量投资。例如，意大利埃尼集团自20世纪90年代进入哈油气勘探开发市场，是卡拉恰甘纳克油田的联合作业公司，并加入从事卡沙甘油田开发的北里海作业公司财团。1992—2021年，埃尼集团累计在哈投资超过150亿美元。卡沙甘油田是哈萨克斯坦在里海所属区域开发的首个大型海上油田。项目实施单位——北里海作业公司财团股东包括哈国家油气卡沙甘公司（16.877%）、皇家壳牌（16.807%）、道达尔（16.897%）、埃尼集团子公司阿吉普（16.807%）、埃克森美孚（16.807%）、中石油（8.333%）、日本帝石（7.563%）等。

二是开发性投资，其中以欧洲复兴开发银行为主。截至2023年初，欧洲复兴开发银行在哈共开展了313个项目，累计投资额100.27亿欧元，累计支出73.83亿欧元，其中私营部门在投资组合中的份额占比46%，活跃投资组合项目114个，在建项目组合28.19亿欧元，经营资产20.01亿欧元[1]。在2022年发布的国别战略报告中，欧洲复兴开发银行承诺继续支持促进私营部门竞争力、互联互通并加强经济治理；支持哈萨克斯坦实现碳中和与气候适应力的绿色之路；通过私营部门参与促进经济包容和性别平等[2]。值得一提的是，哈不仅是欧洲复兴开发银行投资的国家，还是捐助国，但只支持哈萨克斯坦的项目，捐款总额超过7000万欧元，哈萨克斯坦技术合作账户是其支持的主要工具。此外，哈萨克斯坦还为"商界妇女"方案做出贡献[3]。

总体上，欧盟在哈投资呈现三个特点。

一是制度化水平较高。欧盟与哈萨克斯坦的合作建立在《扩大的伙伴关系与合作协议》（EPCA）的基础上，该协议于2020年3月全面生效，涵盖29个合作领域，包括经济、贸易和投资、教育和研

---

[1] EBRD, Kazakhstan data, https://www.ebrd.com/kazakhstan-data.html.
[2] EBRD, Kazakhstan Country Strategy 2022-2027.
[3] EBRD, Kazakhstan overview, https://www.ebrd.com/where-we-are/kazakhstan/overview.html.

究、民间社会和人权等领域。2022年11月,欧盟与哈签署关于可持续原材料、电池和可再生氢价值链的合作备忘录。2023年9月,中亚+德国元首峰会联合声明表示,中亚和德国同意通过贷款和投资担保鼓励国家间贸易和投资活动,并确保创造有利的经济环境。

二是能源和矿产合作是重要组成部分。哈是欧盟的主要能源供应国,保障欧盟能源市场供应来源多样化。自双边关系开始以来,欧盟和哈在能源领域建立了牢固和互利的关系。哈超过70%的石油出口到欧盟(占欧盟石油需求的6%),是欧盟第三大非欧佩克(石油输出国组织)供应国,仅次于俄罗斯和挪威。哈原料铀的生产和出口排名世界第一,是欧盟核能行业最大的单一供应商,满足欧盟1/5以上的铀需求。欧盟与哈在2006年签署了《能源合作谅解备忘录》,涵盖能源安全与投资、提高供应安全性、需求的可预测性、建设/升级共同关心的交通基础设施、促进产业合作(上游和下游)等内容。

三是俄乌冲突后,欧盟表示愿意为减少和防止西方对俄制裁对哈萨克斯坦经济的可能影响提供最大支持[1],将可再生能源和跨里海通道作为重点。德国的Svevind公司2022年10月与哈政府签署合作协议,计划在哈投资500亿美元,启动Hyrasia One项目,包括建设和运营一个日产25.5万立方米的海水淡化厂、一个40GW的可再生能源站(风能、太阳能)和一个20GW的电解水制氢工厂,可年产200万吨绿氢,计划2030年投产,并在2032年满产。哈政府与法国道达尔能源公司签署一项投资协议,在江布尔州实施一个总容量为1 GW的风力发电站投建营项目。欧盟希望"全球门户倡议"在中亚产生积极影响,推动建立绕过俄罗斯,从中亚直通欧洲的货物运输渠道。欧盟中亚问题特别代表泰尔希·哈卡拉大使2023年10月曾表示,发展通过哈萨克斯坦、里海、阿塞拜疆、格鲁吉亚和土耳其连接亚洲和

---

[1] Official website of the President of the Republic of Kazakhstan, Kazakhstan and the European Union to strengthen cooperation, March 28 – 29, 2022, http://www.president.kz/en/kazakhstan – and – the – european – union – to – strengthen – cooperation – 312546.

欧洲的中间走廊贸易路线不仅具有经济意义，还将成为建立学术、商业和人文联系的走廊。①

（四）土耳其

土耳其对哈萨克斯坦的重视始于20世纪90年代。苏联解体之际，土耳其一些外交家看到了中亚地区的权力真空，提出"向东看"的外交主张，积极拓展与中亚突厥语地区的人文经贸联系。受其影响，土耳其企业在中亚地区的投资热情非常高涨，有大量的土耳其公司进入哈萨克斯坦投资兴业。总体上，土耳其与中亚国家的合作大体分为以下三个阶段。

第一阶段是中亚国家独立至2000年（1998年俄罗斯金融危机期间）。这个阶段，双方合作愉快。中亚国家希望借鉴"土耳其模式"建立和建设新独立国家（既世俗又保留伊斯兰教传统，民主和世俗主义原则与穆斯林社会传统共存）。另外，土耳其是北约成员国，与欧美关系良好，可以充当中亚国家和欧美的中间人。因此，中亚国家独立初期非常欢迎与土耳其的合作和土的投资。土耳其也希望借助中亚国家扩大自己的影响力，对中亚国家的教育和商业投入很大。文化和教育领域主要是在哈、吉、乌三国设立大学，接收中亚留学生，向中亚派出教师，传播突厥历史和文化。土耳其的居伦组织也大量进入中亚。商业领域主要是大量投资中亚国家的商贸、旅游、建筑等，进出口有一些，但规模很小，主要是交通物流成本高。

第二阶段是2000年至2009年突厥语国家理事会成立。这个阶段土耳其与中亚国家的关系逐渐变淡。主要原因有以下两个。一是随着中亚经济恢复发展，土的经济实力不足以支撑中亚国家的发展，对中亚投资力度越来越小，无法满足中亚国家开发资源和加工业的需求，加上1998年俄罗斯金融危机时土基本帮不上忙，让中亚国家对土的

---

① 《签证协议是加强欧盟与哈萨克斯坦关系的关键》，https://zh-cn.eureporter.co/world/kazakhstan/2023/10/22/visa-deal-key-to-closer-eu-kazakh-relations/。

兴趣逐渐减少。二是土大量收留中亚国家的反对派，让中亚国家非常反感。

第三阶段是2009年成立突厥语国家理事会至今。土在中亚的影响力逐渐回升。埃尔多安执政后提出"新亚洲"外交政策倡议，中亚作为其中的一部分，旨在从贸易、国防、技术和文化等领域全面加强与中亚国家的合作。土与中亚国家的交往日益密切。特别是2020年纳卡战争后，土与中亚国家的一体化进程更快、更密。

哈萨克斯坦与土耳其2009年建立了战略伙伴关系，2012年成立了政府间"最高战略合作委员会"及其下属的"联合战略规划工作组"，每年举行一次会议。土在哈有两所联合大学——位于图尔克斯坦的亚萨维大学和位于阿拉木图市的苏莱曼大学，另外还有一个土耳其教学网络。

受地理位置和商品结构影响，哈土两国2020年前每年贸易额约30亿美元，哈方为顺差，此后则增幅较大，2021年达到53亿美元，2022年63亿美元，双方目标是贸易额达到100亿美元。土耳其在哈进口和出口总额中的份额一般分别为3%—5%，哈在土耳其的进口和出口总额中的比重均不足2%。哈向土耳其出售石油和石油产品、金属（铜、铝等）、谷物和其他原材料。土耳其向哈供应纺织品、服装、鞋类、工业设备、家居用品、建材。

哈萨克斯坦对土耳其的直接投资规模较小，从2005年到2022年初，哈对土耳其累计投资约11亿美元，主要集中在房地产领域。同期土耳其对哈直接投资规模进入哈十大投资国行列，累计总额为43.5亿美元，其中哈土两国合资项目共140个，价值约60亿美元，这些项目主要涉及机械、建筑材料、纺织品、化学和制药工业、农业、采矿冶金综合体、能源、保健和基础设施等。截至2023年9月，哈境内有4000多家土耳其合资公司。

对土耳其而言，哈萨克斯坦的重要性不是作为商品市场，而是服务业市场，尤其是建筑工程、商贸和旅游。土在哈的主要建筑企业有谢姆波尔（Sembol）和赛比姆（Saipem）等建筑工程公司。2012年前，土是哈最大的海外劳工来源地（主要是建筑工人）。2013年后被中国取代。另外，土耳其与哈萨克斯坦的国防科技合作较多。哈技术工程集团与土耳其阿塞尔桑公司（Aselsan）成立合资企业"哈萨克斯坦阿塞尔桑技术工程公司"，生产军用热成像仪、夜视仪、远望镜、瞄准镜及其他光学仪器。此项生产填补哈产业空白。与土耳其奥托卡公司（Otokar）成立"哈萨克斯坦奥托卡技术工程公司"，组装土方研发的"眼镜蛇"轮式装甲战车，土方负责提供必要的技术和设备、技术培训和技术，产品主要面向哈国防部。

第三节　中哈资金融通

哈萨克斯坦是中国在中亚地区最大的贸易投资伙伴，走向中亚的中资企业通常会首选哈萨克斯坦作为投资目的地。中哈投融资需求旺盛。2023年11月哈政府总理斯迈洛夫访问中国期间表示，中国是对哈萨克斯坦经济五大投资国之一。2005—2022年，中国对哈投资总额达到240亿美元（见表6-5和表6-6）。哈境内约有4700家哈中合资企业。根据世界银行的预测，按照目前的增长速度，"一带一路"可以使哈萨克斯坦的国内生产总值增加21%[1]。哈工业与基础设施发展部部长马拉特2023年8月在北京出席投资机遇推介会时表示，中哈两国在工业方面的投资项目超过57项，投资额超过160亿美元，带来2.2万个就业岗位。哈欢迎中国企业投资油气设备；羊毛和皮革加工；农业生产资料；化学；铁、铝、铜、稀土及稀有金属的冶炼加

---

[1]《"一带一路"十年：哈萨克斯坦收获哪些实实在在的好处？》，丝路新观察网站（http://www.siluxgc.com/static/content/public/BeltRoad/2023-01-24/1067521300542656512.html）。

工；公路、铁路、海港、机场等基础设施；沥青生产等领域[①]。随着中哈双方贸易的进一步发展，投融资规模的进一步扩大，在资金融通方面，5家中资金融机构深度参与阿斯塔纳国际金融中心建设；中哈双边本币结算逐步扩大；成立中哈产能合作专项基金，为双方发展提供了持续动力和有效保障[②]。

表6-5　　　　2013—2022年中国对中亚五国的直接投资年度流量统计　　（单位：万美元）

	2013年	2014年	2015年	2016年	2017年	2018年	2019年	2020年	2021年	2022年
哈	81149	-4007	-251027	48770	207047	11835	78649	-11529	82224	35598
乌	4417	18059	12789	17887	-7575	9901	-44583	-3677	36903	36974
吉	20339	10783	15155	15874	12370	10016	21566	25246	7643	1006
塔	7233	10720	21931	27241	9501	38824	6961	-26402	23743	41875
土	-3243	19515	-31457	-2376	4672	-3830	-9315	21104	-1760	953

资料来源：中国商务部：《2022年度中国对外直接投资统计公报》，http://images.mofcom.gov.cn/hzs/202310/20231027112320497.pdf。

表6-6　　　　2013—2022年末中国对中亚五国直接投资存量统计　　（单位：万美元）

	2013年	2014年	2015年	2016年	2017年	2018年	2019年	2020年	2021年	2022年
哈	695669	754107	509546	543227	756145	734108	725413	586937	748743	697869
乌	19782	39209	88204	105771	94607	368988	324621	326464	280772	450813
吉	88582	98419	107059	123782	129938	139308	155003	176733	153142	153701
塔	59941	72869	90909	116703	161609	194483	194608	156801	162722	189289
土	25323	44760	13304	24908	34272	31193	22656	33647	29417	22524

资料来源：中国商务部：《2022年度中国对外直接投资统计公报》，http://images.mofcom.gov.cn/hzs/202310/20231027112320497.pdf。

一　中哈双边资金融通历程

自20世纪90年代开始，中国与哈萨克斯坦通过代理行关系建

[①] 丝路新观察：《中国10家企业参与哈萨克斯坦2292公里重大公路改造项目》，见道网（https://www.seetao.com/details/223629.html）。
[②] 《古道焕新：中哈共建"丝路"结硕果》，《国际商报》2023年9月12日。

立、本币跨境使用、本币结算协议和本币互换协议签署、银团贷款、信息交流与人才培训、金融监管合作、出口信贷、提高相互授信额度、项目融资合作等方式建立起多样化的合作机制。"一带一路"倡议提出后，中哈合作层次不断加深，合作领域更加广泛，合作方式更加多样化，联系更加密切，为双方资金融通创造了良好基础。

（一）双方互设跨境金融机构（1993—2002）

跨境金融机构的设立是中国与中亚区域合作的显著标志。1993年3月，中国工商银行在哈设立了第一个海外分支机构——中国工商银行阿拉木图分行，成为中资银行进入中亚区域的第一次尝试，中哈跨境金融机构合作也以此为开端，主要从事存贷款、汇兑、银行卡、网上银行、担保以及信用证等业务。一个月后，中国银行也在哈设立分支机构——中国银行阿拉木图分行，注册资本总额为700万美元，主要业务是为中哈贸易主体提供存贷款、汇兑、转账、旅行支票兑现、票据托收、进出口信用证、保函、长城国际卡取现、有价证券投资等服务。

与此同时，哈萨克斯坦的商业银行也开始在中国开展业务。哈萨克斯坦人民储蓄银行1999年10月在北京设立代表处。哈萨克斯坦博泰银行2004年1月在上海设立代表处，这标志着双方金融领域合作迈入一个崭新阶段。中哈两国的跨境金融机构往来愈加频繁，同时呈现出中国金融机构"走出去"与哈萨克斯坦金融机构"走进来"相结合的新趋势。

这个阶段，中哈先后签署《银行间合作协议》（1996年7月5日）、《商检协定》（1996年7月5日）、《石油领域合作协定》（1997年9月24日）、《海关合作与互助协定》（1997年9月26日）、《反不正当竞争和反垄断协定》（1999年11月23日）、《关于对所得避免双重征税和防止偷漏税的协定》（2001年9月12日），为双方资金融通打下了坚实基础。

(二) 建立直接汇率兑换机制 (2003—2012)

起初,中哈之间没有直接的汇率兑换机制,必须借助第三方货币美元进行套算,加大了中国在哈贸易与投融资的汇率波动风险。随着双方贸易额不断增加,建立双方货币的直接汇率兑换机制成为大势所趋。为促进双边经济合作发展,规避汇率风险,降低交易成本,两国在2005年签订了双边本币结算协议,允许双方货币用于边贸结算。2011年,中哈两国央行签署70亿元人民币/1500亿坚戈的双边本币互换协议,为金融市场提供了短期流动资金,有助于深化中哈货币金融合作,促进两国贸易与投资结算,为双方资金融通创造条件。

2008年,哈萨克斯坦萨姆鲁克-卡泽纳国家福利基金与中信资本控股有限公司联合成立"中信—卡泽纳"基金,初期注册资本2亿美元,用于中哈双方的基础设施建设和非资源领域资金融通。同年,哈萨克斯坦开发银行与中国国家开发银行签订2亿美元的授信协议。中国地质工程集团公司和中国水利电力对外公司组成的联营体共同承包哈萨克斯坦的马伊纳克水电站建设项目,投资总额2.5亿美元,哈方的2亿美元由中国国家开发银行提供,其余0.5亿美元由哈萨克斯坦开发银行承担,这是哈独立以来首个自主开发的水电站项目,也是中哈两国在非资源领域的第一个重大基础设施合作项目,是上海合作组织银行联合体成立后的第一个大型联合融资项目。

2009年,哈萨克斯坦开发银行从中国国家开发银行融资1亿美元,贷款期限10年,用于哈工业项目和基础设施建设项目融资,还从中国进出口银行融资50亿美元。中国中投公司认购价值9.39亿美元的哈萨克斯坦国家石油天然气勘探公司的全球存托凭证,共计11%的份额。2010年,中国两大政策性银行——中国国家开发银行和中国进出口银行为哈萨克斯坦萨姆鲁克-卡泽纳国家福利基金提供高达100亿美元贷款,便于双方开展经贸和投融资合作。

这个时期,中哈商业银行间的合作加速。2012年12月到2017年1月,哈萨克斯坦的人民银行、储蓄银行、贸易银行、外贸银行、阿拉木图商业和金融银行等相继加入中国银联，极大地规避了汇率风险，节省了额外的手续费用，便利了双方和现金结算和货币兑换。

（三）资金融通加速发展（2013年至今）

2013年中国提出"一带一路"倡议后，中哈经济合作的质量和规模大幅提质升效，在政策层面为资金融通提供持续动力，明确发展方向。双边本币结算和支付协议的签订也标志着中哈本币结算范围从边境贸易扩大到一般性贸易。上述举措不仅有效保护了两国经贸往来的稳定性，更起到隔离风险的作用，筑起"防火墙"。

2011年以前，人民币与坚戈之间没有直接的汇价，中国人民银行在2011年批复同意中国银行在新疆开展直接汇率项下的坚戈现汇业务。但当时在哈境内并未正式开展挂牌汇兑业务，直至2014年，中哈两国分别在哈萨克斯坦证券交易所和中国银行间外汇市场新疆区域推出了人民币对坚戈的外汇交易。

2013年，中国开始着手建设霍尔果斯边境合作中心，投资总额39亿美元。霍尔果斯边境合作中心得到来自政府财政和税收的多方面支持，它的成立给区域内中小企业的资金融通提供了便利，促进了边境金融贸易合作多元化，推动了中国与中亚区域投融资、贸易与金融领域的合作。

2014年9月，人民币兑坚戈的外汇交易在哈萨克斯坦证券交易所上市，这是中国与中亚五国的货币直接挂牌交易的开端，为中国与中亚五国进一步加强双方经贸交流与合作提供了便利。

2014年12月，中哈央行续签70亿元人民币/2000亿坚戈的货币互换协议，同时还签订了新的双边本币结算与支付协议，将边贸结算扩大到一般贸易结算。

2014年，中国进出口银行为哈萨克斯坦开发银行提供10亿美元优惠贷款。

2015年，中资企业与哈萨克斯坦萨姆鲁克-卡泽纳国家福利基金共签署51亿美元的协议，项目涉及交通、能源、核、冶金及化工行业。

2015年8月中哈签署《中华人民共和国政府与哈萨克斯坦共和国政府关于加强产能与投资合作的框架协议》后，丝路基金2016年12月出资20亿美元，设立专项基金"中哈产能合作基金"，目的是为两国产能合作项目融资。2017年6月，中哈两国政府签署《关于中哈产能合作基金在哈萨克斯坦进行直接投资个别类型收入免税协议》，哈同意对中哈产能合作基金在哈直接投资获得的个别类型收入予以免税。2018年，丝路基金与阿斯塔纳国际金融中心签署战略合作伙伴备忘录，并通过下属的中哈产能合作基金收购阿斯塔纳国际交易所部分股权，这是中哈产能合作基金设立后的首个落地项目。

2017年9月，中国银行联合哈萨克斯坦央行、哈萨克斯坦证券交易所共同举办"中哈货币论坛"，促进两国金融合作与资金融通。

2018年8月，中国（新疆）—丝路货币区域交易信息平台正式投入运行，极大提升了双边本币结算效率。

2019年5月，中国银行在霍尔果斯、乌鲁木齐成功举办两场中哈双边本币跨境使用推介会，有效促进了双边贸易投资便利化。

2021年，中国银行先后撮合哈萨克斯坦证券交易所与上海证券交易所、中国外汇交易中心成功举办中哈两国资本市场和外汇市场线上论坛，进一步密切两国重要金融领域交往与合作。

2022年9月，中国人民银行宣布与哈萨克斯坦央行签署在哈建立人民币清算安排的合作备忘录。此举有利于两国企业和金融机构使用人民币进行跨境交易，进一步促进双边贸易、投资便利化。

2022年9月，哈萨克斯坦自由金融全球公司获得中国证监会合格境外投资者资格批复，可在中国境内开展证券期货投资业务。该公司成为中亚地区首家在华获此资格的金融机构。[①]

2023年5月，中国国家开发银行设立中国—中亚合作100亿元人

---

① 《中哈全方位互利合作造福两国人民》，《人民日报》2022年9月14日第5版。

民币等值专项贷款。该贷款专门支持中国同中亚五国在经贸、投资、交通、农业、能源资源、基础设施等领域开展的境内外项目合作。

二 中哈融资和监管平台建设

反恐融资合作和反洗钱合作是中哈多边金融合作的开端。2001年，中国与哈萨克斯坦、乌兹别克斯坦、塔吉克斯坦和俄罗斯联合签订《上海公约》，2004年10月，中、哈、吉、塔、俄、白俄在俄罗斯成立欧亚反洗钱与反恐融资小组，旨在防范金融风险，维护金融市场稳定，对保障金融市场的健康运行以及维护国际经济新秩序和国际经济安全具有重要意义。

2005年10月，上海合作组织成员国政府首脑在莫斯科成立上海合作组织银行联合体，成员银行包括哈萨克斯坦开发银行、中国国家开发银行、俄罗斯外经银行、塔吉克斯坦国家银行、乌兹别克斯坦对外经济活动银行。该机制的成立拓展了项目融资合作的渠道，这也是中国与上合组织成员国开展多边金融合作的首次尝试。

上海合作组织银行联合体成立后，成员国签署一系列投资合作项目的贷款与投资协议，为成员国合作项目的落实提供了资金保障，有利于区域内资金要素自由流动和金融资源优化配置。上合组织银联体在建设资金融通的制度框架、签订融资支持基础文件、论证项目开发、加强银行间金融合作等方面都发挥着作用，日益成为中国与中亚区域资金融通的重要合作平台，通过成员国相互授信以及银团贷款方式，为上合组织成员国基础设施建设、基础产业和高科技领域的发展、能源以及非能源领域项目合作提供融资支撑。

为推动亚欧大陆互联互通和经济发展，中国分别于2014年12月和2015年12月设立丝路基金和亚洲基础设施投资银行，两个金融机构注册资本分别为400亿美元和1000亿美元，重点支撑"一带一路"沿线发展中国家的基础设施建设，为中国与中亚区域贸易畅通、产能合作以及促进亚太地区国家经济的发展融通资金，推动区域内各国互利共赢、共同发展。

2015年7月，中国央行以外汇储备委托贷款债转股形式，向中国进出口银行增加450亿美元资本金，向国家开发银行注资480亿美元。作为亚洲基础设施投资银行的出资机构，国开行资本充足率的增加为沿线地区提供更充足的资金保障。同年，农发行获财政部1000亿元人民币的追加投资，2017年5月，中国向丝路基金注资1000亿元人民币。

2016年底，中国银监会与哈金融监管当局签订双边监管合作备忘录，中哈两国还在政府间合作委员会框架内成立了金融合作分委会。

2018年2月，中国证监会与阿斯塔纳金融服务管理局签署《证券期货监管合作谅解备忘录》。

2023年10月，习近平主席在第三届"一带一路"国际合作高峰论坛开幕式主旨演讲中指出，中方将创建"丝路电商"合作先行区，同更多国家商签自由贸易协定、投资保护协定；全面取消制造业领域外资准入限制措施；主动对照国际高标准经贸规则，深入推进跨境服务贸易和投资高水平开放，扩大数字产品等市场准入，深化国有企业、数字经济、知识产权、政府采购等领域改革；中方将统筹推进标志性工程和"小而美"民生项目；中国国家开发银行、中国进出口银行将各设立3500亿元人民币融资窗口，丝路基金新增资金800亿元人民币，以市场化、商业化方式支持共建"一带一路"项目[①]。

三 中哈资金融通特点

从中哈合作历程与成果中可知，两国资金融通合作具有如下两大特点。

[①] 习近平：《建设开放包容、互联互通、共同发展的世界——在第三届"一带一路"国际合作高峰论坛开幕式上的主旨演讲》（2023年10月18日），人民出版社2023年版。

第一,政策性金融机构是双方资金融通合作的主力军,合作规模在资金融通中的占比较大。政策性金融机构主要采取政府直接贷款的方式融通资金,此外还有买方信贷融资协议以及授信协议等方式。截至2023年底,哈国内的中资银行主要有中国工商银行(阿拉木图)股份公司、哈萨克中国银行、中国建设银行阿斯塔纳分行、中信阿尔金银行、国家开发银行阿斯塔纳代表处。

这些中资金融机构不仅支持了许多项目,还深度参与了双方合作规划的编制。例如,国家开发银行依托中哈政府间合作和大额中长期融资优势,牵头中亚天然气管道(哈萨克斯坦段)122亿美元银团贷款和中哈天然气管道二期项目18亿美元银团贷款,购买中哈原油管道一期项目3亿美元债券,为管道二期项目提供2.4亿美元融资,有力支持了丝路古道上的能源大动脉建设,为深化中哈能源合作奠定了坚实基础。国开行还积极推动两国战略对接和务实合作,全程参与《"丝绸之路经济带"建设与"光明之路"新经济政策对接合作规划》编制工作,担纲完成中哈共建"一带一路"合作的指导性文件《产能与投资合作规划(2019—2023年)》。[1]

第二,制造业逐渐成为中国对哈投资的新领域,发展态势良好。石油天然气勘探开发、矿产资源开发和基础设施项目一直是中国企业投资的重点领域。但在"一带一路"产能合作的推动下,中国企业在哈投资兴建了一批产业园区,涉及电力、电信、化工、电子、轻工、建材、纺织、农业、皮革加工和商贸服务业等,成效突出。[2]

与此同时,中哈两国的资金融通合作也表现出一些不足。一是投资规模和增速落后于贸易发展。中国是哈第二大贸易伙伴国,但就投资而言,却排在欧洲、美国之后。二是双方投资规模不平衡。2023

---

[1] 驻哈萨克斯坦共和国大使馆经济商务处:《迎接建党百年华诞中哈合作成果巡礼之十——开发性金融助力"一带一路"高质量发展》,中国商务部网(http://www.mofcom.gov.cn/article/zwjg/zwxw/zwxwoy/202107/20210703173581.shtml)。

[2] 刘华芹:《中国与中亚国家经贸合作现状与前景展望》,《中亚研究》2021年第7期。

年上半年，中国对哈投资规模增长30%，达到近7.5亿美元。但据中国商务部数据，截至2021年底，哈在华投资余额约1.54亿美元，主要投资领域是物流运输、化工、食品加工等[①]。同时，双方资金融通法律基础有待加强。截至2023年底，中哈两国早已启动《关于相互鼓励和保护投资协定》修订工作，但未形成最终版本。

第四节　未来发展趋势

2022年以来，面对新冠疫情结束后的经济恢复重任、乌克兰危机外溢风险上升、哈国内政治经济格局深刻演变等多重挑战，中哈经贸合作迎难而上，继续稳健前行，货物贸易再攀高峰，重点项目稳步推进，设施联通优化升级，合作亮点不断涌现。其中，资金融通发挥重要作用。来自中国的多元化投资有助于哈调整产业结构，发展非资源型经济。中哈以重点项目为引领，在物流和基础设施联通、农业、工业制造、金融、科技、生态保护、绿色能源等领域持续推进合作。中哈资金融通也稳步发展，为双边深化合作注入强劲"血液"，也为共建"一带一路"国家深化投融资合作树立良好榜样。未来，中哈双方要积极拓展资金融通，推动构建中哈命运共同体。

一　机遇和挑战

2023年是"一带一路"倡议提出十周年。十年来，共建"一带一路"资金融通规模不断扩大，渠道愈加多元，能力持续提升。正如托卡耶夫总统在出席上海合作组织成员国元首理事会第二十一

[①]《〈哈萨克斯坦蓝皮书：哈萨克斯坦发展报告（2022）〉指出——中哈相互投资额稳定增长》，人民网－国际（http://world.people.com.cn/n1/2023/0714/c1002-40036018.html）。

次会议时指出的：欧亚大陆不需要"大博弈"，而是需要"大推动"，目标是为所有成员国创造和平、安全和稳定的未来①。在高度共识的基础上，中哈两国相向而行，为双方资金融通塑造了良好的环境。

（一）中哈经济形势总体稳定，对外投资能力较强

2023 年，中国经济总量突破 126 万亿元（约 18 万亿美元），同比增长 5.2%，人均 GDP 连续两年保持在 1.2 万美元以上。全年货物进出口总值 41.76 万亿元。年末外汇储备余额达到 3.2 万亿美元，稳居世界第一。哈经济保持增长态势，2023 年 GDP 增长 5.1%，其中实体经济增长 4.3%，服务业增长 5.6%。增速较快的领域包括建筑业（13.3%）、商贸业（11.3%）、信息通信业（7.1%）和交通仓储业（6.9%）。2023 年 10 月，国际评级机构穆迪确认哈萨克斯坦主权信用评级为 Baa2 级，并将评级展望从"稳定"上调至"积极"。穆迪认为，抵御经济冲击能力的增强表明哈萨克斯坦经济发展趋于稳定，前景有所改善。作为亚欧重要贸易枢纽，哈在跨里海国际运输路线框架下的物流运输领域面临发展机遇。穆迪预测哈萨克斯坦经济发展趋好。②

（二）中哈金融系统持续改善，面对冲击表现出较大韧性

第一，双方金融系统总体稳定。《中国金融稳定报告（2023）》指出："总体来看，金融稳定工作在精准拆弹、改革化险、抓前端治未病、建机制补短板等方面取得积极成效，金融风险整体收敛、总体可控，金融体系经受住了复杂冲击考验。我国经济具有巨大的发展韧性和潜力，长期向好的基本面没有改变。"惠誉评级 2023 年 9 月表示，哈萨克斯坦银行业近年来变得更有弹性。哈政府对银行业的果断

---

① 驻哈萨克斯坦共和国大使馆经济商务处：《托卡耶夫出席上合组织成员国元首理事会会议》，2021 年 9 月 18 日，http://kz.mofcom.gov.cn/article/jmxw/202109/20210903200366.shtml。
② 《穆迪上调哈萨克斯坦主权信用评级》，中国新闻网（https://www.chinanews.com.cn/cj/2023/10-28/10102369.shtml）。

清理和更有力的监管提高了整体金融稳定性。大多数哈萨克斯坦银行的信用状况明显增强①。为实现2029年经济目标，哈政府提出多项激励措施：包括设立14个经济特区，企业可以在此享受减免法人所得税、土地税、财产税、关税等优惠政策；坐落于首都的阿斯塔纳国际金融中心（AIFC）还提供了税收和金融优惠等。

第二，双方债务情况总体健康。中国国家外汇管理局全口径外债数据显示，截至2022年末，中国外债负债率为13.6%，债务率为66%，偿债率为10.5%，短期外债与外汇储备的比例为42.8%，上述指标均在国际公认的安全线以内，中国外债风险总体可控②。哈萨克斯坦国家债务总额截至2023年10月1日为29.1672万亿坚戈，其中国内债务21.5576亿坚戈（占国债总额的74%），外债7.6096亿坚戈（约合1619亿美元）。外债中，非居民借款占主导地位（77.6%），长期（1年以上）外债占88.8%，这一方面最大限度地降低了流动性风险，另一方面也加强了总体市场条件变化对债务偿还和偿债的影响③。

（三）中哈围绕重点项目精准对接，为资金融通提供持续动力

首先，基础设施合作持续深化。哈拥有优越的地理位置，中哈两国已成功搭建涵盖公路、铁路、航空、油气管道的全方位、立体化联通网络，正在致力于打造横贯欧亚、便捷高效的陆海多式联运"大动脉"，为保障全球产业链供应链稳定做出重要贡献④。

哈萨克斯坦致力于成为中亚地区的物流交通网络枢纽，大力发

---

① Fitch Wire, Kazakh Banking Sector Is More Resilient Despite Political Criticism, 08 Sep., 2023, https://www.fitchratings.com/research/banks/kazakh-banking-sector-is-more-resilient-despite-political-criticism-08-09-2023.
② 中国财政部财金司：《2022年末我国外债余额情况》，国家发改委网站（https://www.ndrc.gov.cn/fggz/cjxy/gzdt03/202304/t20230428_1355234.html）。
③ Портрет государственного долга Казахстана: структура и динамика, 01.01.2024, https://news.mail.ru/economics/59228445/.
④ 《习近平在哈萨克斯坦媒体发表署名文章》，http://us.china-embassy.gov.cn/zgyw/202209/t20220913_10765654.htm。

展现有物流交通走廊,积极开辟新的交通线路,扩大货物运输规模。哈一直将发展运输业作为提升国民经济的重要领域,2013—2023年在该领域总投资额达到350亿美元。哈总统托卡耶夫在2023年9月1日发表的国情咨文中提道:"鉴于当前的地缘政治形势,哈萨克斯坦正在成为亚欧之间最重要的陆路走廊。我们需要充分利用目前开放的机遇,成为真正具有全球意义的运输和中转枢纽。"中国拥有强大的产业集群优势,是全球供应链的"世界工厂",任何产品都能在中国找到合适的供应商和制造商。2022年中国制造业增加值占国内生产总值比重达27.7%。超大规模的市场、稳定的基础设施和供应链,持续提升的开放水平,这一系列要素组合起来不仅成为其他国家难以比拟的竞争优势[1],也是支撑过境哈萨克斯坦的物流基础。

其次,双方都在推动绿色和数字化转型。中国提出力争2030年前实现碳达峰,2060年前实现碳中和的目标,绿色发展成为引领经济社会发展的重要准则。为应对全球气候变化,中国正积极推动绿色发展国际合作,通过对外投资合作,共同推进绿色基建、绿色能源、绿色交通、绿色金融发展[2]。哈萨克斯坦是《巴黎协定》缔约国。按照协定规定,哈到2030年应将温室气体排放量在1990年的基础上减少15%,降至3.284亿吨。哈政府已制定《2060年前实现碳中和目标的政策声明》。建模结果表明,到2060年,哈整体经济将达到零排放平衡状态。在数字经济领域,双方也有着广阔的合作空间。中国数字经济规模已经连续多年位居世界第二。在中亚国家里,哈数字经济发展起步较早,基础最好。据统计分析网站Data Reportal数据,2023年初,哈全国共有1773万互联网注册用户,占到哈总人口

---

[1] 中新社:《(经济观察)链博会发出明确信号:拒绝"脱钩断链"》,新浪财经(https://finance.sina.com.cn/jjxw/2023-12-01/doc-imzwniza9062827.shtml)。

[2] 《中国对外投资合作发展报告2022》,http://fec.mofcom.gov.cn/article/tzhzcj/tzhz/upload//%E4%B8%AD%E5%9B%BD%E5%AF%B9%E5%A4%96%E6%8A%95%E8%B5%84%E5%90%88%E4%BD%9C%E5%8F%91%E5%B1%95%E6%8A%A5%E5%91%8A%EF%BC%882022%EF%BC%89.pdf。

的90.9%[①]。据联合国2022年电子政务研究，哈萨克斯坦在数字化方面排第28位，在电子政务系统的发展和在线服务质量方面排第11位。哈数字经济的另一个领域是加密货币的发展。继中美之后，哈是世界第三大比特币矿工。根据剑桥大学的数据，哈萨克斯坦占整个比特币网络（BTC）的13.22%[②]。2023年11月10日，中国与哈萨克斯坦关于互免签证的协定正式生效，也为双方资金融通提供了新的便利。

与此同时，中哈资金融通也面临一些挑战。全球和地区政治经济形势演变给中哈经济发展带来一定的不确定性。哈引入外资越来越体现出"以我为主"特点。由于很多国家都对哈表示出投资兴趣，多国竞争让哈不断提高合作要价。为降低通胀，哈自2022年起不断调高国内基准利率（从2022年1月的10.25%增加到2024年1月的15.25%），导致融资成本上升，在一定程度上降低了企业融资的积极性。中哈资金融通政策落地与协调方面合作也有待进一步加强。双方在宏观层面、中观层面和微观层面的架构都相当丰富，协议涉及的内容也很充足，但在具体落实时有时候会缺乏执行力和约束力。与此同时，中哈的要素流动性不高、金融市场的一体化程度较低、金融发展水平差距较大、金融工具箱有待进一步丰富、金融机构管理体系上存在一定差异，也都在一定程度上阻碍资本快速流动。

二 前景展望

随着国际经贸规则由"边境规则"向"边境后规则"转变，日益呈现高标准新趋势，使得制度型开放成为各国各方参与全球化、维

[①] 哈通社：《三分之一的哈萨克斯坦国民对互联网质量不甚满意》，2023年8月10日，https://cn.inform.kz/news/article_a4099711/。

[②] Michael Quiring, José A. Campos Nave, Successfully investing in Kazakhstan, 1 August 2023, https://www.roedl.com/insights/internationalisation/investing-in-kazakhstan.

持经济可持续增长的必然选择①。中哈都在为建立具有国际竞争力的现代化产业体系和成熟的治理体系持续发力。双方都在深化市场化改革，探索构建知识产权保护、数字贸易等边境后领域高水平制度型开放举措，降低经营主体制度性交易成本。中国坚持对外开放的基本国策，坚定奉行互利共赢的开放战略，不断以中国新发展为世界提供新机遇。党的二十大报告提出要"稳步扩大规则、规制、管理、标准等制度型开放"。这是党中央对国内外发展环境及发展趋势的科学判断和深刻把握，为中国高水平对外开放指明了努力方向和实现路径。高水平的对外开放，呼唤着更高质量的制度型开放。规则、规制、管理、标准等，是国家间进行投资与贸易活动的契约，是软性基础设施，资金融通是其中重要组成部分。

资金融通有助于中哈经济政策协调，支持两国基建融资和产业创新，帮助构建双方合作共赢的长期协调机制，培养国际化金融人才，也促进国内国外资金、资产、技术、信息等要素合理流动与双向循环，实现金融支持实体"走出去"②。2023年5月首届中国—中亚峰会期间，习近平主席与哈总统托卡耶夫会谈，给双方资金融通合作指明了新方向。③ 中哈资金融通正在朝着"大融通"迈进，未来，中哈资金融通可从完善合作机制，深化合作基础，拓展合作内容等方向发展，借助资金融通，推动中哈实现经济转型和绿色可持续发展，构建中哈命运共同体。

第一，从资金融通的合作理念看，金融具有资金融通、资产配置、价格发现和风险管理等功能，是进行社会资源配置的有效工具，

---

① 沈铭辉、张中元：《以制度型开放推动高水平对外开放》，《经济日报》2023年5月24日。边境规则更多代表着商品和要素流动型开放的规则，而边境后规则更多代表着制度型开放规则。传统经贸规则以商品、服务或投资跨越边境时的措施为主要对象，包括关税、配额、数量限制、海关监管等，而新一轮经贸规则向"边境内"转移，逐步涵盖服务贸易、知识产权、竞争政策、电子商务等边境后规则，不断提升法律可执行程度。
② 《资金融通构成强支撑"一带一路"金融合作开新局》，《证券时报》2023年10月19日。
③ 王泠一：《中国哈萨克斯坦如何构建"新的黄金三十年"？》，澎湃新闻（https：//www.thepaper.cn/newsDetail_forward_23175581）。

在解决发展不平衡不充分问题、推进共同富裕的进程中发挥着重要作用[①]。"一带一路"资金融通的主要目的之一是为共建国家提供更加丰富的金融资源以及金融公共产品，因此需要重视主导国家与相关国家之间的互动协作以及多边协作的重要性，以便相关国家找到最适合其自身利益的经济金融发展改革方式。中哈两国一致认为，每个国家都有自主选择发展道路和治理模式的权力，彼此坚定支持对方选择的发展道路和治理模式。中哈之间的高质量和高标准合作，需要坚持共商共建共享，遵循国际惯例、尊重市场规律，旨在建立长期、稳定、可持续、风险可控的资金保障体系，创新投资和融资模式，推广政府和社会资本合作，建设多元化融资体系和多层次资本市场，发展普惠金融和绿色金融，完善金融服务网络，提高投融资决策科学性和债务管理水平。

实践中，中哈资金融通需要坚持长期、稳定、可持续、绿色、风险可控、包容、多元、开放等基本合作原则。长期就是不追求短期效应，保障经济社会持续稳定发展。稳定就是为市场创造良好预期，避免金融剧烈波动。可持续就是防范债务风险，实现健康和谐发展，让获取发展融资同保持债务可持续性统一起来。绿色就是实现经济和环境可持续发展，鼓励低碳产业，支持环保，防止污染。风险可控就是实现可负担的投融资，包容就是实现发展红利共享，让所有人受益，而不是仅仅少数人受益，不是仅有少数机构获得融资资格和机会。开放就是鼓励开展第三方合作和多方合作，让更多人参与进来。多元就是实现多渠道资金汇集，发挥公共资金、长期资本、私人资本、股权投资、PPP项目融资等各种融资机制作用。

中哈可以一道探索投资活动同金融机制和标准的融通。"一带一路"资金融通不只是简单地提供资金，更提供了一种潜在的金融标准和制度规范，包括2017年的《"一带一路"绿色投资原则》，2017

---

① 陈雨露：《以金融强国建设全面推进中国式现代化》，《红旗文稿》2023年第24期。

年中国财政部与28个共建国家财政部门共同核准的《"一带一路"融资指导原则》，2019年中国财政部发布的《"一带一路"债务可持续性分析框架》，2019年中国与9个国家的会计准则制定机构共同发起的《"一带一路"国家关于加强会计准则合作的倡议》等，这些都为中哈相互借鉴，实现金融规范化、标准化提供有益参考。

第二，从资金融通的合作机制看，创新规则、流程和治理方式，有效防范金融风险，提升债务可持续性，是保障合作安全稳定和扎实推进的关键环节。在国际资金融通实践中，已经形成了以官方援助为引导、政策性金融机构为主力、各类市场性金融机构积极参与的多元化融资体系，各类信贷债务成为支持"一带一路"的主要融资工具。未来中哈还需要在巩固现有合作机制基础上拓展新的合作机制，从而形成从中央到地方、从官方到民间的多层次合作体系。

首先，中哈可以加强关于全球和地区金融稳定面临的新风险和脆弱性，以及降低风险的政策措施等话题的讨论，探索相互认可的预警和风险评估与应对体系。两国央行可不断完善与全面开放相适应的风险防控体系。防范跨境资本流动系统性风险，加强跨境监管和处置合作，防范跨境监管套利和风险传递。

其次，完善政府之间、机构之间、企业之间的对话与协调机制，挖掘中哈投融资合作空间。充分发挥中哈合作委员会金融分委会的作用，将其打造成中哈资金融通的重要平台[①]。同时，鼓励哈萨克斯坦银行落户中哈霍尔果斯国际边境合作中心。例如，2023年11月3日，哈萨克斯坦中央信贷银行落户中哈霍尔果斯国际边境合作中心哈方区域。这是中国（新疆）自由贸易试验区揭牌后，首家落户该合作中

---

① 中哈金融合作分委会根据2004年5月17日在北京签署的《中华人民共和国政府和哈萨克斯坦共和国政府关于成立中哈合作委员会的协定》设立，是中哈政府副总理级合作机制下的定期会晤安排，其主要目的是协调和促进两国金融机构的合作，加强法制建设和信息、经验交流，推动两国经济和金融关系全面发展。分委会轮流在中国和哈萨克斯坦举行，每年一次。新浪财经（https://finance.sina.com.cn/g/20051216/1218451955.shtml）。

心的外资银行。①

最后，加强绿色金融领域的对话与合作。比如碳税的设计和实施、气候变化风险对地区金融稳定的影响、金融机构在人才、资金、管理、风控、数据等方面的金融保障合作、建立国际联合信用担保模式等②。尽管近年来"走出去"的中资企业已在积极推动绿色转型，但很多企业还没有制订完整详尽的绿色转型计划，从而降低与国际金融机构的合作效率。中资企业可积极制订详细的绿色转型计划，提升绿色项目融资效率③。

第三，丰富融资服务网络。随着共建"一带一路"在各国走深走实，无论是重大项目建设还是企业"走出去"，都面临更加复杂的金融场景。除满足项目基本融资需求，金融系统更需提供支付、汇兑、结算、风险对冲、资产管理等专业金融服务，以增强资金融通和风险管理。2023年10月，中央金融工作会议指出，要着力推进金融高水平开放，确保国家金融和经济安全。坚持"引进来"和"走出去"并重，稳步扩大金融领域制度型开放，提升跨境投融资便利化，吸引更多外资金融机构和长期资本来华展业兴业。要加强优质金融服务，扩大金融高水平开放，服务好"走出去"和"一带一路"建设，稳慎扎实推进人民币国际化。④

为鼓励人民币国际化，可继续探索人民币跨境结算渠道，鼓励国内企业跨境投资，以人民币对哈开展项目投资，鼓励境外机构人民币借款、支持特许机构发行人民币债券，扩大支付服务和银行卡覆盖范围。

第四，聚焦重点项目，助力中哈经济加速转型。中哈都在推动经

---

① 《中哈合作中心迎来首家外资银行》，天山网（https://mp.pdnews.cn/Pc/ArtInfoApi/article?id=38516030）。
② 《深化"一带一路"金融合作从三方面入手》，《国际商报》2023年8月10日第3版。
③ 《【资金融通篇】服务共建"一带一路"写入"DNA"》，《中国银行保险报》2023年10月19日。
④ 《中央金融工作会议在北京举行——习近平李强作重要讲话》，中国政府网（https://www.gov.cn/yaowen/liebiao/202310/content_6912992.htm）。

济转型。哈越来越开始意识到，单纯依靠能源产业拉动经济增长，国内结构就会越来越失衡，本国经济亦会对国际经济的变动变得越来越敏感。因此，哈努力将发展模式转向能源和非能源行业并重，欢迎各国资金进入信息技术、通信、银行、建筑、交通运输等投资"新风向标"行业。由此，从未来资金融通的对象看，中哈双方可投资的领域至少有基础设施、制造业、农业、绿色能源、数字、高科技、人文、金融证券等。

第七章　民心相通

国之交在于民相亲,民相亲在于心相通。自中国共建"一带一路"倡议提出以来,民心相通作为"五通"之一,一直被摆在十分重要的位置上。民心相通源于中华文明的民本思想。中国自古就推崇"民惟邦本,本固邦宁",认为"政之所兴,在顺民心,政之所废,在逆民心",把民心视为治国成败的决定因素[①]。民意沟通、民间友好、民生合作,是中国新时代外交的重要组成部分。心灵的沟通是人与人之间友谊的前提,民意的沟通是国家间友好交往的基础。不同国家民众之间的广泛交流与合作能够增信释疑,是巩固国家间关系、发展进一步友好合作、促进地区和平与稳定的良好渠道。现代国际关系中,全方位推进多形式和多渠道的人文交流是构建新时代立体化的外交格局的重要举措。

民心相通是"一带一路"建设的社会根基,也是中国对外交往的重要内容和"一带一路"建设的支撑与保障。"一带一路"沿线自古就是各种文明产生、发展和交融之地,各国社会制度多样,宗教多元,经济发展模式和发展理念各异。新形势下要推动共建"一带一路"高质量发展,必须立足这一现实,采取各种措施促进共建"一带一路"国家不同文明交流互鉴。为了实现这一目标,中国与哈萨克斯坦在各个领域开展了内容丰富、形式多样的人文交流与合作,传承和弘扬古"丝绸之路"精神,积极实施各类项目和活动,促进人

---

① 王亚军:《民心相通为"一带一路"固本强基》,《行政管理改革》2019 年第 3 期。

民之间的相互了解,加深人民之间的友谊,使之成为"一带一路"建设的坚实基础。

中国社会科学院数量经济与技术经济研究所对共建"一带一路"国家民心相通指数进行了测度。他们利用谷歌公司开发的全球最大新闻数据库 GDELT 中的数据,并使用世界银行主题本体的 GDELT GKG 字段,用所有的情绪维度(GCAM)构建民心相通指标,从旅游、教科文卫、民间合作等方面抓取数据,进一步构建绝对褒贬指数和相对褒贬指数,以计算国外对中国的舆论态度,以此测度民心相通发展情况。结果显示,中国提出共建"一带一路"倡议以来,中亚地区对中国的褒贬指数逐步增加,2018 年达到峰值 0.619,2019 年之后处于相对平稳波动阶段。与同时参加测度的其他地区相比,中国与中亚地区的民心相通指数平均值最高,为 0.559,高于东亚(0.524)、东盟(0.530)、南亚(0.570)、西亚(0.491)、独联体(0.568)、中东欧(0.565)[①]。这体现了中国与中亚国家在共建"一带一路"过程中民心相通建设取得了重要进展。与此同时,民心相通又是"一带一路"建设高质量发展的重要基础和保障。

第一节 民心相通与人文合作[②]

在现代条件下,任何国家,无论是发达国家还是发展中国家,制定社会政策的主要任务都应该是使人们日常生活的社会条件更加人性

[①] 王蕊:《"一带一路"民心相通与我国高质量发展测度研究》,《价格理论与实践》2022 年第 2 期。
[②] 世界人文空间,即"大文化",包括知识、信仰、艺术、道德、法律、习俗、能力和习惯。从广义上讲,文化即人类创造的一切物质和精神文明产品的总和;"小文化"指包括语言、文学、艺术及一切意识形态在内的精神产品。文化合作,也有"大合作"与"小合作"之分。"大合作"与对外文化交流意义等同,涵盖所有与文化有关的交流合作;"小合作"则以两国文化主管部门的职能范围为限,合作局限在两国文化主管部门的职能交集范围内。

化。当今社会，在衡量社会发展成果和方向的标准中，人力资本、社会资本、文化资本、政治资本（人民对权力机构的信任程度）、生活水平和生活质量等指标发挥着关键作用。社会福利，人民的生活水平和质量、社会保障及其身体和精神道德健康，个人实现自我价值的机会增加，都成为国家活动的主要目标，成为整个社会及其所有群体评估国家活动的普遍标准。因此，人民的生活质量既是社会发展的基础和出发点，也是社会发展的目标，决定其内容、意义、优先事项、可能性和界限。在全球化的今天，社会和人文领域的国际合作成为提高人民生活质量的最重要渠道和方式之一。

一 民心相通

文明的交流与互鉴促进了人类社会的发展。中华文明历经几千年，正是在与其他文明不断交流和互鉴中得到发展。西汉时期，通往西域的"丝绸之路"就将中华文明传播到西域，同时也将西域文化引进中国；以开放与包容、兼收与并蓄著称的唐代成就了那个时代的多元文明交流，中华文明传播到世界的各个角落，也促进了丰富多彩的异国文化传入中国。元代的《马可·波罗游记》将古老的中国详细介绍到西方，推动了中西文化、科学技术的交流和发展。明代的郑和下西洋是一次世界范围内的文化交流。到了近现代，中外文明交流互鉴更是频繁展开，才有了新文化运动以及马克思主义和社会主义思想传入中国。

进入21世纪，顺应人类历史和文明发展大趋势，中国创造性地提出"一带一路"倡议，这是一个包括经济与人文发展在内的双核倡议，蕴含着以经济合作为基础、以人文交流为支撑、以开放包容为理念的重要内容，旨在通过实施"走出去"和"请进来"双向文明对话，深入推动与沿线各国人民的交往、交流和交融，进一步增进理念认同、利益契合、感情友好，从而实现增进信任、促进友谊、深化合作、共同发展的目的。习近平主席在2017年"一带一路"国际合作高峰论坛开幕式上指出:"我们要将'一带一路'建成文明之路。'一带一路'建设要以文明交流超越文明隔阂、文明互鉴超越文明冲突、文明共存超越文明优越,推动各国相互理解、相互尊重、相互信任。"在2019年4月召开的第二届"一带一路"国际合作高峰论坛开幕式上又提出:"我们要积极架设不同文明互学互鉴的桥梁,深入开展教育、科学、文化、体育、旅游、卫生、考古等各领域人文合作,加强议会、政党、民间组织往来,密切妇女、青年、残疾人等群体交流,形成多元互动的人文交流格局。"[①]

从实践看,民心相通的内涵主要体现在以下三个方面。

一是友谊和情感的沟通。"一带一路"提倡扩大与其他国家民众之间的人文和文化交流范围,重视地方合作,以形式多样和内容丰富的交流方式提升教育、科技、媒体、智库和旅游等领域的对接与合作水平,增进与各国人民之间的相互理解和相互沟通,促进心灵相通。

二是思想和理念的认同。文化具有多样性,既要认同本民族文化,又要尊重其他民族文化,倡导文化交流互鉴,可取长补短,有利于推动本民族文化走向世界,加强与其他国家人民之间的思想和理念沟通,弘扬共商共建共享的合作理念,形成世界和平合作的共同价值观,促进人类社会的发展和进步。

三是物质和利益的契合。"一带一路"倡议已经成为当今世界规模最大的国际合作平台和最受欢迎的国际公共产品,为各国的经济发展带来新的动力。"一带一路"注重共建国家的民生项目,助力实现共同富裕,给各国人民带来实实在在的福祉,从而得到这些国家民众的认可和欢迎,同时也提升了中国的国家形象。

当今世界风云变幻莫测,地缘政治风险威胁全球安全和社会发展,经济全球化遭遇许多新挑战。在此背景下,推动"民心相通"建设,能够在以下三个方面为人类社会的发展做出贡献。

[①]《"一带一路"国际合作高峰论坛重要文辑》,人民出版社2017年版,第10页。

一是助推经济合作，走共同富裕和发展之路。民心相通可为国与国之间的经济合作奠定坚实的社会根基，使"一带一路"真正成为各国相互助力经济发展、提高人民生活水平的纽带，使"一带一路"建设成为互利共赢的合作模式，惠及相关国家民众，为各方务实合作构筑强有力的社会环境和民意基础。

二是推动文明交流和互鉴。文明因交流而多彩，文明因互鉴而丰富。世界上不同文明之间加强交流、相互借鉴，是推动人类进步和世界和平发展的重要动力[①]。共建"一带一路"，不仅促进沿线各国的经济合作，为广大发展中国家提供更多的发展机遇，也积极推动了文化和思想的交流与交融。

三是促进构建和完善全球治理体系。全球治理体系涵盖社会的各个方面，涉及政治、经济、法律、社会文化、环境等。"一带一路"框架内的民心相通建设，其意义在于构建一个人类命运共同体，使各国能够实现共同发展。这也是完善全球治理方式的一种创新和探索。

民心相通是一项系统性的建设工程，旨在传承和弘扬"丝绸之路"友好合作精神，对外人文合作是促进民心相通的关键，与共建"一带一路"国家积极开展在文化、科学、教育、媒体、青年、民间组织之间的交流与合作，可为深化双边和多边合作奠定坚实的民意基础。

二 人文合作

《周易》《贲·象辞》篇讲道："刚柔交错，天文也。文明以止，人文也。观乎天文，以察时变。观乎人文，以化成天下。"观察天象，就可以察觉到时序的变化。观察社会人文现象，就可以用教化改造成就天下的人。人文，简而言之，就是人和文组成，第一个"人"字讲的什么是人和人性，理想的人和人性是什么？第二个"文"字

---

① 《文明交流互鉴何以可贵》，《光明日报》2019年5月10日。

与"纹"相通,即纹理纹路,就是如何表达人性,以及培养理想人性的方式。[1]

人文领域的合作具有这样一个特点,即所有层面的合作,从国家到地方再到民间,都是为了满足每一位公民的物质、文化和精神需要。国家应采取全面、系统的办法来改善个人物质福利和解决社会心理健康的问题,以确保社会安全,为每个人的自我价值实现创造一切必要的社会经济和政治条件。当今世界,人的社会存在的价值和意义,文化与文明之间的关系,以及社会互动的制度化、管理和控制机制正在发生根本性的转变,社会、文化和文明发展的范式也在发生变化。人类文明的根本转变不仅基于生产资料的性质和类型的变化,也基于对生命意义的新认识以及新的优先事项、理想和价值观的形成。

全球信息、通信、贸易、金融和经济网络跨越国界,前所未有地扩大了人与人之间以及不同群体之间的联系与互动,同时也增加了不同社会经济和政治制度、文化和文明之间的相互排斥的风险。与此同时,尽管世界舞台上出现各种尖锐的矛盾,但依然存在着协调关系、建立对话、减少冲突的愿望。在这种情况下,以包容和妥协的文化取代对抗和冲突的文化,增加合作和相互理解的道德观对社会的生存与发展至关重要。在这方面,国家之间和各国人民之间的人文合作,通过人民和社会组织的密切联系,通过民间倡议,通过信息协调,达到民心相通,是实现社会、经济、政治和文化发展的最佳模式。

在现代多中心全球治理体系的形成进程中,人文合作发挥了越来越重要的作用。国际人文合作的实质就是,国家利用现有的或专门建立的教育、科学和文化联系来实现政治、外交和宣传目的,实现国家外交政策的优先事项。从各国发展战略以及国家间签署的人文合作协议看,人文合作的目标通常定位为:与外国、社会组织和民众建立并

---

[1] 吴国盛:《人文到底是什么意思?》,搜狐网(https://www.sohu.com/a/115622182_472886)。

加强相互理解和信任的关系；发展各国人民之间平等互利的伙伴关系；加强国家对国际文化合作体系的参与；支持本民族语言和文化在其他国家的普及。从国际实践看，常见的人文合作形式有科研机构、艺术机构和社会组织之间的联系；学者、教师、艺术家和公众人物之间的交流；组织国际展览、国际巡回演出等。

中哈关系是睦邻友好的典范。在新的时代条件下，中哈两国领导人审时度势，认为"中哈两国拥有悠久历史和深厚文化底蕴，古丝绸之路将两国紧密相连，贸易往来和人文交往源远流长……人文合作成为中哈两国合作不可或缺的重要组成部分。双方为两国和两国人民传统友好互信赋予新的时代内涵。双方愿加强文化领域协作，增进两国人民间彼此尊重和价值观相通"[1]。

从双边合作的角度看，中哈人文交流极大地促进了"一带一路"同"光明之路"新经济政策对接，深化了两国之间的全方位合作，并推动经贸合作提质升级，为推动构建更加公平公正合理的全球治理体系做出积极贡献。从多边合作的角度看，中哈人文合作有助于促进文明间对话、实现世界各国人民之间的和谐包容，消除对抗。

2019 年 5 月，中国国家主席习近平在亚洲文明对话大会开幕式上提出要"深化文明交流互鉴，共建亚洲命运共同体"，号召亚洲国家把握大势、顺应潮流，努力把亚洲人民对美好生活的向往变成现实，建设一个和平安宁、共同繁荣、开放融通的亚洲[2]。

哈萨克斯坦位于欧亚大陆中部，从地理位置看，总体上是一个亚洲国家。若根据苏联学者的欧亚分界线标准（即以乌拉尔山脉和乌拉尔河为界），则有约 15% 的国土（约 39 万平方公里）位于欧洲（乌拉尔河以西）。2019 年 9 月，哈总统托卡耶夫在亚洲作家论坛上发表讲话时也谈道："我们必须维护亚洲人民的团结……我们拥有共

---

[1] 《中华人民共和国和哈萨克斯坦共和国建交 30 周年联合声明》，《光明日报》2022 年 9 月 15 日。
[2] 《习近平外交演讲集》第二卷，中央文献出版社 2022 年版，第 195 页。

同的宝藏。我们的文化发展到了一个新的阶段,我们要追求知识和文化——亚洲必须团结起来。"①

中国和哈萨克斯坦都强调从传统文化和价值观中寻找适合国情的发展道路,在塑造公民价值观和国家意识形态方面有诸多共同之处。中哈民心相通和人文交流的基础是两国共同拥有亚洲价值观因素,即重传统、重国家、重集体、民族宽容、宗教和谐。两国领导人的治国理念有助于推动人类命运共同体建设,促进"美美与共"的亚洲地区发展。

第二节 大国与哈萨克斯坦的人文合作

哈萨克斯坦位于欧洲和亚洲的交界处,占据东西方之间运输和通信线路的交汇点。特殊的地理、地缘政治和地缘经济地位决定了其在国际关系中的重要性。因此,哈萨克斯坦成为很多国家开展人文合作的重要伙伴。

一 俄罗斯与哈萨克斯坦的人文合作

从俄罗斯的《国家安全构想》和《对外政策构想》以及总统普京的讲话中可以看出,俄罗斯高度重视中亚国家,认为中亚是俄罗斯地缘政治利益的关键地区,俄罗斯的国家安全在很大程度上取决于这一地区的和平与稳定。对俄罗斯来说,在中亚地区拥有稳定的战略地位至关重要。总的来说,俄罗斯在中亚的利益可以归纳为:一是根据与中亚国家签署的合作条约确保国家安全;二是解决俄罗斯作为世界

---

① Токаев: Азия должна объединиться. https://www.nur.kz/politics/kazakhstan/1814421 - tokaev - azia - dolzna - obedinitsa/.

和地区强国面临的实际问题；三是国际社会承认俄罗斯在该地区的领导地位。

无论是从绝对和相对指标来看，还是从发展速度和经济多样化程度来看，哈萨克斯坦都是中亚地区的主要国家，因此，俄罗斯与哈萨克斯坦的关系在后苏联空间发挥着关键作用，苏联解体后的30多年来，俄哈两国从建立双边国家关系基础到建立明确的战略同盟关系，一直保持着建设性和互利的盟友伙伴关系。2022年俄乌冲突后，哈萨克斯坦成为不同地缘政治角色争夺影响力的战场。在俄罗斯受美西方制裁、外交环境恶化的情况下，哈萨克斯坦作为欧亚经济联盟和集体安全条约组织的成员国，在俄罗斯对外战略中的地位愈加重要。

俄罗斯和哈萨克斯坦是现代欧亚一体化进程的发起者和盟友，在所有领域发展密切的双边合作。人文合作是俄哈国家间关系的一个重要领域，不仅满足两国人民之间的合作要求，也为两国的伙伴关系提供坚实的社会基础。

（一）合作的法律基础和机制

由于历史的渊源和地缘政治因素，俄罗斯与哈萨克斯坦之间建立了比较完善的人文交流机制。1992年俄罗斯和哈萨克斯坦签署《俄罗斯联邦与哈萨克斯坦共和国友好合作互助条约》，双方承诺扩大和加深两国人民在文化和艺术领域的联系，确保文化和历史遗产的可获得性和自由使用，尽一切努力促进艺术团体、艺术家以及国家、地区和地方各级的机构之间的交流。1993年两国文化部门签署合作协议，规定应促进国家和社会团体在文化和艺术领域的合作，确保两国公民使用国家文化资产。1994年两国签署《哈萨克斯坦共和国与俄罗斯联邦关于文化、科学和教育领域的合作》，规定双方应采取措施促进相互文化的普及，促进举办文化日、艺术节、艺术团体和个人的巡回演出、两国作者的音乐和戏剧作品的舞台表演、代表团交流、文学创作交流。这些文件为哈俄两国发展人文合作奠定了法律基础。

除了定期举行高级别领导人（国家元首、政府首脑、议长）会议，讨论双边关系的所有问题外，多年来，俄罗斯和哈萨克斯坦各中央和地方部门机构之间也保持着密切联系。

一是俄哈政府间合作委员会，其职权包括制定和协调经贸、科技和人文合作条约和方案；协调行政机关、企业、组织和个人的活动，以发展两国经贸、科技和人文合作。该委员会每年至少在两国轮流举行两次会议，讨论经贸合作和人文合作问题。2019年10月，俄哈双边政府间委员会下设的文化和人文合作分委会第一次会议在哈首都召开，会后签署《2020—2022年俄罗斯文化部和哈萨克斯坦共和国文化和体育部合作计划》。

二是各中央部委间的合作机制。例如，俄联邦文化部和哈萨克斯坦文化与体育部、俄联邦青年事务局和哈萨克斯坦信息与社会发展部、俄联邦民族事务署和哈萨克斯坦信息与社会发展部、两国的教育部等。各机制都商定了各自领域的工作原则、联合工作方案、项目、论坛等。

三是地方合作。促进人文合作与交流也是地方合作的主题内容之一。双方的地方合作重点并不仅限于边境地区，并且不仅是双边的，也是国际性的。这些活动往往会邀请许多国际伙伴参与。俄罗斯的阿尔泰、巴什科尔托斯坦、莫斯科、圣彼得堡、鞑靼斯坦、鄂木斯克和斯维尔德洛夫斯克等俄联邦地方主体均与哈萨克斯坦系统地保持人文合作联系，组织地方论坛、主题活动（如文化日、青年论坛和节日）等。在许多情况下，各地方政府积极发展与当地非政府组织的合作，并促进这些组织发展对外交流。因此，非政府组织在俄哈人文合作中发挥越来越重要的作用。两国社会组织之间建立了日益密切的互动机制，比如青年和志愿者运动、记者和媒体、旅游俱乐部、企业团队、城市团队等。

四是外事机构。除大使馆外，哈萨克斯坦在俄罗斯设有四家领事馆（圣彼得堡和喀山总领事馆、阿斯特拉罕和鄂木斯克领事馆），俄罗斯在哈萨克斯坦设有三家总领事馆（阿拉木图、乌拉尔斯克和乌斯季卡缅诺戈尔斯克)。

另外,阿斯塔纳建有一家俄罗斯科学文化中心,全力促进两国文化和人文合作的逐步发展。在俄罗斯科学文化中心的支持下,哈俄两国实施了"技能大使馆""数字时代学校""伟大卫国战争:21世纪的观点""前线来信""你好,俄罗斯""新一代"等一系列重要项目和计划,举办了纪念俄罗斯历史和杰出艺术家周年活动。

(二)合作的内容与形式

俄哈两国始终保持密集人文交流,不仅范围广,方式也非常多样,交流的地理和主题范围不断扩大。两国主管部门、使领馆、俄罗斯和平基金会、俄罗斯之家等机构是双方人文交流的主要官方组织者。文化、教育、旅游是其中的重点。

第一,文化领域合作。文化交流的主要方式有巡回演出、展览、联合创作、支持俄语项目、与节日和纪念日有关的联合活动等。与那些支持俄罗斯语言和俄罗斯文化的哈方协会合作,是俄罗斯对哈文化合作的一个重要方向。俄哈之间的文化交流涉及各种艺术领域,包括歌剧、芭蕾舞、音乐、民间艺术、流行歌手的巡回演出、文学和诗歌会议、展览、电影节、街头艺术和网上诗歌竞赛等。合作并不限于展示交流,还一起完成了许多创作。

互办国家年是俄哈文化和人文合作最隆重的方式。无论是在俄罗斯举办"哈萨克斯坦年",还是在哈萨克斯坦举办"俄罗斯年",在国家年框架内规划的大型活动都是两国经济、政治和文化进一步融合发展的重要举措,旨在扩大公民、科学、文化、教育机构、经济实体和企业实体之间的联系,扩大两国人民之间的传统联系,并为双方的合作开辟新前景。与节日和纪念日相关的主题活动也是合作的一个重要方向,比如为纪念俄罗斯日、胜利日、纳吾鲁兹节等举办的展览、音乐会、赛事等。

这里需要特别提及侨民及其社会团体的文化活动。俄罗斯各地区设有人民友谊之家。该机构不仅举办文化交流活动,还向移民提供帮助。哈萨克斯坦各地区和城市也有类似人民友谊之家的机构，为促进不同国家人民之间的相互理解积极工作。

第二，教育是俄哈开展人文合作的重要领域。苏联解体、俄哈两国独立后，哈萨克斯坦几乎所有大学都与俄罗斯的大学签署了合作协议，约定开展职业教育、联合教育和科学研究，学生交流、相互参加学术会议等。哈萨克斯坦每年有6万—7万名学生在俄罗斯高校留学。与此同时，俄罗斯一些主要大学在哈萨克斯坦设有分支机构，包括位于阿拉木图的国立莫斯科罗蒙诺索夫大学分校、位于拜科努尔的莫斯科航空学院分校、位于科斯塔奈的车里雅宾斯克国立大学分校、位于阿拉木图的圣彼得堡工会人文大学等。在双方的教育合作中，俄罗斯非常重视俄语的地位和应用，为哈萨克斯坦培养俄语教师。

除双边合作外，俄哈还发展多边框架内的教育合作。为尽快融入全球科学教育空间，俄罗斯和哈萨克斯坦分别于2003年和2010年加入欧盟的"博洛尼亚进程"，还积极支持和参与独联体网络大学和上海合作组织网络大学框架内的多边合作。2021—2022学年，俄罗斯为哈萨克斯坦公民进入上合组织大学和独联体网络大学所属的俄罗斯高等教育机构分别提供了62份和32份国家奖学金[①]。

第三，旅游业是俄哈开展人文合作与民间交流的重要手段。俄哈拥有7000多公里的共同边界，为发展旅游业提供了良好机会，也推动双方人文交流发展。2001年1月11日俄哈签署《俄罗斯和哈萨克斯坦关于旅游业合作的特别协定》，每5年自动延长一次，对发展旅游合作做出具体规定。该文件特别强调双方将支持国家旅游管理机构建立和发展合作；努力简化边境、海关和其他手续等，成为双方发展旅游合作领域的纲领性文件。此外，双方旅游领域的一些授权机构之间也签署合作协议，例如俄罗斯联邦旅游署与哈萨克斯坦国家旅游公

---

① Сотрудничество России и Казахстана: межвузовское партнерство, новые филиалы университетов, совместные научно-технические проекты. https://minobrnauki.gov.ru/press-center/news/mezhdunarodnoe-sotrudnichestvo/46685/.

司签署了合作备忘录。

哈萨克斯坦公民在俄罗斯享有有效期 90 天的免签证制度。两国之间每周有 175 个定期航班，哈萨克斯坦的航空公司每周有 85 个航班飞往俄罗斯的 10 个城市，俄罗斯的航空公司每周有 90 个航班飞往哈萨克斯坦的 12 个城市[①]。哈萨克斯坦一直稳居俄罗斯外国游客来源国前三名。而前来哈萨克斯坦的外国游客中，俄罗斯游客数量一直稳居前两位，2019 年有 187 万人次，2020 年和 2021 年虽然遭遇新冠疫情的冲击，仍然分别达到了 46 万人次和 43 万人次[②]。

除双边关系外，俄哈两国还在关于边境合作和免签证制度的一系列区域性制度框架内发展合作。例如，2000 年俄罗斯、白俄罗斯、哈萨克斯坦、吉尔吉斯斯坦和塔吉克斯坦签署了《关于公民相互免签证旅行的协定》。

二　美国与哈萨克斯坦的人文合作

苏联解体后，美国密切关注中亚地区的政治进程，并努力加强其在整个地区和各个国家的地位。作为中亚地区经济表现最好的国家，哈萨克斯坦自然成为美国的关注焦点。总体上，美国在哈萨克斯坦的利益应分为三个方面。一是地缘战略利益。首先是遏制中亚周边国家，即俄罗斯、中国、伊朗，将中亚视作一个缓冲区。其次是控制通过中亚的运输走廊。因为中亚地区位于欧洲和亚洲的交界处，是连接东西方的重要物流枢纽。二是经济利益。根据美国历年的国家安全战略报告，美国将中亚地区列入重要的能源供应地区，以此维护自身在全球能源格局中心的地位。根据 2021 年数据，哈萨克斯坦的石油地质储量为 44 亿吨，天然气储量为 3.8 万亿立方米，凝析油储量为

---

① Сотрудничество в сфере туризма между российской федерацией и Республикой Казахстан: правовая база, направления, результаты//Наука. Культура. Общество. № 3. 2020г.

② Годовой отчёт АО НК «Kazakh Tourism». https://qaztourism.kz/upload/iblock/3cc/3av5lmaz3l26uuoe5vy-6pewr6525qr0p.pdf.

4.14亿吨。哈国内有8000多个矿床,其中碳氢化合物317个,固体矿物910个[①],每年开采约9000万吨石油,约占世界原油出口的3.3%[②]。三是安全利益。美将阿富汗看作大中亚地区的一部分,寻求包括哈萨克斯坦在内的各国及地区支持,促进阿富汗的稳定,打击恐怖和极端势力。同时,通过加强安全合作进一步密切双边关系,提高在哈萨克斯坦的影响力。

人文合作在美国对外政策中占有特殊地位,是其公共外交的一个重要组成部分。美国的对外政策不仅通过军事、政治和经济手段来实现,也通过人文领域的国际交流促进和对话。通过在哈萨克斯坦实施各种文化活动、教育项目和援助项目,美哈关系不断巩固提升,美在哈形象声望和影响力也不断增强。

美哈人文合作主要通过文化和教育项目,以及援助项目进行,主要由美国国际援助开发署、驻哈使馆以及其他公共外交机构实施,主要开展四大项目。

第一,推广英语语言学习课程。美国的区域英语项目办事处通过在中亚国家教授英语,在人文外交领域开展外联活动。项目办事处与中亚国家的教育部、教师协会、大学、学校和英语教师合作,促进中亚和美国人民之间的相互理解。该机构还通过制定和改革课程以及提高教学质量和提供优质材料,努力提高英语教学质量。

区域英语项目主要包括三类。一是为期一个学年的英语教师计划。根据该计划,来自美国的英语教师被派往哈萨克斯坦的大学、研究所和其他教育机构,以提高英语教学和文化交流的质量。在该计划框架内,可邀请哈萨克斯坦的英语教师到美国培训2—16周,或为哈萨克斯坦学员提供与美国教师举行视频会议的机会。二是英语教师远

---

① Балансовые запасы нефти Казахстана составляют 4,4 млрд тонн. https://www.trend.az/business/energy/3471927.html.

② ТОП - 25 Стран по запасам и добыче нефти в 2023 году. https://zametki - turista.com/blog/top - stran - po - zapasam - i - dobyche - nefti.html.

程课程计划。根据该计划，来自哈萨克斯坦的英语教师有机会参加提高英语教学技能的远程课程，并熟悉外语教学的新方法和新技术。三是"Access 青少年小额奖学金"计划。该计划为 13—17 岁经济困难的青少年提供英语学习机会。

第二，教育交流。美国驻哈大使馆文化处负责美哈之间的教育交流，与美驻哈大使馆文化处合作的不仅有哈萨克斯坦的国家机构，还有当地的非政府组织。主要教育项目包括富布赖特计划、未来领袖交流计划、全球本科生交换项目、创业奖学金计划、美国残疾人法包容教育奖学金计划、夏季工作和旅行计划。

一是富布赖特计划。富布赖特计划有多种类型，包括富布赖特硕士课程（哈萨克斯坦学生在美国获得硕士学位）、富布赖特哈萨克语教学计划（FLTA）（旨在提高美国大学的哈萨克语教学水平）、休伯特-汉弗莱奖学金计划（在美国为期 10 个月的学习）、富布赖特访问学者计划（邀请哈萨克斯坦学者到美国的大学从事研究）。上述方案通常由 22 家美国公共外交机构来实施，包括美国驻哈大使馆、哈萨克斯坦主要城市的 11 个"美国角"、5 家美国教育中心（阿克托别、阿拉木图、阿斯塔纳、卡拉干达、奇姆肯特）、国际研究与交流协会阿拉木图办事处、美国国际教育委员会驻阿斯塔纳和阿拉木图办事处、位于阿拉木图的哈萨克斯坦—美国大学，位于乌斯季卡缅诺戈尔斯克的哈萨克斯坦—美国自由大学。

国际研究与交流协会是美国的一个非营利组织，在全球 100 多个国家拥有合作伙伴，专门从事全球发展和教育工作，并在哈萨克斯坦积极开展活动。其战略目标是促进青年教育和发展，培训和鼓励青年精英，支持必要的青年组织，增加获得优质信息和教育的机会。国际研究与交流协会在哈办事处实施以下项目：社会解决方案计划、教师培训计划和富布赖特教师培训计划。社区解决方案计划的目的是在全球培养社会领袖，后两个计划的目的是提高教师的专业技能。

二是未来领袖交流计划。旨在为哈萨克斯坦和其他国家的高中生提供免费在美国学习一年的机会，并安排这些学生与美国家庭一起生活。该计划由美国国际教育委员会负责实施。该教育委员会位于阿拉木图和阿斯塔纳的办事处管理着美国教育咨询中心，还在落实美国中亚基金会创业奖学金计划等方面发挥重要作用。

三是全球本科生交换项目。该项目由美国国务院教育和文化项目局管理，面向哈萨克斯坦大学生，为学生提供深入了解美国文化的机会，获得一个学年奖学金的学生有机会到美国大学深造。该局的 Education USA 俱乐部会员可以通过在线会议、志愿活动、阅读和讨论书籍等方式为美国大学的入学考试做准备。

四是创业奖学金计划。由美国中亚基金会负责实施，每年选拔约 30 名有才华的学生，在位于阿拉木图的哈萨克斯坦管理、经济和预测学院或位于吉尔吉斯斯坦首都比什凯克的美国中亚大学学习商业。该项目还帮助中亚国家的大学改善教学设备，并为财力有限的优秀学生提供出国实习的机会。

五是美国残疾人法包容教育奖学金计划。该项目旨在确保残疾儿童与其他儿童一起接受教育，为来自哈萨克斯坦、乌克兰、印度和亚美尼亚的残疾儿童提供为期 6 周的赴美学校生活。

六是夏季工作和旅行计划。除了教育项目外，美驻哈使馆还为哈萨克斯坦学生提供暑假期间在美国的酒店、餐厅和游乐园工作的机会，即美国工作与旅游计划。通过与当地居民的日常交流，学生可以提高英语水平、熟悉美国文化。

第三，文化活动。在美哈文化交流合作中，美国角发挥着重要作用。美国在哈萨克斯坦的 11 个城市（阿斯塔纳、阿拉木图、阿克托别、阿特劳、卡拉干达、科斯塔奈、巴甫洛达尔、彼得罗巴甫洛夫斯克、乌拉尔斯克、乌斯季卡缅诺戈尔斯克、奇姆肯特）设立美国角，开展文化交流活动。美国角实际上是城市图书馆，在这里可以免费获得必要的英语学习材料，包括书籍、电影、光盘、节目、游戏、美国教育信息，加入会话俱乐部。此外，阿斯塔纳、阿拉木图和乌斯季卡缅诺戈尔斯克的美国角为年轻和有抱负的发明家和科学家开设了实验室。哈萨克斯坦年轻人可以在任何方便的时候进入美国角学习，庆祝美国假日，与在美国学习或工作的同龄人交流，了解他们需要的信息并免费访问 eLibraryUSA 数据库。

哈美两国博物馆之间也建立了合作关系，美国史密森尼学会博物馆、大都会艺术博物馆与哈萨克斯坦国家博物馆进行合作，美国亚利桑那州立大学艺术博物馆与哈萨克斯坦阿拉木图国家美术馆建立合作关系。双方多次在历史、艺术和文化等方面进行交流，举办展览，包括将文物和艺术品交换到对方国家进行展出。

第四，援助计划。美国国际开发署负责实施美国政府的对外援助计划，在哈萨克斯坦的任务是帮助改善医疗保健服务，提高公民的社会活动积极性，促进法治，实现经济多样化，实现能源部门现代化，加强水资源管理。在医疗卫生方面，美国国际开发署与哈政府合作，努力改善艾滋病毒/艾滋病、结核病和新冠病毒的预防、护理与治疗服务，支持扩大门诊治疗以预防感染传播，提高哈境内的实验室和医疗机构的科研与治疗能力。在民主、人权和治理方面，帮助哈萨克斯坦发展民间社会组织，为当地民众提供基本服务。

三　欧盟与哈萨克斯坦的人文合作

在不断变化的国际地缘政治和地缘经济局势中，欧盟需要从战略目标出发，重新审视与包括中亚在内的主要伙伴的关系，在欧盟内部和国际舞台上推行自己的政策。对于欧盟来说，中亚地区在自身历史文化发展和促进东西方融合方面的作用十分重要。随着中亚各国和地区经济不断增长、全球挑战日益加剧，中亚地区的地缘战略意义愈加突出，需要欧盟强化与中亚国家的伙伴关系。

欧盟在中亚地区的战略目标是确保这些国家的稳定和安全，减少贫困，提高生活水平，促进中亚国家之间以及这些国家与欧盟之间在能源供应、运输、高等教育和环境保护领域的区域合作。作为中亚国家的重要发展伙伴，欧盟希望与中亚五国进一步加强伙伴关系，促进合作交流，共同实现中亚地区的经济繁荣、可持续发展和互联互通。2014—2020年，欧盟为中亚地区提供支持超过10亿欧元资金，涉及法制、环保、水资源、贸易、边境管理等多个领域。根据2019年发布的《欧盟与中亚：更坚实伙伴关系的新机遇》，欧盟重点从以下两个方面与中亚国家开展合作：一是提升中亚国家应对内外部挑战和推进改革能力，确保实现可持续性发展；二是支持中亚国家经济现代化，推动地区稳定合作和对青年人投资，实现繁荣发展。①

对于欧盟来说，哈萨克斯坦是一个广域的地缘战略综合体的一部分，而欧盟是哈萨克斯坦的主要贸易伙伴。中亚战略为欧盟与中亚国家发展合作提供了一个共同的框架。该战略强调可持续性和繁荣，支持哈萨克斯坦向绿色经济过渡并实现绿色经济多样化。多年来，欧盟与哈萨克斯坦在司法、内务、经济和金融、能源、运输、环境与气候变化、就业和社会问题、文化、教育和科研等诸多具体领域密切合作。在人文领域，欧盟通过教育计划和支持人权团体，帮助哈萨克斯坦发展民主，同时也关注环境、水资源和技术援助。

第一，在教育领域主要是"博洛尼亚进程"和"Erasmus +"项目。欧盟通过这两个项目，参与哈国内高等教育体系改革，为哈萨克斯坦学生提供到欧洲的学习机会。哈也利用欧盟资助的教育项目，提高本国高等教育水平，与欧洲教育机构形成互动网络，交流经验和知识。此外，学术界的国际学术流动也可为个人创造发展机会和就业机会，培养具有独特技能和经验、外语和文化背景的年轻专业人员。

2010年3月11日，博洛尼亚进程成员国教育部长委员会决定接纳哈萨克斯坦加入博洛尼亚进程。哈萨克斯坦参与博洛尼亚进程的目的是，通过采用阶梯式高等教育制度、使用学分制度以及向哈国大学毕业生发放全欧承认的文凭，扩大本国学生获得欧洲教育的机会，进

---

① 《欧盟发布新的中亚战略》，http://kz.mofcom.gov.cn/article/scdy/201905/20190502864210.shtml。

一步提高国内教育质量,增加学生和教职员工的流动性。哈萨克斯坦是第一个加入欧洲教育空间的中亚国家,其国内高等教育水平也因此得到提高,并成功地与许多欧洲国家开展教育合作,每年交换学生和教师,增加教学经验、提高教学质量。比如,哈萨克斯坦国家行政学院与法国国家行政学院和巴黎第一大学共同实施一项合作计划,哈本科生可以通过三门学位课程获得法国高等教育文凭。

哈萨克斯坦自 2015 年开始加入欧盟资助的 Erasmus + 项目,在 2015—2020 年的 6 年间,来自哈萨克斯坦 16 个州的 54 所大学参与了 61 个高等教育项目,获得赠款总额超过 5200 万欧元。该项目为哈萨克斯坦的大学生和教师提供短期交流资金。本科生和博士生可以在欧洲国家学习和实习 3—12 个月,大学教师可以获得在对方高等教育机构任教或进修的补助金,期限为 5 天到两个月。该计划框架内的人员流动是双向的,奖学金根据欧洲和哈萨克斯坦的机构间的协议发放。在欧盟分配给中亚的短期交流的名额中,哈萨克斯坦大学占 58%。[①]

第二,在文化领域主要是互办"国家年",成为双方民众相互了解、增进感情的良好渠道。在这方面,德国和法国作为欧洲的"发动机",为其他国家树立了榜样。比如 2009 年是德国的"哈萨克斯坦年",2010 年是哈萨克斯坦的"德国年"。哈萨克斯坦 2013 年举办"法国文化年"活动,2014 年法国举办"哈萨克斯坦文化年"活动。

德国与哈萨克斯坦的文艺和出版合作非常活跃。哈萨克斯坦的音乐和戏剧团队定期参加德国各地的各种音乐会、比赛和节日,向德国公众介绍哈萨克斯坦的文化遗产。哈萨克斯坦的青年音乐家参加在德国首都举行的一年一度的古典音乐节"青年欧洲古典音乐节"已成为传统。在出版领域,两国共同实施"哈萨克图书馆"项目,德国出版了 25 部哈萨克著名作家的作品,包括德语版的两卷本《阿拜之

---

① Е. В. Шукушева. Оценка воздействия европейской программы erasmus + на высшее образование в казахстане. https://cyberleninka.ru/article/n/otsenka - vozdeystviya - evropeyskoy - programmy - erasmus - na - vysshee - obrazovanie - v - kazahstane.

路》《游牧民族》三部曲，以及哈萨克诗人阿拜的《教育的话语》等[①]。在德国大学留学的哈萨克斯坦青年成立"德国哈萨克同盟"协会，举办各种活动、专题会议、论坛、体育比赛和创意晚会，大大促进了两国青年间的交往。

在法国与哈萨克斯坦的人文合作中，阿拉木图的文化教育机构"法国联盟"是两国文化互动的一个突出例子。"法国联盟"在法国驻哈使馆的支持下，在阿斯塔纳、阿拉木图、阿克托别、卡拉干达和奇姆肯特等城市设立代表处。哈萨克斯坦公民可以在"法国联盟"了解到法国的文化，学习法语并参加法语国际考试，为进入法国大学进行咨询，参加在阿拉木图举办的一年一度的"法语之春"活动。

第三节 中哈人文合作

在提高人民生活水平和质量的同时，哈萨克斯坦始终努力使社会领域成为每个人自我实现和能力不断扩大和发展的空间。根据2020年发布的新版对外政策构想，拓展国际人文合作是哈实现上述任务目标的重要方式和途径之一，其中与中国的永久全面战略伙伴合作是哈的优先发展方向之一。

深化人文合作符合中哈两国社会政策的战略目标——提高居民生活质量，维护和加强民族间和宗教间的和谐，有助于中哈双方解决各自国内可持续发展的紧迫任务，促进实现各自的国家优先事项，巩固已有的历史渊源和友谊并建立新的人文和文化联系，还有利于形成一种宽容的文化。

[①] Культурно-гуманитарное сотрудничество. https：//www.gov.kz/memleket/entities/mfa-frankfurt/activities/1770? lang=ru.

中国特别重视与中亚国家，特别是哈萨克斯坦的人文合作。中哈两国的共同立场反映在历次双方的联合声明、联合公报、政府间协议、领导人讲话以及文化合作协定上。《中华人民共和国政府和哈萨克斯坦共和国政府文化合作协定》于1992年签署，双方同意根据平等互利的原则，鼓励和支持两国在文化、教育、社会科学、卫生、体育、出版、新闻、广播、电视和电影等方面的交流与合作。但是，独立之初的哈萨克斯坦处于经济和社会转型期，中哈双边关系主要是政治、法律和经济合作。进入21世纪，特别是2004年，中哈成立副总理级政府间合作委员会，下设文化和人文合作分委会。此后，两国逐渐扩大在文化、教育、旅游、医疗卫生、社会保障、体育运动、青年、应用科技等领域的合作。中国2013年提出共建"一带一路"倡议以来，中哈人文合作又开启了新篇章。两国文艺团体、学术机构、新闻媒体和青年组织间的交流互访更加密切。随着交流的进一步深入，又出现新的合作空间，包括联合考古、历史档案研究、庆祝民俗节日、广播电视节目交流、媒体、文学和影视作品互译，建立科技合作长效机制，推动两国从合作研发到共同科技成果产业化的全面合作。①

托卡耶夫自2019年当选总统以来，在继承和巩固中哈原有成果的基础上，致力于将两国人文合作提升到新的高度。当年9月他对中国进行国事访问期间，中哈两国签署联合声明，强调将促进双方人员往来，不断提升便利化水平；深化地方合作，推动建立友好城市关系，拓展合作区域和领域；加强人文交流和民间交往，拓展媒体合作，促进中哈学者学术交流，加强两国文学作品和影视作品互译合作，密切文艺团体互访，继续开展教育、卫生、体育、青年、旅游等领域合作，在哈萨克斯坦"青年年"框架内开展相关活动，增进两

---

① 《中华人民共和国和哈萨克斯坦共和国联合宣言（全文）》，新华网（http://www.xinhuanet.com//world/2012-06/07/c_112140018_2.htm）。

国青年相互了解和友谊；弘扬丝绸之路精神，加强文化遗产交流合作与保护传承，并鼓励在古迹修复、联合考古等领域扩大合作。①

2022年是中哈建交30周年，两国签署《中华人民共和国和哈萨克斯坦共和国建交30周年联合声明》，约定加强人文合作，包括在教育、科学、艺术、新闻出版、体育、卫生等领域继续合作；进一步密切旅游合作，为哈在华开展旅游推介搭建平台、提供便利；全力推动两国教育和研究机构合作，促进哈萨克斯坦研究中心、中国高校哈语专业教研室和在哈孔子学院有效运转；加强两国留学生交流；研究在哈开设鲁班工坊的可能性；共同出版中哈经典著作，展映电影和纪录片，在电影制作方面开展富有成效的合作；尽早互设文化中心；加强共建"健康丝绸之路"合作等。②

在两国元首的共同推动下，中哈构建世代友好、高度互信、休戚与共的命运共同体，为新形势下中哈关系发展确定了方向。2023年4月19日，中国和哈萨克斯坦政府间合作委员会文化和人文合作分委会举行第十五次会议。随着新冠疫情形势的逐渐平稳，双方人文交流合作加快复苏的步伐，迎来更加广阔的发展前景。中哈以2023年"中国—中亚五国"机制首次峰会的举行和"一带一路"倡议提出10周年为契机，进一步落实两国元首共识，携手推动两国关系行稳致远。③

从中哈签署文件中关于人文合作的内容来看，双方人文合作的水平和质量随着两国战略伙伴关系的逐步加深而不断提升。合作过程循序渐进，从最初泛泛地规定到后来规定越来越具体，从最初的文化、教育合作，到强调科技合作，再到影视、旅游、医疗卫生全覆盖。

---

① 《中华人民共和国和哈萨克斯坦共和国联合声明（全文）》，新华网（http://www.xinhuanet.com/politics/2019-09/12/c_1124990997.htm）。
② 《中华人民共和国和哈萨克斯坦共和国建交30周年联合声明》，《人民日报》2022年9月15日。
③ 《中国和哈萨克斯坦文化和人文合作分委会第十五次会议召开》，中华人民共和国文化和旅游部网（https://www.mct.gov.cn/whzx/whyw/202304/t20230420_943243.htm）。

一 文化合作

中国提出共建"一带一路"倡议后,哈萨克斯坦在第一时间给予积极响应,双方战略互信日益加强。随着哈"光明之路"新经济政策与中国"一带一路"倡议深入对接,中哈民间交往持续升温。作为民心相通的重要渠道,文化交流已经成为中哈两国关系发展中的重要组成部分。

中哈文化合作与交流的方式多种多样,文化节成为受众多、规模大的品牌性文化交流活动,以对等交流为原则,互办文化节活动已经成为双方文化交往的重要载体,展示了中哈两国各自的民族传统文化和民俗民风。比如阿拉木图文化周、上海文化周、中国文化节、哈萨克斯坦文化日、中国文化日、哈萨克斯坦中国电影日、丝绸之路——中国文化日、中国旅游年、中国旅游文化周、欢乐春节、中华文化讲堂等。这些活动内容包括各种展览,如摄影展、美术展、电影展,主题演讲,文艺演出等,将中华民族和哈萨克民族的优秀传统文化传播出去,与当地文化相互影响、相互交融、和谐发展。

在对外文化交往中,地方层面合作是不可忽视的重要因素。地方文化交流不仅让优秀的中华文化"走出去",也让哈萨克斯坦的草原文化和习俗"走进来"。例如,在乌鲁木齐举行的"阿拉木图—乌鲁木齐文化周"在阿斯塔纳举办的"中国重庆文化周""新疆文化周"中国食品文化节等。通过这些活动,民众不仅能够近距离接触对方的地方文化,加深两国文化之间的相互了解,促进民心相通,还能够活跃民间文化贸易,提升地方文化产品竞争力。

在中哈人文合作的文件中,多次提到保护历史文化遗产、联合考古。丝绸之路是东西方之间融合、交流和对话之路,2000多年来为人类的共同繁荣做出重要贡献。2014年6月,由中国与吉尔吉斯斯坦、哈萨克斯坦联合申报的《丝绸之路:起始段和天山廊道的路网》项目被正式列入世界遗产名录。这是中国首次进行跨国联合申遗成功的项目，涉及中、哈、吉 3 个国家的 33 处遗迹[①]。

文化交流还包括对历史人物和名人的纪念活动，以此弘扬民族文化，加深两国人民之间的友谊。例如，中国文化部组派孔子后人孔祥林赴哈萨克斯坦出席"世界精神文化论坛"、北京朝阳公园为哈萨克伟大诗人阿拜·库南巴耶夫竖立纪念碑、阿拉木图为冼星海故居坚立纪念牌，中哈合拍反映冼星海生平的故事片——《音乐家》，以纪念中国音乐家冼星海和哈萨克斯坦音乐家拜卡达莫夫二人友谊为题材举办联合音乐会等文化活动。

随着中哈两国关系提升，各种形式的艺术交流也变得日益密切，越来越多的国家和地方艺术团体进行互访和商演，既有高雅艺术如交响乐、歌剧、芭蕾舞的演出交流，也有杂技、民乐等民族艺术的交流。随着中国影视行业走向国际，中国电视剧也进入哈萨克斯坦家家户户。早在 2014 年，当时热播的电视剧《卫子夫》就受到哈萨克斯坦观众的好评。随后，多部中国电视剧都在哈萨克斯坦商业电视频道 KTK 成功播出，既有古装剧，也有现代剧。从收视率可以看出，中国电视剧越来越受当地观众的欢迎，使哈萨克斯坦民众对中国的历史和传统文化以及中国人的现代生活状况有了全新的了解。新冠疫情期间，多部中国电视连续剧在哈萨克斯坦热播，丰富了当地民众的精神生活。2023 年，哈萨克斯坦在北京举办"2023 上海合作组织哈萨克斯坦电影周"，此次活动成为上合组织框架内增强中哈两国人文交流而积极推进的重要活动。

民间协会对文化交流的作用不容小觑。例如，哈萨克斯坦东干人协会由生活在哈萨克斯坦的东干人发起，致力于推动中哈，特别是哈萨克斯坦江布尔州与陕西省之间的文化、经贸、教育和民间交往，包括组织艺术家参加演出、组织回乡省亲活动等，促进中哈之间的文化互动、经贸往来、教育和民间交流的发展。在《今日丝路》报和哈

[①] 徐向梅：《中国与哈萨克斯坦文化合作：历程与意义》，《俄罗斯学刊》2022 年第 4 期。

萨克斯坦东干人协会的支持下，每年都举办中国春节活动。与中哈合作直接相关的公司、组织和公共协会的代表会出席活动，这已经成为一个良好的传统。

二 教育合作

在中哈 30 年的外交关系中，教育合作已成为文化和人文合作的主要方向，对加强和发展双边关系至关重要。与许多其他领域不同，教育合作具有倍增效应，不仅能够挖掘和提升人的潜力，积极的教育合作也是维护睦邻友好关系的坚实基础，因为深入了解邻国文化、语言和传统的人群一直是两国各领域合作的积极建设者，他们的知识和经验成为消除恐惧和误解的保障。

中哈教育合作具有广泛而扎实的基础。双方都非常重视教育合作，不断增加教育投入，并在各区域国际组织框架内积极推进多边合作。实践中，双方充分利用已有平台，以语言人才培养为起点，向相互研究对方的经济、政治、文化、科技、民族宗教等多方面扩展，其中高校合作和职业教育合作是亮点。

1992 年建交后，中哈教育合作几乎立即开始展开。新疆社会科学院语言学研究所和东哈萨克斯坦州国立大学签署合作协议，开启了两国教育机构间的合作先河。2000 年 6 月，中哈两国教育主管部门签署《教育合作协议》，约定在对等的基础上每年交换本科生、研究生和实习生[①]，为教育合作提供了基本标准和法律依据。2006 年 12 月又签署《关于相互承认教育和学位文件的协议》，进一步夯实教育合作基础。

为满足哈国民众的汉语学习需求，增进对中国语言文化的了解，

[①] Постановление Правительства Республики Казахстан от 25 апреля 2003 года N 405 О подписании Соглашения между Министерством образования и науки Республики Казахстан и Министерством образования Китайской Народной Республики о сотрудничестве в области образования. https://adilet.zan.kz/rus/docs/P030000405_.

促进多元文化发展,从 2006 年 12 月西安外国语大学与哈萨克斯坦欧亚大学合作建立哈萨克斯坦第一所孔子学院开始,截至 2023 年底,中国在哈萨克斯坦共建了 5 所孔子学院。与此同时,为更好地了解哈萨克斯坦,中国高校纷纷成立哈萨克斯坦研究中心。2012 年 5 月,上海大学上海合作组织公共外交研究院成立了中国第一家哈萨克斯坦研究中心。此后,上海外国语大学、北京外国语大学、大连外国语大学、伊犁师范大学、西安外国语大学、西北大学、浙江财经大学等高校纷纷成立哈萨克斯坦研究中心。根据中哈 2023 年 5 月发表的联合声明,双方将全力推动两国教育和研究机构合作,促进在华哈萨克斯坦中心、中国高校哈语专业教研室和在哈孔子学院有效运转。[①]

中哈教育合作最突出的表现是哈萨克斯坦来华留学生的数量增长,2000 年仅有 105 人,到 2017 年增加到 14224 人。除较近的地理位置、社会治安良好、入学不需要考试等原因外,吸引哈国学生到中国高校留学的因素还有中国的教育质量高,专业水平高,生活和学习环境好,但费用低于欧美和亚洲发达国家,也低于哈萨克斯坦自己的知名高等教育机构。2005 年以后,来华留学生人数增长速度明显加快,且学历生占比上升,硕士研究生和博士研究生的数量也增长较快。在非学历生中,进修生数量占比较大。

除双边合作外,中哈教育合作也在多边框架内进行。例如,中国的 20 所大学和哈萨克斯坦的 14 所大学加入了"上海合作组织大学"机制,共同培养纳米技术、生态、能源、计算机技术、区域研究、教育学、经济学等学科的学生。2015 年 5 月,西安交通大学发起成立"新丝绸之路大学联盟"(UANSR),致力于推动共建"一带一路"国家高等教育领域的开放性国际合作,哈萨克斯坦的纳扎尔巴耶夫大学、阿里—法拉比国立大学等加入了该联盟。

---

① 《中华人民共和国和哈萨克斯坦共和国联合声明》,http://russiaembassy.fmprc.gov.cn/wjb_673085/zzjg_673183/xws_674681/xgxw_674683/202305/t20230517_11079124.shtml.

此外，在哈萨克斯坦的中资企业也积极支持中哈教育合作。例如，中国石油天然气集团公司直接参与培养哈萨克斯坦青年，为哈学生设立了教育资助方案。在2016—2020年的5年时间里，该公司资助500多名哈国学生到中国一流大学学习，不仅为他们支付了5年的学费，还提供奖学金[①]。

三 旅游合作

中哈两国的旅游资源具有互补性，旅游合作潜力巨大。哈萨克斯坦是世界上面积最大的内陆国，也是古丝绸之路沿线国，境内有大量有特色的历史建筑、草原文化等，旅游资源丰富。中国国土广袤，民族众多，历史悠久，山川锦绣，传统的农耕文化与哈萨克斯坦的游牧文化具有很大的差异性，这些因素对双方游客均具有极大吸引力。中国一贯注重旅游业发展，每隔5年制定一部旅游业发展规划。自共建"一带一路"倡议提出以来，更是将发展对外旅游合作，特别是与丝绸之路沿线国家旅游合作列入国民经济发展的重点领域。中国国家旅游局编制了《丝绸之路旅游区整体规划（2009—2020年）》，这是针对丝绸之路沿线国家制定的旅游发展战略，介绍了各地的旅游产品总体布局、旅游品牌规划等内容。

哈萨克斯坦的旅游业发展迅速。哈政府于2014年制定《哈萨克斯坦共和国2020年前旅游产业发展构想》，为自己设定了六大任务：将哈萨克斯坦变成世界著名的旅游胜地；提高入境便利性；建设必要的基础设施；建设新的旅游目的地，为本国和外国游客提供具有国际竞争力的商品和服务；完善旅游管理体系；培养旅游业所需的人力资源。2019年又推出《哈萨克斯坦共和国2019—2025年旅游产业发展国家纲要》，提出到2025年入境游客数量达到300万人次的目标。

---

① Ли Юнхун. Генеральный директор Китайской национальной нефтегазовой корпорации (CNPC) в Казахстане. В период кризиса мы усилили социальную поддержку казахстанцев // Казахстанская правда, 15 декабря 2020.

中哈两国政府早在1998年就签署旅游合作协定。2011年，哈萨克斯坦被中国列入推荐旅游国家名单。2016年8月，中哈签署《中华人民共和国国家旅游局和哈萨克斯坦共和国投资发展部关于便利中国公民赴哈萨克斯坦团队旅游的备忘录》，哈萨克斯坦成为中国组团出境旅游目的地。与此同时，为吸引中国游客，哈政府决定自2018年4月开始，所有乘坐哈萨克斯坦的航空公司经阿斯塔纳和阿拉木图国际机场飞往第三国的中国公民，可享受72小时免签制度。2020年，哈政府又新增奇姆肯特、阿克套、卡拉干达和塔拉兹四座城市供中国公民中转免签入境便利。2023年5月，中哈签署互免签证协议，约定因商业、公务、个人事务、治疗或旅游目的入境的两国公民可免签证自入境之日起停留不超过30天。此协议极大方便了两国公民往来。

2023年5月15日，中哈两国元首共同宣布2024年为中国的"哈萨克斯坦旅游年"。在各种便利措施的支持下，中哈旅游合作将取得更加丰硕的成果。

四 卫生合作

中哈两国领导人会晤时多次强调，要加强在医疗卫生领域的合作，推动两国医疗机构加强交流联系，促进传统医学和医药合作，共建"健康丝绸之路"。

近年来，随着中医药对外交流与合作不断推进，中医理念越来越受到国际社会的认同。刮痧、火罐、针灸、推拿的神奇疗效受到推崇，传统中医在共建"一带一路"国家逐步得到推广，也吸引着越来越多的留学生来中国学习中医，在哈萨克斯坦就有多家传统中医治疗中心。中医药行业的老字号同仁堂凭借其在中医药领域的深厚底蕴，在哈萨克斯坦成立"同仁堂中医健康中心"，提供令当地消费者满意的产品和服务，提高了中医品牌在海内外的知名度和影响力。新疆维吾尔自治区中医院凭借其地理和人脉优势，在阿拉木图设立中医康复诊疗中心。西安中医脑病医院与哈萨克斯坦阿斯塔纳医科大学、纳扎尔巴耶夫大学医学院三方联合建立"西安国际脑病康复中心"。这些"走出去"的中医院使越来越多的哈萨克斯坦患者与中医结缘。

中哈人民的真挚情谊不仅体现在医疗诊治上。2020年突如其来的新冠疫情成为两国人民真诚相助、牢固友谊的见证。中国暴发疫情后，哈萨克斯坦立刻捐款并提供13.6吨医用人道主义援助物资。当哈萨克斯坦国内发生疫情后，中国同样迅速提供各类援助，并向哈派遣医疗专家组。共同抗疫过程中涌现出的感人事迹，也深刻体现了中哈两国人民的传统友谊。2022年1月25日，国家主席习近平在中国同中亚五国建交30周年视频峰会上的讲话中提到，在陕西支援抗击疫情的哈萨克斯坦小伙马文轩的一句"我是外国人，但不是外人"，感动了无数中国人。这样的暖心故事汇成了中国同中亚国家人民同甘共苦、心心相印的动人交响曲[①]。

在国内援助哈萨克斯坦抗疫的企业中，中国石油天然气集团公司在哈项目公司纷纷以多种形式履行社会责任，进行公益捐助，支持哈萨克斯坦抗击疫情。阿克纠宾项目公司与当地政府签订疫情防控及社区援助备忘录，赞助200万美元，用于支持当地疫情防控和社会公益项目建设。PK项目积极回应当地诉求，捐赠1.21亿坚戈。曼吉斯套项目划拨20亿坚戈用于购买急需防疫物资和药品，向当地医疗部门捐赠呼吸机、救护车和紧急医疗救护站。北布扎齐项目捐助资金125万坚戈，用于支持当地抗疫[②]。

根据2024年签署的中哈联合声明，双方将在开展抗疫合作的基础上，继续深化卫生领域合作，建设好中医药中心，促进中医药合作，推动两国医疗机构加强交流联系。

[①]《哈萨克斯坦小伙参与陕西抗疫的暖心故事感动无数中国人》，《西安日报》2022年1月27日。
[②]《中国石油助力哈萨克斯坦抗击新冠疫情》，中国商务部（http://kz.mofcom.gov.cn/article/jmxw/202012/20201203026051.shtml）。

第四节　新时代中哈人文交流方向

从中哈两国的文化和人文领域发展战略和政策看，两国及其领导人的理念有诸多相同和相近之处。这也是两国未来加强人文合作的重要基础。中国共产党二十大报告提出，要实施科教兴国战略，强化现代化建设人才支撑，要办好人民满意的教育，完善科技创新体系，加快实施创新驱动发展战略；推进文化自信自强，繁荣发展文化事业和文化产业，增强中华文明传播力、影响力。哈萨克斯坦强调参加国际倡议的重要性，提出要积极参加联合国"国际文化交融十年"等不同文明联盟和其他国际倡议，加强教育、科学、文化、体育和青年政策领域的双边和多边国际合作，推广哈萨克斯坦人民丰富的历史文化遗产。

人文交流合作对于促进中哈关系的良性发展、促进民心相通以及地区和平与稳定具有非常重要的意义。这种交流建立在多样性、平等与相互尊重、文化互鉴、友谊互信的基础上，使两国关系朝着更加友好、和谐、稳定的方向发展，具体表现在以下三个方面。一是促进双方人民之间的相互了解，巩固两国友好关系，增进了解彼此的文化、历史、价值观，减少不必要的误解和疏远，促进和平与稳定的发展。二是促进文化交流和传承。推动文化多样性和创新发展，保护和传承自身的文化遗产。三是促进产业经济增长。加强文化、旅游、体育、媒体、医疗等行业的产业发展。

一　中国的人文发展与合作战略

随着时代发展和科技进步，国际人文交流的未来发展方向也将随着社会的发展和国际环境的变化而不断创新。2022年的中国共产党二十大报告提出要建设中国式现代化。其内容包含了丰富的人文发展与合作理念,对各领域发展提出了新要求。

在文化领域,目标是繁荣发展文化事业和文化产业。一是要推出更多增强人民精神力量的优秀作品,培育造就大批德艺双馨的文学艺术家和规模宏大的文化文艺人才队伍。二是坚持把社会效益放在首位,深化文化体制改革,完善文化经济政策。三是实施国家文化数字化战略。四是健全现代公共文化服务体系,创新实施文化惠民工程。健全现代文化产业体系和市场体系,实施重大文化产业项目带动战略。五是加大文物和文化遗产保护力度,加强城乡建设中历史文化保护传承,建好用好国家文化公园。六是增强中华文明传播力、影响力。坚守中华文化立场,提炼并展示中华文明的精神标识和文化精髓,加快构建中国话语和中国叙事体系,讲好中国故事,传播好中国声音,展现可信、可爱、可敬的中国形象,加强国际传播能力建设,全面提升国际传播效能,形成同中国综合国力和国际地位相匹配的国际话语权。深化文明交流互鉴,推动中华文化更好走向世界。[①]

在教育领域,目标是坚持以人民为中心,办好人民满意的教育。一是加快建设高质量教育体系,发展素质教育,促进教育公平,加快义务教育优质均衡发展和城乡一体化,优化区域教育资源配置。二是强化学前教育、特殊教育普惠发展,坚持高中阶段学校多样化发展,完善覆盖全学段学生资助体系。三是统筹职业教育、高等教育、继续教育协同创新,推进职普融通、产教融合、科教融汇,优化职业教育类型定位。四是加强基础学科、新兴学科、交叉学科建设,加快建设中国特色、世界一流的大学和优势学科。五是引导规范民办教育发展。六是加大国家通用语言文字推广力度。七是深化教育领域综合改革,加强教材建设和管理,完善学校管理和教育评价体系,健全学校家庭社会育人机制。八是推进教育数字化,建设全民终身学习的学习

[①] 《党的二十大报告辅导读本》,人民出版社2022年版,第20、41页。

型社会、学习型大国。①

在医疗卫生领域，目标是推进健康中国建设，把保障人民健康放在优先发展的战略位置。一是优化人口发展战略，建立生育支持政策体系，实施积极应对人口老龄化国家战略。二是深化医药卫生体制改革，促进医保医疗医药协同发展和治理。三是促进优质医疗资源扩容和区域均衡布局，加强重大慢性病健康管理，提高基层防病治病和健康管理能力。四是深化以公益性为导向的公立医院改革，规范民营医院发展。五是促进中医药传承创新发展。六是健全公共卫生体系，加强重大疫情防控救治体系和应急能力建设。

在生态领域，目标是推进美丽中国建设。遵循尊重自然、顺应自然、保护自然的原则，牢固树立和践行"绿水青山就是金山银山"的理念，站在人与自然和谐共生的高度谋划发展，加快发展方式绿色转型，深入推进环境污染防治，提升生态系统多样性、稳定性和持续性。一是坚持山水林田湖草沙一体化保护和系统治理；二是统筹产业结构，加强污染治理；三是应对气候变化，协同推进降碳、减污、扩绿、增长，推进生态优先、节约集约、绿色低碳发展。

2021年9月，中国国家主席习近平在第76届联合国大会一般性辩论上提出"全球发展倡议"，呼吁发展合作时坚持"发展优先，以人民为中心，普惠包容，创新驱动，人与自然和谐共生，行动导向"六大原则，强调以人民为中心、以实干为途径，充分聚焦具体重点领域，为解决当今世界难题和匡正全球发展新征程，提供了一份立足时代特征和中国发展实际，包含中国智慧，浓缩新时代治国理政精华的中国方案②。全球发展倡议倡导开放包容的伙伴精神，遵循务实合作的行动指南，把减贫、粮食安全、抗疫和疫苗、发展筹资、气候变化和绿色发展、工业化、数字经济、互联互通作为重点合作领域，提出

---

① 《党的二十大报告辅导读本》，人民出版社2022年版，第31页。
② 练志闲编译：《中国与东南亚国家紧密合作》，《中国社会科学报》2023年3月16日。

合作设想和方案，将发展共识转化为务实行动。①

2023年3月15日，国家主席习近平在中国共产党与世界政党高层对话会上提出"全球文明倡议"，强调尊重世界文明多样性，坚持文明平等、互鉴、对话、包容，以文明交流超越文明隔阂、文明互鉴超越文明冲突、文明包容超越文明优越；弘扬和平、发展、公平、正义、民主、自由等全人类共同价值，以宽广胸怀理解不同文明对价值内涵的认识，不将自己的价值观和模式强加于人，不搞意识形态对抗；重视文明传承和创新，充分挖掘各国历史文化的时代价值，推动各国优秀传统文化在现代化进程中实现创造性转化、创新性发展；加强国际人文交流合作，探讨构建全球文明对话合作网络，丰富交流内容，拓展合作渠道，促进各国人民相知相亲，共同推动人类文明发展进步。②

全球发展倡议和全球文明倡议致力于探讨构建全球文明对话合作网络，倡导加强国际人文交流合作，为人类文明发展进步指明了行动路径，是中国开展国际人文交流合作的基本指导思想和原则。

二 哈萨克斯坦的人文发展与合作战略

在当今世界，文化发展水平、精神和文化财富以及经济成就是国家竞争力的主要指标。对于一个国家来说，独特的文化是国家主权的重要组成部分。当今世界，越来越多的国家认识到文化主权和独立文化政策作为国家建设基础的重要性。在复杂的国际形势下，哈萨克斯坦领导人越来越认识到，文化政策是实现民族团结和民族意识现代化的最有效手段之一，"没有强大的文化支柱，国家的经济和政治成就也不可想象"③，必须通过国家支持社会文化生活进程来实现这一目

---

① 《中国联合国合作立场文件》，《人民日报》2021年10月23日。
② 习近平：《携手同行现代化之路：在中国共产党与世界政党高层对话会上的主旨讲话》，人民出版社2023年版，第8页。
③ Результаты и задачи//Казахстанская правда. 29 сентября 2015 г. https：//kazpravda.kz/n/rezultaty-i-zadachi/.

标。"哈萨克斯坦 2050 年战略"提出,加强文化、人文、科学、教育等相关领域的国际合作是哈对外政策现代化的优先方向之一[1],为全哈萨克斯坦的文化发展提供新动力[2]。

2014 年 11 月 4 日,哈政府发布《哈萨克斯坦共和国文化政策构想》[3],规定哈萨克斯坦文化政策的目标包括:实现精神现代化和民族意识的更新,形成国家统一文化空间,形成哈萨克斯坦人的竞争文化心态和高价值取向,发展和普及现代文化集群,提高国家的旅游吸引力和提升国际形象。实施文化政策的任务是:第一,形成公民精神和道德准则、新的哈萨克斯坦爱国主义、稳定的价值观,塑造全民劳动社会的建设性基础;第二,创造和推广国家象征,以便永久保护其免受外来意识形态影响,形成自己的民族品牌;第三,进一步保护、研究和普及历史文化遗产,形成哈萨克斯坦圣地的文化地理图;第四,在保护民族多样性和哈萨克斯坦人民文化和谐发展的基础上,发展哈萨克文化空间;第五,在全球范围内推广现代哈萨克斯坦文化;第六,为集约化发展有竞争力的文化环境和现代文化集群创造条件;第七,通过所有类型、流派和艺术形式(电影、动画、文学、绘画等),创造生动的艺术形象,展示当今时代的最佳范例,重现非凡的历史事件和文物、文化遗产和传统;第八,根据公民身份、精神复兴、推广"展望未来:公众意识现代化"计划确定的价值观,维护和加强哈萨克斯坦人民的民族认同和团结;第九,广泛利用哈萨克斯坦的历史文化景观,以民族象征性遗产和"哈萨克斯坦圣地地理"的文化地理图为基础,发展国内和国际文化旅游[4]。

---

[1] Стратегия "Казахстан – 2050": новый политический курс состоявшегося государства. https://adilet.zan.kz/rus/docs/K1200002050.

[2] Казахстанский путь – 2050: Единая цель, единые интересы, единое будущее. Послание Президента Республики Казахстан Н. Назарбаева народу Казахстана. 17 января 2014 г. https://www.akorda.kz/ru/addresses/addresses_of_president/poslanie – prezidenta – respubliki – kazakhstan – nnazarbaeva – narodu – kazakhstana – 17 – yanvarya – 2014 – g.

[3] Концепции культурной политики Республики Казахстан. https://zakon.uchet.kz/rus/docs/U1400000939.

[4] 徐向梅:《中国与哈萨克斯坦文化合作:历程与意义》,《俄罗斯学刊》2022 年第 4 期。

托卡耶夫就任总统以来,他的执政理念和思想为哈萨克斯坦国际人文合作赋予了新的内涵。托卡耶夫总统认为,正是由于商品、文化成就和思想的不断交流,哈萨克斯坦独特的民族身份及其多边合作的特殊品牌才得以形成。[①]

2022年哈萨克斯坦出台新版国家文化政策《2023—2027年哈萨克斯坦共和国国家文化政策构想》。[②] 该文件在继承原有文化政策的基础上,对各个文化领域的发展规定了具体指标,包括:到2027年,包括儿童在内的文化和艺术服务覆盖率增加30个百分点;将联合国教科文组织世界遗产的数量增加到16个;在国际舞台上推广哈萨克斯坦文化的活动数量增加到36项等。根据该文件,哈文化领域的近期发展目标是:历史文化遗产得到全面保护并在国际上得到推广;为全国各地区提供多功能文化中心;采取措施支持有才华的年轻人;参观文化机构的人数增加20%;提高哈萨克斯坦文化模式在国际舞台上的知名度;进一步加强文化领域数字化;到2027年,博物馆展品的数字化水平提高20%。

从哈萨克斯坦的文化政策发展历程可知,从国家宏观指导到制定具体措施,发展路径越来越清晰,指标更加具体,目标更加务实,体现了哈发展民族文化和提高国内认知水平的迫切愿望,也为同其他国家开展文化和人文合作提供了更多机遇。如果说2014年版文化政策构想的主要目标是塑造公民意识和国家意识形态的话,则2022年新版文化政策构想的主要目标是在此基础上拓展哈萨克斯坦的国际知名度和影响力。前者相对重视国内文化建设,后者则是走向世界。

哈萨克斯坦文化"走出去"的政策文件集中体现在各版对外政策构想中。对外政策构想确定一个国家外交活动的基本原则、优先方

---

① Выступление Президента Республики Казахстан К. Токаева на пленарной сессии Международного форума Астана. https://www.akorda.kz/ru/vystuplenie-prezidenta-respubliki-kazakhstan-ktokaeva-na-plenarnoy-sessii-mezhdunarodnogo-foruma-astana-851830.

② Концепция культурной политики Республики Казахстан на 2023 - 2027 годы. https://www.gov.kz/memleket/entities/mcs/documents/details/335818?lang=ru.

向、目标和任务。在哈发布的对外政策构想中，发展文化和人文领域合作一直都被列入优先方向。从对外政策构想中可知，人文和文化领域的建设与对外合作已经成为国家政治生活中的一项重要内容，其目的在于增强民众凝聚力，激发爱国热情，提高哈萨克斯坦的国际地位，助力国家经济发展。

2014年1月版《2014—2020年哈萨克斯坦共和国对外政策构想》的"哈萨克斯坦对外政策的优先方向和任务"部分提出[1]，哈萨克斯坦高度重视发展外交政策的人文方面，致力于加入教育、科学和文化、旅游和体育、青年政策、联合研究项目等领域的多边公约和双边条约；扩大在发展哈萨克斯坦历史和现代知识方面的国际合作；支持在国外哈萨克族人集中居住的地方发展哈萨克语言和文化，支持他们与历史家园的联系；在社会经济、法律、国际文化和人文发展领域与哈萨克斯坦民间组织和非政府部门合作；促进东西方、南北方之间的文明间、文化间和宗教间对话的进一步发展；加强世界和传统宗教领袖大会作为主要对话平台的国际地位。参加联合国不同文明联盟的活动以及其他倡议和论坛。该文件还提到，哈萨克斯坦将继续利用议会外交发展与世界各国议会的政治、贸易、经济、文化和人文联系，将在高级别政治对话框架内深化与中国的全面战略合作，发展能源、投资技术、经贸、文化人文、过境运输、农业领域的合作，分享跨界河流水资源和生态资源。

2020年3月，哈萨克斯坦发布新版对外政策构想——《2020—2030年哈萨克斯坦共和国对外政策构想》[2]，在"对外政策的目标和任务"部分提出，要加强人文外交，在国际社会中树立国家正面形象。文件规定哈萨克斯坦人文外交的优先方向是：促进文化间和宗教

---

[1] Концепцию внешней политики Республики Казахстан на 2014 – 2020 годы. http：//president. kz/upload/Ж%20№741%20p. doc.

[2] Концепцию внешней политики Республики Казахстан на 2020 – 2030 годы. https：//www. akorda. kz/ru/legal_acts/decrees/o – koncepcii – vneshnei – politiki – respubliki – kazahstan – na – 2020 – 2030 – gody.

间对话，包括通过世界和传统宗教领袖大会、"国际文化交融十年"框架内的倡议、参加联合国不同文明联盟和其他国际倡议，加强教育、科学、文化、体育和青年政策领域的双边和多边国际合作；推广哈萨克斯坦人民丰富的历史文化遗产，包括在"民族精神复兴"国家项目的框架内；支持在国外哈萨克人集中居住的地方发展哈萨克语言和文化，支持他们与历史家园的联系；运用民间外交工具，在外交政策领域保持与哈萨克斯坦非政府机构的合作。

作为哈萨克斯坦新一代领导人，托卡耶夫总统审时度势、与时俱进。他认为："应该将哈萨克斯坦人民的传统价值观与现代文化规范和谐地结合起来……我们面临的紧迫任务是将正在进行的政治和经济改革与深刻的社会文化变革结合起来。我们必须继续前进，不断努力加强我们的价值观，有条不紊地摆脱阻碍国家进步的一切。只有这样，才能提高民族素质，巩固我们古老国家的地位。"[①] 他在原有政策的基础上强调哈萨克文化的"民族精神复兴"以及数字化和绿色发展，并制定了一系列契合本国国情的措施。

三 中哈合作的人文交流

（一）文化合作

文化是民族的精神命脉，文化自信是更基础、更广泛、更深厚的自信，是一个国家、一个民族发展中最基本、最深沉、最持久的力量。中共二十大报告提出要推进文化自信自强，并就繁荣文化事业和文化产业做出部署安排，以传承中华文明，提高国家文化软实力、提升中华文化影响力，发展人类文明新形态。中国将大力发展文化事业和文化产业，不断激发全民族文化创新创造活力。全面建设社会主义现代化国家，坚持中国特色社会主义文化发展道路，增强文化自信，

---

① Выступление Главы государства Касым-Жомарта Токаева на втором заседании Национального курултая. https://www.akorda.kz/ru/vystuplenie-glavy-gosudarstva-kasym-zhomarta-tokaeva-na-vtorom-zasedanii-nacionalnogo-kurultayaadiletti-kazakstan-adal-azamat-175233.

建设社会主义文化强国，激发全民族文化创新创造活力，增强实现中华民族伟大复兴的精神力量，不断提升国家文化软实力和中华文化影响力。

哈萨克斯坦政府 2022 年制定"民族精神复兴"国家项目，其目的是通过实施该计划提高文化产品的质量和多样性，保护哈萨克斯坦人的民族文化认同和艺术创造潜力，并在年青一代中形成精神和道德价值观。该项目实施期限为 2021—2025 年。具体内容是：在"祖国"社会项目框架内投资 72 亿坚戈；在文化设施的建设和维修方面创造 7036 个就业岗位（其中长期岗位 777 个，临时岗位 6259 个）；发展哈萨克斯坦民族认同和智力潜力，吸引民众参与"民族精神复兴"国家项目，提高爱国主义意识；增加民众参观文化场所的次数；提高民众对文化服务质量的满意度；增进青年对政府资助措施的了解；提高青年志愿服务的文化水平；降低青年"啃老族"社会化水平，即减少"啃老"青年人数；为 80 万名青年参与住房建设储蓄系统创造条件。[①]

因此，未来中哈文化合作的重点在于打造多维度与立体化的交流渠道和平台。

一是配合元首外交，举办重大主场外交的文化活动。利用举办"文化年（节）"和"旅游年（节）"的机会，以及已有的孔子学院、中国文化中心、驻外办事处和"欢乐春节""中华文化讲堂"等品牌活动，加强国际传播能力建设，向世界展示可信、可爱、可敬的中国形象，逐步形成全方位、多层次、宽领域的文化交流工作格局。

二是统筹文化交流与产业合作，日益完善对外文化贸易体系。文化贸易不仅对文化传播具有重要的影响力，也是国家实力的综合表现。要以文化交流促进以广播影视、游戏、图书和艺术品进出口为代

---

① Национальный проект "Ұлттық рухани жаңғыру". https://akorda.kz/assets/media/files/rukhani-zhangy-ru.pdf.

表的文化产品贸易,以及相应的多种形式的文化服务贸易。让代表中华文明的文化产品"走出去",同时也让哈萨克斯坦的草原文化产品"走进来",相互学习和借鉴,促进文化共同进步。

三是在保护历史文化遗产方面加强合作。丝绸之路自古以来就是传播文明的文化贸易之路,沿线各国拥有丰富的文化遗产,作为古丝绸之路的一个重要节点,哈萨克斯坦也留下了大量宝贵遗产。中哈在整理文物古籍、文化遗产保护与抢救、联合申遗等具体的文化交流合作项目上具有非常大的合作空间。在该领域的合作不仅能为世界文明和文化遗产保护工作贡献中国智慧,更能有效拉近两国民众的距离,增进相互理解和理念认同。

(二) 教育合作

中国共产党二十大报告提出,要加快建设教育强国。未来将围绕人力资源深度开发和创新驱动发展,加快建设世界重要人才中心和创新高地,重点是统筹职业教育、高等教育、继续教育协同创新,加强基础学科、新兴学科、交叉学科建设,加快建设中国特色、世界一流的大学和优势学科。优化国家科研机构、高水平研究型大学、科技领军企业定位和布局,加强企业主导的产学研深度融合,尽快形成与国家发展战略、生产力布局和城镇化要求相适应的多层次、多样化教育发展新高地,更好服务和融入新发展格局,积极深入实施教育数字化战略行动,构建网络化、数字化、个性化、终身化的教育体系。

哈总统托卡耶夫多次提到发展民族文化和教育的重要性,认为教育在提高国家潜力方面起着决定性作用,国家必须重视教育体系发展。他指出:"在巩固社会团结和加强民族认同方面,国家的历史遗产和文化潜力发挥着重要作用。在这方面,哈萨克斯坦有巨大的能力,包括在国际舞台上的有利地位。"[①] 托卡耶夫在 2019 年担任总统

---

① Послание Главы государства Касым-Жомарта Токаева народу Казахстана. https://www.akorda.kz/ru/poslanie-glavy-gosudarstva-kasym-zhomarta-tokaeva-narodu-kazahstana-183048.

后的第一份国情咨文《建设性社会对话是哈萨克斯坦稳定和繁荣的基础》中[①]，提出哈国内的人才培养制度与实际劳动力市场脱节的问题，提出要提高教育质量和教师的社会地位。在2020年国情咨文《新现实中的哈萨克斯坦：行动的时刻》中[②]，为哈国教育发展制定了更加详细和具体的目标，包括从2021年1月起将教师工资提高25%；积极引入非正规教育方案，承认自学成果；培养新一批企业家，在各级教育中教授企业经营基础课程。在2022年国情咨文《公正的国家，团结的民族，福利的社会》中[③]，提出要继续提高教师的社会地位和工资，每一名哈萨克斯坦学生都应该有学习和全面发展的条件，国家没收腐败分子的非法资金都必须用于建造学校，为学生提供优惠贷款等。

哈萨克斯坦的教育发展战略集中体现在"受过良好教育的民族"优质教育国家项目上。该项目的实施期限为2021—2025年，目的是提高各级教育的教学质量。主要内容包括：2025年教育领域固定资产投资相比2019年增长74.8%，教育领域总增加值为483.05万亿坚戈；到2025年，通过建设/开设教育设施创造的就业岗位数量为10.3905万个；3—6岁儿童学前教育覆盖率达到100%；教师工资是经济领域平均月工资的102.9%[④]。

由此可知，未来中哈教育领域合作可在既有成就基础上，积极开拓新的方向。

一是发展数字教育合作。2020年托卡耶夫曾在国情咨文中提到，

[①] Конструктивные общественный диалог-основа стабильности и процветания Казахстана. https://www.akorda.kz/ru/addresses/addresses_of_president/poslanie – glavy – gosudarstva – kasym – zhomarta – tokaeva – narodu – kazahstana.

[②] Казахстан в новой реальности: время действий. https://www.akorda.kz/ru/addresses/addresses_of_president/poslanie – glavy – gosudarstva – kasym – zhomarta – tokaeva – narodu – kazahstana – 1 – sentyabrya – 2020 – g.

[③] Справедливое государство, единая нация и благополучное общество. https://www.akorda.kz/ru/poslanie – glavy – gosudarstva – kasym – zhomarta – tokaeva – narodu – kazahstana – 181130.

[④] Национальный проект "Качественное образование" Образованная нация". https://akorda.kz/assets/media/files/obrazovannaya – natsiya. pdf.

由于新冠疫情流行，世界上绝大多数中小学生都转向远程学习，但哈政府在提供远程教育方面并不成功。因此，哈迫切需要开发一个统一的在线教育平台，提供完整学习过程所需的所有功能。而中国的远程教育系统功能齐全，使用便捷，已成为对外教育合作的优势之一。另外，中方也可利用自己的技术优势为哈培养数字教育师资。

二是职业教育合作。托卡耶夫总统提出，哈政府希望调整整个职业教育体系，引入非正规教育方案，承认自学成果，并对职业技能进行认证，以便培养劳动力市场所需的人力资源[1]。中国一直将职业教育定位于国民教育体系和人力资源开发的重要组成部分，实现由参照普通教育办学向相对独立的教育类型转变，教育与产业相结合，构建了现代职业教育发展的制度体系，形成了职业教育发展的中国模式[2]。在职业教育领域，中国可利用已有的教育资源，为哈萨克斯坦培养劳动力市场需要的各类人才。

（三）医疗卫生合作

习近平总书记提出，人民健康是民族昌盛和国家强盛的重要标志。把保障人民健康置于优先发展的战略位置，完善人民健康促进政策[3]。在中国，经过多年不懈努力，提高人民健康水平的制度保障更加成熟完善，公立医疗机构为主体的三级医疗卫生服务网络不断健全，中医药传承创新发展迈出重要步伐，促进优质医疗资源下沉和均衡布局实现突破性进展，农村贫困人口基本医疗有保障全面实现，乡村医疗卫生机构和人员空白点全面消除，医学科技发展迅速，中国居民主要健康指标居于中高收入国家前列。未来将深入开展卫生健康国际合作，密切同世界卫生组织和相关国家的友好交流，加强国际传染病风险监测预警、信息互通和技术合作，深入参与相关国际标准、规

---

[1] Казахстан в новой реальности: время действий. https://www.akorda.kz/ru/addresses/addresses_of_president/poslanie-glavy-gosudarstva-kasym-zhomarta-tokaeva-narodu-kazahstana-1-sentyabrya-2020-g.
[2] 《〈中国职业教育发展白皮书〉发布》，《中国职业技术教育》2022 年第 28 期。
[3] 《党的二十大报告辅导读本》，人民出版社 2022 年版，第 44—46 页。

范、指南的制定，创新卫生援助机制与合作模式，积极构建人类卫生健康共同体。①

哈萨克斯坦2021—2025年实施的"健康国家"国家项目，目标是为每一位公民提供高质量和负担得起的医疗保健服务。主要内容包括：医疗保健领域的私人投资从2020年的1215亿坚戈增至2025年的7833亿坚戈；创造约1.3万个新的（永久）就业机会；国内医药产品比重从2020年的17%增至2025年的50%；公民预期寿命从2020年的71.37岁增至2025年的75岁；居民对医疗服务质量的满意度从2020年的53.3%提高到2025年的80%。②

经过新冠疫情的冲击，哈萨克斯坦领导人深刻认识到发展医疗卫生事业对国家和社会稳定的重大意义。托卡耶夫总统在2022年9月发表的国情咨文再次强调，只有在人民健康得到保障的情况下，社会才能和谐发展。托卡耶夫指示政府重新考虑卫生和整个社会领域的筹资方法，特别是要全面改善医疗基础设施，满足居民的医疗卫生需求，此外，还要不断完善医生培训体系，发展远程医疗，使偏远地区的居民能够获得合格的护理。③

根据中哈在医疗卫生领域存在的问题和发展战略，未来两国可以关注的合作领域如下。一是联合办医。中国国内的医院可充分利用已有的技术和资金优势，与哈萨克斯坦医院合作，中方可输出医疗设备以及高水平的医务人员到当地进行服务。目前，中医在哈萨克斯坦普遍受到承认，中草药、针灸、按摩等治疗方式颇受欢迎，中哈在中医药领域的合作前景广阔。二是人员培训。中国的高等教育机构和各大医院可为哈卫生和医护人员提供更多的学习和实践机会。

---

① 《党的二十大报告辅导读本》，人民出版社2022年版，第453页。
② Национальный проект "Качественное и доступное здравоохранение для каждого гражданина" "Здоровая нация". https://akorda.kz/assets/media/files/zdorovaya-natsiya.pdf.
③ Справедливое государство, единая нация, благополучное общество. https://www.akorda.kz/ru/poslanie-glavy-gosudarstva-kasym-zhomarta-tokaeva-narodu-kazahstana-181130.

（四）生态领域

中国共产党二十大报告指出，要站在人与自然和谐共生的高度谋划发展，加快发展方式绿色转型，深入推进环境污染防治，提升生态系统多样性、稳定性、持续性，统筹水资源、水环境、水生态治理。①为此，中国将重点实施下列举措。一是以国家重点生态功能区、生态保护红线、自然保护地等为重点，加快实施重要生态系统保护和修复重大工程。二是推进以国家公园为主体的自然保护地体系建设。三是实施生物多样性保护重大工程。四是科学开展大规模国土绿化行动。五是深化集体林权制度改革。六是推行动草原森林河流湖泊湿地休养生息，实施长江十年禁渔，健全耕地休耕轮作制度。七是建立生态产品价值实现机制，完善生态保护补偿制度。八是加强生物安全管理，防治外来物种侵害②。

哈萨克斯坦2021—2025年实施的"绿色哈萨克斯坦"国家项目，旨在为居民创造有利的生活环境和改善生态状况，包括：改善空气质量，有效管理废弃物，有效使用水资源，保护巴尔喀什湖和咸海北部的生态系统，通过增加稀有和濒危动物物种及鱼类种群的数量建立特殊保护自然区，增加绿地面积、保护生物多样性。主要指标是：到2025年，对哈经济增长的贡献为每年0.05—0.22个百分点；创造61043万个就业岗位（830个长期就业岗位和60213万个临时就业岗位）；森林覆盖率达到国家面积的5%；增加居民实际收入。③

中哈有着1533公里的共同边界，可以说是共处一个大的自然生态网络之中。未来两国可以继续关注和加强的生态领域合作项目有以下两方面。一是生态保护，包括水资源综合管理及利用、土地覆被变化、盐渍化土壤改良、土壤质量与农田养分、资源综合管理、城市生

---

① 《党的二十大报告辅导读本》，人民出版社2022年版，第45—46页。
② 《党的二十大报告辅导读本》，人民出版社2022年版，第474—475页。
③ Национальный проект "Зелёный Казахстан". https://akorda.kz/assets/media/files/zelenyy-kazakhstan.pdf.

态保护等。二是发展生态旅游，增加人们休闲和出行的方式。哈总统托卡耶夫曾提出要积极发展生态旅游文化①，挖掘哈国内巨大的生态旅游潜力（特殊保护自然区总面积为2629.11万公顷，占国土面积的9.6%，其中包括10个自然保护区、14个国家公园、49个野生保护区）②。

根据自然保护区的特点，中哈可以发展不同类型的生态旅游合作。一是科学考察，吸引自然保护区的游客参与自然研究，进行实地考察。游客通常是探险队的科学家或实地练习的学生。二是自然历史旅游，参观保护区，了解环境。这些都是广泛的学习主题参观。三是休闲与探险，比如山地旅游、水上运动、滑雪、潜水和骑马。

---

① Казахстан в новой реальности: время действий. https://www.akorda.kz/ru/addresses/addresses_of_president/poslanie – glavy – gosudarstva – kasym – zhomarta – tokaeva – narodu – kazahstana – 1 – sentyabrya – 2020 – g.
② Информация по ООПТ. https://www.gov.kz/memleket/entities/forest/activities/3812? lang = ru.

主要参考文献

《毛泽东文集》第8卷，人民出版社1999年版。
《毛泽东选集》第4卷，人民出版社2006年版。
《毛泽东选集》第3卷，人民出版社1991年版。
《周恩来选集》（下卷），人民出版社1984年版。
《邓小平文集（一九四九～一九七四年）》（下卷），人民出版社2014年版。
《邓小平文选》第3卷，人民出版社1993年版。
《邓小平文选》第2卷，人民出版社1994年版。
《江泽民文选》第1卷，人民出版社2006年版。
《胡锦涛文选》第2卷，人民出版社2016年版。
习近平：《高举中国特色社会主义伟大旗帜　为全面建设社会主义现代化国家而团结奋斗——在中国共产党第二十次全国代表大会上的报告》，人民出版社2022年版。
习近平：《论把握新发展阶段、贯彻新发展理念、构建新发展格局》，中央文献出版社2021年版。
习近平：《齐心开创共建"一带一路"美好未来——在第二届"一带一路"国际合作高峰论坛开幕式上的主旨演讲》，人民出版社2019年版。
习近平：《携手同行现代化之路——在中国共产党与世界政党高层对话会上的主旨讲话》，人民出版社2023年版。
习近平：《携手推进"一带一路"建设——在"一带一路"国际合作

高峰论坛开幕式上的演讲》，人民出版社 2017 年版。

习近平：《建设开放包容、互联互通、共同发展的世界——在第三届"一带一路"国际合作高峰论坛开幕式上的主旨演讲》（2023 年 10 月 18 日），人民出版社 2023 年版。

习近平：《中国式现代化是中国共产党领导的社会主义现代化》，《求是》2023 年第 11 期。

《习近平关于社会主义政治建设论述摘编》，中央文献出版社 2017 年版。

《习近平经济思想研究文集（2022）》，人民出版社 2023 年版。

《习近平谈治国理政》第 2 卷，外文出版社 2017 年版。

《习近平谈治国理政》第 3 卷，外文出版社 2020 年版。

《习近平外交演讲集》第 1 卷，中央文献出版社 2022 年版。

《习近平外交演讲集》第 2 卷，中央文献出版社 2022 年版。

《习近平重要讲话单行本（2022 年合订本）》，人民出版社 2023 年版。

《习近平出席推进"一带一路"建设工作 5 周年座谈会并发表重要讲话》，《人民日报》2018 年 8 月 28 日第 1 版。

《习近平 2014 年 5 月 4 日在北京大学师生座谈会上的讲话青年要自觉践行社会主义核心价值观》，《人民日报》2014 年 5 月 5 日第 2 版。

《习近平会见哈萨克斯坦总统托卡耶夫》，《人民日报》2022 年 2 月 6 日第 1 版。

《习近平对哈萨克斯坦共和国进行国事访问》，《人民日报》2022 年 9 月 15 日第 1 版。

《习近平致电祝贺托卡耶夫当选哈萨克斯坦总统》，《人民日报》2022 年 11 月 21 日第 1 版。

《中共中央、国务院关于构建开放型经济新体制的若干意见》，人民出版社 2015 年版。

中共中央文献研究室编：《建国以来重要文献选编》第 9 册，中央文献出版社 1994 年版。

中共中央文献研究室编：《十二大以来重要文献选编》（上），人民出版社1986年版。

《中国共产党第二十次全国代表大会文件汇编》，人民出版社2022年版。

中华人民共和国年鉴：《中国国情读本（2022版）》，新华出版社2022年版。

《党的二十大报告辅导读本》，人民出版社2022年版。

《共建"一带一路"倡议：进展、贡献与展望》，外文出版社2019年版。

李扬、张晓晶：《论新常态》，人民出版社2015年版。

［美］罗伯特·基欧汉：《霸权之后：世界政治经济中的合作与纷争》，苏长和等译，上海人民出版社2012年版。

www. cpc. people. com. cn 中国共产党新闻网

www. gov. cn 中国政府网

www. ndrc. gov. cn 国家发展和改革委员会

www. fmprc. gov. cn 外交部

www. stats. gov. cn 国家统计局

www. pbc. gov. cn 中国人民银行

www. xinhuanet. com 新华网

www. yidaiyilu. gov. cn 中国一带一路网

www. akorda. kz 哈萨克斯坦总统官网

www. primeminister. kz 哈萨克斯坦总理官网

www. gov. kz 哈萨克斯坦政府网

www. adilet. zan. kz 哈萨克斯坦法律网

www. stat. gov. kz 哈萨克斯坦国家统计局官网

www. nur. kz

www. tengrinews. kz

www. zakon. kz